BEN LADEN L'INSAISISSABLE

Portrait d'Oussama Ben Laden par ceux qui l'ont connu

Peter L. BERGEN

BEN LADEN L'INSAISISSABLE

Portrait d'Oussama Ben Laden par ceux qui l'ont connu

Traduit de l'anglais (États-Unis) par Joseph Antoine et Pascal Loubet

Michel LAFON

Titre original :
The Osama bin Laden I Know – An Oral History

7-13, boulevard Paul-Émile Victor - Île de la Jatte
92521 Neuilly-sur-Seine Cedex

À Juliana Silva, avec amour

L'encre de l'érudit a plus de
valeur que le sang d'un martyr.

LE PROPHÈTE MAHOMET

DRAMATIS PERSONÆ

Al-Adel, Sayf. Chef militaire d'Al-Qaïda depuis 2002. Ancien officier des Forces spéciales égyptiennes, il rejoint le combat des moudjahidin contre l'armée soviétique dans les années 1980. Il s'enfuit en Iran après l'offensive américaine en Afghanistan à la fin de 2003. On le soupçonne d'être le cerveau des attentats commis en mai 2003 à Riyad, en Arabie Saoudite.

Al-Awdah, cheikh Salman. Ce religieux saoudien a critiqué la décision de son gouvernement d'inviter les troupes américaines à pénétrer sur son territoire en 1990. Il est jeté en prison et son arrestation est l'une des raisons qui pousseront Ben Laden à se retourner contre le gouvernement. On le libérera en 1999.

Al-Banjshiri, Abu Ubaidah. Égyptien, il contribue à la fondation d'Al-Qaïda, dont il est le premier chef militaire. En 1992, il part pour le Soudan avec son organisation. Il meurt en 1996 au Kenya, dans le naufrage d'un ferry sur le lac Victoria.

Al-Fadl, Jamal. L'un des premiers membres d'Al-Qaïda. En 2001, on le cite comme témoin à charge lors du procès de quatre hommes impliqués dans les attentats de 1998 contre les ambassades américaines en Afrique.

Al-Fauwas, Khalid. Ce Saoudien fut au Royaume-Uni le porte-parole de Ben Laden dans les médias, et le secrétaire général de l'Advice and Reformation Committee, une organisation fondée par Ben Laden en 1994. Il est arrêté suite à une demande d'extradition venue des États-Unis pour son rôle présumé dans les attentats de 1998 contre les ambassades américaines en Afrique.

Al-Fayçal, prince Turki. Chef des services secrets saoudiens de 1977 à août 2001, il se charge d'acheminer les fonds saoudiens aux moudjahidin afghans. Il rencontre Ben Laden à Islamabad au milieu des années 1980. En 1998, il participe à une tentative pour amener le mollah Omar, le chef des talibans, à faire allégeance à Ben Laden.

Al-Hawali, cheikh Safar. Ce religieux saoudien reprocha au gouvernement saoudien d'avoir invité les troupes américaines à franchir en 1990 les frontières du royaume. Les cassettes de ses sermons influencent les djihadistes à travers tout le monde arabe. Son arrestation en 1994, et celle du cheikh Al-Awdah, contribuent à la radicalisation de Ben Laden. Il sort de prison en 1999.

Al-Misri, Abu, Walid. Journaliste égyptien envoyé en Afghanistan comme correspondant de guerre pour un journal des Émirats, il y reste jusqu'en 2001. Il devient un confident de Ben Laden et de plusieurs responsables d'Al-Qaïda. Rédacteur en chef d'*Al-Imara* (« L'Émirat »), le journal des talibans en langue arabe, il est proche du mollah Omar. Après la chute des talibans, il écrit une *Histoire des Arabes afghans, de leur arrivée à leur départ avec les talibans*, œuvre très critique à l'égard de Ben Laden.

Al-Rida, Abu. Syrien né en 1961 et membre fondateur d'Al-Qaïda. Selon les rapports américains au milieu des années 1990, alors qu'il vivait au Soudan, il a acquis de l'uranium, des véhicules et des armes automatiques pour le compte d'Al-Qaïda.

Al-Ridi, Essam. Cet Américano-Égyptien a vécu au Koweït et au Pakistan avant d'obtenir sa licence de pilotage au Texas. Au début des années 1980, au cours d'un voyage vers les États-Unis, il est recruté par Abdullah Azzam, qui le persuade de rejoindre le djihad afghan.

Al-Sanussi, Ibrahim. Assistant de Hassan Al-Turabi, le leader soudanais qui introduit la charia (loi coranique) au Soudan en 1989 et 1999, et y invite des militants islamistes, dont Ben Laden. Il rencontre régulièrement celui-ci pendant son séjour au Soudan.

Al-Surayhi, Hasan Abd-Rabbuh. En 1987, ce Saoudien rejoint Ben Laden au camp d'entraînement de la Masada, dans l'est de l'Afghanistan. Il dit ne pas avoir intégré Al-Qaïda. Il rend visite à Ben Laden au Soudan. Ancien imam de la mosquée Ibn Baz à La Mecque, emprisonné en Arabie Saoudite en 1995, il est relâché en 2001 à l'occasion d'une amnistie générale.

Al-Suri, Abu Mussab. De son vrai nom Mustafa Setmariam Nasar, ce djihadiste syrien participe à la guerre d'Afghanistan contre les Soviétiques. Il y rencontre Ben Laden. Au début des années 1990, il se rend en Espagne, puis à Londres en 1995. En 1997, il retourne en Afghanistan, où il arrange l'interview accordée par Ben Laden à CNN.

Al-Turabi, Hassan. Fondateur du Front national islamique du Soudan, l'organisation qui aide le président Omar Bashir à se hisser au pouvoir en 1989. En 1999, ayant perdu contre Bashir, il est assigné à résidence puis jeté en prison.

Al-Zarqaoui, Abu Mussab. Né en Jordanie, il part pour l'Afghanistan en 1989 et participe à la bataille de Khost. De retour en Jordanie en 1993, il fonde Al-Tawhid, un mouvement terroriste essentiellement composé de Jordaniens. Il est emprisonné en Jordanie de 1994 à 1999 pour avoir préparé un attentat contre Israël. Libéré, il retourne en Afghanistan, où, avec l'aide d'Al-Qaïda, il crée son propre camp à Herat, près de la frontière avec l'Iran. Il gagne ce pays en 2001, puis le Kurdistan. Depuis 2004, il dirige Al-Qaïda en Irak ; on le considère comme le chef de l'insurrection.

Al-Zawahiri, Ayman. Tête pensante d'Al-Qaïda et homme de confiance de Ben Laden, il est né au Caire le 19 juin 1951. Dans les années 1970, il anime une cellule de djihadistes en Égypte. Emprisonné après l'assassinat de Sadate, libéré en 1984, il part pour l'Arabie Saoudite, puis pour Peshawar, où il met sur pied son organisation djihadiste. Il rencontre Ben Laden en 1986 et le pousse à rompre avec Abdullah Azzam. Au début des années 1990, il se rend au Soudan, d'où son groupe lance une série d'attaques contre des cibles égyptiennes. Il reprend la direction de l'Afghanistan en 1996. En 1998, son groupe rejoint Al-Qaïda. Il publie en 2001 une autobiographie sous le titre *Knights Under the Prophet's Banner* (« Chevaliers sous la bannière du Prophète »).

Al-Zayyat, Montasser. Cet avocat originaire du Caire a assuré la défense de nombreux islamistes devant les tribunaux égyptiens. Il a également été le porte-parole de Gama'a Islamiyya, le groupe responsable d'une campagne de terreur menée en Égypte des années 1970 à 1997. En 2002, Al-Zayyat écrit *The Road to Al-Qaeda*, une biographie critique de Zawahiri, qu'il a rencontré en prison après l'assassinat de Sadate.

Anas, Abdullah. Connu également sous le nom de Budejema Bunua, cet Algérien né en 1958 devient imam avant d'effectuer un voyage au Pakistan. Pendant les années 1980, il s'emploie à lever des fonds et à recruter pour la guerre en Afghanistan avec Abdullah Azzam et Oussama Ben Laden. Il épouse en 1990 la fille d'Abdullah Azzam.

Atef, Muhammad, alias Abu Hafs. De 1996 à 2001, il est le numéro deux du commandement militaire d'Al-Qaïda ; il compte parmi ses fondateurs. Ancien policier, il a entretenu des liens avec le groupe égyptien du djihad islamique. En 2001, sa fille épouse Mohammed, fils de Ben Laden. Il est tué en novembre 2001 lors d'une opération aérienne américaine en Afghanistan.

Atta, Mohammed. Cet Égyptien, après avoir suivi ses études à Hambourg, dirigera le détournement d'avion du 11 septembre.

Atwan, Abdel Bari. Rédacteur à *Al-Quds Al-Arabiya*, journal de langue arabe dont le siège se trouve à Londres. En 1996, il réalise une interview de Ben Laden en Afghanistan.

Azzam, Abdullah. Né en 1941 en Cisjordanie, membre des Frères musulmans, il obtient un doctorat en droit islamique à l'université Al-Azhar du Caire. En 1984, il fonde à Peshawar le Services Office, organisation destinée à coordonner les volontaires arabes venus s'enrôler dans le djihad afghan. Il est assassiné à Peshawar en novembre 1989.

Azzam, Hutaifa. Fils du précédent. Il voit le jour en Égypte en 1971. Au milieu des années 1980, âgé de treize ans, il se rend pour la première fois en Afghanistan dans un camp d'entraînement militaire. Il connaît Ben Laden depuis 1984.

Batarfi, Khaled. Ami d'enfance de Ben Laden, et son voisin à Musharifa, un quartier de Djedda, en Arabie Saoudite.

Benotman, Noman. Ancien membre du conseil du Groupe libyen de combat islamique, il quitte la Libye pour l'Afghanistan à la fin de 1989, à l'âge de vingt-deux ans. Il participe en 1991 à la bataille de Khost. Il subit un entraînement au camp afghan d'Al-Farouq. En 1994, il quitte l'Afghanistan pour Khartoum, au Soudan. Il y reste jusqu'en 1995, date à laquelle le gouvernement soudanais obtient le retrait des troupes militaires libyennes. Il part alors pour Londres.

Ben Laden, Bakr Mohammed. Chef actuel de la famille Ben Laden. Dirige également le Saudi Binladin Group.

Ben Laden, Mohammed. Père d'Oussama. Né en 1908 dans le village de Rubat, en Hadramaout, aujourd'hui province sud-orientale du Yémen. En 1930, il émigre à Djedda, en Arabie Saoudite, où il travaille comme porteur. Créateur du Saudi Binladin Group, il en fait l'une des principales entreprises de construction du Moyen-Orient. Il trouve la mort en 1967, en Arabie Saoudite, dans un accident d'avion. Il avait vingt épouses, vingt-cinq fils et vingt-neuf filles.

Ben Laden, Oussama. Leader d'Al-Qaïda. Né en 1957 à Riyad, Arabie Saoudite.

Binalshibh, Ramzi. L'un des participants aux attentats du 11 septembre. Ayant échoué à obtenir un visa pour les États-Unis, il se charge du contact entre les membres des commandos et la direction d'Al-Qaïda en Afghanistan.

Deraz, Essam. Officier de l'armée égyptienne devenu réalisateur de films. Dans les années 1980, il passe un an avec Ben Laden sur la ligne de front en Afghanistan.

Fouda, Yosri. Chef des grands reportages à Al-Jazira. Il interviewe au printemps 2002 plusieurs organisateurs des attentats du 11 septembre, tels Khalid Cheikh Mohammed et Ramzi Binalshibh. Son documentaire, *The Road to September the 11th*, fut diffusé par Al-Jazira à l'occasion du premier anniversaire du 11 septembre.

Fyfield-Shayler, Brian. Ancien d'Oxford. Professeur de Ben Laden en 1968 à l'Al-Thagr School de Djedda, où il fut recruté à l'âge de vingt-deux ans pour diriger le département d'anglais. Il occupe cette fonction de 1964 à 1968, et compte plusieurs des fils Ben Laden parmi ses élèves. Il a vécu à Djedda jusqu'en 1974.

Ghanem, Alia. Mère syrienne d'Oussama, le seul fils qu'elle ait eu de Mohammed Ben Laden. Elle rend visite plusieurs fois à son fils au Soudan, au milieu des années 1990, et tente de le persuader de rentrer en Arabie Saoudite. En 2001, elle est en Afghanistan pour le mariage de Mohammed, le fils de Ben Laden. Elle vit désormais à Djedda. Elle a trois fils et une fille d'un second mariage avec Muhammed Ben Umar Al-Attas.

Haqqani, Jalaluddin. Seigneur de guerre pachtoun en Afghanistan. Un des alliés clés du mollah Omar et d'Al-Qaïda. Au milieu des années 1990, il aide Ben Laden à créer des camps dans ses propres places fortes de la région de Khost, dans l'est de l'Afghanistan. Ayant rejoint les talibans en 1995, il devient ministre des Tribus et des frontières, avant de prendre la direction des opérations militaires de 2001.

Hektmatyar, Gulbuddin. Seigneur de guerre pachtoun en Afghanistan, il devient Premier ministre de la coalition gouvernementale qui remplace les communistes en 1992. Les autres factions afghanes lui ayant refusé leur confiance, il ne cesse de bombarder Kaboul jusqu'à ce que la ville tombe aux mains des talibans en 1996. Puis il s'envole pour l'Iran, où il aidera plus tard les membres d'Al-Qaïda à se réorganiser après l'offensive américaine de 2001 contre l'Afghanistan.

Ismaïl, Faraj. Reporter égyptien, il couvre le djihad afghan pour *Al-Muslimoon*, un journal consacré aux mouvements musulmans. Il rencontre pour la première fois Ben Laden à Djedda en 1985.

Ismaïl, Jamal. Ce correspondant de la chaîne Al-Jazira a interviewé Ben Laden en 1998. Il a travaillé dans les années 1980 pour *Djihad*, le magazine du Services Office.

Jandal, Abu. De son vrai nom Nasir Ahmad Nasir Abdallah Al-Bahri, il est né en 1972 à Djedda de parents yéménites. Il quitte l'Arabie Saoudite en 1993 pour accomplir le djihad en Bosnie, en Somalie et au Tadjikistan. En 1997, à Djalalabad, il est recruté par Ben Laden en personne. Il devient en 2000 le chef de ses gardes du corps. Il l'aide aussi à organiser son cinquième mariage, avec une Yéménite appelée Amal Al-Sadah. Il quitte la même année l'Afghanistan pour le Yémen.

Jouvenal, Peter. Un vétéran des cameramen de guerre en free lance. Ayant quitté l'armée britannique en 1979, il voyage en Afghanistan et couvre la guerre contre les Soviétiques. Depuis, il continue de parcourir cette région. En 1997, il réalise pour CNN une interview filmée de Ben Laden. Il est le premier cameraman à entrer dans Kaboul après la chute des talibans.

Julaidan, Wael. Né en 1958 à Médine, en Arabie Saoudite. Entre 1981 et 1983, alors qu'il fréquente l'université de l'Arizona, il compte Ben Laden parmi ses relations à Djedda. En 1984, lors d'un voyage aux États-Unis, il est recruté par Abdullah Azzam pour participer au djihad afghan. Il travaille au Pakistan pour la Muslim World League, une fondation saoudienne qui aide les réfugiés afghans. En 1994, il quitte le Pakistan pour regagner l'Arabie Saoudite.

Khalifa, Jamal. Né le 1er septembre 1956 à Médine, il sera le plus proche ami de Ben Laden à l'université King Abdul Aziz de Djedda, où il étudiera la biologie entre 1975 et 1980. En 1986, il épouse Cheikha, la demi-sœur de Ben Laden. Il part pour l'Afghanistan en 1985 afin d'accomplir le djihad contre les Soviétiques. Il est envoyé au Pakistan, où il travaille pour la Muslim World League. Ayant rompu avec Ben Laden, dit-il, en 1986, il repart pour Djedda, mais voyage également en Asie du Sud-Est, où on le soupçonne de participer au financement de groupes affiliés à Al-Qaïda.

Khashoggi, Jamal. Ce journaliste saoudien a un peu connu Ben Laden quand il vivait à Djedda. Ben Laden l'invite en Afghanistan en 1987. Il sera l'un des premiers journalistes d'un grand média arabe à couvrir les combats des moudjahidin contre les forces soviétiques.

Khawaja, Khalid. Entre en 1971 dans la Pakistani Air Force. Travaille en 1985 pour l'ISI, les services secrets militaires pakistanais. Participe à la bataille de Djaji en 1987. Il se rapproche de Ben Laden et développe des liens avec le régime des talibans.

Kherchtou, L'Houssaine. Marocain, membre d'Al-Qaïda. Cité en tant que témoin au procès mené en 2001 par les États-Unis contre quatre hommes accusés d'avoir participé aux attentats de 1998 contre les ambassades américaines en Afrique. Il gagne l'Afghanistan en 1991 et subit un entraînement au camp d'Al-Farouq. Depuis 1993, il est le représentant d'Al-Qaïda à Nairobi, au Kenya.

Massoud, Ahmad shah. Ancien étudiant en génie civil à l'université de Kaboul, il est l'un des chefs militaires qui jouent un rôle majeur dans le départ des troupes soviétiques d'Afghanistan. Ses exploits lui valent d'être surnommé le « Lion du Panshir ». En 1992, il devient ministre afghan de la Défense, sous la présidence de Burhanuddin Rabbani. Après la chute de ce gouvernement et l'ascension des talibans, il prend la direction militaire de l'Alliance du Nord, coalition réunissant plusieurs factions afghanes opposées aux talibans. Il est assassiné le 9 septembre 2001 sur ordre de Ben Laden.

Miller, John. Correspondant d'ABC News pour les affaires judiciaires. Il réalise en 1998 une interview de Ben Laden en Afghanistan. Avant de travailler pour ABC, il était le représentant de la Police départementale de New York pour les affaires publiques.

Mir, Hamid. Fondateur d'*Ausaf*, un journal pakistanais en langue urdu. Il réalise deux interviews de Ben Laden à Djalalabad en mai 1997, puis en mai 1998. On lui en doit une troisième, datée de novembre 2001, la première accordée par Ben Laden à un journaliste après les attentats du 11 septembre.

Mohammed, Ali. Américano-Égyptien, l'un des principaux responsables de l'entraînement d'Al-Qaïda. Né en Égypte en 1952, il rejoint dès le début des années 1980 l'organisation égyptienne du Djihad islamique. D'abord officier supérieur dans l'armée égyptienne, il sert dans l'armée des États-Unis à Fort Bragg, Caroline du Nord, de 1986 à 1989. Jusqu'au milieu des années 1990, il entraîne des membres d'Al-Qaïda en Afghanistan, ainsi que des gardes du corps de Ben Laden au Soudan. Il est emprisonné aux États-Unis depuis 1998.

Mohammed, Khalid Cheikh. Cerveau des attentats contre le World Trade Center. Pakistanais d'origine, il grandit au Koweït. Il part en guerre contre les Soviétiques. Il rencontre Ben Laden en 1996 à Tora Bora, en Afghanistan, et dessine les grandes lignes de ce qui deviendra l'attaque du 11 septembre. Il est arrêté en mars 2003 au Pakistan.

Muttawakil, Wakil Ahmad. Ministre des Affaires étrangères du régime taliban. Appartient à l'aile « modérée ». Il se rend aux autorités américaines en 2002, sur la base aérienne de Kandahar.

Omar, mollah Mohammed. Chef réel de l'Afghanistan de 1996 à 2001. Ce Pachtoun né en 1959 a participé avec les moudjahidin à la guerre d'Afghanistan, et y a perdu un œil. Il fonde le mouvement taliban en 1994 à Kandahar.

Qatada, Abu. Militant jordanien, il gagne Londres en 1993. C'est le mentor spirituel d'Abu Mussab Al-Zarqaoui, qui est actuellement en Irak le plus redouté des chefs de l'insurrection.

Rahman, Cheikh Omar Abdel. Alias « le cheikh aveugle ». Religieux égyptien et leader spirituel de deux organisations terroristes égyptiennes : le groupe Djihad et le Gama'a Al-islamiyya. En 1995, on l'accuse de préparer des attentats contre des cibles new-yorkaises.

Rushdi, Oussama. Ancien membre de l'organisation terroriste égyptienne Gama'a Al-islamiyya. Emprisonné avec Ayman Al-Zawahiri au début des années 1980 après l'assassinat du président Sadate, il gagne Peshawar en 1989.

Yussef, Ramzi. De son vrai nom Abdul Basit, d'origine pakistanaise, il est né au Koweït. Il sera le cerveau de l'attentat de 1993 contre le World Trade Center. Il est arrêté au Pakistan en 1995. Son oncle, Khalid Cheikh Mohammed, sera l'un des organisateurs des attentats du 11 septembre.

Yusufzai, Rahimullah. Célèbre journaliste pakistanais. Il a interviewé deux fois Ben Laden à la fin des années 1990, ainsi que le mollah Omar à plusieurs reprises.

Zaidan, Ahmad. Journaliste natif de Syrie. Il a eu des contacts avec Ben Laden à Peshawar entre 1987 et 1992, date du départ de Ben Laden pour le Soudan. En octobre 2000, il réalise une interview de celui-ci à Kaboul. En janvier 2001, il est invité à Kandahar pour le mariage de Mohammed, le fils de Ben Laden, avec la fille d'Abu Hafs. La fête est filmée par Al-Jazira. En 2002, il publie en arabe un livre intitulé *Ben Laden Unmasked* (« Ben Laden à visage découvert »).

CHRONOLOGIE DE LA VIE D'OUSSAMA BEN LADEN

1957 Naissance à Djedda, Arabie Saoudite.

1967 Mohammed Ben Laden, le père d'Oussama, meurt dans un accident d'avion.

1968 Lycée Al-Thagr à Djedda.

1974 Épouse sa première femme, Najwa Ghanem.

1976 Université King Abdul Aziz à Djedda.

1980 Premier voyage au Pakistan après l'invasion de l'Afghanistan par les Soviétiques.

1984 Aide à la création du Services Office. Premier voyage en Afghanistan.

1986 Crée sa première base militaire à Djaji, dans l'est de l'Afghanistan.

1987 Bataille de Djaji, au cours de laquelle Ben Laden se taille une réputation de combattant.

29 mai 1988 Salem Ben Laden, son frère le plus âgé, meurt dans un accident d'avion.

Août 1988 Fonde Al-Qaïda.

Février 1989 Les forces soviétiques se retirent d'Afghanistan.

Novembre 1989 Quitte le Pakistan et rentre en Arabie Saoudite.

24 novembre 1989 Assassinat d'Abdullah Azzam.

2 août 1990 Invasion du Koweït par l'Irak.

Début 1991 Retourne à Peshawar, au Pakistan.

Début 1992 Se rend à Karthoum, la capitale du Soudan.

Avril 1994 Sa famille le déshérite. Il perd la nationalité saoudienne.

Mai 1996 Pressé de quitter le Soudan, il retourne en Afghanistan.

23 août 1996 Lance la fatwa déclarant la guerre aux États-Unis.

Juin 1996 Khalid Cheikh Mohammed jette les premières bases des futurs attentats du 11 septembre.

10 mai 1997 CNN diffuse la première interview de Ben Laden.

22 février 1998 Fonde le Front islamique mondial contre les croisés et les juifs.

7 août 1998 Attentats contre les ambassades américaines au Kenya et en Tanzanie.

Septembre 1998 Le mollah Omar refuse d'extrader Ben Laden.

12 octobre 2000 Attentat contre le navire américain *Cole*.

11 septembre 2001 Attentats contre les Twin Towers.

7 octobre 2001 Diffusion de la cassette vidéo de Ben Laden consécutive au 11 septembre. Début de la campagne américaine contre les talibans.

14 avril 2004 À la télévision arabe, Ben Laden propose une trêve aux gouvernements européens.

17 octobre 2004 Abu Mussab Al-Zarqaoui prête allégeance à Ben Laden et rebaptise son groupe « Al-Qaïda en Irak ».

29 octobre 2004 À la veille de l'élection américaine, Al-Jazira diffuse une cassette vidéo où Ben Laden s'adresse au peuple américain et revendique pour la première fois les attentats du 11 septembre.

INTRODUCTION

En janvier 1996, le gouvernement américain jugea pour la première fois qu'Oussama Ben Laden représentait une menace sérieuse et la CIA créa une unité spéciale à son intention. Un an plus tard, Ben Laden donnait sa première interview télévisée sur CNN et déclarait la guerre aux États-Unis. En général, nos ennemis ne font pas état de leurs intentions d'une façon aussi publique. Si les Japonais avaient défini leurs objectifs dès le début de la guerre, l'US Navy se serait mieux préparée à l'attaque de Pearl Harbor.

Au cours des quatre années suivantes, les attentats d'Al-Qaïda touchèrent deux ambassades américaines en Afrique, le *Cole* au Yémen, et les Twin Towers à New York, infligeant aux États-Unis plus de dégâts que cinquante années de guerre froide. À bien des égards, cette croissance exponentielle de la violence résultait de la vision particulière d'un seul homme : Oussama Ben Laden.

Pourtant, aujourd'hui, on est enclin à penser que sa chute ne changerait pas grand-chose à la guerre en cours contre le terrorisme. En mars 2002, lors d'une conférence de presse, le président George W. Bush a parlé de lui comme d'une « personne désormais marginalisée » [1]. Certains en ont même fait un sujet de plaisanterie en le rebaptisant « Ben l'Oublié ».

Il faut retrouver Ben Laden. Et ceci pour deux raisons. D'abord parce que chaque jour de sa liberté représente une victoire pour la propagande d'Al-Qaïda. Ensuite parce que même si Ben Laden et son bras droit Zawahiri n'exercent pas un contrôle permanent sur Al-Qaïda, ils continuent de fournir des indications stratégiques aux groupes opérationnels. Les mouvements djihadistes du monde entier se sont toujours fiés aux déclarations de Ben Laden et de Zawahiri pour guider leurs actions, même si les deux hommes sont désormais recherchés. Depuis le 11 septembre, Ben Laden a diffusé au moins dix-huit messages par cassette audio ou vidéo, lesquels, relayés aux quatre coins du monde par CNN, la BBC, Al-Jazira et autres, ont touché des dizaines de millions de personnes.

Interrompre la diffusion des idées de Ben Laden risquerait de se révéler plus problématique que l'arrestation ou l'élimination des leaders d'Al-Qaïda. Témoin, le sondage effectué en mars 2004, au niveau international, par le Pew Global Attitudes Project. Le résultat montre que Ben Laden bénéficie d'opinions favorables au Pakistan (65 %), en Jordanie (55 %) et au Maroc (45 %), pays qui sont des alliés clés dans la guerre contre le terrorisme[2]. Ce sondage confirme celui de 2003, où les Indonésiens, les Jordaniens, les Pakistanais et les Marocains avaient déclaré que leur confiance allait bien plus à Ben Laden qu'au président Bush[3]. De fait, aucun homme politique arabe n'avait exercé une telle influence dans le monde depuis Gamal Abdel Nasser, le président égyptien qui, dans les années 1950 et 1960, avait réussi à galvaniser tout le Moyen-Orient. On observera d'ailleurs qu'Abu Mussab Al-Zarqaoui a prêté allégeance en 2004 à Al-Qaïda ; sachant que Zarqaoui est le représentant le plus redouté de l'insurrection irakienne, son geste donne une idée de l'influence exercée aujourd'hui par Ben Laden sur les militants.

On s'étonnera de constater qu'il demeure à bien des égards un homme mystérieux. Comment s'y est-il pris, par exemple, pour devenir le chef de l'organisation terroriste la plus meurtrière du monde ? Comment a-t-il mis au point l'idéologie politico-religieuse appelée à devenir son héritage ? N'est-il qu'un riche wahhabite devenu un pion entre les mains des islamistes égyptiens, ou agit-il en son nom propre ? Dans quelle mesure Al-Qaïda a-t-elle fonctionné comme une organisation placée sous la coupe de Ben Laden ? N'est-elle pas plutôt une sorte de phare idéologique sans fonction hiérarchique ?

Comment faut-il lire le combat mené par Ben Laden contre l'Occident ? A-t-on affaire à un milliardaire idéaliste ou à un stratège convaincu de lutter pour le salut de l'islam ? Quand il lance ses attaques contre les États-Unis, s'en prend-il à la conception que ce pays se fait de la liberté ou à sa politique étrangère ? Et que veut-il, en définitive ? Cherche-t-il à renverser le régime saoudien ou à restaurer le califat sur l'ensemble du monde musulman ?

Je ne prétends pas apporter dans ce livre une réponse définitive à ces questions. Après tout, la vie intérieure d'un individu est forcément chose mystérieuse. Écrire sur Ben Laden est d'autant plus compliqué qu'il a grandi dans l'une des sociétés les plus fermées du monde, le royaume d'Arabie Saoudite, et dans l'une des familles parmi les plus secrètes de ce royaume. En plus, il semble qu'il ait lui-même évité de lever le voile sur sa personnalité au cours de ses interviews. J'espère néanmoins pouvoir aider le lecteur à se forger une meilleure idée du personnage et de son organisation, grâce à des éléments tirés d'interviews, de documents d'archives et de bases de données.

Nous avons besoin de le saisir autrement qu'à travers le brouillard de notre propre propagande – il n'a par exemple jamais exprimé le souhait de s'attaquer à l'Occident en raison de nos « libertés ».

J'ai choisi de présenter un ouvrage composé de témoignages des leaders d'Al-Qaïda, en respectant le langage employé par ceux qui se sont fait de lui une idée personnelle. Ainsi, tous les personnages cités ici – sauf quelques exceptions signalées comme telles – ont rencontré Ben Laden. Les témoignages présentés sont de première main. Nul ne les a édulcorés.

Bien entendu, il ne s'agit pas de faire défiler des dizaines de personnes en demandant à chacune de relater sa première rencontre avec Ben Laden : ce serait vite ennuyeux. Dans la majorité des cas, cela sert plutôt de point de départ à une discussion plus élargie sur le personnage, sur la personnalité de ses proches, ainsi que sur l'histoire et les objectifs d'Al-Qaïda.

Ce livre, je l'espère, contribuera à éclairer des univers dont le lecteur a probablement une expérience limitée : l'époque et les lieux où Ben Laden a grandi – Djedda et l'Arabie Saoudite des années 1970, la façon dont Al-Qaïda a pris forme en

Afghanistan, dans les années 1980, durant la guerre contre les Soviétiques, la radicalisation de Ben Laden au Soudan et l'Afghanistan des talibans à la fin des années 1990, et bien sûr le monde secret d'Al-Qaïda.

J'ai réalisé ces interviews durant les huit dernières années en Afghanistan, au Pakistan, en Arabie Saoudite, en Jordanie, en Égypte, au Yémen et au Royaume-Uni. J'y ai inclus les témoignages de personnes ayant connu Ben Laden et ayant été entendues dans des affaires judiciaires aux États-Unis, au Canada, en Italie, en France, en Bosnie, en Belgique, en Espagne, en Allemagne et en Égypte. J'ai puisé dans des livres écrits par les leaders d'Al-Qaïda ou par d'anciennes personnalités du régime taliban ; dans les milliers de pages de transcription venues des tribunaux militaires américains, lors des procédures contre les prisonniers de Guantánamo ; dans les reportages de première main concernant Ben Laden, et publiés par la presse dans le monde musulman ; dans les documents émanant du Saudi Bin Laden Group ; et enfin dans les documents et publications d'Al-Qaïda sur lesquels j'ai pu mettre la main, et qui remontent jusqu'au milieu des années 1980.

Parmi ces derniers documents figurent plusieurs milliers de pages du magazine *Djihad*, le journal interne des islamistes d'Afghanistan dans les années 1980. Le Counterterrorism Center de West Point a publié une traduction de l'*Encyclopédie du Djihad*, document de plusieurs milliers de pages, véritable manuel d'entraînement essentiellement rédigé dans les années 1990. Je me suis servi également des déclarations de Ben Laden, dont celles que nous avons recueillies, Peter Arnett et moi-même, pour CNN en mars 1997 – lors de ce qui fut la première interview télévisée du chef d'Al-Qaïda et, en ce qui me concerne, ma seule et unique rencontre avec lui.

Le détail qui m'a le plus frappé lors de cette rencontre, c'est la façon qu'il avait de se présenter comme un religieux au langage mesuré, et non comme le patron d'une organisation terroriste. Durant tout l'entretien, il a développé sa tirade contre l'Occident d'une voix qui était presque un murmure. Il était manifestement informé de ce qui se passait dans le monde. Il a fait allusion par exemple à une réunion qui avait eu lieu récemment à la Maison-Blanche entre le président Bill Clinton et l'ancien chef de l'IRA Gerry Adams. Ce commentaire improvisé nous fut délivré en pleine nuit, dans une cabane, par grand froid, au cœur des montagnes afghanes ; il est la preuve, selon moi, de l'intérêt que porte Ben Laden à la politique internationale.

Tandis que je rassemblais mes interviews et le matériel de ce livre, je me suis aperçu qu'un thème essayait d'émerger, presque de force. L'histoire d'Al-Qaïda doit se lire à travers celle de l'Afghanistan au cours des vingt dernières années, et bien sûr à travers le 11 septembre, mais elle reflète surtout le conflit idéologique et militaire qui opposa Ben Laden au légendaire commandant Massoud. Les deux hommes n'étaient pas seulement séparés par une inimitié personnelle, ils représentaient les deux pôles de la guerre qui déchire actuellement le monde musulman. Les uns, comme Ben Laden, veulent installer des théocraties de type taliban depuis l'Indonésie jusqu'au Maroc ; les autres, comme Massoud, ambitionnent plutôt de créer des États islamiques capables d'entretenir d'excellentes relations avec l'Occident, de tolérer les autres religions et d'autoriser les femmes à sortir de chez elles.

En 1993, pendant la guerre civile en Afghanistan, j'ai rencontré Massoud à son quartier général, dans le nord de Kaboul, et comme beaucoup j'ai été fasciné par la puissance de son intégrité et de son charisme. Cet homme peut être considéré comme le stratège le plus brillant de la fin du vingtième siècle. Il a survécu à six opérations lancées par les Soviétiques pour le réduire dans son propre sanctuaire de la vallée du Panshir, au nord de l'Afghanistan. Et, en tant qu'être humain, Massoud paraissait aimable, fragile et doté d'un sens de l'humour désarmant. Parler avec lui vous laissait une forte impression. C'était très différent d'une rencontre avec Ben Laden, que pour ma part j'ai trouvé opaque et indéchiffrable.

Massoud et Ben Laden ne se sont jamais rencontrés et l'un des témoins de ce livre fait observer avec perspicacité que si une telle rencontre avait eu lieu, elle aurait modifié l'histoire du monde. Nombre d'Occidentaux avaient beau considérer Massoud comme un fondamentaliste, il s'agissait en réalité d'un fondamentaliste modéré. Sa pensée se nourrissait de poésie, de mystique soufie et de tolérance. Il regardait vers l'Occident. À la fin des années 1980, quand Ben Laden et les Égyptiens ont commencé à former le noyau d'Al-Qaïda, ils se sont tout de suite opposés à lui ; ils entendaient promouvoir un islamisme radical et repousser comme apostats les musulmans qui n'adhéraient pas à leur militantisme.

Al-Qaïda décida de s'allier avec le plus dur des rivaux de Massoud, le commandant afghan Gulbuddin Hektmatyar. À la fin des années 1990, l'organisation rejoignit les talibans auxquels Massoud résistait depuis plus de cinq ans.

C'est Ben Laden en personne qui a commandité l'exécution de son rival. La mort de Massoud était un cadeau offert au chef taliban Omar, qu'il n'avait pas associé aux attentats du 11 septembre, sachant qu'il s'y serait certainement opposé de crainte qu'une telle opération ne mette en danger son régime.

Un autre thème est apparu tandis que je travaillais à ce livre : la question de savoir dans quelle mesure Ben Laden agissait sur la base d'une impulsion, sans prendre le temps de mesurer les conséquences de ses décisions. Par exemple, le 25 décembre 1979, quand les Soviétiques envahissent l'Afghanistan, Ben Laden n'attend pas qu'une fatwa soit émise pour prendre les armes. Il a vingt-deux ans. Il part aussitôt pour le Pakistan et réunit des fonds pour soutenir l'effort de guerre. Pendant que les autres Arabes estiment de leur devoir de soutenir les moudjahidin afghans, Ben Laden crée sa propre force militaire arabe, laquelle devait attaquer les Soviétiques lors de la bataille de Djaji au printemps 1987.

Néanmoins, Ben Laden n'a pas témoigné une grande intelligence stratégique dans cette bataille, pas plus d'ailleurs que le 11 septembre. Pourtant, il essaie sans doute de penser en termes de stratégie. En créant une force militaire arabe, par exemple. Ou en décidant d'attaquer l'« ennemi lointain », les États-Unis, dans le but de déstabiliser l'« ennemi proche », l'Arabie Saoudite. Mais quels sont en définitive les résultats de cet effort de réflexion ? La bataille de Djaji a montré que les Arabes étaient capables de résister quelques semaines à des forces soviétiques. Rien de plus. Et si le 11 septembre a prouvé qu'Al-Qaïda pouvait attaquer les États-Unis, l'opération a pris des allures de mission kamikaze puisque les Américains ont répliqué en décimant l'organisation et en détruisant les talibans.

De même, en 1989, Ben Laden insista pour participer à l'attaque lancée contre la ville de Djalalabad, dans l'est de l'Afghanistan, alors que sa petite armée formée à la guérilla n'était pas préparée à ce type de combat. Le tout se solda par un fiasco. Une centaine de ses combattants y laissèrent leur vie. Enfin, contre l'avis de ses proches, alors même que la guerre contre les Soviétiques tendait à se calmer, il décida de poursuivre le djihad aux quatre coins du monde en créant sa propre organisation : Al-Qaïda.

Même après la guerre contre les Soviétiques, Ben Laden continua d'agir par impulsions. Lorsque Saddam Hussein envahit le Koweït, en 1990, il offrit aussitôt de mettre ses moudjahidin à contribution pour contrer l'Irak. Le gouvernement saoudien repoussa cette idée.

Après 1996, Ben Laden s'installa en Afghanistan. Dans plusieurs interviews, il appela à des attaques contre les États-Unis, contre l'avis des talibans, qui ne cessaient de le mettre en garde. Puis vint le 11 septembre, dont les effets inattendus furent de provoquer la chute des talibans et de détruire l'infrastructure d'Al-Qaïda en Afghanistan.

On nous répète que les terroristes islamistes sont unis par une même aversion pour les États-Unis, et c'est pourquoi nous avons tendance à penser que cette unité fonctionne sur le plan tactique, stratégique et idéologique. En réalité, ils nourrissent souvent les uns envers les autres des sentiments analogues à ceux que leur inspire l'administration Bush. La vérité est que le mouvement est déchiré par des querelles d'ordre personnel et stratégique. Et c'est là aussi un thème fondamental que j'espère mettre en évidence : combien le mouvement islamiste s'est divisé au cours de son histoire ; et combien ces divisions ont été accentuées par les attentats du 11 septembre, événement considéré par nombre d'entre eux comme néfaste à leur cause.

J'ai essayé d'exclure de cet ouvrage les éléments sujets à caution et ceux qui se révélaient invérifiables. Il existe par exemple une interview de la cinquième femme de Ben Laden, une Yéménite dont les propos furent publiés en 2002 par le magazine *Al-Majallah*[4]. L'article, un modèle de commérage, prétend que l'ex-épouse de Ben Laden a quitté l'Afghanistan pour rentrer au Yémen après la chute des talibans ; or cette information est réfutée par Abu Jandal, le chef des gardes du corps de Ben Laden, considéré comme une source fiable.

De même, l'interminable discours ramené à la surface en novembre 2002 sous le titre *Lettre d'Oussama Ben Laden à l'Amérique*. On a prétendu qu'il émanait bien du leader d'Al-Qaïda. Le texte est un catalogue de critiques où les États-Unis sont accusés, entre autres, de vouloir répandre la guerre mondiale, et même de tolérer l'inceste[5]. Or, son authenticité a été contestée par ceux qui sont familiers du style de Ben Laden, comme le journaliste palestinien Jamal Ismaïl, qui le connaît depuis 1984. Je partage cette opinion. La lettre n'est pas de la plume de Ben Laden. Elle aborde nombre de problèmes – le sida, le jeu, le sexe – sur lesquels il ne s'est jamais exprimé par ailleurs. De toute façon, une lettre diffusée sur le Web n'est pas une cassette audio ou vidéo. Comment s'assurer qu'elle émane effectivement de lui ?

D'autre part, certaines des personnes citées dans ces pages présentent à l'évidence une version des faits qui leur est favorable, quitte à mentir quelquefois. Quand c'est le cas, le lecteur devrait s'en apercevoir en se référant aux circonstances entourant le propos, ou à d'autres déclarations formulées ailleurs dans le livre. Il est clair par exemple qu'un détenu de Guantánamo essaiera fatalement de couvrir ses activités. Ou qu'un ancien membre du gouvernement soudanais développera une certaine amnésie sur les relations qu'il a entretenues avec Ben Laden pendant les quatre années que ce dernier a passées au Soudan.

Plusieurs documents seront présentés sous forme d'extraits. Ils émanent en général de procédures judiciaires, mais aussi d'innombrables autres sources, comme le Département d'État américain ou les livres écrits par des membres d'Al-Qaïda. Dans un souci de clarté, et pour rendre la narration plus fluide, je les présente en résumant le contexte. J'ai suivi la même méthode en ce qui concerne les déclarations de Ben Laden et d'Ayman Al-Zawahiri. Les lecteurs qui souhaiteraient consulter les documents originaux pourront se référer aux notes. Certaines de ces déclarations sont disponibles sur Internet. D'autres sont moins faciles à trouver. Mais dans tous les cas la source est spécifiée.

Quand l'interview a été réalisée par un média, tel le journal *Al-Quds Al-Arabiya*, la précision est fournie, et complétée par une note si l'interview revient plus loin dans le livre. Cependant, les interviews publiées ici ont généralement été réalisées par mes soins, et je précise dans quelles conditions. Les interviews effectuées par trois collaborateurs – Paul Cruickshank, Sam Dealey et James Meek – sont présentées comme telles. (Certaines des personnes interviewées ont tenu à s'exprimer en anglais, et non dans leur langue maternelle.)

Je me suis efforcé d'être aussi précis que possible sur les dates, en les recoupant avec différents témoignages, mais il faut tenir compte des différences de calendrier existant entre l'Occident et le monde islamique. Enfin, comme les fondamentalistes ne célèbrent pas les anniversaires, il est parfois difficile, surtout en Arabie Saoudite, de connaître exactement la date de naissance de tel ou tel protagoniste.

1

L'ARABIE

Oussama Ben Laden a grandi entre les années 1960 et 1970 à Djedda, port sur la mer Rouge, ville un peu assoupie, et qui pendant mille cinq cents ans a servi de porte d'accès à La Mecque, située à cinquante kilomètres. C'est dans le port de Djedda que Mohammed, le père d'Oussama Ben Laden, fit ses débuts en 1930 en travaillant comme porteur pour le compte des pèlerins.

Tandis que Ben Laden grandissait, le monde musulman connaissait un réveil appelé Sahwa, consécutif à la défaite infligée en 1967 par Israël à l'Égypte, la Syrie et la Jordanie. Cet échec signait la faillite du socialo-nationalisme arabe, idéologie qui avait dominé le Moyen-Orient depuis les années 1950. Il intervenait aussi un an après l'exécution de l'écrivain égyptien Sayyid Qutb, dont les écrits et le martyre jouèrent un rôle dans l'émergence du mouvement islamique.

Ce réveil atteignit son apogée en 1979 – première année d'un nouveau siècle selon le calendrier musulman –, quand se produisirent quatre événements qui influencèrent Ben Laden et les autres futurs membres d'Al-Qaïda. Premièrement, le renversement du shah d'Iran par l'ayatollah Khomeyni. Deuxièmement, la prise du saint des saints, la mosquée de La Mecque, par des militants saoudiens. Ensuite, l'accord de cessez-le feu historique signé par l'Égypte avec Israël. Et enfin, l'invasion de l'Afghanistan par l'Union soviétique.

Ce chapitre retrace les vingt premières années de Ben Laden. Durant cette période, il s'est marié pour la première fois, il est entré à l'université et il a commencé de s'investir dans l'entreprise familiale.

Oussama Ben Laden a été interrogé le 22 décembre 1998 par Jamal Ismaïl, correspondant de la chaîne Al-Jazira. L'interview fut diffusée le 10 juin 1999 sous le titre : « Oussama Ben Laden : la destruction de la base. »

Le Seigneur tout-puissant a été assez bon pour m'autoriser à naître de parents musulmans dans la péninsule Arabique, à Al-Malazz, un quartier de Riyad, le 10 mars 1957. Dieu a eu ensuite la bonté de nous permettre de nous rendre à Médine, la ville sainte, six mois après ma naissance. Le reste de ma vie s'est passé à Hejaz, province saoudienne, et en déplacements entre La Mecque, Djedda et Médine.

Comme on le sait, mon père, cheikh Mohammed Ben Laden Awad Ben Laden, était né à Hadramaout, au sud du Yémen. Il partit travailler à Hejaz dès son jeune âge, il y a plus de soixante-dix ans de cela. Puis Dieu le bénit et lui réserva un honneur qu'aucun autre entrepreneur n'avait connu, en lui faisant construire la mosquée de La Mecque, notre ville sainte. Mon père, en même temps, construisit aussi la mosquée de Médine. Ensuite, ayant appris que le gouvernement jordanien lançait un appel d'offre pour la restauration du dôme des Mosquées à Jérusalem, il réunit des ingénieurs et leur dit :

– Calculez-moi le coût du projet.

Quand ils l'eurent fait, ils eurent la surprise de voir mon père, Dieu ait pitié de son âme, réduire le montant afin de garantir une bonne utilisation de l'argent destiné aux mosquées de Dieu. Et c'est lui qui remporta l'appel d'offre.

Pour remercier Dieu de Ses bontés envers lui, il lui arrivait d'aller prier le même jour dans les trois mosquées : La Mecque, Médine et Jérusalem. Dieu ait pitié de son âme. Ce n'est un secret pour personne qu'il compte parmi les fondateurs des infrastructures du royaume d'Arabie Saoudite.

Par la suite, j'ai étudié à Hejaz. J'ai étudié l'économie à l'université de Djedda – l'université King Abdul Aziz, comme on l'appelle. J'ai travaillé dès mon jeune âge sur les routes, dans l'entreprise de mon père, Dieu ait pitié de son âme. Il mourut quand j'avais dix ans. Voilà en tout cas un bref résumé de la vie d'Oussama Ben Laden.

Le Britannique Brian Fyfield-Shayler a vécu en Arabie Saoudite de 1964 à 1974. Il y a enseigné l'anglais aux enfants Ben Laden. Son interview a été réalisée au téléphone par Paul Cruckshank depuis le Devon, en Angleterre, en juin 2005.

Le vieux Ben Laden n'avait plus qu'un œil. C'était un homme qui avait l'air d'un travailleur. Vous ne le voyiez jamais vêtu avec élégance. Pour ce qui est d'Hadramaout, ce n'est pas franchement une société sans classe. Plein de choses, dans cette ville, découlent de votre origine sociale. Si vous veniez de Wadi Hadramaout, personne ne vous critiquait car c'était de là que venaient les deux dynasties au pouvoir. Mais, à mon avis, les gens de Wadi Do'an, la vallée d'où Ben Laden est originaire, étaient au bas de l'échelle. Et puis votre activité dépendait de la région d'où vous veniez. Certaines vallées et certains villages fournissaient des ouvriers, d'autres fournissaient des joailliers et d'autres encore des gens pour l'import-export ou des marchands de vêtements. Cela ressemblait un peu aux marchés médiévaux des villes occidentales. Il existe une hiérarchie sociale chez les Hadramis. Et même s'ils se savaient en bas par rapport aux classes supérieures saoudiennes, une infinité de grades régissaient leur société.

Mohammed Ben Laden venait d'une classe laborieuse, mais au fur et à mesure que la famille a gagné de l'argent, elle a été de mieux en mieux acceptée.

Les mères des enfants de Mohammed étaient des femmes très simples, venues des villages installés autour des chantiers de construction dont il s'ocupait. Beaucoup d'histoires circulent sur la manière dont il s'est payé quelques-unes de ses jeunes épouses. Selon moi, il les choisissait d'abord parce qu'elles étaient issues de Bédouins saoudiens. Ensuite pour leur jeunesse. Cet aspect l'intéressait. Tous ses fils ont de l'allure. Ils sont très beaux. Je ne crois pas avoir jamais rencontré un Ben Laden laid. La mère d'Oussama, d'après ce qu'on m'a dit, était une beauté.

Son père n'avait jamais plus de quatre femmes en même temps. Il divorçait toujours de la troisième et de la quatrième pour les remplacer par de nouvelles. J'ignore combien il y en avait en tout [1]. Et il n'existe qu'une seule famille en Arabie

Saoudite avec qui établir la comparaison. C'était déjà un anachronisme dans les années 1950 et 1960. La seule famille qui pratiquait cela, en fait, était celle du roi Abdul Aziz et du roi Saoud. Je crois que Mohammed a dépassé le roi Abdul Aziz en nombre d'enfants et de femmes.

Les Saoudiens ont leur susceptibilité. La couleur de la peau, en particulier. Même si un Saoudien refuse toujours de l'admettre. En Arabie Saoudite, quand quelqu'un se marie, la première question que pose la femme, c'est : « De quelle couleur est-il ? Quelle nuance ? » Il existe une grande différence entre la personne qui est blanche, donc belle, et celle qui est plus foncée, donc laide. Si bien que vous avez là-bas des cerveaux, des gens très doués, qui passent à côté d'une promotion parce qu'ils sont dans la partie sombre du spectre. Ben Laden, lui, est du bon côté.

Je suis né en 1942 à Reading, près de Londres. J'ai suivi l'université à Oxford. C'est là que j'ai étudié l'anglais et obtenu mon diplôme. Mon premier travail, en 1963, c'était un poste de professeur d'anglais au Ghana. Ensuite, j'ai voulu enseigner ailleurs. J'ai répondu à trois offres d'emploi : en Arabie Saoudite, en Libye et en Éthiopie. C'est l'entretien en Arabie Saoudite qui s'est présenté le premier. Il a eu lieu à Londres, à l'ambassade, au printemps 1964, ou au début de l'été. À la fin du mois d'août, j'étais sur place, nommé à l'école Al-Thagr.

C'était un établissement prestigieux, visité chaque semaine par des centaines de personnes. Les présidents de tous les pays alentour. Des délégations parlementaires anglaises. Au niveau secondaire, il y avait peut-être vingt élèves au départ, et seize ou dix-sept seulement à la fin du cycle. C'était un tout petit établissement, en fait. Mon équipe se composait de Jordaniens, d'Égyptiens, de Syriens. J'avais un professeur d'anglais soudanais, excellent. On allait les chercher dans leur pays.

Fayçal est devenu roi en 1964... Une de ses premières mesures a été d'obliger les princes à mettre leurs enfants à l'école en Arabie Saoudite. C'était un changement d'importance. Ses propres frères et ses cousins avaient l'habitude d'envoyer leurs fils étudier à l'étranger. Résultat, à partir de 1964, on a vu débarquer des quantités de jeunes princes saoudiens qui avaient commencé leurs études ailleurs, dans les établissements les plus absurdes qu'on puisse imaginer ; certains d'entre eux ne savaient même pas lire et écrire l'arabe. On les avait obligés à rentrer en Arabie Saoudite, quelquefois en employant la manière forte. Il fallait que les gens comprennent qu'il n'était plus acceptable d'envoyer ses enfants à l'étranger. Les plus grandes familles ont dû suivre l'exemple des princes.

Les élèves, à Al-Thagr, appartenaient à l'élite. Il y avait d'abord les fils des princes et ceux des ministres qui vivaient à Djedda. Ensuite, bien sûr, les rejetons des familles d'affaires. Dans la rue du Roi-Abdul, la principale artère commerçante, il suffisait de regarder les noms des boutiques. C'était la deuxième génération des hommes d'affaires hadramis. Vous retrouviez les mêmes noms à l'école : ils formaient le gros du bataillon.

On a beaucoup critiqué cet établissement en disant qu'il était réservé aux riches, mais ce n'était pas vrai. Le fils de mon chauffeur de taxi fréquentait cette école. La tendance était d'accueillir les meilleurs de chaque classe sociale. Il n'y avait pas que les enfants des princes. Il y avait aussi des enfants extrêmement brillants venus de familles aux revenus moyens, voire pauvres.

L'établissement n'empruntait pas grand-chose aux anciennes madrassas coraniques. Le proviseur était allé visiter des établissements en Angleterre, et il en avait rapporté des idées. Le programme était toujours susceptible d'être développé. L'école s'enorgueillissait d'enseigner la science. Là-bas, je n'ai jamais entendu personne critiquer les programmes ni leurs présupposés scientifiques ; je me rappelle même que les fondamentalistes n'étaient pas considérés comme ayant une influence majeure dans la société saoudienne des années 1960.

Nous avions un théâtre, construit dans l'école. La plupart du temps, il servait de salle de réunion à l'élite de Djedda, qui s'y rassemblait pour écouter le prince couronné Fayçal quand il présidait le Conseil des gouverneurs. Il y était chez lui. À la fin de ma première année d'enseignement, le proviseur a dit qu'il siégeait dans un comité destiné à ouvrir une nouvelle université à Djedda : la future université King Abdul Aziz. Et au cours de ma deuxième année en Arabie Saoudite, j'ai assisté aux réunions du comité pour la fondation de l'université.

À la fin de cette même année, on a organisé une grande réunion avec les gens les plus riches de Djedda – hommes d'affaires, banquiers, princes. Ils ont tous promis de verser des fonds. C'est dans notre école qu'elle s'est tenue. Comme en de nombreuses autres occasions, Mohammed Ben Laden était présent. C'était à qui donnerait le plus d'argent. Bien sûr, le premier à promettre de verser un million de riyals créait l'événement. Mohammed rayonnait. Il se régalait à faire grimper les enchères.

Extrait d'une histoire officielle du Saudi Binladen Group diffusée sur Internet, et qui a disparu de la toile après les attentats du 11 septembre[2] :

Société fondée en 1931 par Mohammed Ben Laden. C'était au début une modeste entreprise de construction. Puis elle grandit et prospéra en même temps que se développait le royaume d'Arabie Saoudite. Au fil des années, nombre de chantiers importants lui furent confiés, lesquels contribuèrent à leur tour au développement des ressources du royaume et à l'extension de ses infrastructures.

Après la disparition de Mohammed Ben Laden, la société diversifia ses activités et devint un conglomérat international dont les intérêts dépassent son activité traditionnelle de construction : industrie, pétrole, chimie, ressources minières, télécommunications, opérations de maintenance, manufacture et commerce.

Ben Laden avait dix ans quand éclata la guerre des Six Jours lancée par Israël contre l'Égypte, la Syrie et la Jordanie. Ce conflit eut un profond retentissement dans le monde arabe. Le gouvernement égyptien, qui avait promis une victoire rapide sur Israël, essuya une défaite spectaculaire qui remit en question les fondements mêmes du régime de Nasser, l'héritier d'un siècle de nationalisme arabe. Cette défaite eut pour conséquence de galvaniser le mouvement islamique.

Dans les années 1980, l'officier égyptien Essam Deraz passa plus d'un an avec Ben Laden sur le front en Afghanistan. Il revient sur la défaite de 1967.

Il a été interviewé par l'auteur au Caire, en Égypte, en janvier 2000 et en mai 2005.

Je peux vous dire l'effet produit par la guerre de 1967 sur la région. J'étais alors officier de reconnaissance. Je me déplaçais à l'avant des troupes. Autrement dit, j'étais aux premières loges. Nous avons vu l'armée de notre pays se faire anéantir en l'espace de quelques heures.

J'ai découvert que ce n'était pas Israël qui nous avait battus, mais le régime égyptien lui-même. Dès lors, je me suis opposé à ce régime. Car il ne s'agissait pas d'une défaite militaire. C'était une défaite de la civilisation. Nous ne savions pas que nous étions arriérés à ce point. Nous étions rétrogrades. Nous restions à la traîne de la civilisation moderne. Un séisme secouait la personnalité arabo-islamique, pas seulement en Égypte, mais dans tout le monde arabe.

Brian Fyfield-Shayler.

La guerre de 1967 eut de grandes conséquences sur l'école. Nombre d'enfants voulaient monter dans des bus et aller se battre pour la bonne cause. L'établissement faisait de gros efforts pour qu'ils restent en classe, et leur expliquait que la meilleure façon de se défendre était d'obtenir un bon diplôme.

Hutaifa Azzam est le fils du religieux palestinien Abdullah Azzam, qui fut le mentor de Ben Laden. Il a combattu les Israéliens pendant la guerre des Six Jours. Je l'ai interviewé à Amman, en Jordanie, le 13 septembre 2005.

Quand les juifs ont pris le territoire de Jenine, en Palestine, et Seilah Al-Harthai qui était le village de mon père, ce dernier a réuni des amis, des camarades et des parents. Ils ont pris leurs armes et décidé de résister. Il avait vingt-six ans. Il était professeur dans le secondaire.

Ils ont décidé de partir pour la Jordanie et de reprendre là-bas leur mission. Il est allé dans des camps d'entraînement dits du « vrai peuple de la religion musulmane », à la frontière de la Palestine. Leur mouvement s'est poursuivi jusqu'en 1970.

Mon père a écrit un livre sur la question : *Palestine from heart to heart* (« La Palestine, du cœur au cœur »). Il suffit de lire le titre pour voir que nous n'accepterons jamais de perdre la Palestine.

Hamid Mir, journaliste pakistanais, écrit actuellement une biographie de Ben Laden. Je l'ai rencontré à Islamabad, au Pakistan, en mars 2005.

Ben Laden dit que son père n'était pas très cultivé. Ainsi, après la guerre de 1967, il a réuni tous les ingénieurs de son entreprise et leur a demandé :

– Combien de bulldozers avez-vous ?

Ils ont compté et répondu qu'il y en avait plus de deux cent cinquante. Alors Mohammed les a interrogés à nouveau :

– Pouvez-vous transformer ces bulldozers en deux cent cinquante tanks ?

L'un des ingénieurs s'est étonné :

– Pour quoi faire ?

Et lui de répondre :

– Je veux m'en servir contre les juifs car ils nous ont pris notre terre.

Le père de Ben Laden était très, très très anti-Israël et anti-juif. Il était de ceux pour qui la terre de Palestine appartient aux Arabes. Pour comprendre l'amour qu'il portait à Al-Quds, le nom arabe de Jérusalem, il suffit de songer à un exemple que m'a cité Ben Laden. Une ou deux fois par mois, son père avait coutume d'aller prier, le matin à Médine, l'après-midi à La Mecque et le soir à Jérusalem, puisqu'il possédait un avion.

Brian Fyfield-Shayler se rappelle avoir enseigné l'anglais à Oussama Ben Laden l'année qui suivit la mort de Mohammed.

C'était la quatrième année que j'enseignais quand Oussama est arrivé, en 1968 ; il avait onze ans. Il était l'un de mes trente élèves. Il s'asseyait toujours aux deux tiers de la salle, du côté de la fenêtre donnant sur les terrains de sport et les aires de jeux. Pourquoi ai-je gardé le souvenir d'Oussama ? D'abord et avant tout, il y avait son nom, sa famille. Et puis il était superbe, plus grand que ses condisciples, de sorte qu'on le repérait tout de suite. Son anglais n'était pas formidable. Il ne faisait pas partie des cerveaux de la classe. Mais il n'était pas non plus dans les derniers. Cela ne veut d'ailleurs pas dire qu'il se situait dans la moyenne puisque nous nous trouvions dans l'une des deux meilleures écoles du pays. Donc, même s'il ne brillait pas outre mesure, au niveau national il aurait été l'un des cinquante meilleurs.

C'est vrai qu'il n'a pas démarré « sur les chapeaux de roue ». Mais jusqu'à quel point peut-on parler de la personnalité de quelqu'un en se fondant sur ce qu'il était à onze ans ? Il m'est arrivé de penser que les gens ne changent pas, que tout se forme très tôt dans la vie.

Il était très courtois : nous avons affaire à un trait de caractère commun aux élèves en Arabie Saoudite, mais je pense qu'il était plus courtois que la moyenne. Cela venait sûrement du fait qu'il était un peu plus timide que les autres. Par exemple, quand le professeur posait une question, on voyait jaillir une forêt de mains : « Interrogez-moi ! Interrogez-moi ! » Oussama, non. Il restait assis calmement, un sourire confiant sur les lèvres. Il ne cherchait pas à faire étalage de ses connaissances. Mais si vous l'interrogiez, il savait la réponse. Il ne se mettait pas en avant, c'est tout. Il n'était pas du genre à s'installer au premier rang pour essayer d'attirer l'attention du professeur. Il n'était pas non plus du genre à aller se cacher au fond de la classe.

Quand Mohammed s'est tué dans un accident d'avion en 1967, la nouvelle a fait du bruit. C'était une info de portée nationale. Je me rappelle quand je l'ai appris. J'étais à Taif. Bien entendu, c'était Mohammed Ben Laden qui construisait la route de Taif. Celle qui va de Djedda en passant par La Mecque.

Mohammed Ben Laden s'était tué. Tout le monde était secoué.

Hamid Mir, le biographe pakistanais de Ben Laden. Interview de mars 2005.

Oussama m'a dit qu'à la mort de son père le roi Fayçal a pleuré pendant des jours, car les deux hommes étaient très proches.

Brian Fyfield-Shayler.

Pendant au moins toute l'année suivante, l'avenir de la société Ben Laden a été incertain. De nombreux projets n'avaient pas été menés à bien, et c'était un problème car il s'agissait du plus grand entrepreneur du pays. On s'inquiétait beaucoup pour les finances de la société. Et qui devait assurer la direction des affaires ? Seuls Salem, le frère le plus âgé d'Oussama, et trois ou quatre autres frères avaient l'âge prendre le relais.

Salem avait suivi ses études à Millfield, en Angleterre. Il était un peu plus jeune que moi. Des amis communs nous avaient présentés. Cela n'avait rien à voir avec l'établissement qui m'employait. Non, c'était juste une relation. Le gros de mes contacts avec lui, c'était en 1973 et 1974. Il était très occidentalisé. Il parlait un anglais superbe, plein de distinction. Il jouait de la guitare. Il avait plein d'amis occidentaux. À Djedda, c'était la personnalité à la mode.

Un parent de la famille Ben Laden qui a connu Salem, et qui souhaite conserver l'anonymat.

Salem était une personnalité unique à tout point de vue. D'après les critères saoudiens, il était très original. Il était plein de charisme. Il jouait de la guitare : les tops des sixties, notamment, comme *Where Have All the Flowers Gone ?* (« Que sont devenues les fleurs ? »).

Il jouait un peu le bouffon à la cour du roi Fahd, qui l'avait intégré dans son premier cercle. De temps en temps, ils faisaient des frasques ensemble. Une fois, il s'est amusé à survoler avec son avion le camp du roi dans le désert. L'avion passait à très basse altitude. C'était dangereux. Mais Salem est toujours resté l'un des favoris du roi.

Il a pris la direction de l'entreprise en 1973 et 1974. Les relations que son père avait entretenues avec la famille royale s'étaient relâchées. Il s'est employé à les ranimer avec succès. Si le roi Fahd voulait un palais, Salem se chargeait de le lui construire.

Il avait vingt et un ans à la disparition de son père, en 1967. Le roi Fayçal, le plus respecté de tous les monarques saoudiens, s'était arrangé pour que l'entreprise Ben Laden soit confiée en de bonnes mains en attendant que les enfants aient l'âge de participer à la gestion. Salem était personnellement responsable de la distribution des dividendes. D'autres frères, comme Ali, qui vit à Paris, se sont retirés des affaires familiales.

On peut se demander combien Oussama a hérité de sa famille. Après le 11 septembre, les médias ont parlé de 200 et 300 millions de dollars, mais il a sûrement touché beaucoup moins. En fait, d'après une personne proche de la famille, il bénéficia d'une redistribution des biens fonciers de son père, en vertu de la charia, la loi coranique, qui prévoit que les fils reçoivent deux fois plus que les filles[3]. Mais si Mohammed possédait une grande fortune, il avait aussi cinquante-quatre enfants, ce qui réduisait les parts. Jusqu'en 1994, date de la rupture avec sa famille, Ben Laden aura bénéficié pendant vingt ans des revenus fonciers de son père, et perçu quelque chose comme 20 millions de dollars.

Au cours des années qui suivirent la disparition de Mohammed, Salem se rendit en Suède afin de nouer des relations pour le bénéfice de l'entreprise familiale. Il voulait également acheter des camions à Volvo.

C'est alors qu'il visita la petite ville de Falun, connue pour ses mines d'acier, mais aussi pour une boîte de nuit appelée Ophelia. Christina Akerblad est l'ancienne propriétaire de l'hôtel Astoria

à Falun. D'après elle, Salem et son jeune frère Oussama y séjournèrent en 1970.

L'hôtel Astoria n'était qu'un petit *bed and breakfast*. Ils y dormaient et y prenaient le petit déjeuner. En face, il y avait un grand hôtel où ils allaient acheter leur nourriture, et ils revenaient dîner chez nous dans leur chambre. Ils ne voulaient pas dîner en face. Je ne sais pas pourquoi. Nous avions cet établissement en 1970 et 1971. Ils sont venus ces deux années-là. Ensemble la première année, Oussama et Salem.

Je me rappelle très bien qu'ils avaient une grosse Rolls-Royce. Or il était défendu de se garer dans la rue devant l'hôtel. Mais ils le faisaient quand même. On leur a expliqué qu'ils allaient payer une amende pour chaque heure de stationnement interdit. Ils ont répondu :

– Ça ne fait rien. C'est drôle d'aller au poste et de discuter avec la police. On reste là.

Ils en avaient fait un jeu. Ils étaient tellement riches ! Ils ne savaient même pas combien d'argent ils possédaient... Je leur ai demandé comment ils avaient réussi à venir en Suède avec cette énorme voiture. Ils étaient arrivés à Copenhague avec leur propre avion. Ils me l'ont dit :

– On a notre avion. On l'a laissé à Copenhague, et on a continué en voiture. Il fallait qu'on prenne des contacts en Suède.

– Quel genre de contacts ? ai-je demandé.

Mais je n'ai pas obtenu de réponse.

Ils sont restés une semaine. Pendant l'hiver 1970. En janvier, je crois. Il y avait de la neige plein la rue. On a eu un hiver très froid, cette année-là. On a vu arriver deux garçons élégants, très chics. Très beaux, aussi. Ils avaient des yeux extraordinaires, surtout Oussama. Il avait des yeux qui ruisselaient d'amour. Mes deux fils Anders et Gerk les admiraient, tellement ils étaient bien habillés. Pour leurs cheveux noirs bouclés, aussi. Et ils étaient très amicaux. Quand ils tombaient sur nos fils dans le couloir, ils leur disaient bonjour et prenaient le temps de jouer un moment avec eux.

Ils avaient pris chacun une chambre double. Ils dormaient dans un lit, et posaient leurs bagages sur l'autre. Le dimanche, je n'avais personne pour le ménage, alors je faisais les chambres. J'ai été impressionnée de trouver dans de grands sacs des quantités de chemises blanches hors de prix de chez Dior ou Saint Laurent. Ils les mettaient une fois et ils les jetaient. Quand la femme de ménage avait voulu les prendre pour les laver, ils avaient dit non :

– On ne les met qu'une fois. Mais vous pouvez les garder si vous voulez.

Il y avait aussi le petit sac plein de bijoux. Des diamants, des rubis, des émeraudes... C'était extraordinaire de tomber là-dessus.

Ils affirmaient qu'ils étaient à peu près soixante frères et sœurs. Quand ils nous disaient au revoir, ils ajoutaient :

– On se reverra l'année prochaine. On viendra avec toute la famille, j'espère. On vous fera signe dès qu'on sera là.

L'année suivante, ils sont revenus. Et je crois qu'ils étaient vingt-trois.

Cette même année, Hans Lindquist, qui travaillait pour un journal de Falun, le *Dalarnes Tidningar*, fut chargé d'un reportage sur une grande famille saoudienne en visite dans la ville. Voici un extrait de son papier.

DES CÉLÉBRITÉS ARABES SÉJOURNENT DANS LA RÉGION

Hier, Salem Ben Laden s'est arrêté à Falun, dans le cadre d'un voyage à travers l'Europe, où se combinent les affaires et les loisirs. Il était accompagné de vingt-deux membres de sa famille qui compte en tout cinquante-quatre enfants. Le jeune cheikh est âgé de vingt-six ans. Son jet privé s'est posé à l'aéroport de Borlange. Le reste de la famille est arrivé en voiture. Il s'est rendu au club Ophelia de Falun. On raconte qu'il est un grand fan de disco. Il a du reste souvent fréquenté les discothèques de Falun par le passé. Mais ce n'était pas en famille.

Le cheikh passe pour être dans son pays, l'Arabie Saoudite, propriétaire d'une importante entreprise de construction qui connaît un grand succès. Il a créé la surprise à Gothenburg en allant chez Volvo commander une quantité de camions destinés à sa société. La famille réside aujourd'hui à Stockholm pour une visite à l'entreprise AB Nitro Nobel. Le jet privé du cheikh a été renvoyé à Londres.

J'ai interviewé Khalid Batarfi à Djedda les 5 et 9 septembre 2005. Il était dans cette ville le voisin de Ben Laden quand ce dernier avait seize ans, et lui treize. Les deux garçons se connaissaient depuis 1973. Beaucoup de fausses informations ont circulé sur l'immense fortune prêtée à Ben Laden. En fait, Musharifa, où il a grandi, est un quartier de classe moyenne. Les maisons y sont relativement modestes et n'ont rien à voir avec les énormes demeures que les riches de Djedda se sont fait construire sur le front de mer, le long de la grande autoroute appelée Corniche. Musharifa se situe derrière l'hôtel cinq étoiles Mövenpick. Il s'accroche à la petite mosquée où Batarfi et Ben Laden allaient prier cinq fois par jour. Il comprend un grand terrain de jeu où les deux amis jouaient au foot après l'école.

Batarfi m'a fait visiter ce quartier où il a vécu trente ans et où il a fait la connaissance de Ben Laden. La mère d'Oussama, après avoir divorcé de Mohammed, a épousé Muhammad Al-Attas, un homme issu d'une vieille famille marchande de Djedda. Le couple vit toujours à Musharifa. Quand il m'y a emmené, Batarfi n'a pas voulu me montrer la maison de la mère de Ben Laden, car il voulait protéger, disait-il, la vie privée de cette femme et de sa famille.

Quand on est arrivés ici, c'était presque un désert. La plupart de ces immeubles ont été construits ces dix dernières années. Nos maisons sont les premières à être sorties de terre. Il n'y avait pas de rue, ici. La rue la plus proche était Al-Medina. Pour s'y rendre, il fallait emprunter des pistes. Nous sommes venus en 1970. Oussama est arrivé quatre ans après avec sa mère, son beau-père et ses demi-frères.

On était très proches comme voisins, on allait ensemble à la mosquée. On se promenait aussi aux quatre coins du quartier pour discuter, ou boire du thé ou du café. Il n'y avait pas grand-chose pour s'amuser.

On sortait de l'école à 14 heures. On déjeunait. On faisait la sieste. Quand le soleil commençait à décliner, à 16 ou 17 heures, on jouait au foot. C'était moi le capitaine, même si Oussama était mon aîné. Comme il était grand, il jouait à l'avant pour pouvoir faire des têtes. C'était un bon soldat ; vous pouviez l'envoyer n'importe où, il respectait les ordres.

Il y a une histoire amusante. Un jour qu'on était allés disputer un match dans un quartier difficile, son demi-frère, Ahmad, a couru vers moi en disant :

– Regarde, Oussama va se faire taper dessus !

Je me retourne, et je vois un dur essayer de frapper Oussama et de l'insulter. Je me précipite. Je repousse le gars. Le problème est résolu.

– Je voulais régler ça en douceur, me dit alors Oussama.

J'étais un dur à ce moment-là. Et Oussama était pacifique à cette époque. Il était très timide, très respectueux des règles. Il pesait ses mots avant de parler. Il observait avec soin, avec prudence. Il était très attentif à ce qui se passait. Après, quand il parlait, on voyait à quel point il était observateur.

Il aimait les films occidentaux. Par exemple il aimait *Fury*. Il regardait ça. Il aimait aussi les films de karaté, Bruce Lee en particulier.

Il aimait faire de l'escalade dans les montagnes entre la Syrie et la Turquie, ou monter à cheval. Il aimait les chevaux depuis qu'il était enfant. Il avait une ferme au sud de Djedda avec plus de vingt chevaux. L'un d'eux s'appelait Al-Balga. Al-Balga est le nom du cheval de l'un des compagnons du Prophète.

J'habitais tout près. Je pouvais aller dans sa chambre le réveiller pour la prière juste avant le lever du jour. Le matin, je tapais à ses fenêtres.

– Oussama, tu sais que c'est l'heure ?

Même après, quand il a été marié, j'ai continué. Il allait prier à la mosquée. Il se conduisait comme un cheikh (un religieux). Vous savez comment jouent les enfants : eh bien, quand Oussama était là, on faisait attention à ce qu'on disait, on ne prononçait pas de gros mots, c'était comme d'être avec un prêtre.

C'était un leader né. Il influençait les autres par son exemple plus qu'en donnant des ordres et il attendait qu'on fasse comme lui. Et on faisait comme lui, même si on n'était pas convaincu à cent pour cent. Un jour, je me rappelle, j'étais au volant de ma voiture. J'allais jouer au foot. Je le vois debout près de sa porte. Il m'avait vu, alors j'ai dû m'arrêter. Mais le problème, c'est que j'étais déjà en culotte de foot, tenue peu conforme à la règle islamique. J'étais très gêné. Mais il a bien fallu que je descende de voiture pour aller l'embrasser et discuter une minute. Je me disais : « Qu'est-ce que je vais répondre s'il me demande pourquoi je suis en short ? » Mais il a juste regardé mes jambes, et il a dit :

– Au revoir.

Depuis ce jour-là, je ne suis plus jamais sorti en culotte de foot. C'est dire son charisme.

Je ne l'accompagnais pas toujours à la prière, mais il m'intriguait. Il jeûnait tous les lundis et tous les jeudis. Jeûner le lundi et le jeudi, ce n'est pas courant. C'est ce que faisait le Prophète. On n'est pas supposé l'imiter. Voilà un homme qui aurait pu avoir tout ce qu'il voulait, qui était très riche, et qui ne dépensait son argent qu'en faveur des pauvres. Tous les lundis et tous les jeudis, il allait chercher des pauvres et les emmenait en voiture dans le nord du quartier, près de l'usine Pepsi-Cola. Ils n'avaient pas de quoi s'amuser, alors Oussama s'occupait de leur offrir des distractions. On s'asseyait par groupes de trois ou quatre et il posait des questions comme : « Où le Prophète est-il né ? » Si vous répondiez à la question, c'était un point de marqué. À la fin, il comptait les points et il désignait le vainqueur.

On allait chez lui chanter des chants religieux sur la jeunesse musulmane et la Palestine. Il répétait :

– Si nous, la nouvelle génération, nous ne changeons pas, si nous ne devenons pas plus forts, plus cultivés, plus altruistes, nous n'arriverons pas à récupérer la Palestine.

Sa mère était une musulmane modérée. Elle regardait la télévision. Elle n'a jamais été très conservatrice, et son mari actuel, c'est pareil. Leurs enfants aussi. Mais Oussama était différent, d'une façon paisible. Il embêtait ses frères parce qu'ils avaient regardé la servante. Comme s'il avait voulu les influencer. Il les réveillait le matin pour la prière, et personne ne se plaignait. Mais parfois, il se mettait en colère.

– Ne portez pas de chemises à manches courtes, ne faites pas ci, ne faites pas ça.

Tous l'aimaient. À la maison, je faisais comme lui. Pas aussi bien que lui ! Mais j'essayais moi aussi de pousser, et parfois de forcer mes frères et mes sœurs à respecter la religion.

À dix-sept ans, il a épousé sa cousine à Latakia, en Syrie. Un joli brin de fille. J'ai entendu dire qu'elle était la fille de son oncle, le frère de sa mère. Après, il est parti pour l'université, et je l'ai vu moins souvent.

Dans son témoignage sur sa vie au royaume d'Arabie Saoudite, Carmen Ben Laden offre une description vivante et pas particulièrement flatteuse de Djedda au milieu des années 1970. Elle était alors mariée à Yeslam, le demi-frère d'Oussama. Voici un extrait de son livre[4].

J'ai découvert Djedda quand nous sommes allés à l'ambassade de Suisse pour les papiers de notre mariage alors imminent [en 1974]. Je regardais la ville à travers les vitres teintées de la Mercedes, et j'avais l'impression de voir défiler une autre époque. À cette époque, l'Arabie Saoudite émergeait encore de l'écrasante pauvreté venue de son mode de vie traditionnel. Après la découverte du pétrole dans les années 1930, les gens sont devenus moins pauvres, mais ce n'était rien à côté de l'incroyable enrichissement qu'ils allaient connaître après l'embargo de 1973, et qui allait transformer le pays. Donkey Square était un enchevêtrement de pistes où les gens venaient acheter de l'eau à des hommes qui traînaient des ânes chargés de barriques. Des vagues de chaleur luisantes flottaient au-dessus des rares routes goudronnées. J'aperçus une ou deux minables petites boutiques. Les maisons dispersées sur les dunes de sable infinies se cachaient derrière de hauts murs de ciment destinés à empêcher les femmes de voir plus loin. Il semblait bien y avoir dans ce pays quelque chose de bizarre, mais je n'en avais même pas eu conscience jusque-là. Soudain je fus frappée. La moitié de la population d'Arabie Saoudite vivait en permanence derrière des murs. Je me sentis comme un fantôme ; c'était un monde où les femmes n'existaient pas. Il n'y avait pas de jardins publics, pas de fleurs, pas même des arbres. Le pays n'avait pas de couleur. Sur le sable qui recouvrait les routes d'un doux tapis de poussière, on ne voyait que du blanc, ou du noir et blanc. Il y avait les abayas blanches des hommes, et de très rares triangles noirs et sévères : les femmes enveloppées de leurs voiles.

Jamal Khalifa devint l'ami le plus proche de Ben Laden à l'université King Abdul de Djedda[5].

J'ai rencontré Oussama en 1976. Il a un an de moins que moi. Je ne me rappelle pas la première fois que nous nous sommes vus. Il était dans un autre département. Il étudiait l'économie, et moi, la science. Mais nous avions les mêmes activités. À ce moment-là, l'université King Abdul était petite. Quelques centaines de personnes. J'avais presque vingt ans. Lui en avait dix-neuf. À cette époque, nous étions pieux, très conservateurs ; extrémistes, même. Quand j'ai fait sa connaissance, il était déjà religieux. On ne regardait pas de films. Certains religieux, en Arabie Saoudite, affirmaient que la musique était *haram*. Interdite. On le croyait sur parole. Quand on voulait regarder les infos, il y avait de la musique. Et c'était avant la télécommande. Aussi je disais à mon fils de se tenir près du téléviseur. Il savait qu'il devait baisser le son quand la musique arrivait. Bien sûr, jamais de filles. On n'en parlait même pas. Pas de photos. C'est la raison pour laquelle je n'ai pas de photos d'Oussama. On m'avait photographié au lycée, mais j'ai tout jeté quand je suis devenu pieux.

On avait des centres d'intérêt communs. On allait nager dans la mer Rouge. À la pêche, aussi. On traversait en Jeep les montagnes et les déserts ; on partait à l'aventure. C'était un excellent pilote. On faisait de la vitesse ensemble. Ça nous a beaucoup rapprochés.

Les Ben Laden possédaient un très vaste terrain dans le désert, dans un endroit appelé Bahra, entre Djedda et La Mecque. À peu près à 25 kilomètres de Djedda. Sa famille a une sorte de ferme là-bas. Oussama pointait le doigt sur ces terres et disait :

– C'est à nous.

– Qui est venu ici ? lui demandai-je. Quel fou a pu venir acheter une terre ici ?

– Mon père.

Oussama a décidé d'en prendre une partie. On y a mis des chevaux et planté quelques arbres.

Il aimait beaucoup son père. Pour lui, c'était un modèle. Il ne l'a pas beaucoup connu, cela dit, puisque son père est mort quand il avait dix ans. Du reste, le père ne voyait pas beaucoup ses enfants. Il était très occupé – plein d'enfants, plein de maisons, il les voyait pour les convenances. Cinquante-quatre enfants, vingt-cinq garçons et vingt-neuf filles, et il avait plus de vingt épouses. La mère d'Oussama est syrienne ; il est le seul enfant de sa mère et de Mohammed.

Il a beaucoup entendu parler de son père, un homme parti de rien qui a créé sa propre entreprise. Quand Oussama s'est mis à travailler dans l'entreprise avec ses frères, il montait sur le bulldozer. Il poussait le conducteur pour prendre sa place. Il avait vingt-deux ans. Il n'a jamais eu ses diplômes. Il est entré directement dans l'entreprise familiale.

On discutait polygamie à la fin des années 1970. On réfléchissait à la manière dont nos pères la pratiquaient. Et on estimait qu'ils la pratiquaient mal. Ils se mariaient, ils divorçaient, ils se mariaient et ainsi de suite ; ils avaient plein d'épouses et ils n'étaient pas toujours équitables avec toutes.

Certains polygames négligent leur première femme quand ils en prennent une deuxième. Or ce n'est pas conforme à l'islam. On doit être juste. On doit les traiter équitablement. Il faut partager son temps et donner à chacune ce dont elle a besoin. Nous considérons la polygamie comme un moyen de résoudre un problème social, surtout quand il y a plus de femmes que d'hommes dans la société. Si chaque homme épouse une seule femme, cela signifie que de nombreuses femmes resteront sans mari. Elles ont besoin d'un homme. La solution, c'est la polygamie. Ce n'est pas drôle. Ce n'est pas juste histoire d'avoir des femmes pour coucher avec elles.

On a décidé de la pratiquer aussi, et de façon exemplaire. Je n'ai jamais divorcé. Lui non plus, sauf une fois, d'une femme qui n'arrivait pas à s'adapter à son mode de vie. Il a décidé de la quitter. C'est la seule fois. En ce qui me concerne, je suis heureux avec mes femmes. Et elles sont très heureuses avec moi. Elles m'aiment. Je les aime toutes. Je remercie Dieu parce que je n'ai aucun problème. Oussama non plus. Je suis sûr qu'il n'a aucun problème avec ses femmes. Si elles sont toujours avec lui, vu la situation, c'est qu'il pratique vraiment une bonne polygamie.

L'écrivain Sayyid Qutb est né en Égypte en 1906. Il a commencé comme auteur, enseignant et critique littéraire. Il a également travaillé pour le ministère égyptien de l'Éducation à la fin des années 1930. De 1948 à 1951, il a étudié au Colorado State Teachers College (devenu depuis l'université of Northern Colorado), dont il est sorti diplômé. Au cours de cette expérience américaine, s'est formée sa vision négative de l'Occident.

Il est difficile de sous-estimer l'influence de cet écrivain sur les islamistes du monde entier. Il affirme dans ses nombreux livres que l'islam ne se résume pas à l'observance des cinq piliers traditionnels – la profession de foi, le pèlerinage à La Mecque, l'aumône aux pauvres, le jeûne du Ramadan et les cinq prières quotidiennes – mais représente tout un mode de vie. Les écrits de Qutb furent amplement diffusés après son exécution au Caire en 1966. De même que la défaite de 1967 contre Israël, ils ont fourni les bases idéologiques sur lesquelles devait s'appuyer le réveil de l'islam : la Sahwa.

Ce mouvement peut s'apparenter à la révolution de la contre-culture hippie des années 1960, même si ses perspectives idéologiques sont différentes. Il s'agit dans les deux cas d'une révolte de la jeunesse contre un establishment sclérosé. Les écrits de Qutb ne se contentent pas de présenter l'islam comme une façon d'être, ils expliquent que la plupart des gouvernements islamiques sont embourbés dans la jahiliya, un état d'ignorance préislamique, voire dans la barbarie. Qutb ne cite jamais de noms, mais ses attaques visaient les régimes autoritaires du Moyen-Orient. S'il a influencé en profondeur le mouvement islamique, c'est non seulement grâce à de beaux ouvrages, tel son chef-d'œuvre intitulé *Dans l'ombre du Coran*, mais aussi grâce à de courts pamphlets comme *Milestones*, un manuel pour les islamistes du monde entier.

Jamal Khalifa, condisciple de Ben Laden à l'université, a lu cet auteur quand il était étudiant.

C'était une tradition dans la génération de mon père. Ils allaient prier, et la compréhension de l'islam se résumait aux cinq piliers. C'était l'ancienne génération. Puis la Sahwa est arrivée. Et il est devenu évident qu'elle nous donnait des responsabilités. On devait conseiller aux autres de rejoindre l'islam partout, de faire la dawa : prêcher l'islam.

En 1976 et 1977, on lisait les livres de Qutb. *Milestones* et *Dans l'ombre du Coran*. Sayyid Qtub insistait sur la signification de l'islam comme mode de vie. Il a influencé tous les musulmans de cette époque.

Mohammed Qutb, le frère de Sayyid qui fut professeur invité à King Abdul Aziz University à la fin des années 1970, nous donnait, à Ben Laden et à moi-même, des leçons. Comment éduquer nos enfants.

Dans son autobiographie, *Knights under the Prophet's Banner* (« Chevaliers sous la bannière du Prophète »), Ayman Al-Zaahiri, le numéro deux d'Al-Qaïda, parle de sa dette envers Qutb[6].

Sayyid Qutb en appelle à la loyauté envers l'unicité de Dieu et à reconnaître Son autorité unique, l'étincelle qui a déclenché le feu de la révolution islamique contre les ennemis de l'islam dans le pays et à l'étranger. Les chapitres sanglants de cette révolution se succèdent jour après jour. Sayyid Qutb joua un rôle clé en montrant la route à la jeunesse musulmane dans la seconde moitié du vingtième siècle, particulièrement en Égypte, mais aussi dans le monde arabe en général.

Dans *Milestones*[7], Sayyid Qutb explique que le djihad ne doit pas être seulement défensif, mais offensif.

De même ceux qui tentent de réduire le concept de djihad en l'interprétant comme concept de guerre défensive... Ils ne comprennent pas la nature de l'islam et son but premier.

Essam Deraz explique que l'exécution de Qutb en 1966 a joué un rôle essentiel dans l'émergence d'une opposition islamique face au gouvernement égyptien.

Quand Qutb a été exécuté, tout le monde était triste, même ceux qui ne partageaient pas ses idées. Les gens avaient souffert du socialisme sous le régime de Nasser. Qutb rejetait le socialisme et la dictature. Il avait une vision religieuse. Et ses livres aujourd'hui se vendent par millions.

Yeslam Ben Laden, le plus âgé des demi-frères d'Oussama, a répondu aux questions d'Al-Arabia le 28 mai 2005 ; il rappelle que ce qui le frappait chez le jeune Oussama, c'était sa piété.

Pour beaucoup d'entre nous, on nous envoyait dès notre jeune âge faire nos études au-delà des mers. J'avais six ou sept ans quand j'ai quitté le Liban. Et je ne suis rentré qu'après avoir obtenu mon diplôme d'université aux États-Unis. Oussama fait partie de ceux qui n'ont pas quitté l'Arabie Saoudite. Je crois que trois ou quatre de nos frères ne sont pas partis. J'ai rencontré Oussama trois ou quatre fois entre 1978 et 1981. Il était plus pieux qu'aucun d'entre nous. Nous qui étions au Liban avions autre chose en tête. Lui, il n'aimait pas écouter de la musique ou regarder la télévision. Il empêchait ses enfants de le faire. Je trouvais cela bizarre.

Extrait du livre déjà cité de Carmen Ben Laden, l'ex-épouse de Yeslam Ben Laden.

Un jour Oussama, le plus jeune frère de Yeslam, est venu nous voir. Il était jeune étudiant à l'université King Abdul Aziz de Djedda. La famille le respectait pour ses sévères convictions religieuses. Il venait d'épouser une Syrienne, une nièce de sa mère. Oussama était parfaitement intégré à la famille, même s'il ne vivait pas dans le quartier où s'étaient établis la plupart des Ben Laden près de Djedda – au kilomètre 7 sur la route de La Mecque, à la limite extrême du désert. C'était un homme de grande taille, et pourtant très mince. Il émanait de lui une forte présence – quand Oussama entrait dans la pièce, vous le sentiez. Mais la différence avec ses frères n'était pas frappante. Il était seulement plus jeune, et plus réservé. Cet après-midi-là, je jouais dans l'entrée avec ma fille Wafah quand le carillon de la porte a sonné. Obéissant à un réflexe idiot, j'ai ouvert moi-même au lieu d'appeler le domestique.

En voyant Oussama et son neveu Mafouz [un adulte], j'ai souri et je les ai invités à entrer en disant :

– Yeslam est là.

Mais Oussama s'est détourné en me voyant et s'est mis à fixer des yeux la porte du jardin. J'ai insisté :

– Si, si, entre.

Il faisait avec sa main des gestes dans son dos pour que je m'écarte, et il marmonnait des propos en arabe. Vraiment je ne comprenais pas ce qu'il voulait dire. Mafouz, voyant que je ne connaissais manifestement pas les bases de l'étiquette, a fini par m'expliquer qu'Oussama ne pouvait poser les yeux sur mon visage nu.

Dans la culture saoudienne, un homme susceptible de vous avoir un jour pour épouse ne peut pas vous regarder si vous n'êtes pas voilée. Les seuls hommes qui puissent le faire sont votre père, votre frère, votre mari ou votre beau-père. Oussama faisait partie de ces hommes qui respectent strictement la règle. Je me suis retirée dans une chambre du fond et j'y suis restée pendant que mon très dévôt beau-frère parlait avec mon mari. Je me sentais stupide et gênée.

Jamal Khashoggi, journaliste saoudien, a connu Ben Laden à Djedda. Je l'ai interviewé à Londres le 13 juin 2005.

Oussama était comme beaucoup de ceux qui, parmi nous, avaient rejoint le mouvement de la Fraternité islamique en Arabie Saoudite. La seule chose qui le différenciait des autres, et de moi-même, c'était la religion. Il était plus pieux que nous, plus radical, plus fondamentaliste. Par exemple, il n'écoutait pas de musique. Il n'aurait pas échangé une poignée de main avec une femme. Ni fumé. Ni regardé la télévision, à part les infos. Il ne jouait pas aux cartes. Chez lui, il n'accrochait pas d'images sur les murs. Mais surtout, il y avait dans son existence une dimension dure, radicale. Par exemple, il avait beau être issu d'une famille riche, il habitait une maison très modeste. Il n'avait pas le goût des arts. Il considérait l'art comme néfaste pour un musulman. Il menait une existence simple, rudimentaire. Il n'aspirait ni au luxe ni à la belle vie.

Khalid Batarfi fut le meilleur ami de Ben Laden quand ils étaient enfants. Il raconte que celui-ci n'était pas anti-américain quand il était jeune ; il possédait même une Chrysler qu'il a fini par casser. Toujours à en croire Batarfi, Ben Laden aurait visité brièvement les États-Unis, peu de temps après son premier mariage, pour faire soigner son fils. Mais cette affirmation n'a pu être confirmée.

Vous ne saviez pas qu'il était allé aux États-Unis ? Il y a emmené son fils Abdallah, qui avait un problème à la tête. Il l'a emmené pour le faire examiner par des médecins. Il m'a raconté comment les gens le regardaient à cause de son costume et de sa femme. Ils prenaient même des photos. Il lui arrivait de plaisanter là-dessus.

Même après son mariage, il a continué à vivre durant environ un an chez sa mère. Plus tard, après la naissance de son premier fils, il a eu l'air de penser que la maison était trop petite, d'autant qu'il projetait de prendre une deuxième épouse. Ils ont emménagé dans un immeuble du quartier d'Al-Aziziyah. Il a installé chacune de ses femmes dans un appartement. Je suis allé lui rendre visite, une fois. Les appartements étaient nus. Je n'aurais jamais pu y vivre. C'était très modeste.

Nous n'étions plus aussi proches qu'avant, notamment parce qu'il était entré à l'université King Abdul Aziz, alors que j'étais encore lycéen. Ensuite il a travaillé dans l'entreprise familiale. C'est comme ça, chez les Ben Laden. Ils font des études et ils travaillent. Tous ceux que je connais. Mais lui n'était pas comme les autres, dans la mesure où il travaillait avec ses mains. Il conduisait des tracteurs et mangeait avec les ouvriers, comme son père. Il travaillait sur le terrain du matin au soir. Infatigable. Il ne jouait pas les gosses de riche.

Il était responsable d'un projet à La Mecque pour les Ben Laden et il y passait ses journées. Il travaillait dur. Et le soir, il continuait à s'occuper de ses relations. Il rendait visite à ses amis ou à sa famille. La nuit, il priait. Il dormait quatre heures et il priait encore. On n'est pas obligé. Mais il voulait suivre l'exemple du Prophète. Il dormait encore deux heures et il se réveillait pour la prière du matin. Ensuite, il attaquait sa journée.

Plus tard, il a emménagé à Médine afin de superviser un projet Ben Laden à Médine. Il a une ferme là-bas. Il a épousé une femme de Médine. Il y a vécu quelques années, avant de partir pour l'Afghanistan.

Le 20 novembre 1979, Juhayman Al-Utaybi et plusieurs centaines de militants islamistes s'emparèrent du premier lieu saint de l'islam, la mosquée Al-Haram à La Mecque. Ben Laden avait vingt-deux ans. Le roi Fahd discuta plusieurs semaines durant avec les chefs religieux saoudiens, puis il donna l'ordre de reprendre la mosquée.

Les forces de sécurité saoudienne s'y employèrent avec l'aide des forces spéciales françaises ; soixante militants furent décapités. L'événement devait nourrir la réflexion de Ben Laden et l'amener à retirer sa confiance au régime saoudien.

Ben Laden s'est exprimé sur ce point le 16 décembre 2004 dans une cassette audio adressée au site Web Al-Quai'ah [« la Forteresse »] : *www.qal3ah.net* (ce site n'est plus opérationnel).

Le roi Fahd a profané la sainteté d'Al-Haram. Il a montré de l'obstination, agi contre l'avis de tous, envoyé dans la mosquée des véhicules blindés. Je me rappelle encore les traces laissées par ces véhicules sur les carreaux de la mosquée. Les gens se souviennent des minarets couverts de fumée noire à cause des salves tirées par les tanks.

Le portrait de Ben Laden brossé dans ce chapitre est celui d'un homme timide, pieux, voire bigot. Un jeune homme admiré de

ses amis et de sa famille pour son respect envers la religion. Il est regardé en même temps, y compris au sein de sa famille, comme quelqu'un d'un peu différent. Mais rien, durant cette période, ne permet de voir en lui autre chose que sa grande piété.

Cette image va se modifier à la fin de l'année 1979, après l'invasion de l'Afghanistan par les Soviétiques.

2

LA GUERRE D'AFGHANISTAN

L'invasion de l'Afghanistan par les Soviétiques, en décembre 1979, choqua Ben Laden, ainsi que des milliers de fervents musulmans aux quatre coins du monde. Ces derniers se laisseront d'ailleurs entraîner dans le djihad afghan dans les années 1980. C'était la première fois depuis la Seconde Guerre mondiale qu'une puissance non musulmane envahissait un pays musulman. Et cette circonstance métamorphosa la vie de Ben Laden. Elle l'arracha à l'existence paisible qu'il menait en Arabie Saoudite entre sa famille et son travail, pour le précipiter dans ce qui allait devenir un emploi à plein temps : le soutien à la résistance afghane.

Un des éléments clés de cette métamorphose fut sa rencontre avec un religieux palestinien, le charismatique Abdullah Azzam, qui recrutait de jeunes musulmans sur tous les continents et les enrôlait dans le combat contre les Soviétiques.

Il sera bientôt le mentor de Ben Laden. Ensemble, ils créeront en 1984 le Services Office, destiné à placer les volontaires arabes soit dans des équipes de secours au service des réfugiés afghans qui fuyaient vers le Pakistan, soit dans des groupes envoyés sur la ligne de front.

J'ai moi-même organisé l'interview d'Oussama Ben Laden que CNN devait diffuser le 10 mai 1997.

Les radios annonçaient que l'Union soviétique avait envahi un pays musulman ; et cela me suffisait, comme motivation, pour venir en aide à nos frères. En dépit de la puissance soviétique, Dieu nous a consenti ses faveurs, et nous avons réussi à transporter des équipements lourds d'un lieu saint à l'autre, de l'Arabie Saoudite à l'Afghanistan ; ces équipements représentaient des centaines de tonnes de matériel, y compris des bulldozers, des camions, des véhicules à benne et des machines pour creuser les tranchées. Quand nous avons vu la brutalité avec laquelle les Russes bombardaient les positions des moudjahidin, nous avons creusé par la grâce de Dieu bon nombre de tunnels à l'intérieur desquels ont été construites des zones de stockage.

En 1982, à peu près à l'époque où Ben Laden venait en aide aux Afghans, j'étais étudiant à Oxford. Avec des amis de l'université, George Case et Barney Thompson, nous avons décidé de réaliser un film sur les réfugiés. Les Soviétiques en avaient déjà jeté six millions hors de chez eux : la population de réfugiés la plus importante au monde. Ces derniers s'étaient regroupés pour moitié au Pakistan, et pour moitié en Iran[1].

Nous ne savions pas trop (et moi moins que quiconque) comment réaliser un film, mais notre ignorance nous servit d'aiguillon. Au cours de l'été 1983, mes camarades et moi sommes partis pour le Pakistan avec un cameraman afghan vivant à Londres. Il se révéla d'un caractère plutôt difficile, sujet à des accès de colère, mais je considérais ces démonstrations volcaniques comme relevant d'un comportement normal dans sa profession.

Nous avons travaillé sur la vie des réfugiés et sur la générosité de leurs hôtes pakistanais. Il s'ensuivit un documentaire, *Refugees of Faith* (« Réfugiés de la foi »), diffusé sur la chaîne britannique Channel 4 en 1984.

À un moment, nos recherches nous ont emmenés au Parachinar, une région du Pakistan enfoncée dans l'Afghanistan. C'est de là que les moudjahidin se mettaient en route pour pénétrer la zone de combat. Nous y fûmes accueillis par les cris de joie de plus de cent combattants appartenant à l'une des sept factions engagées contre les Soviétiques. Toute cette expérience me laissa une forte impression, à l'origine de ma future rencontre avec Ben Laden, quinze ans plus tard, non loin de cette région où j'avais pu voir pour la première fois des moudjahidin.

Hutaifa Azzam est le fils d'Abdullah Azzam, l'homme qui servit de mentor à Ben Laden au milieu des années 1980. Il a connu Ben Laden par l'intermédiaire de son père en Arabie Saoudite. Je l'ai interviewé à Amman, en Jordanie, le 13 septembre 2005.

Tous ceux qui voulaient des informations sur l'Afghanistan prenaient contact avec mon père. Ils se sont rencontrés en 1984 à Djedda.

Très proche d'Oussama, je le revois au volant d'un Land Cruiser dans le désert en 1984. Il nous emmenait voir sa ferme, à quarante kilomètres de Djedda. On allait chasser ce qu'on pouvait trouver.

Il était vraiment bien avec ses enfants. Il les traitait comme des amis. Il leur apprenait à s'endurcir, à devenir des moudjahidin, en essayant de les élever dans l'esprit du djihad, de les former à cette pensée, de faire en sorte qu'ils aient un corps adapté à leur mission. Je ne l'ai jamais vu crier contre eux ni les battre. Ses femmes aussi disaient qu'il ne les traitait jamais mal. Elles l'aimaient beaucoup.

Nous étions des frères dans l'islam. Nous habitions chez lui à Djedda, rue Wadi-Bisha, dans le quartier d'Al-Aziziyah. Il avait un immeuble avec quatre appartements, un pour chacune de ses trois femmes et un pour ses invités. C'était très modeste, comme immeuble ; on n'aurait jamais cru que ces gens-là étaient milliardaires.

Jamal Ismaïl poursuivait des études d'ingénieur au Pakistan, au début des années 1980, quand il rencontra Abdullah Azzam. Il devait par la suite croiser Ben Laden à de nombreuses reprises au cours de sa carrière de journaliste. Je l'ai interviewé à Islamabad, la capitale du Pakistan, en mars 2005.

Le cheikh Abdullah Azzam enseignait à Djedda, à l'université King Abdul. En septembre 1981, il a rejoint l'université islamique d'Islamabad.

Abdullah Azzam était un théologien, un homme engagé, très strict sur les questions religieuses. Il était populaire chez les lettrés, en particulier dans le mouvement des Frères musulmans. C'est lui qui a fait connaître le problème afghan.

Ses premiers contacts avec un groupe de moudjahidin afghans remontent à l'époque de son séjour à Islamabad, avant qu'il ne quitte l'université à l'été 1986. Pendant cette période, de 1981 à 1986, il a été accueilli à Peshawar, le quartier général des moudjahidin au Pakistan.

À l'été 1984, quand Azzam a fait le Hadj, le pèlerinage à La Mecque, il a rédigé la fatwa *Défendre les pays musulmans*. Il a annoncé que cette fatwa était signée par le cheikh Bin Baz, le grand moufti d'Arabie Saoudite, et par plusieurs érudits musulmans du même pays, de Syrie et du Yémen.

Abdullah Azzam. Extrait de son livre paru en 1984, intitulé *Défendre les pays musulmans*[2].

Djihad défensif : c'est chasser les *kuffan* (« les infidèles ») de notre pays, et c'est *fard ayn*, un « devoir impérieux » à observer par tous. C'est le plus important de tous les devoirs, et il intervient dans la circonstance suivante : quand le *kuffar* pénètre en terre musulmane.

Nous devons à présent concentrer nos efforts sur l'Afghanistan et la Palestine, qui sont devenus nos priorités. Plus encore, les ennemis qui occupent nos terres sont très trompeurs, ils mettent à exécution des programmes visant à étendre leur domination dans ces régions. Les peuples d'Afghanistan sont renommés pour leur résistance et leur fierté. Tout se passe comme si le Glorieux et Très-Haut avait préparé là-bas des montagnes et des territoires pour le djihad. Les peuples afghans disent : « Nous préférons avoir un Arabe parmi nous qu'un million de dollars. »

Prêtez attention au *hadith* (« les dits » du Prophète Mahomet) : « Une heure sur le front de la bataille pour la cause d'Allah vaut mieux que soixante années de prière nocturne. »

Le journaliste Jamal Ismaïl.

Azzam est venu pour la seconde fois au Pakistan à l'automne 1984. Il a lancé son Services Office, et appelé les musulmans d'Amérique, d'Europe et des pays arabes à rejoindre les moudjahidin.

Jamal Khalifa était l'ami le plus proche de Ben Laden à l'université à la fin des années 1980. En 1986, Khalifa épousa Cheikha, la demi-sœur d'Oussama. Il prit ensuite les armes contre les Soviétiques. Plus tard, il travailla pour la Muslim World League, qui venait en aide aux réfugiés afghans. Je l'ai interviewé à Djedda les 6 et 9 septembre 2005.

Oussama m'a invité chez lui à Al-Aziziyah. Il possédait un immeuble dans ce quartier. Il avait vingt-cinq ou vingt-six ans. Il s'était déjà marié plusieurs fois. Il m'a annoncé qu'Abdullah Azzam allait venir. Il connaissait Azzam par ses livres. Azzam est un excellent écrivain. Et un homme très bien élevé. J'étais impatient d'entendre ce qu'il avait à dire.

Le docteur Abdullah Azzam, c'est quelqu'un que l'on peut qualifier d'homme du Coran, car quand vous l'écoutez réciter les sourates, il le fait comme personne d'autre. Chez lui, cela vient du cœur. C'est une affaire de sentiment. C'est quelqu'un d'éclairé, et on est tout de suite sous son influence. Dès qu'on le voit, on l'aime. Il est unique.

Après avoir rencontré Azzam, je suis parti une fois pour l'Afghanistan en 1984. Puis je suis revenu. Et j'y suis retourné en 1985.

Hutaifa Azzam, fils d'Abdullah Azzam.

Je suis allé en Afghanistan pour la première fois en 1984 ; j'avais treize ans. J'ai passé deux mois à Sada, dans un camp d'entraînement, à me former au combat antiaérien. En 1985, nous sommes allés dans les camps pour six mois. J'y suis retourné une dernière fois en 1987.

L'Algérien Boudejema Bounoua, alias Abdullah Anas, fut l'une des premières recrues d'Abdullah Azzam pour le djihad afghan. Je l'ai rencontré à Londres les 15, 17 et 20 juin 2005.

Je suis tombé en 1984 sur un journal qui parlait d'un groupe d'oulémas – des religieux lettrés. Ils disaient que l'Afghanistan était occupé par l'Union soviétique, qui avait l'intention de supprimer la foi musulmane et de la remplacer par l'athéisme. Étant donné la situation, les oulémas ont expliqué la fatwa, à savoir que si un mètre de terre d'islam était soumise à une occupation, le devoir de tout musulman était de la libérer. La fatwa était signée par le groupe d'oulémas. Parmi eux se trouvait Abdullah Azzam.

J'ai décidé d'aller en Afghanistan. Je ne savais pas où cela se trouvait, ni comment m'y rendre, ni quelle langue ils parlaient là-bas, à quelle compagnie aérienne il fallait s'adresser – j'avais cent questions en tête. J'avais résolu d'accomplir le pèlerinage, le Hadj, mais j'avais maintenant cette idée en tête.

Un jour, à la Kaaba, le lieu sacré au cœur de La Mecque, je rencontre Azzam avec ses enfants et sa femme. Je lui demande :

– Vous êtes Abdullah Azzam ? J'ai lu la fatwa. Je suis algérien. J'ai vu votre signature avec celle des autres oulémas. La fatwa dit que le djihad en Afghanistan est un devoir. J'ai décidé de partir. Comment dois-je faire ?

Il m'a conseillé de venir à Islamabad dans quinze jours.

– Appelle-moi de l'aéroport et je te donnerai mon adresse. Tu viendras chez moi.

J'ai pris l'avion. Et j'ai appelé le cheikh Abdullah, qui m'a répondu :

– Il y a chez moi un groupe d'invités. Nous allons t'attendre et tu dîneras avec nous.

L'un d'eux était Abdullah Saadi, un ingénieur qui travaillait dans la construction pour Oussama. Il conduisait des bulldozers. Oussama l'avait détaché de sa société pour l'envoyer travailler en Afghanistan.

Le lendemain, le cheikh Abdullah m'a déclaré :

– Je dois partir dans trois jours pour Peshawar. Tu m'accompagneras.

L'avion était à 16 heures. Vers 13 heures, nous avons déjeuné.

Il y avait quelqu'un d'assis à ma droite, et le cheikh Abdullah me dit :

– Voici ton frère, Oussama Ben Laden.

– Bienvenue à toi, ai-je dit. Heureux de te rencontrer.

Je me souviens d'un homme vraiment timide et très, très bien élevé. Il parlait très lentement. Au bout d'une heure, Oussama avait peut-être prononcé deux ou trois mots, pas plus. Il avait entre vingt et trente ans.

Je suis le quatorzième Arabe à être venu au Pakistan soutenir le djihad afghan. C'était un très petit groupe. Nous étions tous sous le contrôle du cheikh Abdullah Azzam, qui avait cette réputation de stimuler les gens. C'est ce qu'il devait faire plus tard avec Oussama. Il repérait un talent de journaliste, d'organisateur ou de combattant. Le cheikh Abdullah était un ange descendu parmi nous.

À la fin de 1984 ou au début de 1985, on a fondé le Services Office, Oussama, Abdullah et moi. Le cheikh m'a expliqué :

– Nous avons fondé ce bureau pour rassembler les Arabes et les envoyer à l'intérieur de l'Afghanistan, et non pas en pension chez l'Afghan Gulbuddin Hektmatyar. Il vaut mieux les protéger contre les combines politiques des Afghans. Il nous faut vivre dans des lieux séparés. Nous sommes ici comme des serviteurs. Nous sommes fiers de servir les moudjahidin à l'intérieur de l'Afghanistan et d'être à leurs pieds. Nous ne sommes pas venus leur servir de guides, ni leur dire ce qu'ils ont à faire. Nous sommes là pour les servir, pour libérer leur pays.

Un de nos objectifs était d'obtenir des informations importantes sur ce qui se passait à l'intérieur du pays. J'ai dit au cheikh que j'aimerais partir avec la caravane pour Mazar-e Charif, à l'extrême nord de l'Afghanistan.

On était peut-être trois cents moudjahidin. La marche a duré quarante jours. J'ai perdu en route les ongles de mes orteils. Quand les villageois entendaient dire qu'il y avait un Arabe dans la caravane, ils sortaient de leur maison pour le voir ; ils se rappelaient que les Arabes parlaient la langue du Prophète, qu'ils venaient du pays de La Mecque et de Médine.

On a commencé à apprendre la langue locale et on s'est aperçus que c'était nécessaire. Quand on traversait les villages, les gens venaient de partout et nous demandaient de parler dans les mosquées. Quand on le faisait, ils criaient : *Allah Akbar !* [« Dieu est grand ! »]. Ils étaient des centaines. Certains avaient marché trois heures pour venir avec leur petit-fils ou leur petite-fille.

Ce que j'ai ressenti alors, je ne l'ai plus jamais éprouvé. J'avais l'impression d'être un ange et de voler dans les airs. Je faisais mon devoir. Je rendais grâce à mon Dieu. J'aidais mes frères musulmans. Rien qu'en m'asseyant avec des Afghans. Ces gens simples aimaient le Prophète, aimaient le Coran ; ils faisaient le djihad pour libérer le pays. C'était très excitant, au sens positif du terme.

Nous sommes restés deux mois à Mazar-e Charif. Et ces deux mois ont été pour moi comme une expérience de cinq ans ; ils m'ont amené à agir de façon responsable. J'ai décidé que notre présence en Afghanistan ne se résumait pas à tirer sur les Soviétiques avec une Kalashnikov, à devenir un shahid, un martyr... C'était une toute petite partie de notre devoir. J'ai compris que ces gens avaient besoin d'être instruits ; ces gens avaient besoin de pouvoir rester chez eux, au lieu de se réfugier au Pakistan. Il fallait faire en sorte que les oulémas soient payés et puissent rester en Afghanistan. Il fallait bâtir des écoles. Et des hôpitaux.

À mon retour à Peshawar, je suis allé voir le cheikh Abdullah. Il avait hâte d'accueillir un groupe qui revenait des profondeurs de l'Afghanistan. Il m'a dit :

– Maintenant, tu vas venir faire le Hadj avec moi.

Nous sommes restés à La Mecque. Le cheikh Abdullah prêchait. Il était à ce moment-là la star du djihad. Chaque année, les gens attendaient son prêche. Quelle déclaration ferait-il quand il viendrait en Arabie Saoudite ?

Il finit son prêche par ces mots :

– J'ai auprès de moi un jeune homme qui vient de rentrer de Mazar-e Charif, la ligne de front la plus lointaine d'Afghanistan. Il a vu avec précision ce qui se passe à l'intérieur du pays. Je lui demande de venir à la tribune pour en parler.

Je ne pouvais pas. J'étais bien trop timide.

Nous sommes restés trois ou quatre jours. On vivait dans la maison d'Oussama à La Mecque. Tous les Ben Laden sont très hospitaliers. Ils distribuent des provisions. Leurs bus transportent les gens. Oussama gérait ses affaires avec beaucoup de courtoisie et de générosité.

Wael Julaidan est un Saoudien issu d'une famille de Médine. Il a investi dans l'immobilier. Il étudiait aux États-Unis, au milieu des années 1980, quand la guerre d'Afghanistan faisait rage. Il témoigne du rôle joué par Abdallah Azzam dans le recrutement [3].

J'ai vécu trois ans à Djedda, de 1981 à 1983. Oussama, on le rencontrait de temps en temps quand on sortait. Mais c'est en 1985, au Pakistan, que j'ai noué des relations avec lui. Nous étions tous là-bas au service des Afghans. Tout le monde était triste de voir l'Armée rouge attaquer un pays aussi pauvre que l'Afghanistan. Oussama se sentait de grandes responsabilités quand il pensait à ce qui arrivait aux Afghans.

Abdullah Azzam avait fait de gros efforts pour expliquer que cette invasion risquait d'avoir des conséquences dangereuses dans toute la région. Il est même allé aux États-Unis en décembre 1984 pour parler de l'Afghanistan. J'ai écouté son discours. Il a dit que les gens là-bas manquaient de tout. Alors je me suis senti des responsabilités. J'ai voulu au moins aller voir sur place si je pouvais faire quelque chose. Finalement, j'ai décidé de visiter l'Afghanistan. C'était en avril 1985. J'avais vingt-huit ans.

Je préparais mon doctorat de management agricole à Tucson, à l'université de l'Arizona. J'appréciais beaucoup le système américain. Le respect de l'individu, la liberté, la possibilité de parler de tout.

Je suis allé voir ma famille en Arabie Saoudite, et je suis parti pour le Pakistan. J'ai mesuré l'ampleur du problème et c'est pourquoi j'étais d'accord avec le docteur Azzam. J'ai voulu concentrer mes efforts sur le travail humanitaire. C'est ainsi que j'ai vécu au Pakistan de 1985 à 1994.

L'une des principales réalisations du Services Office créé par Azzam et Ben Laden fut le magazine *Djihad*, que l'organisation fit paraître à l'automne 1984. Ce mensuel en langue arabe diffu-

sait des nouvelles de la guerre en Afghanistan, et insistait sur les efforts du djihad local. Avec le temps, le journal devint de plus en plus professionnel. Magazine amateur en noir et blanc durant les six premiers mois, il améliora sa fabrication et publia de luxueuses photos en couleur.

Il finit par devenir un instrument vital pour la levée des fonds et le recrutement de volontaires.

À l'été 2004, je me trouvais dans une librairie du centre de Kaboul, en quête de livres sur les mouvements islamistes, quand je fus abordé par le propriétaire de la boutique, le shah Muhammad Rais. Nous avons bavardé, et je me suis aperçu que cet homme n'était autre que Sultan Khan, le personnage central du livre *Le Libraire de Kaboul*[4].

L'ouvrage, un best-seller international, brossait le portrait d'un homme qui, avec héroïsme, avait sauvé des milliers de livres menacés de destruction par les talibans, alors même qu'il traitait durement sa propre famille, sa femme en particulier, qu'il avait d'ailleurs remplacée par une épouse nettement plus jeune.

Khan m'entraîna dans une pièce de son arrière-boutique, où des montagnes de volumes s'amassaient dans la poussière. Il désigna une dizaine de livres à couverture or, vert et marron.

– Ça, dit-il, c'est dix ans de publication du magazine *Djihad*.

Je feuilletai les pages imprimées en arabe. Je venais de tomber sur une mine d'or. C'était bien le magazine du Services Office, l'organisation qui un jour, pour partie, deviendrait Al-Qaïda. Ces pages contenaient dix années de leur histoire enregistrée en temps réel.

Pendant les années 1980, le Palestinien Jamal Ismaïl poursuivait ses études au Pakistan ; il fut l'un des premiers journalistes à travailler pour le magazine *Djihad*.

En 1984, j'étais étudiant à l'École d'ingénieurs de Peshawar. Tous mes cours se déroulaient en anglais, langue que personne ne savait parler chez les Arabes. Ils me demandaient de les aider à traduire des articles des quotidiens pakistanais, qui allaient collecter des infos auprès des groupes afghans. Les nouvelles d'Afghanistan nous parvenaient par l'intermédiaire d'un magazine appelé *Al-Mujahid*.

Quand il a cessé de paraître, le cheikh Abdullah Azzam a repris l'idée en changeant le titre : *Al-Mujahid* est devenu *Al-Djihad.* Les quatre premiers numéros ont été imprimés à Peshawar.

Le présent livre contiendra plusieurs extraits du magazine *Djihad.* Celui-ci provient de l'article principal du premier numéro, daté du 28 décembre 1984.

À ceux qui soutiennent le djihad.

À tous ceux qui, sur la terre, soutiennent le djihad. Nous vous rappelons que le djihad afghan est une nécessité pour les musulmans, même si le nombre de nos ennemis, russes et autres, est deux fois supérieur au nôtre. Et, au nom de Dieu, vous devez vaincre vos ennemis. Car un seul d'entre vous est supérieur à dix de vos ennemis ; donc, dans le pire des cas, vous êtes deux fois plus nombreux qu'eux.

L'appel au djihad au nom de Dieu est un élément de cette terre, et une satisfaction pour la conscience. Il conduit, à la fin, à la vie éternelle ; il vous soulage de vos chaînes terrestres.

Abdullah Anas fut l'un des fondateurs du Services Office.

Le principal objectif du cheikh Abdullah, quand il créa le magazine *Djihad*, était d'informer le monde arabe de ce qui se passait en Afghanistan. Il entendait aider à réunir des fonds et à recruter des gens. Nous avons fini par tirer à soixante-dix mille exemplaires. La plupart partaient pour les États-Unis, car nous avions là-bas cinquante-deux bureaux. Le principal était à Brooklyn, mais il y en avait également à Phoenix, à Boston, à Chicago, à Tucson, dans le Minnesota, dans l'État de Washington et à Washington même. Chaque année, Azzam avait l'habitude d'aller aux États-Unis. C'est un pays riche, où les mulsulmans avaient plus de possibilités d'agir que ceux qui vivaient dans des pays pauvres ou sous des dictatures.

Magazine *Djihad* du 29 avril 1987.

À notre communauté en Amérique.

Le magazine reçoit un accueil chaleureux de la part des musulmans vivant aux États-Unis, et c'est pourquoi il souhaite augmenter massivement son audience. Ceci se réalise avec l'aide de Dieu et les efforts de nos frères. Ils ont essayé de faire de leur mieux pour que l'audience se développe jusqu'à toucher tous ceux qui cherchent à obtenir les dernières nouvelles de leurs frères moudjahidin.

Étant donné que la demande est de plus en plus forte aux États-Unis, les numéros seront distribués par notre bureau américain à partir du 31 de chaque mois – si Dieu le veut –, et nous espérons voir nos frères qui souhaiteraient s'abonner adresser leur demande à notre bureau américain, dont l'adresse figure en page 3 ; ainsi ils recevront leur magazine dès que possible, par la grâce de Dieu.

Et nous demandons à tous nos frères qui en ont la possibilité d'aider le magazine à étendre son audience. Et nous disons aux centres islamiques qu'ils peuvent aussi contribuer à notre effort, et demander à Dieu de nous bénir et de veiller sur nous.

Jamal Ismaïl.

Je crois qu'après le numéro 25, ou peut-être 30, le magazine *Djihad* fut imprimé à Lahore. Ensuite, pour des raisons commerciales, nous sommes allés le tirer à Karachi. Ainsi, au lieu de le transporter depuis Lahore par camion, nous pouvions l'expédier directement à l'étranger. En général, il circulait en Arabie Saoudite, au Koweït, aux Émirats arabes unis, en Jordanie, aux États-Unis et dans quelques pays européens. Il y avait des abonnés en Afrique du Nord. On le trouvait sur tous les marchés d'Arabie Saoudite. Il ne coûtait pas cher. Ce n'était pas un magazine commercial. Ses principaux objectifs étaient de s'adresser aux musulmans du monde entier pour les informer de ce qui se passait en Afghanistan, et de lever des fonds pour les moudjahidin afghans.

Au départ, nous étions quatre : le rédacteur en chef, le dactylo, moi et quelqu'un qui allait à moto chercher les informations un peu partout. Puis le cheikh Abdullah Azzam nous a demandé de faire mieux. Il a fallu recruter d'autres gens. Azzam a fait campagne pour le magazine dans le monde arabe, en disant que celui qui travaillait pour le journal en Afghanistan serait vu par Allah Tout-Puissant, et s'accomplirait mieux qu'en se contentant de porter une Kalashnikov.

Extrait d'un article signé d'Abdullah Azzam et paru en février 1987 dans le numéro 27 de *Djihad*.

Grâce soit rendue à Dieu, qu'Il soit remercié, qu'Il nous apporte Son aide et Son pardon. Chaque fois qu'est mentionné le mot djihad, on voit surgir et se répandre le péché. Et chaque fois que les musulmans parlent de défendre leurs droits, les médias occidentaux entrent en jeu et diffament le nom des musulmans, et ils les représentent comme des extrémistes et des bêtes.

Les musulmans ont peut-être oublié les guerres qui ont eu lieu au siècle dernier entre la France, l'Angleterre et les autres pays européens. Les musulmans ont peut-être oublié les épreuves de deux guerres mondiales provoquées par l'Occident, qui ont duré vingt-cinq ans, tué cinquante millions de personnes et laissé derrières elles des gens blessés, mutilés, détruits. Ce fut une guerre horrible, basée sur la cupidité et la mesquinerie. Les musulmans ne savent peut-être pas que la guerre culturelle a été répandue sur eux pour que soit diffamé le nom du djihad, afin que les musulmans apparaissent comme des bandits et des guerriers assoiffés de sang, afin que les musulmans renoncent au djihad ; et c'est ainsi que des histoires ont été créées de toutes pièces sur les assassinats d'otages, pour que les musulmans soient regardés comme des assassins.

L'Amérique est le nouveau maître du monde ou, mieux encore, une nation qui a bâti son empire sur le dos des premiers habitants du pays, les Indiens. On les a anéantis. Maintenant, les Indiens sont moins d'un million. On les a mis dans de petites réserves comme s'ils étaient des pièces de musée. Ils vivent dans le Midwest, mais ils s'éclairent avec des lampes à kérosène et non à l'électricité. Or ces gens-là, ces Indiens à la peau rouge, étaient les premiers habitants de l'Amérique. Nous n'avons pas honte de notre religion, ni de l'ordre que nous a donné Dieu. Nous le disons franchement, sans jouer sur les mots ni la déception. Que ce soit clair :

1. Le djihad est un devoir religieux pour les Oummas, les musulmans de par le monde, destiné à libérer les peuples et à leur offrir la justice islamique et la protection religieuse.
2. La religion de Dieu et la religion bénie est celle de toute l'humanité, et nous voulons la répandre aux quatre coins du monde.
3. Le djihad de Dieu signifiera tuer les infidèles au nom de Dieu et brandir le drapeau en Son nom. Et nous ne voulons pas que ce grand djihad se résume à des mots prononcés sur des podiums, ni à des articles publiés dans les journaux. Le djihad n'est accompli selon la volonté de Dieu que si vous combattez l'infidèle avec le sabre, jusqu'à ce qu'il se soumette à l'islam.

Rien ne doit vous empêcher d'accomplir le djihad afghan.

Abu Walid Al-Misri est un confident de Ben Laden. Il a écrit une histoire des Arabes qui ont fait le voyage d'Afghanistan pour soutenir le djihad. Voici un extrait d'*Afghan Arabs*, publié en décembre 2004 par *Al-Sharq Al-Awsat*.

Le magazine *Djihad* comptait parmi les projets les plus importants lancés par Azzam. C'était le principal moyen de communication entre les jeunes Arabes de partout et le réseau islamiste. L'édifice intellectuel construit par le docteur Azzam grâce à ce magazine reste le facteur déterminant dans la migration des volontaires arabes, dont la plupart venaient d'Arabie Saoudite, des États du Golfe, du Yémen. Ces volontaires ont voyagé sur les terres du djihad autour du monde.

On peut se faire une idée de la diffusion du magazine *Djihad* grâce à la liste des pays où fut distribué l'un des derniers numéros

de l'année 1989. Entre parenthèses : le prix de vente de la publication en monnaie locale.

Afghanistan (20 R), Afrique du Sud (150 R), Algérie (3 AD), Arabie Saoudite (5 R), Argentine (70 NP), Autriche (30 SH), Bahreïn (500 FHs), Bengladesh (20 Ta), Belgique (100 F), Brésil (2,5 CR$), Canada (3,00 C$), Chypre (400 Ms), Danemark (15 Dkr), Égypte (1 EF), France (5 F), Allemagne (4 DM), Émirats arabes unis (5 DH), Espagne (150 Pts), Grèce (90 Dr), Hong-Kong (15 HK), Inde (10 Rs), Indonésie (15 R), Iran (1 Ris), Irak (500 Fils), Italie (2 500 L), Japon (500 Y), Jordanie (300 F), Kenya (20 Sh), Koweït (500 Fils), Liban (5 L), Libye (50 PS), Malaisie (3 M$), Maroc (8 D), Nigeria (1 N), Oman (500 Fils), Pakistan (15 Rs), Philippines (20 Pp), Portugal (150 ESC), Qatar (5 Ris), Royaume-Uni (1,25 L), Singapour (3 S$), Soudan (1 SF), Suède (15 Kr), Syrie (5 SF), Tanzanie (16 Shs), Thaïlande (40 BT), Tunisie (600 Tu), Turquie (120 TL), USA (2,60 $).

Le commentaire ci-dessous est tiré du numéro 68 du magazine *Djihad* de juin 1990 ; il donne une idée de sa diffusion aux États-Unis.

DU BUREAU DES SERVICES AUX MOUDJAHIDIN D'AMÉRIQUE

Le bureau aimerait remercier tous les musulmans qui ont soutenu le djihad moralement, par leur contribution financière et par les bonnes paroles qui ont guidé cette religion et sa défense des terres musulmanes. Nous voudrions aussi souhaiter que la bénédiction de Dieu se répande sur les centres islamiques et sur les frères qui y travaillent avec ferveur. Et nous voulons remercier tout particulièrement les centres du Michigan, de Georgie, de Floride, de Californie, du Texas, du Missouri, du Nouveau-Mexique, d'Arizona, du New Jersey et du Tennessee.

Continuez de nous aider, frères musulmans, moralement, financièrement, par vos bonnes paroles, vos conseils avisés, vos opinions, vos prières – continuez de tout votre cœur et de toute votre âme.

Contactez-nous... Consultez-nous... Nous sommes à votre service...

Le courrier doit être adressé à :
Al-Kifah Refugee Center
552, Atlantic Avenue
Brooklyn, NY 11217, USA

Ou à :
1085 Commonwealth Avenue, Suite 124, Boston, MA. 02215
P.O. Box 95244 Atlanta, GA. 30347
P.O. BOX 157889 Chicago, IL. 60615-7889

Le magazine *Djihad* comprend une chronique régulière intitulée « Avec un cadet volontaire ». Le numéro 81, daté d'août 1991, publie cette interview d'un garçon de cinq ans ; elle montre que les militants de Peshawar encourageaient même les plus jeunes à embrasser le djihad.

Question : Comment t'appelles-tu ?
Réponse : Saleh.
Q : Quel est ton nom de famille ?
R : Sayf Al-Rahman.
Q : Quel est ton pays d'origine ?
R : La Palestine.
Q : Quel âge as-tu ?
R : Cinq ans.
Q : Vas-tu à l'école ?
R : Je vais à l'école Hadana Al-Ansaar et au centre d'apprentissage du glorieux Coran à Peshawar.
Q : Qui aimes-tu ?
R : J'aime Dieu et Mahomet, le Messager de Dieu, louange à lui. J'aime aussi ma maman, mon papa et les moudjahidin.
Q : Question facile. Le missile Stinger, on l'utilise contre quelle cible ?
R : Contre les avions !
Q : Et les roquettes lance-grenades ?
R : Contre les guérilleros !
Q : Comment s'appelle l'arme utilisée par les défenseurs ?

R : La Kalashnikov !

Q : Quand tu auras tué les communistes infidèles en Afghanistan, que feras-tu ?

R : Je veux aller en Palestine avec papa et les moudjahidin pour combattre les juifs infidèles.

Le journaliste syrien Basil Muhammed a publié en 1991 *Al-Ansar Al-Arab fi Afghanistan* (« Les Volontaires arabes en Afghanistan[5] »). Muhammed a tenu à interviewer lui-même en Afghanistan des chefs arabes durant le djihad contre les Soviétiques. Il ressort de son livre que Ben Laden s'est aventuré en Afghanistan pour la première fois en 1984. Il parle à Muhammed en ces termes :

Je me sens coupable d'avoir écouté mes amis et ceux que j'aime quand ils m'ont dit de ne pas venir en Afghanistan, de rester chez moi pour des raisons de sécurité. Je sens que, pour ce délai de quatre ans, c'est mon martyre au nom de Dieu qui est exigé de moi.

Comme nombre de ceux qui ont rencontré Ben Laden durant cette période, le journaliste palestinien Jamal Ismaïl n'a pas été frappé outre mesure par ce jeune Saoudien d'environ vingt-sept ans.

Venu pour une visite à Peshawar en 1984, je me suis rendu au bureau du magazine *Djihad*, où nous avons prié. Oussama est arrivé et nous l'avons rencontré : Oussama Ben Laden, l'un des principaux trésoriers du Services Office. J'avais vingt-trois ans. Il n'a pas dit grand-chose. « Salut, comment va ? Comment ça se passe ? D'où es-tu ? » Juste quelques phrases. On a fait la prière, et il est parti. Il avait peut-être dans les vingt-sept ans. Il ne m'a pas laissé une grande impression. Il était un peu inquiet. Il ne parlait pas beaucoup.

J'ai su dès le début que Ben Laden ne tenait pas à consommer les boissons des firmes américaines – Pepsi, Coca, Sprite, 7-Up.

Il essayait de boycotter tous les produits des Américains parce que, sans eux, pensait-il, Israël n'aurait pu exister.

Le cheikh Abdullah Azzam le couvrait de louanges dans tous ses prêches. Il priait pour lui et pour sa famille. D'après Azzam, quand ils avaient créé le Services Office, Oussama avait accepté de financer le séjour de cinquante ou soixante familles arabes, toutes choisies par Azzam.

Le journaliste égyptien Faraj Ismaïl a couvert le djihad afghan pour le journal *Al-Muslimoon* ; lui non plus n'inclinait pas à prêter au Ben Laden de cette époque une importance particulière. Je l'ai interviewé au Caire en juin 2005.

Mon journal concentrait son attention sur les mouvements islamiques. En ce temps-là, le djihad afghan était regardé d'un œil positif car il était contemporain d'un renouveau au sein du monde islamique. J'ai rencontré Abdullah Azzam à Djedda, en Arabie Saoudite. Et j'ai vu Ben Laden à la même époque, en 1985. Je vivais alors à Djedda. En 1986, le principal problème du *Muslimoon*, c'était le djihad afghan. Ben Laden avait l'habitude de passer dans nos bureaux à Djedda. Il n'avait pas le charisme d'un leader. Il parlait d'une voix faible.

Je me rappelle une discussion avec Azzam. Quelqu'un lui a demandé :

– Vous êtes palestinien, vous ne devriez pas combattre en Palestine ?

Il a répondu :

– La lutte contre les Soviétiques en Afghanistan nous permettra de créer une génération de jeunes hommes qui, en cas de succès, iront en Palestine.

Azzam était toujours très souriant. Ce n'était pas du tout un personnage lugubre. La relation entre entre lui et Ben Laden était un rapport de maître à disciple. J'ai compris qu'Azzam était la référence religieuse de Ben Laden, qui lisait ses livres. Et les écrits d'Azzam inspiraient énormément les jeunes, y compris Ben Laden.

Vahid Mojdeh est un Afghan qui, dans les années 1980, travaillait pour le Services Office à Peshawar. Lui aussi se souvient d'Azzam comme d'un homme dont l'éclat dominait le jeune Ben Laden. Je l'ai croisé à Kaboul en janvier 2005.

Je travaillais au bureau des traducteurs. Je traduisais la plupart du temps des livres religieux. Le bureau principal se trouvait à University Town, une banlieue de Peshawar. La première fois que j'ai vu Ben Laden, j'ai trouvé qu'il ressemblait beaucoup au défunt roi Fayçal. Il avait un visage étroit. J'ai même cru au début que c'était un prince saoudien. Ce n'était pas quelqu'un d'important dans le djihad, à ce moment-là. Je n'ai jamais entendu Ben Laden prononcer un discours à Peshawar. Il n'était pas considéré comme un homme doué ni intelligent. Azzam, en revanche, était un puissant orateur. Et il déclamait des poèmes. Azzam a rencontré Ben Laden en Arabie Saoudite, et il l'a influencé à partir des années 1980.

Durant la période où Ben Laden affectua sa première incursion en Afghanistan, les volontaires arabes commençaient à se battre contre les Soviétiques. Azzam a publié dans le numéro 4 du magazine *Djihad*, daté du 22 mars 1985, un article intitulé « Ensemble sur la route ». Il fait allusion à celui qui fut peut-être le premier Arabe tué sur place.

Quand je visitais les camps, je rencontrais toujours un homme jeune et juste qui se mêlait aux Afghans, les aidait et leur donnait chaque minute de sa vie. J'ai demandé aux gens de me parler de lui. Ils m'ont répondu qu'Abu Hamza était le premier Arabe à s'être mêlé aux Afghans et à mener avec eux leur vie dure et austère. Je l'ai vu entrer dans la maison. Il venait nous servir le thé et la nourriture. Puis il s'est assis respectueusement et il a attendu que nous ayons fini de manger pour débarrasser.

Et voilà maintenant qu'Abu Hamza est mort. Parti aussi vite qu'un éclair. C'était un frère très cher, un vrai martyr, un homme discret. Le martyre est un immense honneur que Dieu n'accordera jamais à quelqu'un qui ne le mérite pas. Le martyr disparaît très vite, nous laisse avec le cœur brisé, et il a la joie de rencontrer Dieu.

Le journaliste palestinien Jamal Ismaïl.

Après 1985, les Arabes sont arrivés de plus en plus nombreux à Peshawar. Des centaines d'entre eux commençaient à affluer, qui appartenaient à différents groupes. Il y avait des Frères musulmans, des membres des groupes égyptiens. L'Arabie Saoudite encourageait même ses citoyens à partir : ceux qui voulaient rejoindre les moudjahidin bénéficiaient de 75 pour cent de réduction sur les vols de la Saudi Airlines.

Le Saoudien Jamal Khashoggi fut le premier journaliste d'un important média arabe à couvrir le djihad afghan. Je l'ai interrogé à Londres le 13 juin 2005.

Tout compte fait, je ne crois pas que les moudjahidin, pendant le djihad contre les Soviétiques, dépassaient deux ou trois mille hommes. Mais entre ceux qui venaient passer six jours et ceux qui restaient six ans, le nombre peut avoir atteint dix mille. Car il y avait même des circuits touristiques djihad. Des vacances djihad.

Abdullah Anas compte parmi les fondateurs du Services Office.

Jusqu'en 1984, nous étions treize moudjahidin arabes. À la fin de 1985, on était quatre-vingt-dix, peut-être cent. L'apogée, c'était entre 1987 et 1989. On était entre trois mille et cinq mille, pas plus. Ceux qui opéraient de façon permanente à l'intérieur de l'Afghanistan ne représentaient pas plus de 10 pour cent : de trois cents à cinq cents personnes. Mais 90 pour cent d'entre eux étaient des enseignants, des cuisiniers, des comptables, des médecins sur la frontière avec le Pakistan.

Nous avions trois catégories de recrues : les gens qui ne parlaient pas l'arabe ; ils venaient de Malaisie, d'Indonésie, d'Inde, de Birmanie, des Philippines. En principe, ils étaient vraiment pauvres. Les autres venaient des zones en dehors du Golfe : Algérie, Égypte, Maroc. Eux appartenaient aux classes moyennes ou modestes. Les riches venaient du Golfe : Koweït, Émirats, Arabie Saoudite.

La plupart des moudjahidin étaient saoudiens. Ils avaient de l'argent. Ils descendaient parfois dans les grands hôtels et fréquentaient les bons restaurants. Certains Saoudiens allaient et venaient. C'était un voyage pour eux. Comme des vacances. Presque tous venaient pour les vacances. Mais des vacances islamiques. Les riches, par exemple, au lieu d'aller en Suisse, venaient passer quelques jours avec les réfugiés afghans ; ils partageaient leurs souffrances, ils leur apportaient des vêtements, de l'argent.

Les tournées de conférences et le magazine d'Abdullah Azzam attiraient les contributions et les volontaires contre les Soviétiques. Sa puissante rhétorique touchait les jeunes musulmans dans l'ensemble du monde arabe et au-delà. Voici un article d'Abdullah Azzam paru dans le numéro 3 du magazine *Djihad*, daté du 22 mars 1985.

À tous les musulmans du monde.

Au nom de Dieu le Miséricordieux.

À mes chers frères. La paix soit avec vous. J'avais espéré pouvoir délivrer ce message personnellement à chacun, mais puisque c'est impossible, laissez-moi vous transmettre mes sentiments afin que vous puissiez partager la passion qui est la nôtre, qui anime notre vie et notre travail.

Chers frères, Dieu a été bon avec moi quand j'ai rendu visite aux combattants attaqués par les Russes. Grâce à Dieu, les Russes ont perdu cette bataille à plate couture. Ils ont perdu sept cents hommes pendant que les musulmans perdaient seulement sept martyrs. Par la grâce de Dieu, la Russie a essayé et la Russie a échoué. Ils n'ont même pas réussi à couper une seule des routes empruntées par les moudjahidin entre le Pakistan et l'Afghanistan.

Mes frères, le djihad afghan est arrivé à la croisée des chemins. Les ressources lui manquent. Voilà longtemps maintenant que nous demandons que les musulmans nous aident et aillent de l'avant ; or quelques-uns seulement ont répondu à cet appel.

Mes frères, la porte est toujours ouverte, et la possibilité existe encore de mettre en œuvre la religion de Dieu sur les terres d'Afghanistan. Si le djihad afghan échoue, ce qu'à Dieu ne plaise, tous les musulmans seront responsables de cet échec. Et ils seront aussi responsables d'avoir laissé échapper une occasion en or, une occasion sans précédent. Nous avons manqué l'occasion en Palestine. Nous risquons maintenant de la perdre en Afghanistan. Grande est la responsabilité historique, et le temps nous est compté.

D'autres auteurs ont usé d'un langage passionné pour recruter. Ainsi un cas inhabituel : une femme du nom de Khawla Bint Al-Azoor publie l'article suivant dans le numéro 29 du magazine *Djihad*, daté d'avril 1987.

Jeunes gens, je vous en conjure au nom du Dieu tout-puissant, ainsi qu'au nom du Prophète, hissez le drapeau de l'islam comme l'ont fait vos ancêtres au début de la religion. Nous avons tous appris que l'islam était faible au départ, qu'il a conquis du terrain petit à petit, avant de se répandre de l'est de l'Asie jusqu'en Europe de l'Ouest. Cela s'est accompli par le saint djihad islamique qui exalte le nom de Dieu.

Réveillez-vous, jeunes gens. Comprenez que l'Armée rouge désacralise le terre d'islam et la détruit. Oui, ils déploient sur la terre pure d'Afghanistan des actes à l'opposé de notre foi islamique. Je vous conjure, ô jeunes gens ! d'entreprendre le djihad et de devenir des martyrs aux côtés de vos frères afghans en lutte contre l'oppression. Je voudrais moi aussi pouvoir donner ma vie et mon esprit en offrande à cette terre pure, je voudrais moi aussi être un martyr. Mais je suis une fille et je ne peux rien faire..

Essam Al-Ridi, pilote égyptien, compta parmi les premières recrues arabes pour le djihad afghan. Début 2001, à New York, il fut cité comme témoin au procès de quatre hommes accusés d'avoir joué un rôle dans les attentats d'Al-Qaïda contre deux ambassades américaines en Afrique. L'extrait ci-dessous[6] donne une idée de l'impression laissée au Texas par un discours d'Abdullah Azzam.

Inversement, lors son arrivée au Pakistan, Al-Ridi inclinera à regarder d'un œil soupçonneux la figure encore mineure de Ben Laden.

Je suis né au Caire, en Égypte, en 1958. J'ai emménagé au Koweït, où j'ai vécu vingt-trois ans. Je suis parti en 1976 pour Karachi, au Pakistan, afin de suivre des études d'ingénieur. Il y avait de l'agitation dans le pays, et ils ont fermé l'université pendant un mois. Je ne pouvais pas rester. J'ai résolu de partir pour les States et d'y finir mon apprentissage de pilote, car c'était le métier que j'avais toujours voulu exercer. Je suis entré au Texas en 1979, dans une école appelée Ed Boardman Aviation School.

Ce devait être en 1982 ou en 1983, je ne suis pas sûr, l'année de la convention MAYA – la Muslim American Youth Association. J'ai pu prendre part à l'organisation de la convention car je résidais à Fort Worth, où se tenait la manifestation. Abdullah Azzam comptait parmi les orateurs. Il s'est exprimé sur le djihad en Afghanistan. Il expliquait à l'assistance qu'il fallait agir d'une façon ou d'une autre pour aider le djihad afghan.

En 1983, je suis allé au Pakistan. Nous avons rencontré le cheikh Abdullah Azzam et passé la nuit dans sa maison. Le lendemain matin, nous sommes allés à Peshawar rencontrer Abdul Rasool Sayyaf, qui était alors le leader des Afghans. Je tenais à m'assurer qu'on avait réellement besoin de mon aide. La question était de savoir si je devais m'installer au Pakistan ou me contenter de les aider depuis les États-Unis. J'ai eu la liberté d'en parler avec Sayyaf en personne.

Je voyageais et livrais aux moudjahidin le matériel dont ils avaient besoin : des jumelles, des lunettes à vision nocturne, des viseurs. Je rapportais les jumelles de Grande-Bretagne. De même les équipements de plongée. Les viseurs venaient des États-Unis.

Je faisais partie des gens invités à des réunions avec Abdullah pour organiser le travail des Arabes et de ceux qui venaient en visite à Peshawar. Un des problèmes les plus difficiles tenait à ce que j'étais opposé au fait que de riches particuliers comme Ben Laden aient un contrôle sur la prise de décision. Je ne crois pas qu'il avait l'expérience nécessaire pour gérer au jour le jour le cours des affaires en Afghanistan. J'étais contre, et mon avis était connu de tout le monde. Mais personne n'en a tenu compte. Je crois que j'avais raison.

Le Soudanais Jamal Al-Fadl, membre d'Al-Qaïda, a été cité comme témoin dans ce même procès de février 2001. On trouvera dans le présent livres plusieurs extraits de ses témoignages[7]. Celui-ci montre l'impact de *Djihad* ; c'est la lecture de cette publication qui l'encourage à quitter les États-Unis pour l'Afghanistan.

En 1980, j'ai vécu à Atlanta, Georgie, en Caroline du Nord et à Brooklyn. Je travaillais dans l'alimentation. J'ai travaillé pour la mosquée Farouq, à Brooklyn. À ce moment-là, ils soutenaient les Afghans dans leur guerre contre la Russie, et on a essayé de les aider en leur faisant parvenir de l'argent donné par leurs frères à New York. Cela faisait partie des mission du Services Office à Peshawar.

En 1987, à Brooklyn, le journal *Djihad* circulait, et on savait qui était Ben Laden. À la mosquée Farouq, ils m'ont dit d'aller en Afghanistan.

Je travaille à l'épicerie. Deux hommes débarquent et commencent à discuter. Ils me disent de venir à la mosquée, où il y a un cours sur l'Afghanistan. Ils me parlent de la fatwa qui ordonne de partir là-bas. Je réponds :

– Eh bien, c'est une bonne idée, parce que Abdullah Azzam écrit dans le magazine *Djihad*, et on lit ce magazine à Brooklyn, et on a vu, oui, que c'est une fatwa.

Notre chef à Brooklyn, Mustafa Shalabi, me déclare : « On a besoin de toi et d'autres frères pour aller au Pakistan et en

Afghanistan aider les frères là-bas. » Il s'occupe de nos billets et de nos visas. Il nous donne un peu d'argent.

On arrive à l'aéroport de Karachi, et de là on va à Peshawar, où on passe deux nuits à l'hôtel. Au bout de deux jours, quelqu'un se présente et nous fait une petite leçon sur le djihad. Après, on va dans une pension et ils nous donnent des surnoms. Cela veut dire qu'une fois à l'intérieur de l'Afghanistan, on n'est pas supposé utiliser son vrai nom.

On est allés au camp de Khalid ibn Walid avec d'autres. Le camp servait à l'entraînement des nouveaux arrivants. J'ai appris à utiliser des armes réglementaires comme la Kalashnikov, le RPG (la roquette lance-grenade). On s'en servait contre les tanks et les hélicoptères. Ils m'apprenaient et me donnaient l'occasion de tirer. Ils me démontraient mathématiquement que si le tank avançait à la vitesse de 30 km à l'heure, on devait viser 200 mètres devant lui. Comme les hélicoptères sont plus rapides que les tanks, si l'hélicoptère avançait à 300 km à l'heure, il fallait viser 2 000 mètres devant lui.

J'ai rencontré Ben Laden. Il expliquait que l'armée soviétique était venue en Afghanistan et avait tué des gens. J'ai travaillé neuf ans avec Ben Laden.

L'entraînement au camp durait quarante-cinq jours. Je suis allé à la pension Bait Al-Ansar (la « Maison du Soutien »), puis on est partis pour Miran Shah City, à la frontière du Pakistan et de l'Afghanistan. On y a dormi une nuit. Et le lendemain, on a gagné le camp, dans la zone de Khost. On est allés au camp de Djihad Wal. On y a subi un entraînement général sur les explosifs tels que le TNT et le C4.

Mektab Al-Khidmat est le nom du Services Office dirigé par le docteur Abdullah Azzam et Oussama Ben Laden, qui a pour mission d'aider les nouveaux qui arrivent en Afghanistan pour participer à la guerre. Ce bureau s'occupe de les entraîner, de les soutenir et de leur fournir de l'argent. La mosquée Farouq, à Brooklyn, est une branche du Mektab Al-Khidmat (le Services Office). Au début, Azzam et Ben Laden, qui travaillaient ensemble, leur donnaient de l'argent pour qu'ils dirigent la Mektab Al-Khidmat. Après, ils se sont séparés.

Jamal Khalifa, l'ami de Ben Laden à l'université, décrit ses impressions sur la guerre d'Afghanistan, et parle de son mariage avec la demi-sœur de Ben Laden.

En 1985, je suis allé à Djaji, un camp militaire dans l'est de l'Afghanistan. C'était dans une jungle. Je me suis réveillé de bonne heure et j'ai commencé à visiter. J'ai eu l'impression que ces gens-là n'avaient pas besoin de combattants. Ils avaient surtout besoin d'instruction. Oui, je suis allé à la mort, mais en même temps, comme je comprenais les choses, le but n'était pas d'être un martyr mais d'aider.

On a vu les réfugiés au Pakistan. Tu connais des émotions. Tu sens que tu es là pour la bonne cause. Tu es venu aider tes frères. Tu te prépares à faire le Prophète avec ses compagnons. Tu es pris par l'émotion, mais c'est un sentiment assez agréable. À cette période, on planait ; la vie avait un sens.

La première épouse que j'ai prise, c'était à l'université. La deuxième, c'était Shaikha, le sœur d'Oussama. Elle est très proche de lui, car elle est très religieuse. Ce sont les deux personnes les plus religieuses de la famille. Et elle est seule ; sa mère ne lui a donné aucun frère, alors il s'est beaucoup occupé d'elle.

C'était une suggestion d'Oussama. On était très proches. Je l'aimais beaucoup. Quand on a décidé de travailler en Afghanistan, début 1985, il m'a dit :

– Et si tu épousais ma sœur, Shaikha ?

J'ai répondu :

– Oussama, on va partir à la guerre. On va mourir et tu me parles de mariage !

Il a insisté et je lui ai rétorqué :

– D'accord. Écoute, si je reviens, si je ne meurs pas, alors oui.

Nous n'étions jamais en désaccord sur rien. On ne se quittait pas. On riait. On sortait tout le temps ensemble. Il n'élevait jamais la voix. Tu ne l'entendais jamais dire des grossièretés. Il te forçait à l'aimer du fait de son attitude, et de la façon qu'il avait de te traiter.

En 1986, je me suis marié avec Shaika Ben Laden. La famille de ma femme n'acceptait pas ma vieille maison. Oussama avait sa villa, dont il occupait le rez-de-chaussée. Il a divisé toute la maison en deux, y compris la cuisine. La moitié pour moi, la moitié pour lui. Il a bâti un mur de séparation. Il avait sa première femme, Um Abdallah, la mère d'Abdallah, auprès de lui. Abdallah était petit. Plus tard, Ben Laden devait épouser Um Ali, de la famille Sharif, des descendants du Prophète. Ensuite, il a épousé Um Hamza, de la famille Sabar.

Abdullah Anas raconte l'une des rares plaisanteries de son ami Ben Laden.

Oussama racontait des histoires, mais pas des histoires religieuses. Il avait ses propres plaisanteries. Il disait par exemple : « Je ne comprends pas pourquoi certains ne prennent qu'une seule femme. Tu prends quatre femmes, et tu vis comme un roi. » En petit comité, il avait le sens de l'humour.

Ben Laden et son mentor Abdullah Azzam se rapprocheront en 1986, avant de s'éloigner l'un de l'autre quand le jeune milliardaire saoudien choisira d'aller en personne combattre les Soviétiques, au lieu de se contenter de soutenir les activités des moudjahidin afghans.

Le journaliste palestinien Jamal Ismaïl.

Azzam estimait que nous devions travailler avec les moudjahidin, car nous devions soutenir leur unité. Il traitait avec eux à Peshawar. Oussama, lui, discutait plutôt avec ceux de la ligne de front car en 1985, 1986, il passait l'essentiel de son temps sur le front afghan avec les chefs militaires, en particulier à Khost avec le général afghan Jalaluddin Haqqani.

L'Algérien Abdullah Anas, cofondateur du Services Office.

On passait par des stades de rapprochement avec Oussama. Il aimait le cheikh Abdullah, il aimait les moudjahidin, il aimait le djihad. Il mangeait comme nous ; il dormait avec nous.

Nous sommes devenus très amis, car Oussama était très, très bien élevé. On travaillait sous la direction du cheikh Abdullah, on formait un groupe ; les gens qui aimaient Abdullah, obéissaient à ses ordres et appliquaient sa politique étaient automatiquement considérés comme faisant partie de la famille arabe. Quant à la relation entre nous et Oussama, elle s'approfondissait année après année, mois après mois. C'était vraiment de l'amitié très intense. Oussama, durant cette période, d'après moi, était tout simplement un ange.

La deuxième phase de notre relation, c'est en 1986, quand Oussama a commencé à prendre ses distances vis-à-vis d'Abdullah Azzam. Mais cela ne s'est pas fait durement. Vue de l'extérieur, la relation paraissait bonne. Très, très peu de gens savaient ce qu'il en était réellement, pas plus de cinq ou six personnes. Nous n'étions pas autorisés à en parler. Durant cette période, le cheikh Abdullah a poursuivi sa politique sans consulter Oussama, et Oussama a continué sur sa propre route.

Je pense qu'Oussama commençait à croire en lui-même. Il avait vingt-huit ans. Il n'était pas heureux dans ce groupe proche du cheikh Abdullah. Nous n'étions pas sous ses ordres.

Notre relation d'amitié s'est poursuivie, mais, comme collègues, on travaillait dans des directions opposées.

Khalid Batarfi était l'ami d'enfance de Ben Laden. Les deux hommes ont continué à se voir quand Ben Laden est rentré en Arabie Saoudite au cours de l'année 1980. C'est l'époque où Batarfi a entamé sa carrière de journaliste. Je l'ai interviewé à Djedda les 5 et 9 septembre 2005.

Chaque fois qu'il me voyait, il m'invitait à partir faire le djihad en Afghanistan. Il me disait :

– Tu ne te battras pas avec un fusil. Tu pourras te battre avec ta plume. Viens en tant que journaliste, tu écriras sur nous. Je te ferai rencontrer tous ceux que tu voudras. Tu iras où tu voudras.

Mais j'étais réticent. Et le jour où je me suis décidé, mon fils est venu au monde, alors... Il y avait toujours quelque chose.

Trois fois, peut-être, il m'a demandé de partir ; et à chaque fois cela a été impossible. Alors il a arrêté d'insister.

J'ai observé un changement chez lui. Il devenait plus autoritaire, moins timide, plus loquace. Il a commencé à prononcer des discours dans les mosquées et lors des réunions.

En Ben Laden s'opérait une métamorphose. Le riche jeune homme solidaire du djihad afghan cédait le pas à un homme qui se révélerait bientôt capable de lever sa propre force militaire dans la guerre contre les Soviétiques.

3

DU DONATEUR AU SOLDAT DE LA GUERRE SAINTE

La guerre change les hommes. Le conflit afghan n'a pas manqué de transformer Ben Laden. Le jeune milliardaire humble et laconique, si prompt à signer des chèques, visite pour la première fois le Pakistan au début des années 1980 ; il ne tardera plus à prendre la tête d'un groupe de combattants arabes et à développer un plan ambitieux destiné à affronter les Soviétiques à l'intérieur même de l'Afghanistan. Cette petite faction deviendra le noyau d'Al-Qaïda, organisation fondée en 1988 pour répandre le djihad dans le monde musulman.

Les ambitions militaires de Ben Laden épousent le mouvement même de sa personnalité. Il devient plus autoritaire, au point d'ignorer les conseils de beaucoup de ses vieux amis, qui regardent comme une folie cette volonté de mettre sur pied sa propre force militaire. Cette décision précipitera Ben Laden dans une rupture irrévocable (et prudemment gardée secrète) avec celui qui fut son mentor, le Palestinien Azzam.

Entre 1986 et 1987, Ben Laden installa une base de plusieurs dizaines de ses combattants arabes près du village de Djaji, dans l'est de l'Afghanistan, à moins de vingt kilomètres de la frontière pakistanaise et à proximité d'une garnison soviétique. Elle était connue sous le nom d'Al-Masada, la « Tanière des Lions ».

C'est à partir de cette base que Ben Laden s'engagea dans des combats avec les troupes soviétiques au printemps 1987. Sa carrière avait atteint un tournant critique. Il renonçait à son rôle de donateur et de soutien financier des moudjahidin pour devenir lui-même un combattant de la guerre sainte.

Cette décision de créer sa propre force militaire semblait étrange. Pour les observateurs informés, le nombre de soldats afghans engagés dans des combats contre les Soviétiques a varié de 175 000 à 250 000 [1]. Par contraste, le plus grand nombre d'Arabes aux prises avec les Soviétiques à l'intérieur de l'Afghanistan ne dépassera jamais les quelques centaines [2]. Le fait de rassembler tous ces combattants en une force unique n'avait pas grand sens d'un point de vue militaire, puisqu'ils ne pouvaient exercer une influence stratégique sur le déroulement de la guerre. Car Ben Laden avait beau faire souffler le vent de sa puissante rhétorique, ses « Arabes afghans » ne jouèrent aucun rôle décisif dans le déroulement d'une guerre qui fut gagnée avec le sang des Afghans eux-mêmes, et grâce aux millions de dollars et de riyals engagés dans l'affaire par les États-Unis et l'Arabie Saoudite.

Abdullah Azzam s'opposait à l'idée d'une force militaire arabe séparée. Il avait constaté que la présence des Arabes dispersés dans toutes les factions afghanes jouait un rôle de stimulant. Les Arabes avaient la possibilité d'enseigner aux Afghans la religion islamique, de les aider en termes d'instruction et de soins médicaux, et de rapporter des informations sur le djihad afghan aux riches donateurs du Moyen-Orient. Une force militaire exclusivement arabe risquait de ruiner ces efforts, sans pour autant être à même de peser sur la conduite de la guerre.

Ben Laden voyait les choses autrement. Il croyait qu'une force militaire arabe arriverait à tenir face aux Soviétiques, pour la bonne raison que ses recrues étaient impatientes de devenir des martyrs. Les Afghans, au contraire, avaient une approche plus pragmatique des combats. Ils étaient capables de battre en retraite lorsque leurs attaques se heurtaient à une opposition sérieuse, voire quand ils avaient besoin de regagner leurs villages où les appelaient des travaux agricoles, un mariage ou un enterrement.

Ben Laden estimait que sa force arabe, si elle arrivait à tenir tête aux Soviétiques, représenterait une importante victoire psychologique pour les Afghans et pour le monde musulman en général. C'est d'ailleurs ce qui arriva, dans une certaine mesure, quand il résista aux Russes à Djaji en 1987. L'épisode fut hautement célébré non seulement dans le magazine *Djihad*, mais aussi

dans les principaux organes de presse arabes, qui firent de lui un authentique héros guerrier et contribuèrent à galvaniser les musulmans du monde entier pour recruter des candidats au djihad afghan.

Djaji représente la première rencontre de Ben Laden avec la notoriété. Et le milliardaire timide en viendra bientôt à apprécier toujours plus la lumière des projecteurs. Mais la bataille de Djaji constitue une victoire en termes de relations publiques, rien de plus. Du point de vue de sa signification stratégique, elle ne supporte pas la comparaison avec la résistance opposée par Ahmad Shah Massoud aux importantes offensives lancées en 1980 par les Soviétiques contre ses places fortes dans la vallée du Panshir.

Au moment même où il mettait au point sa petite opération militaire, Ben Laden se rapprochait de militants venus du djihad égyptien. Ce furent d'abord Abu Hafs et Abu Ubaidah qui combattirent à ses côtés, puis vint Ayman Al-Zawahiri, qui exerçait alors comme chirurgien à Peshawar.

Voici un extrait du numéro 53 du magazine *Djihad*, paru en avril 1989.

Durant cette période, Ben Laden était connu sous le nom d'Abu Abdallah, le « père d'Abdallah », Abdallah étant le prénom de son fils aîné.

Quand Abu Abdallah créa Masada Al-Ansar, la Tanière des Lions, il fut rejoint par Abu Hanifa, un jeune homme ravi d'appartenir à ce groupe. Abu Abdullah lui demanda de représenter le groupe en Arabie Saoudite et de prêcher pour la Tanière des Lions. C'est ainsi qu'un groupe de jeunes gens se mit en route, de Taif en Arabie Saoudite, pour gagner Djaji. C'était en 1986, la première année qu'Abu Abdallah lançait la Tanière des Lions ; et c'était très dur pour les âmes car c'était l'hiver ; la neige recouvrait les montagnes ; même les jours de beau temps, on ne pouvait pas mettre le nez dehors, car le froid était plus fort que la chaleur du soleil.

Jamal Khalifa, l'ami de Ben Laden à l'université, n'était pas enthousiasmé par ce projet d'opération militaire. Les Soviétiques étaient tout près. Khalifa savait en outre que Ben Laden n'avait aucune expérience ; et il s'inquiétait de voir son ami expédier de jeunes idéalistes dans des missions kamikazes sur la ligne de front. Il l'affronta en 1986, sur la base même de Djaji.

Il s'agit toujours de la même interview réalisée par mes soins en septembre 2005.

J'avais décidé d'aller voir sur place ce qui se passait. Je suis resté trois jours dans la Masada. J'ai interrogé les gens pour savoir comment cela se passait. Ils m'ont répondu qu'ils avaient tous les jours plein de shahids (martyrs) : des gens qui mouraient.

– Mais pourquoi ? ai-je dit. Ils ne sont pas entraînés. Et ils sont très jeunes. Ils n'ont aucune expérience et ils vont affronter les Soviétiques. Ce n'est pas un jeu.

Je suis allé voir Abu Ubaidah, le chef du staff. Je lui ai demandé :

– C'était vraiment le bon endroit pour établir ce genre de camp visible de tout le monde ?

– Non, a-t-il répondu.

– Toi, tu sais combien c'est dangereux !

J'étais furieux. Dans l'islam, le sang, cela signifie quelque chose. On peut jeter le Coran, mais pas faire couler le sang de quelqu'un. J'ai repris :

– Si c'est comme ça, je vais voir Oussama.

Je suis allé m'asseoir avec Oussama sous sa tente, et je lui ai déclaré :

– Oussama, tout le monde est contre cette idée. Qu'est-ce que tu fais ici ? Tu ne te rends pas compte à quel point c'est dangereux ?

Il répond :

– Nous sommes venus pour être sur le front.

– Non. On est venus pour aider les Afghans. On saigne, ici. Le sang coule, ici. Dieu te demandera des comptes, dans l'autre monde. C'est une erreur. Alors, s'il te plaît, Oussama, quitte tout de suite cet endroit.

Tous entendaient notre dispute. Le ton montait. J'étais en

colère. C'est la première fois que cela arrivait entre nous. J'ai ajouté :

– Écoute, tu vas quitter cet endroit, ou nous ne nous verrons plus jamais.

Il m'a répondu :

– Fais ce que tu veux.

Alors je suis parti.

Avec un zèle fanatique, Ben Laden dit au journaliste syrien Basil Muhammad son espoir de voir sa base attirer sur elle la lourde puissance de feu soviétique[3].

La volonté de Dieu soit faite, nous voulons que la Tanière des Lions soit la première chose que l'ennemi veuille affronter. Sa position comme premier camp visible de l'ennemi signifie qu'ils concentreront leurs bombardements sur nous de façon extrême.

Hasan Abd-Rabbuh Al-Surahyi fut une des premières recrues du djihad afghan. Il rejoignit Ben Laden à Al-Masada, près de Djadi. Il revient sur son expérience lors de sa rencontre avec Hasin Al-Banyan, du journal *Al-Sharq Al-Awsat*, à l'automne 2001[4].

En 1987, nombreux étaient ceux qui partaient d'Arabie Saoudite vers l'Afghanistan. Quand je suis allé acheter mon billet pour Islamabad, je me suis aperçu que beaucoup m'avaient précédé au bureau de réservation. Il y avait là, pour s'embarquer sur le même vol, une vingtaine de jeunes Saoudiens de différentes villes. J'ai vu qu'à l'aéroport de Peshawar, les conditions avaient changé depuis que j'étais parti pour le djihad. Cette fois, il y avait des gens pour accueillir ceux qui venaient faire le djihad. Ils facilitaient leur arrivée. Ils leur fournissaient des transports en bus. C'était dû aux efforts d'Abdullah Azzam.

J'ai entendu parler de Ben Laden mais je n'ai posé aucune question à son sujet. On le connaissait alors par son surnom : Abu Abdullah. J'ai compris qu'il était à l'intérieur de l'Afghanistan, et non pas à Peshawar comme Abdullah Azzam. Après avoir quitté le camp d'Azzam, j'ai rejoint le front à l'intérieur du pays. On a vu qu'il n'y avait qu'un seul camp de moudjahidin. On l'appelait le Camp Al-Madinah et Ben Laden en était l'émir, autrement dit, le chef. À notre arrivée, Ben Laden n'était pas là. Ce camp avait démarré avec cinq hommes seulement : Oussama Ben Laden et quatre de ses camarades d'école. On les a rejoints. De jeunes Saoudiens arrivaient, toujours plus nombreux. Et le nombre de camps augmentait aussi ; ensuite ils ont donné à tout le secteur le nom d'Al-Masada, la Tanière des Lions.

Je suis venu pour rencontrer Ben Laden avec d'autres jeunes gens de Taif, en Arabie Saoudite, et il s'est présenté à nous. Il nous a parlé en ces termes :

– Nous voulons que cette base soit celle des moudjahidin et de personne d'autre. Nous voulons nous tenir en dehors de tout ce qui pourrait nuire à notre réputation et à la réputation de nos familles de moudjahidin saoudiens.

Ce que j'entendais me plaisait.

Jamal Ismaïl. Interview de mars 2005.

Oussama et quelques autres défendaient cette idée : commençons par libérer une zone, puis une autre et ainsi de suite. Djaji a été choisi à cause de sa localisation près de Parachinar, un bout de territoire pakistanais enfoncé dans l'est de l'Afghanistan.

Edward Giardet appartenait aux quelques reporters qui n'ont cessé de parcourir l'Afghanistan durant l'année 1980. Je l'ai interrogé à Kaboul en janvier 2005.

Ben Laden avait une opération en cours à Djaji. En fait, j'ai traversé beaucoup de chantiers de construction. Ça devait être en 1987, 1988. J'ai vu des bulldozers, et c'étaient les bulldozers de Ben Laden. Ils disaient qu'ils étaient en train de construire un hôpital souterrain. Mais c'était plus important que ça.

Ahmad Zaidan a écrit sur le djihad afghan pour le journal *Al-Sharq Al-Awsat*. Je l'ai interviewé à Islamabad en mars 2005.

La personnalité de Ben Laden comme homme d'affaires : il calcule tout. Les hommes d'affaires ont un psychisme spécial. Il était très organisé et il calculait énormément les choses. C'est la raison pour laquelle il a amené ces énormes engins. Il voulait construire des bunkers et des routes pour aider les moudjahidin ; il estimait qu'avec de bonnes galeries souterraines, avec de bons bunkers, on aurait un bon djihad.

Abu Walid Al-Misri est cet Égyptien proche de Ben Laden, auteur d'*Arab Afghans* dont voici un nouvel extrait.

Ben Laden construisit des routes et des hôpitaux, et il commença à fortifier une chaîne de montagnes sur la ligne de front pour réduire les positions ennemies. En conséquence, la sonnette d'alarme fut tirée à Kaboul pour que les Soviétiques lancent une opération à grande échelle destinée à nettoyer la région. Il y eut une rude bataille. Les forces soviétiques atteignirent Al-Masada, la Tanière des Lions. Mais elles ne purent consolider leur position. Les Russes perdirent de nombreux soldats, dont certains furent tués par des Arabes dans des combats au corps à corps, des embuscades ou d'audacieuses opérations d'encerclement menées par Abu Hafs et Abu Ubaidah, deux Égyptiens qui comptaient parmi les alliés les plus importants de Ben Laden.

Le numéro 31 du magazine *Djihad*, paru en juin 1987, consacre à la bataille de Djaji un article intitulé : « Nos quatre voitures contre le pacte de Varsovie. »

Alors que commençait la nuit du ramadan, l'ennemi essaya de nous attaquer. Mais à chaque tentative, nos hommes répliquaient avec leurs armes. Ils essayèrent encore, en envoyant cette fois leurs commandos, mais nous les avons frappés à notre tour avec nos roquettes lance-grenades. Nous avons pu les voir battre en retraite grâce à nos télescopes. La Russie a perdu beaucoup de ses commandos si respectés.

Hutaifa Azzam, alors adolescent, était au côté de son père, Abdullah Azzam, et de Ben Laden, quand eut lieu la bataille de Djaji. Abdullah Azzam était très heureux de pouvoir en découdre personnellement avec les Soviétiques, même s'il devait s'opposer par la suite au projet de Ben Laden de créer sa propre force militaire. Extrait de l'interview de septembre 2005.

Mon père y était. Ben Laden y était. Mon beau-frère y a été blessé. Il a dû passer plus de quinze mois à l'hôpital. Les montagnes semblaient une jungle. Les avions lâchaient des bombes au napalm. Une tonne et demie de bombes toutes les cinq ou dix secondes ; au bout d'un mois, on ne trouvait plus un seul arbre sur ces montagnes. Après plus d'une semaine de bombardements sur le secteur, les forces russes ont commencé d'arriver. Nous attendions. Les Afghans étaient partis. Il restait soixante-dix Arabes.

On a fait quelques prisonniers. Quelques Russes ont été tués. Tous les Afghans ont commencé à parler des Arabes et de la bravoure avec laquelle ils avaient défendu ce secteur. Nous avons perdu dix-sept Arabes en un seul combat.

L'écrivain et réalisateur égyptien Essam Deraz a couvert la bataille de Djaji en 1987. Selon lui, c'est elle qui a fait Ben Laden. Interview de mai 2005.

Je suis allé en Afghanistan en 1986. Je savais que des journalistes égyptiens y étaient venus avant moi. Mais ils étaient venus comme journalistes, justement. Vous savez ce que c'est : deux semaines de séjour, le temps de réaliser les interviews et de visiter les lieux. Moi, c'était différent. Je voulais vivre les choses. Écrire de l'intérieur. Je tenais à aller voir les camps de réfugiés, à dormir avec eux, à manger avec eux. Je voulais être avec eux et me battre avec eux. J'y suis peut-être allé cinq fois. À chaque fois j'y suis resté entre trois et quatre mois.

Ils avaient choisi ce site parce qu'il se situait près de la ligne de front. En 1987, a eu lieu une bataille très importante. Les Arabes ont affronté les commandos russes. Pas moins de cinquante ou soixante jeunes Arabes de vingt et un, vingt-deux ans. La plupart étudiants à l'université. Ben Laden a participé aux combats comme simple soldat. Les bombardements russes ont duré une semaine.

Ils ont découvert qu'ils étaient encerclés par les Russes. Abu Hafs et Oussama ont décidé de sortir de la Masada. Les Russes ont pensé qu'ils étaient tous morts.

Pendant deux ou trois mois, j'ai été avec lui, à me battre quotidiennement sous le bunker. Désormais, c'était lui le chef. Je l'ai accompagné au combat pendant des mois, et il était vraiment courageux. D'où le respect qu'il inspire aux Afghans et aux Arabes.

Khalid Khawaja, un ancien de la Pakistani Air Force, s'est battu au côté de Ben Laden. Je l'ai rencontré à Islamabad en juillet 2004. Au milieu de notre conversation, il m'a dit :

– Vous voulez voir Oussama ?

Et il a fait entrer son fils, un grand gaillard de presque trente ans à la barbe clairsemée, vêtu comme un étudiant d'un T-shirt et d'un jean. Tel était le prénom de son fils : Oussama.

En 1987, j'ai participé à la bataille de Djaji. J'ai été présenté à Ben Laden. D'abord et avant tout, ce n'est pas un génie. Il avait trente ans quand je l'ai connu. Il priait beaucoup. Il souriait tout le temps. Comme personnalité, je n'ai jamais pensé qu'il occuperait une place dans l'histoire ; il n'est pas charismatique. Il n'est pas très intelligent, mais c'est la personne la plus dévouée et la plus résolue qui soit. Personne ne souffre la comparaison sur ce plan. Il dépensait l'argent comme on ouvre le robinet. Personne ne se sacrifiait comme lui. Il n'aimait pas la publicité de son nom, à ce moment-là ; il se cachait.

En avril 1989, un article paru dans le numéro 53 du magazine *Djihad* sous le titre « Le martyr Abu Khalil » donne une idée de ce qu'ont affronté les moudjahidin à Djaji.

Il est resté une année entière dans la Masada, la Tanière des Lions, et tous ceux qui ont visité cet endroit ont pu se rendre compte de ce que cela représentait d'y rester quatre mois. La neige couvrait la surface de la terre, et les moudjahidin ne pouvaient voir le soleil, même à la mi-journée, tant il faisait froid. Ils conservaient de l'eau dans des bouteilles en plastique, et au matin elle était gelée. Dans cet environnement où ils avaient les extrémités du corps qui gelaient, Abu Khalil a juré de ne pas céder. Abu Khalil a brûlé le dos de l'ennemi à coups de missile. Et le mortier était son instrument de musique.

Le Saoudien Wael Julaidan était présent lui aussi à la bataille de Djaji. Extrait de l'interview du 11 septembre 2005.

À 7 heures du matin, le 27 du ramadan 1407 (avril 1987), presque tout le monde dormait dans le camp car c'était le ramadan. Alors j'ai vu des choses que je n'avais jamais vues auparavant, Dieu m'en est témoin. Un avion soviétique, un MIG, je crois, est passé devant nous. Certains de nos frères afghans se sont regroupés pour l'attaquer. L'avion a été réduit en miettes. Il est tombé droit sous nos yeux. C'est cette bataille qui m'a donné la volonté et la force de continuer cette guerre.

Ben Laden ne considérait pas comme une coïncidence le fait qu'une bataille décisive ait eu lieu le vingt-septième jour du ramadan, un des jours les plus sacrés du calendrier musulman, appelé Lailat Al-Quadr : la « Nuit de la Puissance » ou encore « Nuit de Majesté ».

Selon la croyance musulmane, la destinée se décide ce jour-là, quand s'ouvrent les portes du paradis et qu'Allah tend l'oreille. Ce jour est loué par le Coran, où l'on peut lire : « Lailat Al-Quadr est meilleure que mille mois. Descendent les anges et l'Esprit, avec la permission de Dieu, avec tous les décrets. Et règne la paix

jusqu'au lever du soleil. » Lailat Al-Qadr est aussi considérée comme la nuit au cours de laquelle le Prophète Mahomet reçut de l'ange Gabriel ses premières révélations.

Dans le numéro 53 du magazine *Djihad*, paru en avril 1989, un article explique que les récits de la bataille de Djaji ont joué un rôle déterminant dans le recrutement des Arabes pour le djihad afghan.

Après la victorieuse bataille de 1987, les jeunes ont déferlé. Le nombre de jeunes Arabes arrivant en Afghanistan est devenu beaucoup plus grand.

Au temps de la bataille de Djaji, au printemps 1987, Ben Laden a découvert que la presse avait le pouvoir d'aider son image de combattant de la guerre sainte. L'un des premiers journalistes d'un important média arabe à s'intéresser à lui fut le Saoudien Jamal Khashoggi.

Khashoggi était étudiant aux États-Unis au début des années 1980, quand la guerre en Afghanistan s'intensifia.

Suite de notre conversation de juin 2005 à Londres.

J'ai été formé à l'islam politique et, en un sens, je suis devenu un activiste. C'était après 1980, avec la révolution iranienne et la montée de la conscience islamique dans le monde. Je vivais dans l'Indiana. J'ai assisté à des conférences et à des réunions. J'ai rencontré Abdullah Azzam une fois aux États-Unis. Sept mois après mon diplôme à l'université dans l'Indiana, j'ai fini par aller travailler dans un journal saoudien. J'avais vingt-quatre ou vingt-cinq ans. J'étais religieux à ce moment-là.

En 1987, je tiens un scoop. On m'invite à écrire sur le rôle des moudjahidin arabes en Afghanistan, et l'idée me plaît. C'était Oussama qui m'avait invité. Je le connaissais un peu de Djedda. Nous étions de la même génération et de la même culture. Je suis allé à Peshawar, puis j'ai traversé l'Afghanistan avec lui jusqu'à la zone de Djaji. J'y ai trouvé quantité d'Arabes pleins d'enthousiasme qui croyaient en ce qu'ils faisaient ; ils en étaient fiers. J'ai interviewé Oussama.

Le 4 mai 1988, Khashoggi publie un article intitulé « Jeunes Arabes en lutte aux côtés des moudjahidin » dans le magazine saoudien *Al-Majallah*. Une version anglaise du papier sort le même jour dans *Arab News*. En voici un extrait.

Il n'y a pas moins de 1 000 jeunes Arabes en Afghanistan. Ils prennent une part active à la guerre, et participent à des travaux d'enseignement, d'aide médicale et de services humanitaires. La plupart d'entre eux viennent d'Arabie Saoudite, d'Égypte, du Yémen, de Syrie, d'Algérie, de Libye et du Maroc. Certains de ces moudjahidin appartiennent à des familles riches. Oussama Ben Laden, par exemple, connu sous le nom d'Abu Abdullah, est un célèbre entrepreneur dont la compagnie familiale est renommée en Arabie Saoudite.

Abu Abdullah a décidé d'offrir son expérience et ses capacités aux moudjahidin, et il a joué un rôle vital dans la construction du camp de la Masada, la base de la plupart des moudjahidin arabes d'Afghanistan. Les Russes et les forces du gouvernement afghan ont lancé contre ce camp, à la fin du mois de mai 1987, une terrible attaque dont les effets sont encore visibles dans toute la région. Les bombardements et les attaques de missiles ont duré trois semaines, brûlant un nombre d'arbres considérable, ainsi que toutes les plantes du secteur.

Voici comment Abu Abdullah décrit ces journées déchirantes :

– Nous passions quelquefois toute la journée dans les tranchées ou dans les caves, jusqu'à ce que nos oreilles ne puissent plus supporter le bruit des explosions. Les avions de guerre n'arrêtaient pas de nous harceler, et leur vacarme insensé, ce chant de mort, se répercutait en un écho incessant. Nous passions la journée à prier le Seigneur Tout-Puisant. En dépit des attaques massives lancées sur nous par les Russes, il fallait que l'un de nous quitte parfois les abris pour aller observer les mouvements de l'ennemi.

Quand les raids se calmaient, ou quand les moudjahidin, grâce à leurs observations, apprenaient que les Russes et les forces gouvernementales se rapprochaient, ils attaquaient à leur tour.

– Trois attaques furent lancées sur une période de trois semaines, poursuit Abu Abdullah. À chaque fois, grâce à Dieu, nous sommes parvenus à infliger aux Russes une défaite écrasante.

Pendant cette douloureuse campagne, quelque soixante-dix moudjahidin afghans et treize Arabes des forces de soutien tombèrent en martyrs. Ils demeurent comme le témoignage muet du sacrifice qui doit s'accomplir si l'on veut que l'Afghanistan recouvre sa liberté.

Abu Abdullah est optimiste. Il pense que la prochaine campagne leur apportera une grande victoire. En effet, ils sont équipés désormais d'armes plus nombreuses. Leurs installations sont meilleures qu'auparavant. Néanmoins, Abu Abdullah remarque qu'en termes de nombre et d'équipement, ils ne sont rien comparés aux forces russes. Ces dernières sont bien équipées.

– Seul Dieu nous a protégés des Russes pendant leur offensive de l'an dernier. Nous puisons l'essentiel de notre force dans notre confiance en Dieu ; ces tranchées et ces tunnels sont les seules installations militaires que Dieu nous ait demandé de creuser. Nous dépendons complètement de Dieu, à tout point de vue.

Alors que s'intensifiait le conflit afghan, Khalid Batarfi, l'ami d'enfance, restait en contact avec la mère de Ben Laden. Il explique que celle-ci se tourmentait de plus en plus pour son fils ; et plus encore quand on lui fit savoir que Ben Laden devait endurer les effets d'une attaque au gaz lancée par les Soviétiques quelques années auparavant.

Extrait de l'interview de Batarfi réalisée en septembre 2005.

La situation s'est aggravée quand Oussama est parti pour l'Afghanistan. Au début, ce n'était pas pour le djihad. Il s'agissait juste d'aller apporter un soutien. Mais sa mère s'inquiétait déjà. Après, il a décidé de devenir un combattant, et là, sa mère... mon Dieu, elle qui était déjà mal, ç'a été encore pire. Ensuite, elle a entendu parler du gaz dont les Russes se servaient contre les moudjahidin... Dès lors elle n'arrêtait plus de regarder la télé et d'écouter la radio, au cas où il y aurait eu une mauvaise nouvelle.

D'après Jamal Ismaïl, le journaliste palestinien qui travaillait pour le magazine *Djihad*, Ben Laden prit ses distances, au milieu de l'année 1980, avec les Arabes les plus opposés aux gouvernements en place au Moyen-Orient.

En 1986, lors de sa visite en Grande-Bretagne, le roi Fahd reçut une médaille en forme de croix des mains de la reine Élisabeth. En Arabie Saoudite, beaucoup de religieux ont protesté, disant qu'il n'avait pas à porter une croix sur lui car c'était prohibé par les enseignements de l'islam ; à savoir que porter cette croix revient à se déclarer non musulman. Des gens à Peshawar affirmaient que cette croix figurait la représentation britannique du christianisme, et que le roi Fahd, en conséquence, n'était pas musulman.

Oussama leur lança alors :

– Pour l'amour de Dieu, ne discutez pas ce sujet. Concentrez-vous sur votre mission. Je ne permettrai à personne de discuter de cette question ici.

À ce moment-là, il n'était pas critique envers le régime d'Arabie Saoudite.

Ben Laden, durant cette période, maintint des relations cordiales avec son gouvernement. Le prince Turki Al-Fayçal dirigeait les renseignements saoudiens : le Saudi General Intelligence Directorate. Il rencontra Ben Laden à plusieurs reprises en Afghanistan et au Pakistan durant le djihad afghan. En novembre 2001, Jamal Khashoggi, représentant et rédacteur en chef d'*Arab News*, interviewa le prince Turki[5].

Quand le djihad a commencé en Afghanistan, j'avais coutume d'aller au Pakistan, et quelquefois en Afghanistan, afin de suivre l'évolution de la situation. C'est là que j'ai rencontré Ben Laden. Il a été invité une ou deux fois à l'ambassade d'Arabie Saoudite à Islamabad. Je l'ai vu pour la première fois à l'une de ces occasions. C'était un jeune homme enthousiaste, peu bavard, qui parlait sans élever la voix. Nous avons évoqué la situation des moudjahidin, de ce qu'il faisait pour les aider. Je ne l'ai pas connu de façon assez approfondie pour pouvoir le juger, ou pour m'imaginer qu'il ferait autre chose. Son comportement, à ce moment-là, ne laissait pas présager ce qu'il allait devenir.

Comme vous le savez, il y avait alors beaucoup de volontaires, des Saoudiens et des non-Saoudiens, et il était l'un d'eux. Il n'y avait pas de raison de nous focaliser spécialement sur lui. Nous n'avions pas d'informations disant qu'il avait des contacts avec une agence gouvernementale d'un pays étranger, comme la CIA, à part le Pakistan.

Qu'il me soit permis de revenir brièvement sur le problème du rôle joué par la CIA – complicité ou non – dans l'ascension de Ben Laden et des Arabes d'Afghanistan. L'Agence envoya environ trois milliards de dollars aux moudjahidin afghans pendant leur guerre contre les Soviétiques, mais il n'existe aucune preuve attestant qu'une partie de ces sommes soit parvenue aux Arabes d'Afghanistan ; il n'existe pas non plus de preuve d'une rencontre de la CIA avec Ben Laden ou quelqu'un de son cercle. Pourtant, dans le monde entier, les théoriciens du complot continuent de répandre le cliché de Ben Laden « création de la CIA », et du 11 septembre « retour de flamme » résultant des menées de la CIA durant le djihad afghan.

La romancière indienne Arundhati Roy a écrit par exemple que Ben Laden comptait « parmi les djihadistes partis pour l'Afghanistan en 1979 quand la CIA a commencé d'y mener ses opérations ». Elle poursuit : « Ben Laden se distingue par le fait d'avoir été créé par la CIA[6]. »

Le réalisateur américain Michael Moore partage ce point de vue : « C'est NOUS qui avons créé le monstre connu sous le nom d'Oussama Ben Laden ! Où a-t-il pris ses cours de terrorisme ? À la CIA[7] ! »

La théorie de Ben Laden créature de la CIA ne repose sur aucun fondement. Le vrai problème n'est pas que la CIA ait aidé Ben Laden en 1980, c'est plutôt que l'Agence n'ait pas eu la moindre idée de l'importance qu'allait prendre cet homme ; la situation devait changer en janvier 1996 avec la création par la CIA d'une unité Ben Laden[8].

Depuis le 11 septembre, les membres d'Al-Qaïda ont contesté la fausse assertion selon laquelle la CIA aurait entretenu des relations avec Ben Laden[9].

Extrait de *Knights under the Prophet's Banner*, l'autobiographie d'Ayman Al-Zawahiri, dont *Al-Sharq Al-Awsat* a publié des passages en décembre 2001.

La vérité que tout le monde devrait connaître est que les États-Unis n'ont pas donné un penny pour aider les moudjahidin arabes. Dans ses leçons de l'année 1987, Oussama Ben Laden appelait au boycott des produits américains comme une façon de soutenir l'intifada en Palestine. Comment pourrait-il être un agent américain en Afghanistan ?

Abu Mussab Al-Suri fut longtemps l'un des associés de Ben Laden. Il a publié sur Internet, en novembre 2004, un livre de 1 500 pages intitulé *The International Islamic Resistance Call* (« L'Appel à la résistance islamique internationale »).

Un énorme mensonge veut que les Arabes d'Afghanistan aient été formés avec le soutien de la CIA, dont les laquais auraient été Ben Laden et Azzam. La vérité, c'est que les services secrets saoudiens travaillaient avec Ben Laden, et que des éléments de leur organisation ont envoyé de l'assistance depuis l'Arabie Saoudite. C'est une calomnie de prétendre que Ben Laden était employé par la CIA.

Hutaifa Azzam, le fils d'Abdullah Azzam.

On peut dire que Ben Laden s'est éloigné de mon père en 1987. Ben Laden disait qu'il voulait créer des camps spéciaux pour les Arabes, commandés par nous, et où commencerait notre propre djihad. L'idée était de regrouper dans une même zone, à Jalalabad, tous les Arabes d'Afghanistan. Mon père était contre.

Alors, en 1987, Oussama a décidé de rompre et de créer ses camps et ses forces composées d'Arabes. Il est parti avec toutes ses troupes pour Jalalabad. La question était de savoir comment il allait transférer ses troupes. Par le Pakistan, il n'y avait pas moyen. C'était impossible.

Il a commencé à ouvrir avec des bulldozers une route entre Djaji et Jalalabad ; elle traversait les montagnes de Tora Bora. Cela lui a pris peut-être six ou sept mois, de construire cette route. On ne pouvait l'emprunter qu'avec des véhicules à quatre roues motrices.

C'était la première fois, semble-t-il, que Ben Laden se familiarisait avec les montagnes de Tora Bora. Les six mois passés à construire cette route allaient devoir lui être utiles quinze ans plus tard, en novembre 2001, lors de son retour dans la région après la chute des talibans.

Wael Julaidan a dirigé l'antenne pakistanaise du Croissant-Rouge saoudien au milieu des années 1980. Il était aussi un des hommes clés du Services Office.
Extrait de l'interview de septembre 2005.

Abdullah Azzam insistait : nous étions là pour aider les Afghans, point final. Je disais la même chose ; m'efforçais toujours de rappeler à Oussama que nous étions là pour résoudre le problème afghan. Mais il sentait qu'il pouvait faire plus.

Un jour, à Peshawar, nous nous sommes réunis et nous avons essayé de mettre la question sur le tapis. Abdullah Azzam a tenu à clarifier les choses :

– Tu es ici pour servir le problème afghan. Il n'y a rien d'autre à l'ordre du jour.

Le journaliste palestinien Jamal Ismaïl.

Oussama n'était plus du tout impliqué dans les activités du Services Office depuis la fin de 1987 ou peut-être le début de 1988. En 1988, son soutien financier au Services Office a cessé à la suite d'une décision prise par lui et Abdullah Azzam.

Oussama avait la volonté d'aider et de financer tout ce qui avait trait au djihad, et le djihad, pour lui, voulait dire « combat ». En 1987 et 1988, le Services Office commençait à devenir plus une ONG qu'autre chose. Ils avaient une imprimerie à Peshawar. Ils agissaient pour les orphelins, dans les écoles, les mosquées, les dispensaires. Oussama, lui, voulait mettre sa richesse et ses moyens financiers au service des combats à l'intérieur du pays.

Ce n'est pas un hasard si Ben Laden a commencé de s'éloigner d'Abdullah Azzam en 1986, l'année même de sa rencontre avec le docteur Ayman Al-Zawahiri. Le personnage de Zawahiri intriguait Ben Laden.

Légèrement plus âgé que lui, c'était un cérébral. Il avait rejoint son premier groupe de djihadistes à l'âge de quinze ans. Et il venait de passer trois ans dans les plus célèbres prisons égyptiennes. Autrement dit, il était beaucoup plus expérimenté que Ben Laden, politiquement parlant[10]. Or Ben Laden a sans doute représenté pour Zawahiri une occasion à saisir, quelqu'un qui se préparait à devenir un authentique héros de guerre, et qui en plus était connu pour sa fortune personnelle.

En 1987, Zawahiri s'occupait de monter son propre groupe djihadiste avec le soutien de Ben Laden. En même temps, il le poussait de plus en plus à s'opposer à Abdullah Azzam ; il l'attirait sur une ligne dure, celle du radical Gulbuddin Hektmatyar, le rival du commandant Massoud. Bref, la fin des années 1980 marque le début d'une symbiose qui perdure aujourd'hui encore entre Ben Laden et Zawahiri.

Jamal Ismaïl.

En 1986, Ayman Al-Zawahiri est venu passer quelques mois à Peshawar. Ils se sont rencontrés lors d'une réunion organisée par une organisation de charité koweïtienne, au cours de laquelle Oussama devait prendre la parole. Ayman Al-Zawahiri s'est présenté lui-même à Ben Laden dès qu'il a entendu le discours de ce dernier.

Extrait de l'autobiographie d'Ayman Al-Zawahiri.

Je me souviens que Ben Laden est venu prêcher à l'hôpital Al-Hilal, un établissement fondé à Peshawar par le Koweït.

Mes premiers liens avec l'Afghanistan datent de l'été 1980. Tout a commencé par un tour du destin, alors que je remplaçais l'un de mes collègues à la clinique Al-Sayyidah Zaynab du Caire.

Un soir, le directeur me demande si cela m'intéresserait d'aller exercer mes compétences de chirurgien au Pakistan, et de participer là-bas à l'aide aux réfugiés. J'ai dit oui tout de suite. L'offre m'apparaissait comme une occasion de connaître l'une des arènes du djihad susceptibles de devenir une base pour le djihad en Égypte et dans les pays arabes, au cœur du monde islamique, là où se déroulait le combat essentiel de l'islam.

Je suis parti pour Peshawar, au Pakistan, en compagnie d'un confrère anesthésiste. Un autre collègue nous a bientôt rejoints, spécialisé dans la chirurgie plastique. Nous fûmes les trois premiers Arabes à aller participer à l'œuvre humanitaire en faveur des réfugiés.

Quand Zawahiri retourna en Égypte, il fut jeté en prison avec trois cents autres militants, suite à l'assassinat du président égyptien Sadate le 6 octobre 1981. Zawahiri ne devait être reconnu coupable que de détention d'arme. Son expérience de la prison l'amena à se radicaliser.

Il revient ici sur les tortures infligées aux militants.

L'engrenage de la torture et de la répression tournait à plein régime, et écrivait en même temps un chapitre sanglant de l'histoire du mouvement islamique moderne en Égypte. Le cruel chevalet de supplice brisait les os, arrachait la peau, choquait les nerfs et tuait les âmes. Il accomplissait ses basses œuvres. Il enfermait des femmes, il se livrait à des agressions sexuelles, il attribuait aux hommes des noms de femme, il affamait les détenus, leur distribuait des nourritures avariées, les privait d'eau, les empêchait de recevoir des visites et les humiliait. Le chevalet de supplice a dévoré des milliers de victimes après l'assassinat de Sadate.

De par sa maîtrise de l'anglais et son refus des compromis, Zawahiri devint le porte-parole de ses codétenus quand ils comparaissaient devant le tribunal. Le 4 décembre 1982, les trois cents islamistes furent présentés dans des cages, à l'intérieur d'une salle d'audience provisoire installée au centre des Expositions du Caire.

Le procès consécutif à l'assassinat de Sadate pouvait commencer. Dans une vidéo tournée ce jour-là, on voit les prévenus chanter et brandir leur exemplaire du Coran. L'un d'eux s'écrie :

– Le docteur Ayman Zawahiri s'exprimera en notre nom !

L'assistance se calme. Zawahiri parle en anglais aux journalistes venus du monde entier pour couvrir le procès[11].

Nous nous adressons au monde. Qui sommes-nous ? Pourquoi nous ont-ils amenés ici et que voulons-nous dire ? Nous sommes des musulmans. Nous sommes des musulmans qui croient à leur religion et qui ont essayé de faire leur possible pour porter au pouvoir un État islamique dans une société islamique. Nous nous sommes sacrifiés. Nous sommes prêts à nous sacrifier encore. Nous représentons ici le vrai front islamique et la véritable opposition islamique. (*Les prévenus entonnent des chants.*) Et maintenant, la deuxième question. Pourquoi nous ont-ils amenés ici ? Ils nous ont amenés ici pour deux raisons. D'abord, ils veulent faire avorter un mouvement islamique en pleine expansion qui représente une menace pour les agents malhonnêtes au service du régime (*les chants redoublent*). Et deuxièmement, ils veulent prendre part à une conspiration dont le but est d'évacuer la région en vue d'infiltrations sionistes. Une telle conspiration a été inaugurée par un agent stupide du nom d'Anouar el-Sadate (*les chants redoublent*).

L'humiliation et la torture dans les prisons égyptiennes : nous avons découvert divers traitements inhumains. Ici, ils nous battent, ils nous frappent, ils nous tourmentent avec des câbles électriques, ils nous choquent à l'électricité ! Ils se servent de chiens sauvages ! Ils nous pendent aux portes par les mains (*il fait le geste d'être pendu par les mains*). Ils arrêtent les épouses, les mères, les pères, les sœurs et les fils dans le but d'exercer une pression psychologique sur des prisonniers innocents (*les chants redoublent*).

Nous sommes emprisonnés ici depuis quatorze mois. Alors, où est la démocratie ? Où est la liberté ? Où sont les droits de l'homme ? Où est la justice ? Où est la justice ? Nous n'oublierons jamais ! Nous n'oublierons jamais ce que ces criminels ont fait ! (*Les chants redoublent.*)

Montasser Al-Zayyat n'a jamais rencontré Ben Laden, mais il a vu de l'intérieur le groupe du djihad égyptien qui devait former la base d'Al-Qaïda. Il a fait la connaissance d'Ayman Al-Zawahiri alors qu'ils étaient en prison après l'assassinat de Sadate.

Devenu ensuite avocat au Caire, il assura la défense de nombreux islamistes amenés à comparaître devant les tribunaux égyptiens. Il fut aussi le porte-parole de Gama'a Al-islamiyya, le mouvement qui allait lancer sur l'Égypte une intense campagne de terrorisme de 1970 à 1997.

En 2002, Zayyat écrivit une biographie de Zawahiri, *The Road to Al-Quaeda*. Voici un extrait de ce livre[12].

Première session de la Haute Cour de sécurité consacrée à l'affaire dite du « Grand Djihad » : la salle était pleine de journalistes. Tout le monde voulait couvrir l'événement qui faisait trembler l'Égypte, l'assassinat du président Anouar el-Sadate. Ayman Al-Zawahiri parla de la torture subie en prison par les accusés.

Comme exemple des traitement infligés aux détenus dans la prison-citadelle durant les mois qui avaient suivi l'assassinat de Sadate, Zawahiri présenta le cas d'un jeune homme maintenu en isolement dans la cellule numéro 3. Ainsi, Zawahiri demanda le transfert de ce jeune homme ; et ce jeune homme, c'était moi, Montasser Al-Zayyat. Je me suis toujours rappelé cet incident, et ce que Zawahiri a fait pour moi, quand bien même il ne m'avait jamais rencontré.

Quand j'ai fait sa connaissance, par la suite, à la prison de Tora, je lui ai exprimé ma gratitude pour son soutien, qui m'avait grandement soulagé des douleurs de la torture et de la cruelle solitude dont j'avais souffert entre les murs de la prison.

Al-Zawahiri a vu le jour en 1951 dans une famille aristocratique de Maadi, un faubourg du Caire. Les siens observèrent son intérêt pour la lecture et les études. Il fut studieux dès son plus jeune âge. Quand il était fatigué d'étudier, il ne perdait pas son temps à jouer avec d'autres enfants ou à regarder la télévision, il lisait plutôt des ouvrages sur la religion et la jurisprudence islamique, c'était son passe-temps. Ce tempérament introverti et tourné vers l'érudition fit qu'il n'avait pas de camarades, de sorte que l'on ne trouvera pas de témoins pour parler de cette époque de sa vie.

Zawahiri entra à la faculté de médecine à l'université du Caire pour l'année 1968-1969. Il en sortit diplômé en 1974 avec l'appréciation la plus élevée : *gayyid giddan*. Il obtint également en 1978 un diplôme supérieur de chirurgie à l'université du Caire. Lors de son arrestation, le 23 octobre 1981, on découvrit qu'il avait commencé à diriger une cellule clandestine alors qu'il n'avait pas encore seize ans.

Durant les trois sessions du procès qui suivit l'assassinat d'Anouar el-Sadate, les autorités égyptiennes nous répartirent dans différentes prisons. J'y rencontrai Ayman Al-Zawahiri. C'est alors que j'assistai aux débats pour savoir si le docteur Omar Abdel Rahman, un religieux aveugle, devait ou non prendre la tête de la coalition qui venait de se créer entre les divers groupes djihadistes et le Gama'a Al-islamiyya. Ce fut la plus violente des crises auxquelles durent faire face les activistes dispersés dans les prisons de la ville. L'un des opposants les plus résolus à Abdel Rahman était Zawahiri. Mais Abdel Rahman ne renonça pas et les divergences se conclurent par une rupture, au sein de la coalition, entre les groupes islamistes et le Gama'a Al-islamiyya.

Oussama Rushdi était membre du Gama'a Al-islamiyya ; lui aussi a côtoyé en prison Ayman Al-Zawahiri au début des années 1980[13].

Zawahiri avait trois ans de prison derrière lui. Ils ont détruit Zawahiri de l'intérieur. Ils l'ont très sévèrement torturé. Ils voulaient l'obliger à espionner ses compagnons de détention. La situation était très dure dans les prisons en 1981. S'il y a quelqu'un qui porte une lourde responsabilité dans la constitution d'un front favorable à Ben Laden, c'est Moubarak, président de l'Égypte depuis 1981.

Zawahiri s'est enfui d'Égypte en 1985. Je suis le premier à l'avoir rencontré en Arabie Saoudite où il s'était réfugié. Il projetait de gagner Peshawar. En 1987, il a constitué son groupe avec d'autres Égyptiens.

Il existait une grande différence entre le Zawahiri de 1985 et celui de 1989 : il avait trouvé le bon endroit où bâtir cette organisation. Il s'efforçait désormais d'élaborer une idéologie spécifique.

Ayman Al-Zawahiri est venu de bonne heure à Peshawar. Seul. Il n'y avait pas d'autres Égyptiens, alors il lui a fallu deux ou trois ans pour monter son groupe. Durant cette période, il avait de bonnes relations avec Ben Laden par l'intermédiaire d'Abu Ubaidah et Abu Hafs. Ils étaient avec lui à Djaji pendant la bataille contre les Russes.

Abu Jandal devait devenir en 1998 le chef de la sécurité personnelle de Ben Laden[14].

Au temps où le cheikh Azzam était à Peshawar, le cheikh Omar Abdel Rahman, le leader spirituel du groupe islamiste égyptien, y était aussi. Même si leurs conceptions du djihad se rejoignaient parfois, ils divergeaient sur de nombreux points. L'argumentation de Rahman différait de celle d'Azzam. Il existait aussi à Peshawar plusieurs organisations islamiques qui ne partageaient pas les idées d'Azzam. Et parmi elles, on trouvait le groupe islamiste égyptien.

Le militant égyptien Oussama Rushdi vivait lui aussi à Peshawar en 1989.

Al-Zawahiri a modifié son idéologie quand il est allé à Peshawar. Si tu lis des livres de l'organisation djihadiste d'Ayman Al-Zawahiri, tu y trouveras plein de tafkir (lettres déclarant apostats d'autres musulmans). Et cette idéologie est nouvelle pour Al-Zawahiri, elle se développe dans l'atmosphère d'isolement de Peshawar. Dans ces conditions, si tu affiches des opinions modérées, tu as tôt fait de te retrouver marginalisé.

La mauvaise alchimie entre Ben Laden et Abdullah Azzam a commencé à cause des nombreux problèmes de bureaucratie dans le Services Office ; l'administration n'était pas bonne, les projets n'arrivaient pas à terme. Abdullah Azzam a commis quelques erreurs, des erreurs normales étant donné le manque de professionnalisme auquel il avait affaire. Ayman Al-Zawahiri en a fait toute une histoire. Il a poussé Ben Laden à se plaindre. Il lui disait :

– C'est à toi de décider comment tu dépenses ton argent. Arrête de le donner à Azzam.

Al-Zawahiri a invité les gens à ne plus prier avec le docteur Azzam. Et c'est un geste grave aux yeux des musulmans. Un musulman doit prier avec n'importe quel autre musulman.

Le journaliste égyptien Faraj Ismaïl a couvert le djihad afghan pour le journal saoudien *Al-Muslimoon* à la fin des années 1980. Interview de juin 2005.

J'ai rencontré Al-Zawahiri à Peshawar vers cette époque. Il n'avait pas l'air d'un médecin. Il avait des vues très strictes. Et il était très en colère. Ben Laden et Ayman étaient des amis très proches. Ayman avait plus de maturité qu'Oussama, politiquement et religieusement. C'est Ayman qui a amené Oussama à se concentrer non seulement sur le djihad afghan, mais sur un changement de régime dans monde arabe.

Abdullah Anas, le confident d'Abdullah Azzam, revient sur les manœuvres de Zawahiri contre Azzam et contre Ahmad Shah Massoud. Interview de juin 2005.

À Peshawar, nous ne considérions pas Zawahiri comme un moudjahid. Il était seulement venu s'établir à Peshawar pour essayer de recruter des combattants contre l'Égypte. Oussama est entré dans ce groupe égyptien, et ils ont pris l'habitude de s'installer dans la maison qu'il réservait à ses invités. Ils rédigeaient des communiqués hostiles au cheikh Abdullah. Abdullah, un jour que nous étions dans l'intérieur de l'Afghanistan, m'a dit d'un air triste :

– Qu'est-ce qu'il fait, Oussama, à réunir ces gens autour de lui à Peshawar ?

Un groupe de gens a apporté une déclaration de dix pages et l'a traduite en arabe, en anglais et en urdu. Ils l'ont distribuée à Peshawar dans la maison des invités, et envoyée à tous les journaux en disant que Massoud était en train de bannir la charia d'Afghanistan. J'étais avec Massoud à ce moment-là. On organisait l'entraînement des cadres.

Une lettre est arrivée du cheikh Abdullah, me demandant de rentrer tout de suite à Peshawar. Deux jours plus tard, nouveau message : « Tu viens, ou non ? Peshawar est en flammes. Viens vite ! J'ai besoin de toi ! »

Je vais à Peshawar, où Abdullah me dit :

– Tu sais que les gens qui ont signé le communiqué contre Massoud sont des Arabes. Vingt et un Arabes. Je ne connais pas ces fous. Ni ce qui leur arrive. Ils essaient de répandre des rumeurs contre Massoud.

Oussama Rushdi.

Tel était le propos négatif qu'Ayman Al-Zawahiri avait l'habitude de tenir à l'égard du docteur Abdullah Azzam : les bonnes relations qui existaient entre Abdullah Azzam et Massoud. Car il décrivait Massoud comme un agent des Français. Il faisait circuler des déclarations venues d'Arabes proches de Massoud, des lettres disant que Massoud était mauvais, qu'il y avait plein de femmes françaises sur sa base. Des messages très négatifs arrivaient sur le compte de Massoud. Ils disaient aussi qu'Abdullah Azzam mentait quand il affirmait que Massoud était un homme de bien.

Zawahiri essayait de garder le secret sur ses relations avec Ben Laden. Il ne m'en parlait pas. J'ai su par mon ami Mohammed Shawq Islambouli, le frère de l'homme qui a assassiné le président égyptien Anouar el-Sadate, à Peshawar, que

Ben Laden avait donné 100 000 dollars à l'organisation de Zawahiri pour lui permettre de commencer à travailler.

Un détenu non identifié de Guantánamo témoigne devant un tribunal militaire [15].

J'ai rencontré Ben Laden avant le 11 septembre. Je l'ai vu il y a peut-être quatorze ou quinze ans, alors que je participais à la guerre contre la Russie. J'ai suivi par le passé quelques-uns des chefs moudjahidin. Massoud, je l'aimais et je pensais que c'était un homme très bien. J'ai dit aux moudjahidin arabes :

– Lui, il est bien, Dieu le bénisse.

Cela les rendait fous de m'entendre dire que j'aimais Massoud. Si j'avais su qu'ils ne l'aimaient pas, je n'aurais pas parlé ainsi. Ils m'ont puni pour avoir dit ça ; ils s'en sont pris à moi ; ils m'ont battu ; ils m'ont frappé très dur. Ils m'accusaient d'être un espion.

Abdullah Anas, l'un des fondateurs du Services Office.

On se réunissait quelquefois pour décider de la somme d'argent que je devais apporter à Massoud. Oussama était membre de la shura (le conseil), et moi aussi. À chaque fois, j'essayais de les convaincre de me donner plus d'argent pour Massoud. Mais le problème, c'était Oussama : il ne voulait pas que Massoud touche cet argent. La dernière fois que je suis allé voir Massoud, je lui ai apporté 500 000 dollars.

Le numéro 12 du magazine *Djihad*, paru en octobre 1985, a publié une « Lettre d'invitation » signée d'Abdullah Azzam.

Au nom de Dieu le plus miséricordieux et le plus grand. D'Abdullah Azzam à son frère le moudjahid Ahmad Shah Massoud, commandant du front du Panshir, Dieu le garde.

La paix soit avec toi.

À Massoud : Dieu dans sa bonté t'a offert une position honorable, et Il a fait que le djihad soit pour toi une seconde nature. Et Dieu a eu la bonté de t'envoyer comme moudjahid sur le champ de bataille. Parce que Dieu est avec toi, tu seras victorieux.

Hutaifa Azzam.

Mon père a écrit un livre sur Massoud : *One Month among the Giants* (*Un mois parmi les géants*). Il lui a rendu visite deux fois, en 1988 et 1989.

Abdullah Anas.

La seule façon d'arriver à Massoud, c'était de passer par les montagnes du Hindu Kush. Quatorze journées de marche. Sept montagnes. Deux jours par montagne. Alors une fois, le cheikh Abdullah Azzam s'est rendu dans la vallée du Panshir et il a rencontré Massoud. Il disait :

– Massoud est un phénomène qui ne se répétera plus.

J'ai trouvé Massoud plus grand que Napoléon. En effet, Napoléon a été vaincu tandis que Massoud n'a jamais essuyé de défaite militaire. Massoud avait la bonne façon d'organiser la bataille contre les Soviétiques. Massoud, c'était l'homme qui avait pris Kaboul en 1992, après que tous les moudjahidin d'Afghanistan eurent échoué.

C'est ce que je disais toujours à Oussama. Et Oussama m'a répondu une fois :

– Arrête tes exagérations à propos de Massoud. Il ne s'est rien passé à l'intérieur de l'Afghanistan.

Il était sous l'influence de Gulbuddin Hektmatyar, qui haïssait Massoud.

Le 29 mai 1988, Salem Ben Laden, le chef de la famille Ben Laden, mourait aux commandes de son avion. L'appareil avait décollé du terrain de Kitty Hawk à San Antonio, Texas. Le crash

s'était produit peu après. Des soupçons circulent, disant qu'un complot pourrait être à l'origine de l'accident, mais il n'existe aucun rapport du NTSB (National Transportation and Safety Board) pour vérifier l'information et pour savoir exactement comment l'avion est tombé.

Ce décès, en tout cas, résonne comme un écho à celui du patriarche Mohammed, disparu lui aussi dans un crash vingt ans plus tôt. Salem ne voyait guère Oussama, trop accaparé qu'il était par l'entreprise familiale. Du reste, il était beaucoup plus occidentalisé et enclin à faire la fête que son austère demi-frère. Cependant, Oussama vécut cette disparition comme un choc.

Alia Ghanem, la mère d'Oussama Ben Laden[16].

Son frère aîné Salem, qui s'est tué dans un accident d'avion en Amérique, était comme un père pour lui après la mort de leur père. Oussama fut profondément attristé par la mort de Salem.

Jamal Khalifa, beau-frère de Salem et Oussama Ben Laden.

Salem était un gars bien, très sociable. On avait vite fait d'être ami avec lui.

Un membre de la famille décrit le rôle central joué par Salem.

Salem, dans la famille, c'est celui qui lance les grands projets ; par exemple, le contrat d'un milliard de dollars du début des années 1980 pour restaurer la mosquée de Médine. La facture de marbre à elle seule atteignait 200 millions de dollars. Il a eu aussi un contrat de 90 millions de dollars pour transformer un 747 en avion privé à l'intention du roi Fahd, entre 1987 et 1988. Il a travaillé là-dessus avec une société de San Antonio, au Texas, la Howard Aircraft Maintenance. Après, il y avait dans l'appareil une salle du trône, une salle à manger pouvant accueillir trente convives et un ascenseur.

Cheikha, la première femme saoudienne de Salem, était une Al-Attas : la famille de Djedda à laquelle s'était unie la mère d'Oussama après son divorce d'avec Mohammed. Sa deuxième femme, Caroline Carey, était anglaise ; il l'a épousée à trente-huit ans.

Salem aimait beaucoup faire la fête. Il était incroyablement généreux, et ce n'était pas le moins snob. Il possédait un merveilleux bateau avec lequel il partait pour Bodrum, une station balnéaire en Turquie. Il le prêtait à des hippies. Il ne dormait jamais. Il pouvait décider, à 3 heures du matin, d'aller à Bodrum depuis l'Arabie. La vie avec lui était très excitante. Il allait skier à Courchevel. Il possédait une flotte d'avions, un jet 707 et deux jets Lear, qui servaient aussi à la famille et à la société. Il pilotait des planeurs et des ballons. Il avait à Orlando, en Floride, une maison appelée Desert Bear, et il y passait beaucoup de temps.

Salem ne parlait pas d'Oussama, lequel ne faisait pas partie de son entourage. Les deux frères les plus proches de Salem étaient Tariq et Ghalib. Ce qui est frappant, c'est que les frères d'Oussama le connaissaient personnellement très peu.

Salem s'est tué le 29 mai 1988 à San Antonio, à quarante-trois ans. Il était aux commandes d'un petit avion. C'était bizarre, cet accident. Salem était un pilote émérite, et il a décollé en direction d'une ligne à haute tension bien visible. Il pilotait d'habitude son jet Lear sens dessus dessous à 38 000 pieds d'altitude, et il avait engrangé plus d'heures de vol qu'un pilote à plein temps sur une ligne commerciale. Il volait sans cesse. On s'est toujours posé des questions sur ce crash. A-t-il perdu connaissance ?

Le corps a été emmené en Arabie Saoudite. Il est enterré à Médine. Les funérailles ont été grandioses et ont duré deux jours. Tous les frères, dont Oussama, y assistaient. Cela se passait sur un terrain de jeu où étaient dressées des chaises, et où un imam entonnait des chants.

Salem n'avait guère de rapports avec Bakr, qui allait devenir le chef de famille. Ils étaient comme chien et chat. Bakr ne se laisse pas faire. Avec Yahia, un autre frère, il a pris les rênes de la société familiale.

Si Salem était toujours de ce monde, personne n'écrirait de livres sur Oussama. Salem avait un tempérament volcanique. Il se serait rendu personnellement au Soudan, où Ben Laden vivait au milieu des années 1990. Il l'aurait pris par le col et l'aurait ramené lui-même en Arabie Saoudite.

Trois mois après la mort de son frère aîné, Oussama franchit une nouvelle étape en fondant son propre groupe, Al-Qaïda.

4

LA NAISSANCE D'AL-QAÏDA

La création d'Al-Qaïda provoqua une rupture irrévocable entre Ben Laden et son mentor, Abdullah Azzam. Ce dernier défendait des opinions fondées sur une interprétation traditionnelle du djihad : reprendre aux non-musulmans des terres jadis musulmanes. Ainsi en Palestine, ainsi en Union soviétique, ainsi dans le sud de l'Espagne, où l'islam avait régné durant cinq cents ans.

L'entourage à dominante égyptienne de Ben Laden, à la fin des années 1980 envisageait les choses sous un angle plus radical : le renversement par la violence des gouvernements des pays musulmans, qu'ils qualifiaient d'« apostats », en vertu d'une conception du djihad qu'Azzam et nombre de ses disciples rejetaient car ils refusaient de prendre part à des conflits entre musulmans.

Azzam finit par payer de sa vie cette rupture avec les amis de Ben Laden : il fut assassiné par des agresseurs inconnus en novembre 1989, un an après la création d'Al-Qaïda.

En octobre 2001, Oussama Ben Laden est interviewé pour Al-Jazira par Taysir Alouni.

Abu Ubaidah Al-Banjshiri a ouvert des camps d'entraînement pour nos moudjahidin qui combattaient le terrorisme russe dans les années 1980. Nous appelions notre camp Al-Qaïda, « la Base ». Et ce nom est resté.

Le texte suivant est un extrait du magazine *Djihad*. Il s'agit apparemment de la première discussion de l'expression Al-Qaïda, « la Base ». Dans ce passage, Abdullah Azzam parle d'une base sur laquelle se fonderait une avant-garde islamiste. Il n'emploie pas le terme dans une acception militaire. L'article s'intitule *Al-Qaïda Al-Sulbah*, « La Base solide ». Il est paru en avril 1988, dans le numéro 14 du journal.

Tout principe nécessite d'être porté par une avant-garde qui force son passage dans la société et l'établit au prix de lourds efforts et d'énormes sacrifices. Il n'est pas d'idéologie, sur terre comme au ciel, qui n'exige une telle avant-garde, laquelle donne tout ce qu'elle possède pour parvenir à la victoire. L'avant-garde porte le drapeau sur la route véritable, infinie et difficile qui mène à destination. Elle constitue la base solide (*Al-Qaïda Al-Sulbah*) de la société à venir.

Quatre mois après qu'Azzam eut écrit ces lignes sur la nécessité d'une base solide à donner à la société islamique parfaite, Ben Laden fondait Al-Qaïda, une organisation militaire créée pour marquer sa différence avec le Services Office d'Abdullah Azzam, qui développait de plus en plus des activités non militaires, comme l'enseignement.

En mars 2002, à Sarajevo, les autorités bosniaques saisirent des documents dans les bureaux de la Benevolence International Foundation, une association humanitaire qui soutenait de longue date les mouvements islamistes aux quatre coins du monde [1]. Elles découvrirent un grand nombre de dossiers et de fichiers dans un ordinateur.

L'un des dossiers s'intitulait *Tareekh Osama*, « Histoire d'Oussama ». Il réunissait des lettres de Ben Laden, des minutes de réunions et autres documents qui détaillaient ses activités durant le conflit afghan, et la création d'Al-Qaïda en 1988 [2]. Certains de ces éléments figurèrent comme pièces à conviction au procès d'Enaam Arnaout, un employé de l'association humanitaire. Celui-ci, qui vivait à Chicago, a plaidé coupable d'accusations de racket en février 2003 [3].

Dans certains milieux, on insinue que Ben Laden n'a pas joué un rôle central dans le mouvement islamiste global, ou qu'Al-

Qaïda a toujours regroupé des bandes de militants livrées à elles-mêmes. On a même entendu dire qu'Al-Qaïda était une organisation créée de toutes pièces par les Américains. Ces points de vue ont fait l'objet d'un documentaire de trois heures d'Adam Curtis, diffusé en 2004 par la BBC et intitulé *The Power of Nightmares* (« La Puissance des cauchemars »). Adam Curtis a pu déclarer qu'« au-delà de son petit groupe, Ben Laden ne disposait d'aucune organisation jusqu'à ce que les Américains lui en inventent une ».

Curtis prétend qu'Al-Qaïda fut « inventée » en 2001 quand les procureurs américains traduisirent en justice à New York quatre hommes impliqués dans les attentats de 1998 contre les ambassades d'Afrique. Ils firent grand cas du témoignage de Jamal Al-Fadl, un ancien aide de camp de Ben Laden.

Curtis affirme ceci : « Le portrait de Ben Laden brossé par Al-Fadl pour les Américains représentait un personnage tout-puissant agissant à la tête d'un immense réseau terroriste possédant lui-même un système de contrôle. Il a dit aussi que Ben Laden avait donné à ce réseau le nom d'Al-Qaïda... Or il n'y avait pas d'organisation, mais seulement des militants qui planifiaient eux-mêmes leurs opérations, et s'adressaient à Ben Laden pour obtenir de l'argent et de l'assistance. Il n'était pas leur commandant. Il n'existe aucun preuve que Ben Laden ait employé le terme « Al-Qaïda » comme nom d'un groupe jusqu'au lendemain du 11 septembre, quand il a compris que c'était le nom que les Américains lui avaient donné[4]. »

Ces affirmations sont dénuées de sens. Il existe au contraire une quantité de témoignages montrant qu'Al-Qaïda a été fondée en 1988 par Ben Laden et par un petit groupe de militants. Il est prouvé aussi que ce groupe a fini par se développer jusqu'à devenir l'organisation secrète, disciplinée, dirigée par Ben Laden, responsable des attentats du 11 septembre. Les preuves en question seront présentées dans le présent chapitre – les documents découverts en Bosnie en 2002 –, mais on les trouve également dans d'autres passages du livre.

Ce qui suit est la copie d'une correspondance de la main de Ben Laden (alias Abu Al-Qaaqaa) adressée à Mohammed Loay Bayazid, un Syrien connu également sous le nom d'Abu Rida Al-Suri. Certaines lettres portent la signature de Ben Laden en bas de l'original.

Bayazid, un membre fondateur d'Al-Qaïda, était chargé de fournir des armes et autres équipements.

TAREEKHOSAMA/33/Tareekh Oussama.99

Au nom de Dieu le plus compatissant et miséricordieux.

Cher frère Abu Al-Rida, Dieu te protège.

La paix de Dieu soit avec toi, sa pitié et sa bénédiction.

J'espère que toi et tous les frères allez bien, et que vous appréciez l'approbation de Dieu tout-puissant. Je suis déçu de voir que vos nouvelles me sont parvenues aussi tard, sachant que nous recevons de fréquentes visites. J'espère aussi qu'après qu'Abu Anees vous aura rejoints vous viendrez à nous aussitôt, en anticipation de l'attaque prévue désormais par les Russes. Un de nos frères, dont le nom est Abu Abdel Lateef, est avec Abu Al-Nasr, et s'il veut venir chez toi ce soir, prends soin de lui, afin qu'il puisse venir chez nous demain et prendre jeudi, à Karachi, son avion pour le Yémen.

Je forme la requête que tu veuilles bien demander à l'ambassade du Yémen si un Saoudien a besoin d'un visa pour entrer au Yémen. Si c'est le cas, j'espère que tu essaieras de m'obtenir un visa, de sorte que je puisse partir avec lui. Je te demande de saluer de ma part Abu Al-Hasan Al-Madani, et j'espère qu'il nous rendra visite s'il est rentré du Hijaz, et j'espère également que tu rapporteras au minimum 500 000 roupies (environ 10 000 dollars).

La paix de Dieu, sa pitié et sa bénédiction soient sur toi. Ne nous oublie pas dans tes prières.

Ton frère,

(signature d'Oussama Ben Laden)

(1407 Hijriyya) 1987

Cette lettre fait allusion à Abu Ubaidah Al-Banjshiri, l'un des membres fondateurs d'Al-Qaïda, dont il devint le premier chef militaire. Ben Laden donne à Abu Rida instruction de payer Abu Ubaidah et Abu Hafs Al-Masri, deux Égyptiens qui vont jouer au sein d'Al-Qaïda un rôle crucial ; il s'agit de leur verser un mois de salaire et de les traiter comme s'ils appartenaient au Maktab Al-Khidmat (le Services Office).

TAREEKHOSAMA/34/Tareekh Oussama.100

Au nom de Dieu le plus compatissant et miséricordieux.

Frère Abu Al-Rida,

La paix soit avec toi.

S'il te plaît, règle les statuts des frères Abu Ubaidah Al-Banjshiri et Abu Hafs Al-Masri en tenant compte du fait qu'ils sont mariés, et en partant sur une base mensuelle. Et que la paix et la bonté de Dieu soient sur toi.

Tous deux doivent être traités comme membres de Maktab Al-Khadamat.

Oussama Ben Laden

(signature)

9 000 RS par mois (environ 200 dollars)

À partir du mois (1) 1987

4 500 à chacun.

Le document suivant, probablement daté de 1988, indique qu'Al-Qaïda, dès les premiers jours de son existence, cherchait à recruter des Américains. Wadei Al-Haj, un Américano-Libanais, deviendra le secrétaire particulier de Ben Laden quand Al-Qaïda s'établira au Soudan au milieu des années 1990.

Al-Hadj est né au Liban en 1960. Il s'installe en 1978 à Lafayette en Louisiane. Il y étudie l'urbanisme à l'université de Louisiane. Il purge actuellement une peine d'emprisonnement à perpétuité pour sa participation aux attentats de 1998 contre les deux ambassades américaines en Afrique.

TAREEKH, AL MUSSABAT, 86, 87, 88

Nom : Wadei Al-Haj [parfois référencé sous le nom de « Wadih el Hage »].

Pseudonyme : Abdel Saboor.

Âge : 28 ans.

Adresse : Tucson, Arizona, Amérique.

Entraînement : Salman Al-Farsi, fronts afghans, cinq ans sur tous types d'armes, mines, explosifs et pièges.

Temps effectué dans le djihad : trois années au total.

Mon engagement actuel : trois semaines à compter du 15 ramadan.

Compétence : transmission des ordres.
Temps effectué à Djaji : deux mois et demi.

Voici des extraits d'un document essentiel : les minutes de la première réunion sur la création d'Al-Qaïda, le 11 août 1988. Ce document donne une idée générale de la discussion entre Ben Laden – appelé « le Cheikh » – et Abu Rida, ou Mohammed Loay Bayazid, à propos de la formation d'un « nouveau groupe militaire incluant Al-Qaïda ».

Abu Rida fait allusion à un désaccord avec Abdullah Azzam.

TAREEKHOSAMA/50/Tareekh Oussama 122-123
8/11/1988
Entre Abu Al-Rida et le Cheikh, discussion sur la mise en place d'un nouveau groupe militaire
–> camp général
–> camp spécial
–> Qaïda (base).

Abu Al-Rida :
a. Avez-vous recueilli l'opinion du cheikh Abdullah
–> sachant que la bande militaire du Cheikh n'existe plus ?
b. Ce futur projet intéresse les frères égyptiens [allusion manifeste au groupe d'Ayman Al-Zawahiri].

Le Cheikh :
J'agis en tant que personne. Nous n'avons pas démarré une organisation, ou un groupe islamique. C'était une période d'un an et demi, une période de formation ; on rassemblait de l'énergie, on testait les frères qui nous rejoignaient. En commençant dans ces domaines, dans les plus obscures circonstances, et dans un laps de temps très court, nous avons recueilli des fonds très importants des gens d'Arabie Saoudite. Nous étions à même de donner le pouvoir politique aux moudjahidin ; en rassemblant des dons financiers considérables.

C'est comme pour nos frères égyptiens : on ne peut pas ignorer qu'ils sont à nos côtés dans les plus obscures circonstances.

Abu Al-Rida :

Nous n'avons pas atteint le premier de nos objectifs et nous n'avons pas suivi le plan.

Nous ne nous attendions pas aux événements qui se sont produits.

Notre travail évolue en fonction de nos capacités ; on a perdu plein de temps.

En conclusion :

Abu Al-Rida :

a. Dresser un plan par étapes.

b. Fixer un cadre temporel à ce plan.

Estimation initiale, en six mois à Al-Qaïda (la Base), 314 frères seront entraînés et prêts à passer à l'action.

Une semaine plus tard se déroulait un débat plus formel sur la constitution d'Al-Qaïda. Voici les minutes d'une réunion de trois jours qui commence le 18 août 1988 dans la maison de Ben Laden. Les participants, dont Ben Laden, Abu Ubaidah, le chef militaire d'Al-Qaïda, et Abu Hajir, le conseiller religieux, mettent sur pied un conseil consultatif et dressent une liste de conditions ; ils établissent également un serment d'allégeance destiné aux nouveaux membres.

TAREEKHOSAMA/54/Tareekh Oussama 127-127a

Au nom de Dieu le plus compatissant et miséricordieux.

Les frères mentionnés étaient à la réunion dans la maison du Cheikh. L'essentiel du débat a porté sur le choix d'un conseil consultatif. Il y a aussi un résumé de ce qui est arrivé avec le Maktab Al-Khaidmat. La réunion a duré deux jours sans interruption et le conseil consultatif se réunit jeudi avec les frères suivants :

1. Cheikh Oussama.
2. Abu Ubaidah Al-Banjshiri, chef militaire.
3. Abu Buhran.
4. Cheikh Tameem.

5. Abu Hajir.
6. Abu Anas.
7. Abu Al-Hasan Al-Madani.
8. Abu Al-Hasan Al-Maki.
9. Abu Ibraheem.

La réunion a été conçue par le cheikh Ben Laden autour de deux points :
– Les réclamations.
– La mauvaise gestion et la façon dont certains sont traités par le Maktab Al-Khidmat.

Le Cheikh a décidé d'engager le conseil à procéder à des changements. La réunion s'est tenue du lever du soleil à 2 heures du matin. Le samedi matin du 20 août 1988, les frères ci-dessus nommés sont venus et ont commencé à se réunir, et il a été suggéré que le travail militaire soit divisé en deux parts avec les éléments de durée suivants :
– Durée limitée. Ils iront au camp de Sada [sur la frontière entre le Pakistan et l'Afghanistan] où ils s'entraîneront avant d'être envoyés sur différents fronts afghans, sous la supervision du conseil militaire.
– Durée non limitée. Ils entrent dans un camp d'examen et de sélection ; et les meilleurs seront choisis pour entrer à Al-Qaïda Al-Askariya [la base mililtaire].

Al-Qaïda est fondamentalement une faction islamique organisée ; son but sera de faire entendre la parole de Dieu, d'amener Sa religion à la victoire.

Conditions pour entrer à Al-Qaïda :
– Être membre en durée non limitée.
– Savoir écouter et obéir.
– Être bien élevé.
– Être recommandé par quelqu'un de confiance.
– Obéir aux statuts et aux instructions d'Al-Qaïda.

Le serment permettant de rejoindre Al-Qaïda :
Le serment de Dieu et son pacte sont sur moi pour l'écoute et l'obéissance à mes supérieurs, lesquels accomplissent ce tra-

vail avec énergie, assiduité, dans la difficulté, avec tranquillité d'esprit ; et parce que ce serment est supérieur à nous, car son but est de faire entendre haut et fort la Parole de Dieu, et de faire triompher Sa religion.

La réunion a été levée au soir du samedi 20 août. Le travail d'Al-Qaïda a commencé le 10 septembre 1988 avec un groupe de quinze frères, dont neuf administrateurs.

Jamal Khalifa, le beau-frère de Ben Laden, explique comment le discret jeune homme qu'était Ben Laden a accepté de devenir le chef d'Al-Qaïda. Interview de septembre 2005.

Surtout quand on en vient à aborder les questions religieuses, Oussama est très sensible et il aime pratiquer l'islam. Et il a peur en même temps de s'attirer la punition de Dieu. Il a vu Abu Ubaidah, Abu Hafs au combat : ils étaient très braves, et ils avaient une grande culture religieuse. Abu Ubaidah connaît le Coran par cœur, il se lève la nuit pour la prière, ce qui est très difficile. C'est vraiment un excellent musulman.

Abu Ubaidah et Abu Hafs sont venus lui dire :

– Écoute, Oussama, on est des milliers de gens. On appartient à quelque chose. On a cette culture religieuse, c'est notre identité, et on a vu que tu étais le leader en qui nous pouvions mettre notre confiance.

Dans l'islam, on appelle cela *baiyah.* « Nous t'avons désigné comme notre chef et nous te suivrons. » C'est ma théorie. Il n'y avait pas d'autre façon de convaincre Oussama de devenir le leader. Cela ne lui plaît pas de commander, car c'est un être humble, pas du tout quelqu'un qui cherche à en remontrer aux autres.

Jamal Ismaïl, le Palestinien qui publiait le magazine *Djihad* pour le Services Office. Interview de mars 2005.

Al-Qaïda est différente des autres organisations. Son objectif est de répandre l'âme et la notion de djihad dans le monde musulman, de faire comprendre au plus grand nombre l'importance du djihad ; leur conception du djihad, c'est de combattre les infidèles et d'installer un authentique gouvernement islamique dans le monde. Ils recrutaient des gens dans différents pays, en Arabie Saoudite, au Yémen, au Soudan, en Irak, en Égypte, en Palestine, en Jordanie et ailleurs ; mais ils étaient très, très, très prudents dans le choix de leurs recrues.

Abu Mussab Al-Suri a rencontré pour la première fois Ben Laden en 1988. Dans son livre publié sur Internet en 2002, *The International Islamic Resistance Call*, il développe son opinion.

L'islam avait besoin d'Al-Qaïda. Il y a à l'origine d'Al-Qaïda l'exemple d'Abu Bakr, un des compagnons du Prophète, qui rejoignit Mahomet à la guerre, immédiatement après 622. Et son armée l'emporta contre les plus grandes puissances du monde : Rome et la Perse. Voilà ce qui a inspiré Al-Qaïda.

On notera avec intérêt que ce même Abu Bakr s'adressa en ces termes à l'armée musulmane qui se préparait à combattre les Byzantins en Syrie : « Peuple, arrête-toi, que je te donne dix règles pour te guider dans la bataille. Ne triche pas et ne te détourne pas du droit chemin. Ne mutile pas les cadavres. Ne tue ni l'enfant, ni la femme ni le vieillard. N'inflige nulle blessure aux arbres, ne les brûle pas, surtout les arbres fruitiers. Ne massacre pas les troupeaux de l'ennemi, garde-les plutôt pour te nourrir. Et quand il t'arrivera de passer près de gens qui ont voué leur vie au service monastique, laisse-les tranquilles[5]. »

Même si Al-Qaïda, au début de son existence, a été largement financée et explicitement dirigée par Ben Laden, les vues idéologiques de ce dernier et son rôle personnel provenaient du groupe islamiste égyptien.

Le Saoudien Hasan Abd-Rabbuh Al-Surayhi fut une des premières recrues du djihad afghan. Interview de novembre 2001 pour *Al-Sharq Al-Awsat*.

La création d'Al-Qaïda a été discutée dans la maison de Ben Laden à Peshawar. C'était à la fin du djihad, après que les Russes eurent quitté l'Afghanistan.

Al-Qaïda est d'origine égyptienne. Elle vient du groupe islamique dirigé par Abu Ubaidah Al-Banjshiri et Abu Hafs. Ce sont eux, surtout Al-Banjshiri, qui en ont donné l'idée à Oussama après la fin du djihad. Al-Banjshiri était avec nous au camp d'Al-Masada en 1987, quand on a repoussé une agression russe : une opération de nettoyage au cours de laquelle il a été blessé à la jambe. C'est un ancien officier de l'armée égyptienne.

Ben Laden avait des moyens financiers et ce n'était un secret pour personne. Je pense que les Égyptiens ont voulu exploiter cet aspect des choses. Après la fin du djihad, les Égyptiens ont commencé à se réunir dans la résidence de Ben Laden à Peshawar, à inviter des journalistes et des représentants des organisations humanitaires, toujours chez lui. Ils voulaient le mettre sous le feu des projecteurs car ils opéraient sous sa houlette. L'idée d'Al-Qaïda plaisait à Ben Laden. Et les médias aussi, cela lui plaisait. Un jour, je suis allé chez lui, et j'y ai trouvé Al-Banjshiri, Abu Hafs, d'autres, et un groupe de journalistes.

Après le départ des reporters, seuls sont restés Al-Banjshiri, Abu Hafs Al-Masri et Oussama. Al-Banjshiri parlait doucement, d'une voix calme ; il avait une forte personnalité.

Il s'est adressé à moi en ces termes :

– Tu es conscient de la générosité du frère Oussama. Il a dépensé plein d'argent pour acheter des armes à l'intention des jeunes moudjahidin, aussi bien que pour leur entraînement et leurs billets d'avion. Maintenant que le djihad est terminé, ce serait dommage de perdre ces acquis. Nous devrions investir dans ces jeunes gens et les mobiliser. Nous devrions former une armée islamique pour le djihad et l'appeler Al-Qaïda. Cette armée sera le fruit des sacrifices financiers consentis par Oussama Ben Laden pour le djihad afghan. Nous devrions entraîner ces jeunes gens et les équiper pour qu'ils se tiennent prêts à défendre l'islam aux quatre coins du monde. Les membres de cette armée devraient être organisés et subir un entraînement de haut niveau.

Pendant ce temps, j'observais la réaction d'Oussama Ben Laden.

J'ai répondu :

– Permettez-moi d'être franc avec vous. J'ai rejoint le djihad après avoir entendu un de nos oulémas délivrer une fatwa. Et je suis aussi venu dans un but spécifique. Je ne suis guère enclin à appouver ce que vous dites à propos de la création d'une armée islamique.

J'ai remarqué qu'Oussama levait la tête. Il souriait. Il s'est tourné vers moi. Il s'est levé, m'a regardé, et m'a demandé de l'accompagner dans une pièce voisine où nous parlerions en tête à tête.

Il a alors insisté sur le fait qu'ils avaient envie de me voir rejoindre leurs rangs ; ils recherchaient quelqu'un qui ait mon caractère et qui puisse avoir de l'ascendant sur les jeunes. Il a ajouté que les jeunes gens, en général, se rassemblaient derrière quelqu'un qu'ils aimaient.

Oussama avait remarqué mon caractère lorsque je travaillais sous son commandement au camp d'Al-Masada, où j'avais passé environ quatre mois. Il m'a demandé de leur dire oui. Mais j'ai préféré décliner. Je lui ai dit :

– Frère Oussama, Dieu le Très-Haut te récompensera pour ce que tu as fait en faveur du saint djihad. Dieu et personne d'autre, comme le dit le frère Abu Ubaidah Al-Banjshiri. Mais n'espère pas récolter le fruit de tes efforts en créant cette armée et en continuant d'entraîner des jeunes au maniement des armes. Ces jeunes sont venus répandre le djihad en Afghanistan pour répondre à des fatwas légales ; ils avaient la permission de répandre le djihad au nom de Dieu.

J'ai ajouté :

– Je ne veux pas me dresser contre toi. Néanmoins, je dirai mon opinion quand on me la demandera. Car une telle organisation, selon moi, n'a aucune légitimité d'un point de vue musulman.

Après la création d'Al-Qaïda, ils ont ouvert des camps pour l'entraînement au combat armé. La majorité des instructeurs étaient des Égyptiens, dont le salaire était payé par Ben Laden. Ces instructeurs, qui travaillaient dans le camp d'Azzam avant qu'il ne soit assassiné, avaient l'expérience des armes du fait de leur passé dans les services de sécurité ou l'armée.

Pendant la période d'entraînement, certains Égyptiens avaient reçu mission de bien sélectionner les recrues. Ils recherchaient des gens dotés de qualités spécifiques. Ils avaient des critères : jeunes, zélés, obéissants, assez faibles de tempérament pour ne pas discuter les instructions. Cette période d'examen s'étalait sur une ou deux semaines. Les jeunes étaient isolés dans des camps accessibles seulement aux membres d'Al-Qaïda. Rares étaient ceux qui finissaient par être sélectionnés. On leur demandait alors s'ils voulaient s'engager. S'ils répondaient oui, ils devaient aller dire adieu à leur famille, puis revenir et subir dans des camps un nouvel entraînement à trois niveaux : préparatoire, moyen, terminal.

Jamal Khashoggi, journaliste saoudien, a couvert le djihad afghan. Interview de juin 2005.

Al-Qaïda a été fondée à peu près au moment où j'ai entendu parler d'Oussama pour la première fois. Ben Laden a vu que le djihad afghan serait bientôt terminé. Les Russes étaient partis. C'était une question de temps. Il avait prédit que les moudjahidin l'emporteraient quelques semaines ou quelques mois plus tard. Alors que faire d'eux ? Ils allaient rentrer dans leurs pays, mais la flamme du djihad continuerait de briller ailleurs. Il a pensé à un site en Asie centrale. Cela s'appellerait Al-Qaïda. J'étais surpris. J'en ai discuté avec lui et j'ai dit :

– Les gouvernements arabes ne vont pas aimer.

Le radicalisme est arrivé en Afghanistan après 1989, quand la cause afghane est devenue populaire. Lorsque je suis allé en Afghanistan, la première fois en 1987, ce que Ben Laden et Abdullah Azzam avaient en tête, c'était de m'employer d'une façon précise : je devais parler des occasions qui pouvaient se présenter aux Arabes de venir en Afghanistan.

Ainsi, il y en aurait de plus en plus. Car Abdullah Azzam, quand il voyageait aux États-Unis, invitait les Arabes à venir. Mais il était un peu sélectif. Il voulait des gens à même d'accepter de suivre ses vues. Là-dessus, l'Afghanistan est devenu tellement populaire que tout le monde voulait y aller ; les musulmans indépendants comme les radicaux ; vous aviez des gens qui étaient toxicomanes, et deux mois après ils étaient sevrés et guéris. Je me souviens qu'on plaisantait sur eux. Comme ce musulman belge qui, six mois avant de venir en Afghanistan, était videur dans un bar.

Alors, après 1989, les vannes se sont ouvertes. On a vu débarquer toutes sortes d'aventuriers arabes. Et le radicalisme a commencé à s'insinuer.

Oussama pensait que c'était un djihad et qu'on devait l'ouvrir à tout le monde. Abdullah Azzam n'aimait pas du tout cela.

Cette lettre, découverte en 2002 dans le dossier « Tareekh Oussama » de Sarajevo, montre qu'à la fin des années 1980, le nom et la générosité de Ben Laden étaient connus non seulement au Moyen-Orient, mais dans l'ensemble du monde musulman. La lettre n'est pas datée. Elle a probablement été écrite aux alentours de l'année 1989.

Elle émane d'un groupe basé en Érythrée. Et elle est adressée à Ben Laden.

TAREEKHOSAMA/43/Tareekh Oussama 110-12

Au nom de Dieu le plus compatissant et miséricordieux.

À notre prince moudjahid qui ranime l'esprit du djihad dans notre monde islamique, frère en Dieu, monsieur Abu Abdallah Oussama Ben Laden.

Nous te saluons du salut de l'islam, la paix, la miséricorde et la bénédiction de Dieu soient sur toi.

Nous venons à toi avec la requête suivante, dont nous croyons qu'elle est importante par les temps qui courent.

1. Faciliter le voyage des jeunes vers les terres du djihad, de sorte qu'ils puissent bénéficier des possibilités d'entraînement, en leur procurant des billets et des visas.

2. Envoyer temporairement deux personnes pour accompagner les jeunes et faciliter leur voyage, ainsi que leurs déplacements.

3. Ouvrir un Maktab Al-Khidmat dans le nord du Yémen et au Soudan.

4. Fournir un certain nombre de véhicules pour le transport et les déplacements à l'intérieur du Soudan et de l'Érythrée.

5. Fournir un certain nombre d'équipements : une machine à écrire, une caméra vidéo, une photocopieuse.

La paix, la miséricorde et la bénédiction de Dieu soit sur toi.

Présenté par : Mohammed Othman.

Jamal Al-Fadl, l'une des premières recrues d'Al-Qaïda. Témoignage au procès de février 2001.

Quand les Russes ont quitté l'Afghanistan, Ben Laden a créé son propre groupe, pour accomplir le djihad. Vous deviez accomplir le *bayat.* « Bayat » veut dire serment : l'allégeance à Ben Laden.

À ce moment-là, notre émir général, c'était lui. Sous l'émir, il y a la shura, ou conseil consultatif. Sous la shura, il existe différents comités. Nous avions un comité pour les objectifs militaires. L'émir du comité militaire s'appelait Abu Ubaidah Al-Banjshiri. On avait aussi un comité pour les affaires et l'argent. Sous ce comité financier, on avait le bureau pour l'immigration. Par exemple, si vous vouliez partir en voyage. Un autre comité existait pour s'occuper des médias et des journaux. Il y avait une publication quotidienne et un hebdomadaire.

Le 15 février 1989, après dix ans d'occupation du pays, les Soviétiques finirent par se retirer de l'Afghanistan. Il ne faisait aucun doute que le gouvernement communiste de Kaboul allait s'effondrer. Jalalabad, près de la frontière pakistanaise, apparut comme la ville où les moudjahidin afghans avaient toutes les chances d'emporter une victoire rapide.

Les Arabes qui combattaient sous les ordres de Ben Laden avaient hâte de participer au siège de Jalalabad, qui commença en mars 1989. Cette bataille est l'illustration même de l'incompétence militaire de Ben Laden. Virtuellement, il jetait ses troupes dans un bain de sang. Mais cela ne tempérait pas leur enthousiasme.

Les numéros 57 et 58 du magazine *Djihad* de juillet et août 1989 évoquent la « Bataille de Jalalabad ».

Il fut l'un des premiers à rejoindre la terre du djihad : l'Afghanistan. Abu Qutayba trouva sa place dans la Tanière des Lions et devint le garde du corps le plus proche d'Abu Abdallah, comme si sa passion s'était mise au service d'Abu Abdallah. Il était la main droite d'Abu Abdallah, et il l'aimait comme on aime le printemps.

Le feu de la bataille se déclencha sur la terre des héros autour de Jalalabad ; et le rôle du renfort arabe devint visible ; et la bataille commença à faire rage, et la main de la mort raflait les âmes. Une roquette tirée par un tank tua trois frères, dont Abu Qutayba. Les hommes furent déchiquetés.

Et Abu Abdallah était en train de parler, et soudain quand il en vint à parler d'Abu Qutayba, sa gorge se serra et ses yeux devinrent humides ; il ne trouvait plus ses mots. Il essaya encore ; de nouveau sa gorge se noua et ses yeux se mouillèrent. La troisième fois, il ne pouvait plus du tout parler, et l'assistance demeura silencieuse.

Les combats acharnés commencèrent à Jalalabad ; et Abu Abdallah commanda sur les lignes de front les plus proches de l'ennemi, et il lança des attaques avec tous les héros que Dieu lui donnait. Leur nombre s'accrut quand on vit leur désir de prendre part à la libération de Jalalabad sous ses ordres. Les moudjahidin arabes perdirent quatre-vingts combattants, et ils comptèrent plus de cent blessés.

Le photographe américain Steve McCurry parcourut l'Afghanistan durant les années 1980. Son portrait de la fillette afghane de douze ans aux magnifiques yeux verts paru dans le *National Geographic* compte parmi les images emblématiques de ces vingt dernières années.

Au printemps 1989, il fut le correspondant de *Time* dans la zone de Jalalabad. Je l'ai interviewé au téléphone en juillet 2005.

Pendant cette période, on n'arrêtait pas de tomber sur des Arabes, notamment des Saoudiens. Et je me rappelle quatre rencontres à Kandahar, à Khost, autour de Jalalabad. On se demandait tout le temps s'ils n'allaient pas nous tirer dessus dès qu'ils nous auraient repérés. Ils étaient vraiment agressifs. Ils étaient persuadés que l'Afghanistan était à eux.

Il y avait des combats assez sérieux autour de Jalalabad, surtout du côté de l'aéroport. Des combats plus graves que tout ce que j'avais connu en Afghanistan. Les moudjahidin pensaient que la prise de Jalalabad serait pour eux une victoire facile. En gros, ils envisageaient une bataille d'une journée. Ils pensaient être à l'aéroport de Jalalabad à midi. On se prenait des tirs de mortier et d'artillerie. Des coups de feu aussi. Ça faisait vraiment peur. Il devait être 10 heures du matin. Il n'y avait pas que les gens de l'aéroport qui nous tiraient dessus, mais d'autres qui étaient sur d'autres bases et qui avaient des pièces d'artillerie.

Les Arabes étaient impliqués à fond. Ils voulaient être en première ligne. Ils voulaient se sacrifier. Ils ramassaient vraiment de lourdes pertes. Un des Arabes a été touché. Ils l'ont traîné sur un chemin. Il devait être mort. Je suis sorti du mur derrière lequel je me cachais. On était à peu près une vingtaine à se blottir là derrière. Mais j'ai voulu photographier ce type qu'ils traînaient sur le chemin. Alors l'un d'eux a ramassé une pierre et on s'est regardés dans le blanc des yeux. Il hurlait. Il était à deux doigts de me faire exploser la cervelle. Mais il ne l'a pas fait.

Ce soir-là, ou le lendemain, les Arabes s'étaient regroupés dans une maison. Il y avait un grand type avec un tissu blanc sur la tête. Nous, on arrivait à l'improviste. Comme on s'approchait, ils se sont levés. Ils voulaient savoir ce que ce *kaffir* (infidèle) faisait en Afghanistan. C'était un djihad, ici. Un gars armé d'un pistolet s'est levé... C'était un des parasites de Ben Laden. Lui avait l'air indifférent, comme si on n'était que des chiens errants qui venaient de débouler sur son territoire.

En 1979, je suis allé pour la première fois en Afghanistan. J'ai dû y retourner une douzaine de fois, et je m'y suis toujours senti chez moi. Les Afghans sont des gens amicaux, et je pouvais sans problème me promener avec quelqu'un, sans arme. Là-dessus, les Arabes sont arrivés et se sont comportés comme si c'était leur guerre, leur pays. Ils traitaient les Afghans comme s'ils avaient affaire à des êtres frustes, des illettrés qui ne comprenaient rien. Ils étaient très agressifs, très condescendants : haineux. Mais les Afghans, c'était leur pays qu'on était en train de détruire, et cela ne les empêchait pas d'être amicaux.

Jamal Ismaïl.

Il y avait à Jalalabad des quantités d'Arabes, persuadés qu'ils devaient prendre le contrôle des villes importantes. Hélas, ce fut un désastre.

Les numéros 57 et 58 du magazine *Djihad* (juillet et août 1989).

Voici comment les héros de la Masada, la Tanière des Lions, ont péri, et comment la terre de Jalalabad a englouti un lion après l'autre. Et Abu Abdallah Oussama avait de la peine chaque fois qu'il devait dire au revoir à un moudjahid, et chaque fois qu'il devait dire au revoir à l'un deux une nouvelle roquette frappait et en emportait un autre, le laissant encore dans la peine et le chagrin. Il n'était pas guéri de sa blessure qu'une nouvelle flèche la rouvrait. Abu Zaheb mourut. Et Abu Abdallah me dit :

– Je n'avais jamais souffert de la perte de personne comme j'ai souffert de celle d'Abu Zaheb.

Après, ce fut le tour de Khalid El-Kerde ; et Abu Abdallah dit :

– Je n'avais encore jamais eu un tel chagrin avant la mort de Khalid.

Numéro 53 du magazine *Djihad* d'avril 1989.

À peu près à l'époque du siège de Jalalabad, le leader afghan Gulbuddin Hektmatyar dont le parti avait reçu une aide d'au moins 600 millions de dollars américains[6], participa à une conférence de presse. Un journaliste occidental l'interrogea sur sa position en ce qui concernait les mouvements arabes qui s'efforçaient de répandre le wahhabisme.

Hektmatyar répondit :

– Ce ne sont pas vos affaires. Et nous n'accepterons pas que quiconque intervienne dans nos affaires internes. Nous sommes contre les organisations occidentales qui nous espionnent, contre les organisations chrétiennes qui viennent ici sous des prétextes humanitaires. Nous ne les laisserons pas entrer en Afghanistan.

Le journaliste Edward Giardet couvrait le siège de Jalalabad. Je l'ai rencontré à Kaboul en janvier 2005.

L'incident avec Ben Laden s'est produit en février 1989. À environ 15 kilomètres de Jalalabad, les forces du gouvernement communiste s'étaient retranchées. Les moudjahidin et les Arabes étaient sur une crête. Un des Afghans nous a emmenés sur la ligne de front, et là il y avait peut-être cinquante ou soixante Arabes dans les tranchées.

C'est alors qu'un homme de grande taille est sorti et s'est exprimé en anglais, avec une espèce d'accent américain. Il voulait qu'on lui montre du respect. Il était clair que le chef, c'était lui. Quand je lui ai demandé comment il s'appelait, il n'a pas voulu me répondre. Et parmi tous ceux qui se pressaient autour de lui, il n'y avait pas un seul Afghan. C'était le patron des Arabes, aucun doute là-dessus. Plus tard, j'ai interrogé un Afghan, qui m'a dit : « Ils ont plein de fric, des voitures et tout. »

L'homme est sorti. Il a demandé ce qu'on faisait là. Il disait :

– C'est notre djihad, pas le vôtre.

Je me suis lancé dans une remarque sur le thème :

– Nous, on vient ici depuis pas mal d'années, les gars. Et on ne vous avait encore jamais vus.

Il s'est ensuivi une conversation charmante. Il a arrêté d'avoir recours aux interprètes, et nous avons pu parler directement en anglais. La meilleure description que je puisse faire de lui, c'est que c'était un enfant gâté qui jouait au djihad. Bien sûr, la conversation a pris un tour de plus en plus hostile. Beaucoup d'hommes sont venus. À ce moment-là, mon interprète traduisait tout en pachtoun pour les Afghans. Tous ricanaient. Il est évident que ce n'était pas le grand amour entre les deux groupes.

Mais on a eu une discussion intéressante à la fin. Il se faisait chaleureux. Il jouait les gars sympas. On s'est mis à parler religion et j'ai dit :

– Écoute, je respecte l'islam, mais toi aussi, tu dois nous respecter.

Ce qui a déclenché un débat de trois quarts d'heure. Et il avait l'air de très bien comprendre. Mais tout a changé quand j'ai dit :

– Écoute, il faut que je parte, là.

J'ai fait le geste de m'en aller, j'ai voulu lui tendre la main, mais il a refusé. J'avais beaucoup voyagé en Afghanistan, et les Afghans montrent toujours énormément de respect. Ils ne refusaient jamais de me serrer la main. Il a ajouté :

– Si jamais tu remets les pieds ici, je te tue.

Il a ajouté que j'avais intérêt à quitter le pays. J'ai répondu :

– Je quitterai le pays quand mes hôtes voudront que je m'en aille. Et je suis sûr que c'est la même chose pour toi : tu partiras quand ils voudront que tu t'en ailles.

J'ai vu qu'il n'aimait pas du tout cette réplique. J'ai essayé de faire en sorte qu'il puisse sauver la face ; je ne voulais pas avoir l'air de l'obliger à devenir agressif.

Un ou deux jours plus tard, on a entendu soudain quelqu'un lancer derrière nous :

– JE VOUS AI DIT DE NE PAS REMETTRE LES PIEDS ICI.

C'était encore lui, Ben Laden. On devait être en compagnie d'une cinquantaine d'Afghans. On a essayé de filmer, mais les sbires de Ben Laden ont repéré les voyants lumineux.

– Éteignez ça ! On vous l'a déjà dit !

L'un d'eux a pointé son revolver sur le dos d'un cameraman. Ils ont commencé à se rapprocher de plus en plus. Tout à coup j'ai compris que ces gars-là étaient obsédés par les vociférations de Ben Laden. J'ai voulu essayer de m'adresser à lui, de lui expliquer que les Afghans voulaient bien de nous ici. Un Afghan s'est dressé entre les deux groupes :

– Il faut que vous arrêtiez. C'est mauvais pour l'islam. On est là pour le djihad. Il faut qu'on arrête de se battre entre nous.

Et ainsi de suite, alors que la pression augmentait. À la fin, j'ai dit :

– Il faut qu'on s'en aille. On va se faire tuer.

Alors qu'on s'éloignait en camion, un mortier a tiré dans notre direction. Et ils criaient toujours. Ils avaient des fusils AK-47. Un peu plus loin, j'ai demandé à Tom, le cameraman qui conduisait le camion, de s'arrêter.

– Il faut dire aux gens qu'on va croiser sur cette route de ne pas aller dans ce camp. Ils vont se faire tuer.

Justement, des Suisses arrivaient. Ils sont descendus de leur véhicule. Je leur ai expliqué.

– Non, non, non, m'ont-ils répondu. C'est sans problème. On est du Comité international de la Croix-Rouge.

J'ai repris :

– Ces types-là, ils s'en tapent. S'ils vous voient, ils vous tueront.

Mais ils ont voulu y aller quand même. Et j'ai appris par la suite qu'ils s'étaient fait tirer dessus.

Donc nous sommes rentrés à la base de Peshawar. Les Afghans étaient scandalisés. Indignés. Leur chef nous a dit :

– L'individu que vous avez vu, c'est Oussama Ben Laden.

Ce nom ne m'évoquait rien. Ensuite, j'ai écrit quelque chose sur ce sujet. Ça n'a jamais été publié. J'avais trente-huit ans à l'époque.

En dépit du revers que les troupes islamistes avaient essuyé à la bataille de Jalalabad, les journalistes de *Djihad* insistèrent beaucoup sur le glorieux martyre vécu par ceux qui y avaient trouvé la mort. Ainsi cette « interview d'un jeune cadet » parue dans le numéro d'avril 1991.

Le magazine a été contacté par le jeune cadet Hassam, fils du martyr Abi Hassam Al-Suri, qui mourut à Jalalabad en 1989. Le cadet Hassam a quatorze ans. Il est de Hama, en Syrie. Il vit à présent avec sa mère et ses six frères et sœurs. Il étudie au lycée. Et il dit :

– Le djihad en Afghanistan est une obligation pour les musulmans. Ils doivent donner leur sang en sacrifice pour libérer la terre musulmane. D'abord nous avons eu du chagrin en apprenant le martyre de mon papa, mais il a fait ça pour obéir à la volonté de Dieu, et son martyre est une bénédiction pour nous et pour le monde ; c'est un honneur, en définitive. Et je veux vivre heureux et mourir en martyr au nom de Dieu.

L'échec de la bataille de Jalalabad en 1989 signifia une défaite pour les moudjahidin afghans et leur alliés arabes. Il ouvrit la voie à une interminable guerre d'usure entre le régime communiste et les diverses factions armées. Cette guerre devait se prolonger jusqu'en avril 1992, quand le commandant Ahmad Shah Massoud s'empara de Kaboul. De nombreux Arabes avaient alors quitté le champ de bataille pour se mettre en quête d'autres jihads.

L'assassinat d'Abdullah Azzam le 24 novembre 1989 à Peshawar représente un tournant. Au fil des années, Ben Laden s'était éloigné d'Azzam et avait mis sur pied sa propre organisation militaire. Pendant ce temps, Azzam se persuadait de plus en plus que c'était Ahmad Shah Massoud qui incarnait l'avenir de l'Afghanistan ; mais cet avis n'était pas partagé par les extrémistes qui entouraient Ben Laden.

Qui a tué Azzam ? La question est et restera un mystère. Plusieurs candidats ont été évoqués. On a parlé du KHAD, les services secrets des communistes afghans qui détenaient toujours le pouvoir à Kaboul, et qui ne manquaient pas de raisons de supprimer l'un des leaders de la résistance afghane. Le Mossad – les services secrets israéliens – peut avoir voulu éliminer Azzam. En tant que religieux palestinien influent, ce dernier a joué un rôle dans l'émergence du Hamas à la fin des années 1980 ; il recrutait et entraînait des combattants du Hamas à la frontière du Pakistan et de l'Afghanistan.

Mais plus je me penche sur cette affaire, plus je m'aperçois que l'hypothèse la plus plausible est celle d'une coalition entre des Égyptiens radicaux et le leader afghan Gulbuddin Hektmatyar. Ce dernier avait les meilleurs motifs pour éliminer Azzam, qu'il voyait comme un élément clé dans la défense de son principal adversaire, le commandant Massoud ; quant aux Égyptiens radicaux, ils ne demandaient qu'à se débarrasser d'un leader des « Arabes afghans » qui ne partageait pas leurs vues sur la nécessité de renverser les régimes en place au Moyen-Orient.

Ben Laden ne séjournait pas au Pakistan quand Azzam fut assassiné. Il se trouvait en Arabie Saoudite. Mais ses alliés bénéficièrent de cette mort ; seul Azzam possédait assez d'autorité spirituelle et de poids moral pour contenir les « ultras ». Azzam disparu, il restait peu d'intellectuels à même de contrebalancer les idées d'Al-Qaïda.

Cette hypothèse d'une alliance possible entre des Égyptiens radicaux et Hektmatyar est d'ailleurs soutenue par des militants arabes et des journalistes en poste au Pakistan au moment des faits.

Le journaliste égyptien Faraj Ismaïl a couvert dès 1986 le djihad afghan pour le journal *Al-Muslimoon*. Interview de juin 2005.

Quelques mois avant l'assassinat d'Azzam, il y avait de mauvaises vibrations entre lui d'un côté, et Ben Laden et Ayman Al-Zawahiri de l'autre. Ces derniers étaient contre Azzam, qui voulait l'unité entre les groupes afghans, mais en 1989 Ben Laden et Zawahiri détestaient Ahmad Shah Massoud. Azzam estimait que les Arabes n'auraient pas dû prendre parti dans le conflit afghan.

À ce moment-là, Azzam ne prêchait plus à Bait Al-Ansar, la Maison du Soutien, qui devait se métamorphoser en Al-Qaïda. Et Azzam a commencé à aller voir Massoud dans la vallée du Panshir.

Wael Julaidan a dirigé le Croissant-Rouge saoudien à Peshawar. Il connaissait bien Azzam et Ben Laden. Interview du 11 septembre 2005.

Abdullah Azzam a continué de dire du bien de Massoud, d'écrire sur Massoud, de prêcher sur Massoud. Il a dit un jour :

– Massoud est l'espoir de toute la nation.

Et il a juré au nom de Dieu que Massoud était l'espoir de la nation. Ce fut ma dernière rencontre avec lui. On était mardi. Le vendredi, il était assassiné.

« Un milliardaire finance l'extrémisme en Égypte et en Arabie Saoudite » : tel fut l'un des premiers portraits de Ben Laden dans un hebdomadaire égyptien, le journal *Ruz Al-Yusuf*.

À ce moment, les germes de conflits entre les différentes factions afghanes apparurent. Gulbuddin Hektmatyar, le leader islamiste afghan partisan d'une ligne dure et ses adeptes pensaient que ces Arabes, avec leur richesse, leurs armes et leur ferveur juvénile représentaient un excellent cheval sur lequel il valait la peine de miser, surtout dans la mesure où certains avaient acquis une expérience militaire, ceux notamment venus d'Égypte et de Syrie.

A contrario, le parti de Burhanuddin Rabbani et l'homme qui commandait ses troupes, Ahmad Shah Massoud, avaient exprimé de fortes réserves sur la participation des Arabes et le rôle d'Oussama Ben Laden. En fait, ils refusaient de les laisser se battre à leurs côtés. Les Arabes, disaient-ils, étaient mal organisés et ne cherchaient qu'à devenir des martyrs. Ils jugeaient également opaques les objectifs d'Oussama Ben Laden.

Cela contribua à pousser davantage encore Ben Laden dans les bras d'Hektmatyar.

Hasan Abd-Rabbuh Al-Surayhi, l'une des premières recrues du djihad afghan.

En 1989, il y a eu des frictions entre les Égyptiens et Azzam. Ils le détestaient pour des raisons de croyances théologiques, et ils voulaient donner à Ben Laden l'occasion de monter. Je doute que Ben Laden soit impliqué dans l'assassinat d'Azzam. Mes soupçons se portent plutôt sur les Égyptiens car le meurtre coïncide avec l'idée de mettre sur pied l'organisation Al-Qaïda.

Oussama Rushdi, membre du groupe islamique égyptien, se trouvait à Peshawar quand Azzam fut assassiné. Interview d'août 2005 recueillie par Paul Cruickshank.

On a commencé à entendre parler d'Al-Qaïda en 1989. Ils offraient aux gens un bon entraînement militaire. Durant cette période, ce n'était pas contre l'Amérique ni aucun autre régime. Je crois qu'ils ont commencé après les divergences avec le cheikh Abdullah Azzam. Ayman Al-Zawahiri était en conflit avec Azzam. Il le traitait d'agent de l'Amérique, ou d'agent de l'Arabie Saoudite.

Al-Zawahiri nous demandait souvent pourquoi nous nous entendions bien avec Azzam. Al-Zawahiri essayait de manipuler Ben Laden pour l'éloigner de lui. Deux jours avant l'assassinat d'Azzam, j'ai eu une discussion de deux heures avec Al-Zawahiri. Je voulais l'amener à changer d'avis. Mais il était furieux. Je l'ai revu aux obsèques d'Azzam. Al-Zawahiri semblait très affecté, très triste. Mais avant la mort d'Azzam, il le traitait d'espion.

Kamal Halbawi, l'un des dirigeants des Frères musulmans, se trouvait à Peshawar lors de l'assassinat. Interview recueillie par Paul Cruickshank en juillet 2005.

Je crois que les meurtriers d'Azzam appartiennent à l'environnement local et domestique. Ils ne sont pas venus de l'étranger. Ce ne sont pas non plus les sionistes, ni les Russes ni les Américains. Ce ne sont pas les Soviétiques, ils avaient déjà perdu. Je crois qu'ils se situent dans le proche entourage : soit des Arabes, soit des Afghans. Ce n'est pas la peine d'aller chercher une conspiration des Israéliens, des Russes ou des Américains. Avant qu'Azzam ne se fasse tuer, il y a eu beaucoup de déclarations et de tracts distribués à Peshawar, disant qu'il n'était pas un bon musulman.

Le numéro 63 du magazine *Djihad*, en janvier 1990, contient un article intitulé : « Vendredi sanglant : le cheikh Abdullah et ses deux enfants assassinés ».

Le 24 novembre 1989, Azzam se rendait à la mosquée des Martyrs, à Peshawar, où il avait coutume de prêcher tous les vendredis. Il est monté dans une voiture avec ses fils. Le fils d'Azzam, Mohammed, était au volant. Alors qu'il tournait à droite dans une rue étroite, une bombre de 20 kilos explosa. Les assassins les suivaient probablement depuis leur départ de la maison, puisque c'était la première fois qu'ils empruntaient cette voiture. La bombe se trouvait dans une rue importante, près d'une station-service. Elle était reliée au détonateur par 50 mètres de câble cachés dans les égouts.

La façon dont les assassins avaient confectionné leur bombe indique qu'ils n'avaient pas l'intention de tuer d'autres personnes. Ils n'avaient pas placé de métal à l'intérieur. Ils ne voulaient pas tuer de Pakistanais, afin de ne pas déclencher une enquête.

Huataifa Azzam, le fils d'Abdullah Azzam. Interview de septembre 2005.

Vingt kilogrammes de TNT : mon frère Mohammed a été retrouvé à 17 mètres de la voiture. Mon père a été projeté en direction de la route. Mon frère Ibrahim a fini sur les lignes électriques et ses mains ont été récupérées ailleurs.

Dans le numéro 63 de *Djihad* (janvier 1990), la parole est donnée à la veuve du martyr Abdullah Azzam.

Il a élevé nos enfants afin de les préparer à devenir des martyrs de Dieu. Quand on regarde l'éducation qu'ils ont reçue, il est évident qu'il voulait voir nos enfants marcher dans les pas de leur père et accomplir le martyre du djihad.

C'est comme moi, j'espère pouvoir continuer d'aider mes frères afghans de toutes les manières possibles ; je peux coudre pour eux, les soigner, et je resterai ici à Peshawar avec mes frères arabes jusqu'à la victoire.

Je demande à mes sœurs musulmanes d'élever leurs enfants dans la vraie religion musulmane, de sorte qu'ils puissent porter la responsabilité qui sera la leur : continuer le djihad, accomplir la volonté de Dieu et s'offrir eux-mêmes en martyrs de Dieu pour la religion.

Abdullah Anas est l'Algérien qu'Azzam avait recruté pour le djihad afghan. En 1990, il épouse l'une des filles d'Azzam. Interview de juin 2005.

Vous n'imaginez pas la réaction provoquée par le meurtre d'Azzam. On recevait des appels d'un peu partout dans le monde. Les gens appelaient et ne faisaient que pleurer parce qu'ils ne pouvaient plus parler. Les hommes comme les femmes. De Palestine, des États-Unis, d'Algérie, d'Arabie Saoudite, de partout. Sur trois, quatre lignes de téléphone, toute la journée pendant plus d'un mois... les gens appelaient et pleuraient. Sans exagérer, un vrai tremblement de terre.

Ahmad Zaidan est l'auteur du livre *Ben Laden Unmasked* (« Ben Laden à visage découvert »), fondé en partie sur ses propres rencontres avec Ben Laden.

Il est très difficile d'imaginer qui était derrière le meurtre d'Abdullah Azzam. Le Mossad parce qu'Abdullah Azzam avait contribué à l'émergence du Hamas ? Autre hypothèse : les services secrets des communistes afghans ? Je rejette l'idée que Ben Laden puisse s'être impliqué dans une telle affaire. Après tout, ce n'est pas le genre d'homme qui irait tuer Abdullah Azzam. Si c'était le cas, il serait fini. Totalement.

Jamal Khashoggi.

Qui a tué Azzam ? Ce pourrait être Hektmatyar. Ce pourraient être les services secrets afghans. Ce pourrait être le Mossad. Ou les Égyptiens autour d'Ayman Al-Zawahiri.

Une des théories que j'ai développées plus tard était qu'Abdullah Azzam avait une vision stratégique. Il avait vu où se situait le problème en Afghanistan. C'était un problème entre le commandant Massoud et Hektmatyar. Si on arrivait à faire travailler ces deux-là ensemble, le problème de l'Afghanistan était résolu, et l'on pouvait envisager l'établissement d'un futur État islamique. C'est pourquoi il avait fait de gros efforts dans cette direction. Oussama était réticent, déchiré entre deux idéologies : le radicalisme et l'islam modéré. Alors peut-être que Massoud devait rencontrer Oussama. Peut-être que Massoud arriverait à influencer Oussama, et renforcer en lui le poids de l'islam modéré.

J'ai rencontré Hektmatyar, un homme arrogant et centré sur lui-même. Je crois qu'il dirigeait une organisation secrète pour éliminer ses ennemis. Il était obsédé par l'idée qu'il était le leader légitime du mouvement du djihad afghan, parce que c'est lui qui avait lancé le djihad dans les années 1970. Très tôt, on l'a soupçonné d'avoir commandité l'assassinat de certains moudjahidin afghans.

Jamal Ismaïl.

Abdullah Azzam a été assassiné le 24 novembre 1989. Oussama avait dû quitter le Pakistan le mois précédent. Le 2 novembre, une motion de censure avait été déposée à l'Assemblée nationale pakistanaise contre le gouvernement de Benazir Bhutto alors Premier ministre. L'argent utilisé pour acheter les voix de quelques membres de l'Assemblée venait d'Oussama. Benazir Bhutto avait appris avant la motion de censure qu'ils essayaient d'acheter certains représentants de son propre parti. Quand on apprit la date de la motion de censure, l'opposition ne put trouver une majorité pour la faire voter, et elle dut renoncer.

Quand Benazir a découvert le rôle d'Oussama, elle a téléphoné au roi Fahd pour lui demander de rappeler cet individu ; sinon, elle serait obligée de le faire arrêter pour interrogatoire. Elle a ajouté que les médias étaient libres au Pakistan. Les journaux ne manqueraient pas de spéculer sur les ingérences de l'Arabie Saoudite dans les affaires intérieures du pays.

Oussama est rentré en Arabie Saoudite pour y être entendu. Là, on lui a saisi son passeport, et les autorités saoudiennes lui ont interdit de quitter le pays.

Ben Laden vivait de nouveau en Arabie Saoudite, mais son organisation, Al-Qaïda, n'en continuait pas moins d'entraîner des recrues et de s'opposer au régime communiste afghan qui avait remplacé les Soviétiques.

Le Libyen Noman Benotman comptait parmi ces recrues. Je l'ai interviewé à Londres en juin 2005.

Je venais d'une riche famille bourgeoise ; les ministres qui travaillent pour les services secrets sont très riches. Kadhafi est arrivé au pouvoir en 1969. Les partisans de Kadhafi croyaient à la révolution mondiale et souhaitaient se mettre du côté de l'Union soviétique. C'était un régime sans pitié. Je vais vous donner un seul exemple. J'étudiais les sciences politiques à l'université. Et croyez-moi, j'étais parmi les meilleurs. Le sixième jour, ils m'ont flanqué dehors. Ils classaient les gens en fonction de leur nom de famille. Il y avait plein de problèmes de ce genre. Et j'avais deux frères qui eux aussi ont dû quitter l'université. L'un d'eux vit maintenant à Miami, et l'autre à Londres.

À la fin de 1987, au début de 1988, le réveil islamique, la Sahwa, comme nous l'appelons en arabe, s'est fait sentir dans la société. Des centaines de mes amis étaient concernés. Au début de 1989, la sécurité a décidé de lancer une grande attaque contre les islamistes. On voyait soudainement disparaître des centaines d'amis...

J'ai quitté la Libye à la fin de 1989. En janvier 1990, je débarquais à l'aéroport d'Islamabad. De là, j'ai gagné Peshawar... et une maison. C'était comme un hôtel : une grande villa occupée par cent cinquante personnes réparties un peu partout. Il y avait aussi de vastes tentes. C'était bien organisé.

Après, je suis allé à Khost, dans l'est de l'Afghanistan. Il existait là-bas un camp d'entraînement appelé Farouq. Chaque semaine, on voyait des gens quitter le camp. Ils croyaient que parce qu'ils suivaient un entraînement avec des islamistes, cela signifiait être quelque part au ciel, au paradis, avec des anges un peu partout. Mais quand ils se retrouvaient face à la réalité, c'était une autre chanson : on leur hurlait dessus, on les réveillait à 2 heures du matin, c'était dur. C'était exténuant. Mon

Dieu, on se retrouvait au milieu de nulle part. Autour du camp, il n'y avait rien.

Tous les instructeurs étaient des membres d'Al-Qaïda. L'entraînement était très rude. L'entraînement de base, si vous voulez. Le plus important, c'était de transférer les gens d'une vie à l'autre ; c'étaient des civils qui devenaient des soldats pour la guérilla.

Benotman s'est battu au siège de Khost, une place stratégique que les communistes afghans défendirent âprement deux années durant, de 1989 à 1991.

On y est restés longtemps. Des mois et des mois. Dans certains secteurs, la ligne de front qui nous séparait de l'ennemi ne mesurait pas plus de 100 mètres. Les communistes ne se laissaient pas battre facilement. C'était une armée importante ! Ils étaient des milliers, des milliers ; et ils avaient des tanks.

Les Arabes venaient là pour mourir. Les Afghans, eux, voulaient récupérer leur pays. C'était toute la différence. On voulait mourir là-bas. On ne voulait pas rentrer chez nous. Alors si vous aviez besoin de participer à un combat très dur, ou de faire quelque chose d'idiot, vous demandiez aux Arabes.

C'est quelque chose de très intéressant, vous savez. J'aimais ça.

L'Houssaine Kherchtou, membre d'Al-Qaïda, fut entendu au procès de 2001 intenté contre les quatre hommes accusés d'avoir joué un rôle dans l'attaque des ambassades américaines en Afrique. Le texte suivant est extrait de son témoignage. Comme Benotman, il a participé au djihad contre les communistes afghans et s'est entraîné avec Al-Qaïda[7].

Je suis né au Maroc le 15 mai 1964. Après le lycée, j'ai suivi trois ans d'école hôtelière. J'avais appris l'anglais au lycée. En 1989, je suis parti pour la France. J'ai trouvé du travail dans des boulangeries, et plus tard en Corse. J'ai travaillé là-bas six ou sept mois. Puis j'ai quitté la Corse et je suis passé clandestinement en Italie. Je n'avais pas de visa pour ce pays. Je me suis installé à Milan.

Le 23 janvier 1991, j'ai quitté l'Italie pour le Pakistan. À ce moment-là, beaucoup de gens venaient en Afghanistan pour aider les musulmans. On a rejoint Karachi. On a pris un avion pour Islamabad. Puis un autre pour Bait Al-Ansar, Peshawar. Bait Al-Ansar, la Maison du Soutien, était une maison d'accueil. On commençait par déposer tout ce qui avait de la valeur, passeport, argent. Ils mettaient tout en lieu sûr. Ils vous en apprenaient beaucoup sur l'Afghanistan, combien de temps durait l'entraînement, dans quel camp vous alliez partir vous entraîner.

L'*Encyclopédie du Djihad* est un énorme manuel d'Al-Qaïda traduit en anglais par l'Académie militaire de Westpoint, aux États-Unis, dans le cadre de la lutte contre le terrorisme. On y décrit l'installation de Bait Al-Ansar, la « Maison du Soutien », dans une section traitant de la sécurité et du renseignement. L'extrait ci-dessous donne une idée savoureuse du djihad sous son aspect bureaucratique.

Le complexe de Bait Al-Ansar comprend une tente des gardes, une pièce pour les visiteurs, une salle réservée aux nouveaux arrivants des camps de la ligne de front, une réserve pour les objets personnels, une salle des passeports, une cabine téléphonique, une infirmerie, une salle à manger, une salle de prière, une cuisine, une mosquée et une laverie.

Il y a aussi un espace de repos réservé aux membres de l'encadrement. S. a la responsabilité du courrier et des départs.

Sh. a la responsabilité des sommes d'argent et de la comptabilité. Q. a la responsabilité des transactions et de la sécurité de l'argent. Les horaires de travail vont de 8 heures du matin à la prière de midi, puis de 17 heures à la prière du soir.

Salaires [mensuels] des membres de l'encadrement :

1. Q. gagne 6 000 roupies [environ 100 dollars].
2. Sh. gagne 6 000 roupies.
3. T. gagne 4 000 roupies.

Situation familiale des membres de l'encadrement :

1. S., 35 ans, marié, des enfants.

2. M., environ 30 ans, marié, un fils de 18 mois.
3. Q., 27 ans, marié.
4. Sh., 30 ans, marié, deux garçons et une fille.
5. T., 25 ans, marié, sans enfant.
6. D., 19 ans, célibataire.
7. S., 23 ans, célibataire.
8. D., 22 ans, célibataire.

La salle des visiteurs (la grande salle) : au moins cinquante personnes y dorment. En hiver, elle est également utilisée pour la prière et pour l'enseignement.

La salle des nouveaux arrivants des camps de la ligne de front : c'est une pièce d'environ 7 mètres sur 5. Vingt personnes environ peuvent y dormir.

La salle des passeports ; les frères W. et Y. y travaillent. Y. travaille une heure le matin et une heure l'après-midi. La plupart du temps, il n'est pas dans son bureau mais au ministère des Affaires étrangères et à l'administration des passeports. W. ouvre le bureau de 8 heures à 13 heures. Son travail consiste à régler tout ce qui concerne les passeports : visas, permis de sortie et autres.

Suite du témoignage de L'Houssaine Kherchtou.

J'ai choisi le camp d'entraînement Al-Farouq. On y est arrivés à 6 heures du soir. Ils m'ont dit alors que je passerais la nuit dans la mosquée avec les autres. Mais pendant la nuit, il y a eu des tirs. Vers 1 heure du matin. Après, on est sortis de la mosquée et tout le monde a participé à une réunion. C'était une réunion pour nous souhaiter la bienvenue. Ils voulaient nous faire comprendre que nous devions nous préparer. Qu'on n'était pas là pour dormir.

La première phase d'entraînement durait presque un mois. On apprenait le maniement des armes légères comme l'AK-47, le M-16 et l'Uzi. Après, on a gagné un deuxième endroit, où l'apprentissage concernait l'usage des explosifs comme le C3, le C4, la dynamite. Ils avaient deux types de détonateurs, les électriques et ceux à explosion. Ensuite, venait la troisième phase : les armes antiaériennes. Au camp Farouq, les exercices avaient lieu tous les matins, après la première prière, et ils duraient une heure, une heure et demie, quelquefois deux heures. J'ai perdu beaucoup de poids. Peut-être 20 kilos.

L'émir du camp Farouq nous a dit que si on avait besoin de plus de détails sur Al-Qaïda et sur les contacts avec l'organisation à Peshawar, on en apprendrait beaucoup. Bait Al-Salaam (la « Maison de la Paix ») est la maison d'accueil d'Al-Qaïda. Là-bas, tout le monde parlait d'Al-Qaïda. On a interrogé beaucoup de gens. On a pris la décision de les rejoindre.

Alors on est arrivés à la maison d'accueil de Miran Shah. On a rencontré un homme du nom d'Abu Ahmad Al-Harbi. Il nous a donné beaucoup d'explications sur la façon d'entrer à Al-Qaïda, et il nous a remis un papier écrit en arabe. C'était un serment. Il nous a dit qu'Al-Qaïda était un groupe de musulmans rassemblés en tant que combattants de l'islam, qui voulaient accomplir de bonnes actions pour l'islam et pour les musulmans dans le monde entier.

Il a dit que l'émir... C'était le mot arabe qu'il employait pour l'instructeur, mais le sens est plus religieux... Il fallait lui obéir et respecter ses ordres tant qu'ils étaient favorables à l'islam, tant qu'ils n'étaient pas prononcés contre l'islam. J'ai fait le *bayat* (le serment). En même temps, je ne connaissais pas grand-monde à Al-Qaïda. Je savais qu'Oussama Ben Laden était l'émir, Abu Banjshiri le numéro deux, et Abu Hafs le numéro trois.

Abu Hafs m'a appelé avec d'autres pour que je suive une autre session d'entraînement, dans la maison de Ben Laden, à Hayatabad, Peshawar. Ce devait être en 1992. Abu Hafs ne nous a rien précisé sur le genre d'entraînement qui nous attendait. Il nous a juste dit que l'instructeur était un homme sévère. Très, très strict. C'était Abu Mohammed Al-Amriki, l'Américain : Ali Mohammed, un Américano-Égyptien qui avait servi comme sergent dans l'armée U.S., à Fort Bragg, en Caroline du Nord, à la fin des années 1980.

L'instructeur, Ali Mohammed, nous a indiqué comment pratiquer la surveillance des cibles pour obtenir des renseignements. On s'est entraînés au maniement de différentes caméras, surtout des petites ; on a appris à filmer dans la maison d'accueil où nous vivions. Après avoir tourné les images, on allait développer le film avec une machine, du fixateur et de l'eau.

On a commencé par de petites cibles comme un pont, un stade, un endroit normal. Dans un deuxième temps, on a observé par exemple des postes de police. Mon groupe est allé au consulat iranien et au centre culturel iranien de Peshawar.

Pendant l'entraînement, Mohammed nous a expliqué que ce travail représentait la première phase de la formation militaire. Vous collectez les informations sur cette cible certaine, et quand vous avez fini votre travail, vous envoyez vos rapports à vos chefs et vous partez.

Ils liront vos informations. Et ils prendront les décisions appropriées pour l'attaque de la cible en question. Ils enverront un autre groupe avec le matériel. Quand ce groupe aura fini, il s'en ira à son tour. Le travail proprement dit sera effectué par un dernier groupe.

Ali Mohammed devint l'un des principaux instructeurs d'Al-Qaïda, alors qu'il avait servi dans l'armée américaine de 1986 à 1989, et était marié à une Américaine. Les extraits suivants proviennent de son dossier militaire américain ; le dossier précise le niveau d'entraînement subi et les aptitudes qu'Ali Mohammed était susceptible de transmettre aux recrues d'Al-Qaïda[8].

Nom : Mohammed Ali Aboualacoud.
Date de naissance : 03-06-52.
Lieu de naissance : Alexandrie, Égypte.
Cursus :
1. École militaire du Caire, Égypte, diplômé en 1973.
2. Université d'Alexandrie, Égypte, diplômé de psychologie en 1980.
Situation militaire : 76C10, équipement.
Domiciliation : Santa Clara, Californie.
Dernier grade obtenu : sergent.
Bureau de recrutement : Oakland, Californie.
Date de recrutement : 15-08-86.
Réserviste jusqu'en : août 1994.

États de service :

11-86 : Classes à Fort Jackson, Caroline du Sud.

02-87 : Première classe à Fort Lee, Virginie.

04-87 : Spécialisation dans l'équipement au quartier général et au commandement des forces spéciales de Fort Bragg, Caroline du Nord.

05-87 : Spécialisation dans l'approvisionnement au cinquième groupe des forces spéciales de Fort Bragg.

11-89 : Service d'active accompli. Inscrit aux troupes de réserve. Centre de Saint Louis, Missouri.

Médailles et décorations : army Lapel Button/Parachute Badge/M16 Expert Badge/Army Service Ribbon/Army Achievement Medal/Army Commendation Medal.

Les Soviétiques se retirèrent d'Afghanistan en 1989. Au sein des factions afghanes mises à mal par les combats et déchirées par leurs querelles internes, les choses ne s'améliorèrent pas après la prise de Kaboul. Le conflit le plus important fut celui qui opposa les éternels rivaux Gulbuddin Hektmatyar et Ahmad Shah Massoud.

Ben Laden avait quitté l'Afghanistan en novembre 1989 pour rentrer en Arabie Saoudite. Mais dès le début de 1991, il était de retour au Pakistan, où il s'efforçait de jouer les médiateurs entre les factions afghanes.

Cependant, quand l'Afghanistan glissera dans la guerre civile, durant les premiers mois de 1992, il décidera de se désintéresser de ces conflits et de repartir pour le Soudan.

Wael Julaidan se souvient du tout début des années 1990, quand il essayait avec Ben Laden d'apaiser la guerre entre les chefs afghans.

Pendant un an et demi, de 1989 à 1991, Oussama est resté à Djedda. Puis il est allé à Médine, car il travaillait sur un projet avec l'entreprise familiale ; il voulait aussi être dans une ville sainte, non loin de la mosquée. Il participait au développement de Médine.

Il est retourné à Peshawar au début de 1991, pour y rester jusqu'au début de 1992. J'y étais moi aussi. Je le voyais de temps en temps. On rendait visite aux chefs afghans pour apaiser leurs querelles.

Abdullah Anas avait contribué à diriger le Services Office avec Abdullah Azzam et Ben Laden. Il se souvient que ce dernier avait un plan rudimentaire pour la prise de Kaboul.

Oussama souhaitait créer son organisation. Il voulait que tout reste sous son contrôle. Mais comme organisateur, je crois qu'il a multiplié les erreurs durant cette période. En 1991, il projetait d'entrer dans Kaboul, sous le contrôle des communistes afghans, et il a dépensé 100 millions de roupies ; au bout de quelques semaines, tout le projet s'est effondré, et les gens ont gardé les 100 millions de roupies. Oussama, comme organisateur, c'était la catastrophe.

Haji Deen Mohammed comptait parmi les chefs des moudjahidin pendant la guerre contre les communistes en Afghanistan. Lui aussi se souvient du plan pour attaquer Kaboul[9].

J'ai vu Ben Laden en 1991 parce qu'il dépensait beaucoup et que c'était une personnalité importante. Il avait un plan pour attaquer Kaboul. À Peshawar, il a apporté de l'argent pour que les moudjahidin attaquent Kaboul. Nous nous demandions dans quelle mesure un tel plan avait des chances de marcher. Je représentais le chef afghan Younis Khalis. Et nous avions un débat sur la question car Younis ne voulait pas attaquer Kaboul. On a eu une discussion de deux heures avec Ben Laden à Peshawar et ça n'a mené nulle part.

Pour être honnête, on se fichait de Ben Laden. On ne l'avait pas tellement vu jusque-là. La seule chose qu'il avait, c'était son cash. Il était riche, voilà tout.

Quand Oussama était à Peshawar, les gens pensaient qu'il était soutenu par les Américains.

Ahmad Shah Ahmadzai joua le rôle de Premier ministre en Afghanistan de 1995 à 1996. Interview réalisée par James Meek à Kaboul en août 2005.

J'ai vu Ben Laden. Pourquoi le nier ? Aujourd'hui, c'est quelqu'un de très important. C'était un homme normal ; il venait nous apporter de l'argent, comme des milliers d'autres Arabes. En ce temps-là, il y avait une motivation, à savoir que l'Union soviétique devait rester à l'intérieur de ses frontières.

Après la défaite des Russes, nous avons envoyé un message à tous les Arabes présents en Afghanistan :

« Nous vous remercions de votre coopération dans notre combat contre l'Union soviétique. Maintenant que l'Union soviétique a perdu, s'il vous plaît, ne devenez pas nos adversaires en agissant parmi les factions présentes en Afghanistan. Et, s'il vous plaît, rentrez chez vous. »

Tous, nous avons délivré ce message aux Arabes. Parce que tous les Arabes combattaient aux côtés de Gulbuddin Hekmatyar.

Hektmatyar fut Premier ministre dans la coalition qui remplaça le gouvernement communiste, après que ce dernier eut perdu Kaboul contre Massoud en 1992. Il devait bombarder Kaboul presque quotidiennement entre 1992 et 1996, pendant la guerre civile qui succéda à la chute du régime communiste. Mais il ne parvint jamais à faire capituler Massoud.

Abdullah Anas, le gendre d'Abdullah Azzam, resta en contact avec Ben Laden, longtemps après qu'ils eurent décidé de suivre des lignes idéologiques différentes.

En 1992, Oussama est revenu au Pakistan pour voir s'il pouvait organiser les moudjahidin, mais il n'y est pas arrivé. La plupart des Arabes étaient entrés dans le groupe d'Hektmatyar. Les gens qui suivaient Hektmatyar mettaient Oussama en garde. Tu n'es plus un leader, lui disaient-ils. Il a tout de suite décidé de partir pour le Soudan.

Oussama, avant, soutenait Hektmatyar. Non seulement Oussama, d'ailleurs, mais 90 pour cent des Arabes avaient misé sur

Hektmatyar, parce que celui-ci avait du charisme, ainsi qu'une machine médiatique très, très puissante, aidée par l'agence de renseignement militaire pakistanais. Les Arabes, à Peshawar, exagéraient à propos d'Hektmatyar ; puis, quand venait le moment de dire la vérité, ils admettaient qu'il ne représentait rien. Un échec. Je n'ai pas le souvenir d'une seule victoire remportée par Hektmatyar à l'intérieur de l'Afghanistan, même quand il était le premier destinataire des armes envoyées par les Occidentaux [10].

Oussama Rushdi.

Oussama est parti pour le Soudan quand il a vu que tout était fini au Pakistan. En 1992. Ils ont tout vendu à Peshawar et ils ont dit qu'Al-Qaïda, c'était fini. J'ai assisté à ça. Le gouvernement pakistanais exerçait une grosse pression sur les Arabes. Alors la plupart des Saoudiens sont rentrés chez eux. Quelques-uns sont allés en Bosnie. Oussama ne leur a pas donné l'ordre d'aller en Bosnie, en Tchétchénie ou ailleurs. Il a ordonné aux gens qui en avaient la possibilité de rentrer pacifiquement chez eux. Le problème, c'étaient les gens qui ne pouvaient pas regagner leur pays ; Ben Laden avait une responsabilité envers eux.

En effet, certains membres d'Al-Qaïda n'avaient pas cette possibilité. C'était notamment le cas des Égyptiens, des Algériens, des Libyens, des Syriens et des Irakiens, qui auraient dû affronter des persécutions de la part de leurs gouvernements respectifs. Ils devaient se regrouper au Soudan, dirigé depuis 1989 par le Front national islamique (FNI). Al-Qaïda et le FNI devaient développer une synergie bien commode. Ben Laden fournissait de l'argent et des hommes capables de reconstruire un pays misérable ; et le Soudan, en échange, offrait à Al-Qaïda un havre de sécurité.

5

AL-QAÏDA DEVIENT UNE ENTITÉ

Entre le retrait des troupes soviétiques d'Afghanistan, en février 1989, et le retour de Ben Laden en Afghanistan en mai 1996, Al-Qaïda se globalise. Son intérêt dépasse le conflit afghan pour toucher des opérations menées au Moyen-Orient, en Afrique, en Europe et même aux États-Unis.

Une indication apparaît dans l'offre que fait Ben Laden au gouvernement saoudien : il lui propose les services de ses vétérans d'Afghanistan après l'invasion du Koweït par Saddam Hussein en 1990. Dans sa nouvelle base du Soudan, au début des années 1990, Al-Qaïda s'efforce également de s'insérer dans la guerre de Somalie en s'opposant aux missions humanitaires américaines. L'organisation essaie par ailleurs d'envoyer des moudjahidin combattre les Serbes en Bosnie en 1993. La même année, ce sont des hommes sortis « diplômés » de ses camps d'entraînement qui font exploser le World Trade Center à New York.

En 1995, des membres de l'aile égyptienne du mouvement tentent d'assassiner le président égyptien Hosni Moubarak en Éthiopie.

La première opération que voulut mener Ben Laden après le djihad afghan fut de déloger le gouvernement socialiste en place au Sud-Yémen : ce gouvernement qui régnait sur ses terres ancestrales depuis 1967, date à laquelle le protectorat britannique d'Aden avait cédé la place à un régime favorable aux Soviétiques.

Le djihadiste syrien Abu Mussab Al-Suri [1].

J'ai eu l'occasion d'entraîner les militants d'Al-Qaïda dans les camps de 1988 jusqu'à 1991. Pendant le djihad, Ben Laden concentrait ses efforts sur le recrutement dans la péninsule arabique, au Yémen. La grande passion d'Oussama, c'était le djihad au Sud-Yémen. Il travaillait inlassablement à rassembler des forces contre les « infidèles » qui avaient pris le pouvoir. Le cheikh Oussama a créé Al-Qaïda pour atteindre des objectifs en Afghanistan et hors d'Afghanistan, pour soutenir des causes djihadistes et des organisations dans de nombreuses régions du monde. Et il n'avait pas à ce moment-là de projet spécial à part le Yémen.

Abu Walid Al-Misri, journaliste égyptien proche de Ben Laden [2].

Son programme n'était pas un secret. Il s'exprimait franchement sur la nécessité de libérer le Sud-Yémen de ses dirigeants communistes. Comme en Afghanistan. Tous ses déplacements et tous ses préparatifs entraient dans ce cadre. Pour lui, l'Afghanistan était seulement un terrain d'entraînement où se préparait l'affrontement décisif en territoire yéménite. Il souhaitait islamiser la cause à un niveau international ; ainsi, il y aurait là-bas une présence massive de l'islam, comme il y en avait eu une en Afghanistan. C'est dans ce but qu'il a créé Al-Qaïda, pour internationaliser le djihad. Il tenait à cette internationalisation du djihad en raison du Yémen.

Noman Benotman est ce Libyen qui a combattu dans les rangs d'Al-Qaïda en Afghanistan au début des années 1990. Interview d'août 2005.

Le principal centre d'intérêt de Ben Laden, c'était le Yémen. Même quand il était en Afghanistan, il a investi beaucoup d'argent dans le djihad du Yémen en 1988, 1989 et 1990.

En 1989 et 1990, une foule de gens venaient du mouvement

djihadiste ; ils considéraient Ben Laden comme non musulman. Lui se fichait des régimes [arabes]. Il n'a pas dit que le roi Fahd était un non-musulman. Il s'en moquait de combattre en Inde, en Égypte ou en Algérie. Et il est entré en conflit avec le djihad égyptien. J'ai entendu des chefs du djihad égyptien parler de lui en ces termes :

– Un enfant saoudien gâté avec plein de fric. Un type gentil et honnête. Rien de plus. Ce n'est pas un islamiste, il n'y connaît rien sur la façon de déclencher une guerre. Il continue de penser aux Saoudiens comme si leur régime était légitime.

Lui-même s'est retrouvé dans une situation critique. La majorité des membres d'Al-Qaïda venaient d'Arabie Saoudite, ce qui représentait des centaines de personnes. Ces gens-là, en Afghanistan, n'avaient aucune idée sur les gouvernements qu'il fallait renverser. Le principal souci, c'était de délivrer les pays musulmans de leurs ennemis.

Ben Laden les a renvoyés en Arabie Saoudite reprendre une vie normale, et pas pour jouer les réseaux dormants. Plutôt pour étudier la charia. Beaucoup lui ont dit :

– Comment se fait-il que tu aies entraîné des centaines et des centaines d'hommes, si c'était pour les renvoyer chez eux étudier la charia ? Ça veut dire que tu n'as pas de plan et que tu ne peux donc pas être considéré comme un chef djihadiste.

À son retour en Arabie, on considéra Ben Laden comme un héros de guerre. Mais, comme pour nombre de vétérans, il lui fut impossible de s'adapter au confort de la vie domestique. Essam Deraz, le réalisateur égyptien qui l'avait suivi pendant le conflit afghan, lui rendit visite en Arabie Saoudite en 1990 ; c'est alors que Ben Laden prononça en public ce qui semble avoir été son premier discours anti-américain.

Deraz est interviewé ici en mai 2005.

J'étais là-bas quand il a changé. Il a obtenu l'autorisation de s'exprimer dans la mosquée en Arabie Saoudite, après l'Afghanistan. C'était sur la question israélienne, sur le soutien apporté par les États-Unis à l'afflux en Israël de millions d'immigrés de Russie, et sur les complications que cette arrivée créait aux Palestiniens. C'était à Djedda, en Arabie Saoudite.

Il m'a dit :

– Essam, viens avec moi. Je veux que tu entendes mon discours. C'est très important. Il faut que tu sois là.

Dans son discours, il a attaqué l'Amérique très durement. Et il a demandé à tous les peuples arabes de rompre leurs relations avec ce pays.

– Nous devons nous dresser contre l'Amérique parce qu'elle aide Israël.

En 1990, cela faisait des années que Jamal Khalifa n'avait pas eu une discussion avec son beau-frère et ancien camarade de fac ; ils ne s'étaient plus parlé depuis leur dispute consécutive à l'opération de Djaji.

On s'est revus en 1990, quand il est rentré en Arabie. Je lui en voulais beaucoup. Nous sommes restés très polis : la famille, les enfants. Quelquefois, on discutait chevaux. Mais jamais politique. Ni djihad. On ne se disait même pas : « Alors, qu'est-ce qui se passe ? »

Il paraissait très occupé. Beaucoup de gens allaient et venaient. C'était un héros. « Oussama est grand », tout le monde répétait cela. Dans la rue, tout le monde parlait de lui comme d'un héros.

Pour moi, il commettait une très grave erreur. Je n'étais pas le seul de cet avis, d'ailleurs. Ceux qui étaient proches de lui aussi pensaient cela : Wael Julaidan, Abdullah Anas, et tous ses amis de Djedda et de Médine. Ils l'avaient quitté en 1986 et 1988. On les avait remplacés par des Égyptiens. Mais il n'écoutait personne. Il était allé avec ces Égyptiens. Je ne sais pas ce qu'ils lui faisaient exactement, comment ils arrivaient à le manipuler, comment ils s'y prenaient pour lui faire un lavage de cerveau.

Quand je me suis remis à discuter avec lui, ce n'était plus l'Oussama que j'avais connu. La différence : avant, il s'asseyait pour analyser la situation en parlant gentiment, doucement, et à la fin on arrivait à une conclusion. Maintenant, il disait :

– Non. C'est comme ça. Tu as tort.

La relation, ou l'absence de relation, entre Ben Laden et Saddam Hussein a longtemps fait débat. Pourtant, comme nous allons le voir, les déclarations de Ben Laden en 1990, au moment de l'invasion du Koweït, montrent que le chef d'Al-Qaïda était un opposant de longue date au dictateur irakien.

Jamal Al-Fadi est ce Soudanais, membre d'Al-Qaïda, qui a témoigné au procès de New York déjà cité sur les attendats contre les ambassades américaines en Afrique.

Saddam Hussein ne croit pas beaucoup à l'islam. Il y a quelque chose qui s'appelle le Baas [Parti socialiste arabe]. Je me souviens que Ben Laden lui-même, en 1988, a fait un discours contre Saddam. Il a dit que Saddam était un baasiste, et que Saddam, un de ces jours, s'emparerait du Golfe tout entier. Il a fait ce discours au Pakistan, et tout le monde l'a écouté.

Khalid Batarfi, le vieil ami de Ben Laden, confirme que ce dernier avait prévu l'invasion du Koweït, et ceci longtemps avant 1990. Interview de septembre 2005.

La dernière fois que je l'ai vu, c'était en 1990, six mois avant l'invasion du Koweït par l'Irak. C'était à La Mecque, dans la maison d'un ami où un groupe d'intellectuels se réunissait tous les vendredis. Il est venu. Et il a parlé du djihad en Afghanistan. Il nous a dit ensuite qu'il allait nous parler de Saddam. Il a ajouté :

– Nous devrions entraîner notre peuple et notre jeunesse, développer notre armée et nous préparer pour le jour où nous serons attaqués. Ce gars-là [Saddam], on ne pourra jamais lui faire confiance.

Il ne croyait pas que Saddam était un musulman. Alors il ne l'a jamais aimé. Il ne lui a jamais fait confiance.

Le prince Turki, l'ancien chef des renseignements saoudiens, explique que Ben Laden avait offert son aide dans la lutte contre Saddam Hussein. Il s'agit toujours de l'interview de novembre 2001 au journal *Arab News*.

Après l'invasion du Koweït en août 1990, Ben Laden n'a pas été le seul à proposer ses services contre Saddam Hussein. D'autres personnalités du monde arabe ont fait la même chose. Ils voulaient montrer qu'ils étaient des Arabes capables de se battre et de vaincre Saddam.

Ben Laden se croyait apte à lever une armée pour défier les forces de Saddam. Et il était contre la décision du royaume de faire appel à des forces alliées : l'armée américaine. En agissant de la sorte, il désobéissait au pouvoir et violait la fatwa des anciens, les religieux qui approuvaient ce plan et y voyaient une action fondamentale pour répliquer à l'agression.

J'ai vu sa personnalité changer radicalement. L'homme calme, pacifique et bien élevé soucieux d'aider les musulmans s'était mué en un être qui s'estimait à même de commander une armée pour aller libérer le Koweït. Il devenait mégalomane.

Abu Jandal, le Saoudien responsable de la sécurité de Ben Laden en Afghanistan.

Ben Laden a appelé le gouvernement saoudien pour obtenir l'autorisation de recruter des jeunes gens, et pour que l'on ouvre la porte au djihad dans la patrie des deux saintes mosquées, l'Arabie Saoudite, afin de vaincre l'invasion irakienne et de chasser les envahisseurs du Koweït. Il avait de multiples raisons d'appeler au djihad. Ses intentions étaient motivées par l'envie d'en finir avec l'occupation du Koweït et de voler au secours du peuple irakien en le délivrant de la domination du Parti baas. Il a expliqué qu'il était à même de former en trois mois plus de 100 000 combattants. Il disait :

– J'ai plus de 40 000 moudjahidin sur la terre des deux saintes mosquées.

Ils avaient été entraînés en Afghanistan. Il a affirmé qu'il pouvait les mobiliser en quelques jours. Et les moudjahidin étaient encore plus nombreux en dehors de l'Arabie Saoudite.

Ben Laden racontait avoir fait cette proposition à un haut dirigeant du gouvernement saoudien.

Il lui aurait parlé en ces termes :

– Nous sommes prêts à chasser les forces irakiennes hors du Koweït.

Or la politique du gouvernement était déjà arrêtée : c'est aux forces américaines qu'on ferait appel.

La résolution du gouvernement saoudien d'autoriser quelque 500 000 soldats américains à pénétrer dans le pays à l'été 1990 fut pour Ben Laden un moment décisif. À la fin des années 1980, il avait appris aux militants arabes venus au Pakistan et en Afghanistan à garder pour eux leurs critiques envers les membres de la famille royale.

Au début des années 1990, il se retournera contre cette même famille royale, en partie parce qu'elle est corrompue, mais surtout à cause de cette décision de confier à des non-musulmans la mission de défendre la sainte terre d'Arabie.

Abu Jandal est devenu le chef des gardes du corps de Ben Laden en 1998. Dans une série d'interviews accordées à Khalid Hammadi, le correspondant yéménite du journal *Al-Quds Al-Arabiya*, il propose une vision unique d'Al-Qaïda : celle d'un homme qui vivait à l'intérieur de l'organisation. Ces interviews ont paru en août 2004.

Il n'a pas quitté directement l'Arabie Saoudite. Il s'est rendu au Pakistan où il est resté quelque temps. Pendant cette période, il cherchait des pays susceptibles d'accueillir ses partisans, étant donné que les autorités saoudiennes leur menaient la vie dure. Le cheikh Oussama lui-même n'avait droit qu'à un passeport valable pour un seul voyage hors du pays. Il s'est servi de ce passeport pour un aller simple. On lui avait délivré ce document en raison de ses relations avec certains membres de la famille royale, afin qu'il puisse se rendre au Pakistan, où le réclamaient ses affaires. Il était supposé rentrer ensuite en Arabie pour y être assigné à résidence. Mais il s'est servi du passeport pour quitter l'Arabie, et il n'est pas revenu.

Noman Benotman.

La première chose qu'il a faite au moment de partir pour le Pakistan, ce fut d'écrire à son frère une lettre qui disait : « Désolé, je ne reviendrai jamais. »

Je crois qu'il commençait à changer d'avis sur l'Arabie Saoudite et à se dire que c'était du sérieux. On ne peut pas être en même temps un chef du djihad et un allié des gouvernements arabes.

Abu Mussab Al-Suri a croisé pour la première fois Ben Laden en 1988. Dans son livre sur l'appel à la résistance islamique diffusé sur Internet en décembre 2004, il raconte comment Ben Laden, après avoir soutenu le gouvernement saoudien durant les années 1980, a peu à peu changé d'avis.

L'évolution intellectuelle d'Oussama Ben Laden, Dieu le garde, qui s'est exprimée dans son attitude et dans celle d'Al-Qaïda envers les USA, est un des problèmes non discutés par les médias et les journaux. Les deux facteurs essentiels qui provoquèrent ce changement furent, par ordre d'importance :

1. Le cheikh Oussama avait construit Al-Qaïda sur les efforts de militants appartenant à l'organisation égyptienne Al-Djihad et d'autres qui participaient à l'entraînement des cadres du mouvement djihadiste dans d'autres régions du monde. Ces derniers n'étaient pas tous membres d'Al-Qaïda, mais ils collaboraient avec elle sur la base de bénéfices mutuels. Ces moudjahidin – j'ai été des leurs – ont commencé à prêcher leurs idées djihadistes. Les combattants s'entraînaient à tirer sur des cibles représentant le roi Fahd et les princes saoudiens. Avec le temps, ils ont influencé la jeune garde d'Al-Qaïda par des livres, des manuels, des cours et des débats. Plus tard, cette influence a gagné le cheikh Oussama. Comme la plupart des Saoudiens, il était venu faire le djihad en Afghanistan en apportant avec lui la méthode du réveil islamique qui emprunte à la fois aux opinions des Frères musulmans et aux sermons officiels des wahhabites d'Arabie.

À ce moment-là, le cheikh Oussama et la plupart des moudjahidin saoudiens considéraient leur gouvernement comme légitime. Pour eux, le roi Fahd et la famille Saoud étaient des musulmans et des dirigeants légitimes, même dépravés ou oppresseurs. Les princes avaient un profond respect pour les religieux saoudiens, et ils adhéraient à leurs fatwas. Les aspects généraux de l'islam et le soutien au djihad afghan constituaient l'unique socle commun. D'un autre côté, nos différences de conception par rapport au djihad étaient claires. Avec le temps, le cheikh Oussama, Dieu le garde, a accepté et adopté la pensée djihadiste, dont il est devenu un symbole. Et je crois qu'il a été aidé en cela, en plus de ses liens avec les djihadistes, par le second facteur :

2. Le gouvernement saoudien, ses institutions, et les déclarations du clergé sur le Koweït, les conséquences de cette guerre et la présence de troupes américaines en Arabie Saoudite. Les changements apportés par cette guerre ont mis au jour le rôle considérable joué par les infidèles dans la péninsule arabique, ainsi que la profonde hypocrisie des institutions religieuses, qui avaient accordé leur bénédiction à la présence de troupes américaines en Arabie.

Ben Laden a compris les raisons stratégiques qui poussaient les Américains à s'établir dans la région. Il a eu tout le temps de se livrer à la contemplation lors de son long séjour (1992-1996) au Soudan. Sa rhétorique a changé. Après avoir exprimé dans les médias une opposition indulgente envers la famille royale, il s'est mis à prononcer des discours sévères dans lesquels il réclamait de sérieuses réformes et critiquait le gouvernement, voire l'hypocrisie des institutions religieuses officielles.

Avec l'aide de Dieu, Oussama Ben Laden est parvenu à élaborer la juste équation politique :

1. Le clergé islamique légitime la famille royale (les Saoud).
2. La famille royale légitime la présence des Américains dans la péninsule arabique.

Il en découlait deux méthodes pour s'opposer à la famille Saoud :

1. Soit l'affrontement direct, et donc l'affrontement nécessaire avec le clergé afin de percer à jour son hypocrisie. Le but

était de réduire à néant la légitimité des Saoud. Bataille perdue d'avance, étant donné que la hiérarchie religieuse s'employait depuis plus de soixante-dix ans à implanter son influence dans l'esprit du peuple.

2. Soit l'autre façon, plus sûre, qui consistait à attaquer la présence américaine en Arabie. Ainsi les Saoud se verraient forcés de les défendre, et donc de perdre leur légitimité aux yeux des musulmans. Ceci conduirait la hiérarchie religieuse à prendre à son tour la défense des Américains, et donc à perdre elle aussi sa légitimité. Dès lors le peuple y verrait clair dans cette bataille.

Le cheikh Oussama a choisi la seconde option, et je crois qu'il a eu raison dans une large mesure. Mieux, le cheikh Oussama avait analysé l'effondrement de l'Union soviétique, et des gouvernements dictatoriaux du pacte de Varsovie en Allemagne de l'Est, en Roumanie, en Pologne et autres ; il était convaincu que les actuels régimes arabes et islamiques tomberaient de même, entraînés par l'effondrement des États-Unis. Il était donc persuadé qu'il devait concentrer ses efforts sur le djihad contre l'Amérique.

Alors il a appelé ceux qui le suivaient à déclarer la guerre à la « tête du Serpent », comme il disait, plutôt qu'à ses « multiples queues » (les gouvernements autoritaires du Moyen-Orient).

Le Portugais Paulo Jose de Almeida Santos s'est converti à l'islam. Il a compté parmi les premières recrues d'Al-Qaïda. Il a rencontré Ben Laden en de multiples occasions au Pakistan, où ce dernier était retourné au début de 1991 après son séjour en Arabie.

En novembre 1981, Santos fut envoyé par Al-Qaïda en Italie avec mission d'assassiner Zaher Shah, le vieux roi d'Afghanistan, alors âgé de soixante-dix-sept ans, et dont l'exil à Rome durait depuis des dizaines d'années. Ce projet d'assassinat représente apparemment le premier engagement d'Al-Qaïda dans une opération de terrorisme international. Le roi était populaire chez les Afghans, et les militants d'Al-Qaïda, qui le considéraient comme

un laïque, redoutaient de le voir libéré de son exil et ramené au pouvoir comme chef légitime d'un nouveau gouvernement.

Santos se fit passer pour un journaliste et réussit à pénétrer dans la villa du roi. Il voulut lui plonger un couteau dans le cœur. Mais le roi avait dans une poche, sur sa poitrine, une boîte de cigarillos « Café Crème ». Cette boîte en fer peu épais détourna la lame et lui sauva la vie. Le roi fut hospitalisé et s'en sortit.

Dix ans plus tard, c'est également en se faisant passer pour des journalistes que les tueurs d'Al-Qaïda parvinrent à assassiner Ahmad Shah Massoud, sur ordre de Ben Laden.

Après l'échec de sa tentative d'assassinat, Santos fut arrêté et condamné à dix ans d'emprisonnement. On le libéra en décembre 1999.

Jose Pedro Castanheira, du magazine portugais *Expresso*, parvint à retrouver sa trace en Afrique de l'Est et à obtenir de lui une interview [3].

Quand je suis allé en Afghanistan, Al-Qaïda commençait à prendre forme. C'était vers les années 1989, 1990. J'ai été l'un de ses premiers membres. C'est pendant l'Umra, le plus petit des pèlerinages à La Mecque, que j'ai rencontré des Afghans. Quand ils se sont aperçus que j'étais récemment converti, ils m'ont invité à prendre part à la guerre contre les Soviétiques.

J'ai accepté, et je suis parti pour le Pakistan, d'où je suis entré en Afghanistan. Je suis allé dans un camp d'entraînement à Paktia, une province d'Afghanistan. Il y avait des gens de diverses nationalités. Il en venait de presque tous les pays arabes. Il y avait aussi des Américains, des Britanniques et des gens d'autres pays occidentaux. J'ai demandé à suivre l'entraînement dans ce camp-là. L'objectif, à ce moment-là, était d'entraîner les musulmans aux arts martiaux. Et j'étais en excellente forme physique. On s'arrangeait pour courir tous les jours vingt-quatre kilomètres dans les montagnes, lourdement chargés. Il y avait des musulmans noirs américains.

J'ai prêté serment de loyauté à Al-Qaïda. Notre objectif final était d'établir de califat et le gouvernement islamique. De combattre l'oppression. Le but à court terme était d'entraîner les musulmans à la guerre.

J'étais capable de fabriquer des explosifs avec des cachets d'aspirine. Il suffit de savoir séparer les acides. Ensuite on les mélange avec d'autres substances. J'ai aussi appris à confectionner des explosifs avec le mercure des thermomètres. Je me suis même débrouillé pour fabriquer de la nitroglycérine, ce qui suppose une manipulation très dangereuse. Très souvent, je me servais de photocopies des manuels publiés à l'intention des Bérets verts américains ! Ces manuels étaient fournis à Al-Qaïda par son principal instructeur militaire, l'Américano-Égyptien Ali Mohammed, qui avait servi de 1986 à 1989 comme sergent à Fort Bragg, en Caroline du Sud, c'est-à-dire au quartier général des Bérets verts.

Je suis arrivé en Afghanistan en mars 1990, et j'en suis parti en octobre 1991. Mon groupe m'a employé en plusieurs occasions car j'avais un passeport européen en règle, donc la possibilité de voyager. Je suis allé en Inde, en Égypte, en Turquie, dans le cadre de mon travail. En Afghanistan, nous avions tous un « pseudo », un *kunya* en arabe. La plupart s'appelaient Abu quelque chose. Moi, c'était Abdullah Yusuf. Personne ne se faisait appeler par son vrai nom.

Quand Ben Laden a été obligé de partir, des gens d'Al-Qaïda – dont j'étais – sont allés l'accueillir au Pakistan. Ça se passait dans une de nos maisons à Peshawar. Ben Laden est arrivé. Il nous a serré la main à tous, il s'est assis et il a commencé à parler. Je me rappelle qu'on était tous assis quand il est entré et qu'on n'a pas bougé. J'ai dit alors :

– Ce ne serait pas mieux si on se levait ?

Celui qui était à côté de moi a répondu :

– Personne ne se levait pour le Prophète Mahomet, et il faudrait se lever pour Ben Laden ?

Il était d'une humilité extraordinaire. Ce n'était pas l'Arabe typique avec des photos de lui partout. Je crois qu'il n'aspirait qu'à une seule chose : son martyre. Cela ne me dérange pas le moins du monde de penser que Ben Laden pourrait mourir aux mains des Américains. Je pense que c'est ce qu'il veut.

Il parlait du djihad comme de la meilleure chose qui soit. Je me rappelle une tradition orale transmise par le Prophète, à savoir que jusqu'à l'heure du Jugement dernier, il existerait un groupe de musulmans pour répandre la guerre contre l'oppression. Ben Laden présentait Al-Qaïda comme l'un de ces groupes dont avait parlé le Prophète. Il comparait le djihad au sommet d'une montagne : longue était la route pour toucher le sommet. Pour moi, c'étaient des propos normaux prononcés par un homme normal. J'aimais cet homme. Il m'était sympathique. Mais ça ne veut pas dire que je le vénérais. Je ne le vénérais en aucune façon.

Nous avions été divisés en plusieurs groupes. Il y avait un groupe de techniciens. J'ai passé un test pour en faire partie. Mais le responsable, un Égyptien ingénieur en électronique, n'a pas aimé ce que j'ai fait, et il m'a recalé. Ils m'ont affecté à un groupe d'analyse où je devais lire tous les journaux et donner mon opinion sur ce qu'il fallait faire.

Abu Hafs, l'Égyptien Muhammad Atef, était le vrai chef d'Al-Qaïda. Ben Laden, lui, était très modeste. Quand il m'arrivait de lui demander conseil, il répondait simplement :

– Va plutôt voir Abu Hafs. Il est plus intelligent que moi.

Après la chute de Khost, la capitale de la région Paktia en 1991, notre pronostic était que la prochaine ville à tomber serait Kaboul. C'était logique, dans la mesure où Khost était sur la route de Kaboul. Dans plusieurs des groupes de moudjahidin engagés dans les combats, on se disait que le roi d'Afghanistan, c'était toujours mieux que rien. Qu'au moins, pendant qu'il était au pouvoir, le pays avait joui de quelque stabilité. Ils réfléchissaient à la possibilité de le faire rentrer au pays. Dans d'autres groupes, qui suivaient une ligne islamique dure, on disait que le roi n'avait jamais été un bon musulman. L'un de ces groupes s'appelait Hizh-e-Islami. Il était dirigé par Hektmatyar, lequel disait :

– Si le roi revient, nous le combattrons, et nous ferons la guerre à ceux qui voudront rétablir la monarchie.

Alors j'ai proposé d'éliminer le roi. Notre groupe n'obéissait pas à une hiérarchie très définie. On était même assez désorganisés. Chacun pouvait toujours dire ce qui lui passait par la tête. J'ai exposé le projet, et j'ai été invité à Peshawar pour rencontrer Ben Laden – ou plutôt Abu Abdallah. Personne en Afghanistan ne l'appelait Ben Laden.

Il voulait savoir pourquoi j'étais à ce point convaincu qu'il fallait tuer le roi.

Il m'ont demandé comment j'allais m'y prendre. Avec qui. Quel était mon plan. Et comme j'aimais beaucoup tester mon interlocuteur en l'interrogeant moi aussi, j'ai demandé :

– Imaginons qu'il y ait une femme auprès du roi. Je m'apprête à utiliser une bombe, ou une arme susceptible de blesser ou de tuer la personne qui est avec lui. Ai-je le droit de continuer ?

La réponse fut celle-ci :

– Si c'est la femme du roi, elle partage ses responsabilités ; donc elle peut être éliminée.

J'ai repris :

– Et si c'est le petit-fils du roi ? Un enfant ?

Ben Laden a répondu :

– Non ! Non ! En aucun cas !

Il s'est mis en colère :

– Qu'est-ce qui te prend ? Nous sommes des musulmans, nous n'éliminons pas les enfants !

Il a déclaré que si un enfant était présent pendant l'attentat, il ne faudrait pas attaquer le roi. Le retour du roi et la guerre civile étaient encore préférables au meurtre d'un enfant.

Ben Laden a dit une fois que tout citoyen israélien adulte, qu'il soit homme ou femme, pouvait être assassiné. En effet, les Israéliennes pouvaient aussi servir dans l'armée. Un Américain a demandé :

– Mais les Américains sont tous nos ennemis, donc on peut éliminer des civils américains ?

Ben Laden a répondu :

– Non. Le gouvernement américain, c'est une chose. La majorité des Américains ne votent même pas, ils sont complètement apathiques.

À une époque, ils ont proposé d'augmenter les ressources d'Al-Qaïda en faisant du trafic de drogue. Je sais que Ben Laden a répondu :

– Les musulmans sont porteurs d'un message d'espoir pour l'humanité, par conséquent ils ne peuvent en aucun cas se servir de la drogue – cette drogue qui détruit des familles en Europe et dans les pays occidentaux – pour gagner de l'argent.

Tel est le Ben Laden que j'ai connu. Un homme qui refusait

de se souiller les mains avec le sang de victimes innocentes. C'est un être très moral.

Je suis allé manger chez lui un jour qu'étaient invités à déjeuner quelques membres d'Al-Qaïda. La question de savoir s'il m'a donné le feu vert pour assassiner le roi n'a pas d'importance. À ce moment-là, Ben Laden ne donnait pas d'ordres. Il avait l'argent pour continuer de faire tourner l'organisation. Il passait pour un homme très courageux. Mais il donnait rarement des ordres.

Je me suis souvent dit que j'avais eu un moment de faiblesse, dans ma tentative pour assassiner le roi. J'ai passé une heure avec lui, dans sa maison. J'ai bu le café qu'il m'a offert. J'étais son invité. Il parlait, il était amical, agréable. Je pense que si j'ai échoué, c'est qu'inconsciemment j'ai eu pitié de ce vieil homme.

Je n'éprouve pas de repentir. Lors du procès, en Italie, j'ai demandé qu'on en finisse vite. Je ne me suis pas défendu. Il n'y avait pas de défense possible : c'était un acte de guerre dans un pays qui n'était pas en guerre, alors il ne me restait plus qu'à en payer les conséquences.

Pendant le temps que j'ai passé à Al-Qaïda, les opérations contre les gouvernements occidentaux n'étaient pas populaires. C'était la période embryonnaire. Le Ben Laden que je connais est un homme que j'admire, pour qui je prie ; je prie pour que ses vœux se réalisent et pour que Dieu lui consente son martyre.

Après 1989, Al-Qaïda alla s'établir sur un autre site, loin d'Afghanistan, en tirant parti de la faillite des États africains du Soudan et de la Somalie.

Le journaliste jordanien Fuad Hussein est l'auteur d' ***Al-Zarkawi : The Second Al-Quaeda Generation*****, un livre que le journal** ***Al-Quds Al-Arabiya*** **fera paraître en feuilleton à partir de mai 2005. Fuad Hussein a travaillé à partir de vastes recherches et d'informations fournies par trois proches d'Al-Zarkawi, dont Sayf Al-Adel, qui s'exprime dans ce chapitre. Sayf Al-Adel est un ancien officier de l'armée égyptienne, à présent chef militaire d'Al-Qaïda. Il évoque ici le déplacement de l'organisation vers l'Afrique.**

Après que Dieu eut donné aux moudjahidin d'Afghanistan la victoire contre les Russes, et quand les désaccords ont commencé d'apparaître entre entre les factions afghanes, beaucoup de nos frères arabes ont envisagé de rentrer chez eux, comme les Saoudiens, les Yéménites et les Jordaniens qui n'avaient pas de problème avec les services de sécurité de leurs pays. D'un autre côté, il y avait nous autres, les Égyptiens. Et nos frères syriens, algériens, lybiens. Ceux-là n'avaient d'autre choix que de rester en Afghanistan, de combattre sur la ligne de front ou de gagner des pays sûrs, non dirigés par des gouvernements puissants et centralisés. On a donc choisi le Soudan, la Somalie et quelques régions privilégiées d'Afrique qui avaient conquis leur indépendance après la désintégration de l'Union soviétique. D'autres, pendant ce temps, se dispersaient aux quatre coins du monde.

Le Soudanais Jamal Al-Fadl compte parmi les premiers membres d'Al-Qaïda. Il fut cité comme témoin au procès des attentats de 1998 contre les ambassades américaines. Voici un nouvel extrait de son témoignage.

En 1989, je me rappelle, on était dans une maison d'accueil pour les membres d'Al-Qaïda. Ils ont expliqué :

– En Afghanistan, on n'a plus trop de travail, vu que les Russes sont partis.

Et ils parlaient du changement de régime au Soudan : le Front national islamique dirigeait le gouvernement là-bas, des gens très bien. Ils voulaient d'ailleurs prendre contact avec Al-Qaïda. Et ce serait mieux, pour nous, de partir là-bas, car on serait plus près du monde arabe. L'Afghanistan, c'était trop loin.

Ben Laden a envoyé quelques personnes au Soudan pour se renseigner. À leur retour, je me rappelle que j'étais dans la région de Khost, au camp Farouq, dans l'est de l'Afghanistan. Ici, plusieurs membres d'Al-Qaïda suivaient l'enseignement d'Abu Hajer Al-Iraqi. Ce dernier disait avoir rencontré au Soudan des gens du Front national islamique, des gens très heureux qu'un lien ait été établi avec Al-Qaïda. Il disait aussi avoir lu les livres d'un lettré appelé le docteur Hassan Al-Turabi.

Avec d'autres membres d'Al-Qaïda, on s'est rendus là-bas. Et on a loué des maisons et des fermes à Khartoum. On en louait pour ceux qui vivaient seuls et pour ceux qui avaient une famille. On a aussi acheté des fermes pour l'entraînement. La première ferme, je l'ai payée 250 000 dollars. Je l'ai achetée à mon nom. C'était une ferme destinée à la récolte du sel à Port-Soudan, à un peu plus d'un kilomètre de Khartoum.

Jamal Ismaïl travaillait pour le magazine *Djihad*. Interview de mars 2005.

Le gouvernement soudanais a envoyé une invitation à Ben Laden. Ils ont ouvert les frontières aux Arabes et aux musulmans pour que ceux-ci investissent au Soudan et viennent visiter le pays. Et je pense que les Soudanais, en particulier le docteur Al-Turabi, ont joué un rôle très, très important quand il s'est agi de convaincre Omar Bashir, le président, de faire venir Oussama, car d'autres viendraient avec lui, comme Ayman Al-Zawahiri et ses djihadistes. Personne alors n'était mieux placé qu'Oussama pour lever des fonds et aider le gouvernement.

Hassan Al-Turabi fut libéré de sa prison soudanaise en juillet 2005. Il avait rompu avec le régime en 1999, après avoir dirigé de fait le Soudan durant les années 1990. Il a compté un moment parmi les proches de Ben Laden, mais il tend aujourd'hui à minimiser cette relation[4].

J'étais dans ce fauteuil quand j'ai rencontré Ben Laden. Je ne l'ai jamais invité à dîner ici. C'était juste histoire de bavarder, de se voir un moment. Ensuite, je suis allé le voir chez lui moi aussi, mais jamais pour déjeuner ou dîner. Il ne jouait aucun rôle dans la vie publique, ni à la mosquée, ni dans les journaux. Il investissait ici, c'est tout. Il avait un caractère très froid mais très aimable. Il était très décontracté. On a parlé un peu de son pays et un peu d'investissements.

Les gens qui le connaissaient en Afghanistan ne pouvaient plus rentrer chez eux. La guerre était finie, et ils étaient devenus rétrospectivement des « terroristes ». Ils ne pouvaient pas se rendre en Égypte, en Arabie Saoudite, en Algérie.

Wisal Al-Turabi, épouse de Hassan Al-Turabi, interviewée par Sam Dealey en juillet 2005.

Mon mari n'a pas fait venir Ben Laden au Soudan. Celui-ci trouvait ce pays attractif dans la mesure où il pourrait se servir de son argent pour tout construire : des plantations et des élevages de poulets, des routes pour le peuple.

Les femmes musulmanes ne rencontrent pas les hommes musulmans. Quand ils viennent à la maison, on ne les voit pas. On ne leur parle pas. Je n'ai jamais croisé Ben Laden. Et ce n'était pas un personnage si important au Soudan. Personne ne le connaissait, car tout ce qu'il faisait, c'était s'occuper de ses plantations à Damazine. Il plantait des tournesols pour obtenir de l'huile, et il construisait la route qui va de Khartoum à Damazine. Il a bâti l'aéroport de Port-Soudan ; il était supposé avoir reçu pour cela de l'argent du gouvernement.

J'ai rencontré Um Ali, une de ses épouses, chez elle. Um Ali veut dire « mère d'Ali ». Je n'ai pas vu ses enfants. Elle disait qu'ils étaient dans une autre pièce, en train d'étudier le Coran. Mais je n'ai aperçu qu'une seule pièce, avec des meubles, des meubles à l'européenne, naturellement. Elle était professeur d'université. Elle était très cultivée car elle avait étudié en Arabie. Elle allait en Arabie, et revenait à Khartoum pour les vacances. Elle enseignait l'islam à des familles de Riyad, un quartier chic de la banlieue de Khartoum. Une fois, je suis allée l'écouter. Elle parlait des relations entre l'islam et le statut de la femme au sein de la famille.

Trois de ses femmes sont professeurs d'université ; mais pas la première. Il a quatre épouses. Les trois dernières, il les a prises parce qu'elles étaient vieilles filles. Elles étaient parties pour ne pas trouver de mari dans ce milieu-là. Alors il les a épousées pour l'amour de Dieu. C'est ce que nous faisons dans l'islam. Si vous trouvez une vieille fille et que vous l'épousez, vous en serez récompensé dans l'autre monde car vous aurez engendré une descendance musulmane. Quand les enfants deviendront musulmans, ce seront de bonnes personnes. Ils respecteront la loi, ils ne boiront pas, ils ne tueront pas et ne commettront pas l'adultère.

J'ai aussi rencontré sa première épouse. Elle vivait à Riyad – Khartoum. Elle était syrienne. Elle veillait sur ses enfants, et ne se plaignait pas du fait que son mari avait trois autres femmes. Ce n'était pas comme maintenant dans le monde musulman moderne. Aujourd'hui, quand une femme voit son mari prendre une seconde épouse, elle devient très prude, elle se met en colère et peut même aller jusqu'à réclamer le divorce. Je l'ai invitée à souper ici même. On a juste parlé de nos enfants, combien on en avait, et de nos connaissances. Vous savez, dans le milieu musulman, on ne demande pas à une femme comment elle a rencontré son mari. Elle était très charmante, grande, très grande.

C'était juste histoire d'inviter quelqu'un qui vivait dans notre pays, et nous sommes très connus au Soudan. Il fallait que je l'invite. Alors on a juste dîné en haut, très simplement.

Abu Jandal, le chef de la sécurité de Ben Laden[5].

Sa femme, Um Ali, a demandé le divorce au cheikh Oussama alors qu'il vivait au Soudan. Elle disait qu'elle ne pouvait plus continuer à mener une vie aussi austère et à se priver. Il a respecté son souhait et lui a consenti le divorce en accord avec le verset coranique d'après lequel « l'époux et l'épouse doivent vivre équitablement ensemble, ou se séparer à l'amiable ». Mais ses autres femmes sont restées avec lui, quand bien même elles venaient de familles distinguées. Ses femmes Um Hamza et Um Khalid possédaient toutes deux un doctorat, l'une en langue arabe et l'autre en charia islamique.

Ibrahim Mohammed Al-Sanoussi était l'assistant de Hassan Al-Turabi. Tous deux comptaient parmi les personnages les plus importants du Soudan au milieu des années 1990. Interview réalisée par Paul Cruickshank en août 2005.

Je connaissais déjà Hassan Al-Turabi au collège en 1954 : un élève intelligent, brillant. Il est allé à la faculté de droit, puis il a suivi un master au Royaume-Uni, et il a passé à Paris son doctorat de droit constitutionnel.

J'ai fini par devenir gouverneur d'une province du Soudan.

Oussama Ben Laden est venu chez nous proposer son aide pour les routes, et ils lui ont confié celle qui est au nord de Khartoum. Il a creusé des canaux et cultivé la terre, et produit de l'huile de tournesol. Il réussissait très bien. Je me rappelle qu'il nous a montré un tournesol très grand, 30 centimètres. C'est ainsi que nous avons fait sa connaissance. C'était un homme très respectable. Il gardait toujours le silence, il était très pieux et très généreux ; il n'avait pas le goût du luxe.

À ce moment-là, le docteur Turabi et Oussama étaient amis. Nous avions coutume de nous asseoir ensemble et de bavarder. Nous parlions de ses plans de développement agricole, de sa façon de tracer des routes, du genre de pierres qu'il utilisait. Je ne le voyais pas comme quelqu'un avec qui discuter politique. Il était venu dans mon pays, il m'aidait et je lui en étais reconnaissant. Nous le regardions comme un homme pieux, pas comme un politicien ; quand il nous arrivait de nous rencontrer, il n'abordait jamais les sujets politiques. Il interrogeait le docteur Turabi pour connaître ses idées sur l'islam ou sur le point de vue de l'islam à propos des prêts hypothécaires.

Les Égyptiens ont envoyé leurs agents au Soudan. Et ces agents ont réussi à pénétrer le cercle islamiste réuni autour d'Oussama et des Égyptiens. Ils ont recruté le fils de l'un d'entre eux, et ils lui ont fourni un micro. Mais la sécurité soudanaise l'a appris, et le gosse a été arrêté ; c'était un garçon de quinze ans, le fils de Muhammad Sharaf, un Égyptien établi au Soudan. Le père du garçon est allé voir la sécurité, et il a demandé qu'on lui rende son fils. Ils le lui ont rendu. Le groupe djihadiste l'a passé en jugement. Et ils l'ont exécuté. C'est la raison pour laquelle le gouvernement soudanais a voulu expulser le groupe djihadiste.

– Vous vous comportez comme un État dans un État, dans notre État, alors partez. Vous agissez comme un gouvernement. Vous faites des procès. Vous exécutez les gens sans notre autorisation.

L'avocat égyptien Montasser Al-Zayyat s'était lié d'amitié avec Ayman Al-Zawahiri au début des années 1980, quand tous deux étaient emprisonnés au Caire[6].

Zawahiri est devenu tellement cruel qu'il a tué le fils d'un de ses plus proches confidents, sous les yeux de son père. Quand Zawahiri vivait au Soudan, en 1994, avec Oussama Ben Laden et des centaines de djihadistes, la sécurité a appris qu'une information avait filtré en direction du gouvernement égyptien. Zawahiri a mis sur pied un tribunal, et le garçon a été condamné au nom de la charia. La cour a jugé que l'adolescent avait nui au groupe en l'espionnant pour le compte des autorités égyptiennes. Il a été exécuté en présence de beaucoup de représentants du groupe, afin d'empêcher que ça se reproduise. Cet incident montre que la vie cruelle menée par Zawahiri avait affecté son tempérament. Dans l'esprit de Zawahiri, le djihad avait cessé d'être un moyen de parvenir à une fin ; c'était devenu une fin en soi.

Le Saoudien Hassan Abd-Rabbuh Al-Surayhi s'est battu au côté de Ben Laden en Afghanistan. Interview déjà mentionnée, parue dans *Al-Sharq Al-Awsat* en novembre 2001.

Je suis allé le voir au Soudan. Il possédait deux immeubles. Le premier lui servait de résidence, et le deuxième de quartier général pour sa société. Je l'ai trouvé en compagnie de ses amis égyptiens, Abu Ubaidah et Abu Hafs, et de quelques Soudanais qui travaillaient dans son entreprise. Je l'ai invité à revenir en Arabie.

– Je te conseille de rentrer, au lieu de rester avec cette bande.

Nous étions seuls dans la pièce. Il a répondu qu'il possédait des entreprises actives au Soudan.

– Tu pourrais très bien les diriger depuis ton pays, ai-je rétorqué.

– Je suis fatigué. Médine me manque. Dieu seul sait à quel point j'ai la nostalgie.

Jamal Al-Fadl.

La première société créée par nous s'appelait Wasi Al-Ariq, et nous avons créé Ladin International Company. Al-Hijra était une entreprise qui bâtissait des routes et des ponts. Elle a construit une route de 130 kilomètres entre Damazine City et Kormuk City.

L'Égyptien Mohammed Zeki Mahjoub a travaillé dans la compagnie de Ben Laden au Soudan au milieu des années 1990. Le document suivant est la déclaration qu'il a présentée au ministère canadien de l'Immigration le 6 septembre 2000. On découvre ce que signifiait être employé de Ben Laden.

Ingénieur agricole de profession, je suis arrivé au Canada en 1995, et j'ai tout de suite demandé le statut de réfugié.

Pendant que je vivais au Soudan, il m'est arrivé d'entendre prononcer le nom d'Al-Qaïda. Cela revenait dans la conversation des particuliers ; certains reconnaissaient qu'ils en faisaient partie. Je n'ai jamais été membre, ni associé, ni sympathisant de l'organisation connue sous le nom d'Al-Qaïda.

Avec tout le respect que je dois à Ben Laden, je souhaite déclarer ceci : avant de quitter l'Égypte, je n'avais aucune relation d'aucune sorte avec lui. D'Égypte, je suis allé en Arabie Saoudite, d'où j'ai gagné le Soudan. Pendant les cinq premiers mois de ce séjour, je n'avais pas d'emploi et j'essayais de trouver du travail comme ingénieur agricole. Je vivais à Khartoum. J'ai approché plusieurs employeurs susceptibles de m'embaucher, mais les salaires proposés étaient très bas. De plus, comme non-soudanais, il aurait fallu que je fasse état d'un certain nombre d'années d'expérience que je n'avais pas.

Ben Laden possède une entreprise au Soudan, Al-Thimar Al-Mubaraka Agricultur Al-Company, branche d'une compagnie plus grande qui effectue des travaux dans l'irrigation, l'agriculture, le commerce, la construction des routes et des ponts... Elle emploie environ 10 000 personnes. Dans la branche à laquelle j'ai fini par appartenir, il y avait à peu près 4 000 employés dont 85 pour cent, approximativement, étaient soudanais.

Les médias couvraient la présence d'Oussama dans le pays. Tous les jours, il était question de ses projets ou de ses affaires.

Un vendredi, je vais à la mosquée pour la prière. Je rencontre une connaissance. Je lui dis que je cherche du travail comme ingénieur agricole, dans l'aménagement des terres. Par la suite, j'ai entendu dire que cet homme était employé dans une des entreprises de Ben Laden.

Un des grands projets de Ben Laden, à cette époque, était d'aménager les sols afin d'y cultiver le maïs, le tournesol, le blé et autres. L'homme que j'avais rencontré à la mosquée m'a promis qu'il essaierait de parler à Ben Laden, et de voir s'il ne pourrait pas me procurer du travail.

Le rendez-vous fut arrangé dans le bureau de Ben Laden à Khartoum. Il me reçut en personne et me dit qu'il avait vu plusieurs personnes possédant mes diplômes, mais pas dans la même spécialité. Il ajouta qu'il avait besoin de connaître les gens personnellement ; les diplômes ne lui suffisaient pas. Mon premier entretien avec lui a duré entre une heure et demie et deux heures. Il m'a posé de nombreuses questions sur mon domaine de compétence et sur mon expérience professionnelle. J'ai été honnête. J'ai reconnu que je n'avais pas d'expérience, mais que je voulais bien étudier le projet ; après quoi je lui indiquerais si j'étais ou non l'homme qu'il lui fallait. Il m'a accordé une semaine pour étudier la question.

Une semaine plus tard, donc, j'ai rencontré le directeur général de sa compagnie. Je lui ai transmis ma décision par écrit, ainsi qu'au cours d'une discussion sur les aspects techniques du projet. C'est ainsi que j'ai commencé à travailler comme directeur du projet Al-Damazin Farms. J'avais environ 4 000 personnes sous mes ordres, essentiellement du personnel temporaire ou saisonnier. La zone sur laquelle s'exerçait ma responsabilité couvrait plus de 400 hectares. J'ai gardé ce poste jusqu'en mai 1993.

Pendant cette période, j'ai rencontré Ben Laden trois fois. D'abord à Khartoum, puis deux fois sur le terrain. La rencontre de Khartoum n'avait d'autre objet que mon rapport sur l'avancée du projet au jour le jour. Les deux rencontres sur le terrain intervinrent quand Ben Laden vint se rendre compte sur place.

J'ai pris la décision de quitter mon emploi chez lui. Nous nous étions mis d'accord sur le montant de mon salaire à mon arrivée dans sa société. Or j'ai appris ensuite que d'autres employés travaillant sur d'autres projets gagnaient plus que moi avec un statut moins élevé et un moindre niveau de responsabilité. Pendant mon engagement dans cette entreprise, j'étais dans une équipe où l'on était censé travailler dix heures par jour, mais où je faisais quelquefois jusqu'à huit heures en plus.

Soit Ben Laden était d'accord pour me payer équitablement, et je restais, soit c'était non et je m'en allais. La réponse fut négative. Elle me fut communiquée par le directeur général. Je démissionnai. Après, je n'ai plus jamais revu Ben Laden, ni reparlé avec lui.

Par la suite, il s'est aperçu qu'il avait de nouveau besoin de mes services. Il m'a offert un salaire plus élevé et un intéressement. Mais je ne suis pas retourné chez lui ; j'avais dit que si je partais, ce serait définitif.

Pendant que je travaillais au Soudan, j'ai entendu les autres salariés parler de Ben Laden et de sa réputation. J'ai appris qu'il était allé en Afghanistan, et qu'il employait un grand nombre de gens en Afghanistan et au Soudan. J'ai entendu dire aussi qu'il soutenait les moudjahidin en Afghanistan, et qu'il n'avait pas de bonnes relations avec l'Arabie Saoudite. J'ai travaillé à peu près un an chez lui ; et je n'ai jamais entendu dire qu'il était mêlé à des activités terroristes.

Vers le mois d'août 1995, les relations entre l'Égypte et le Soudan se sont détériorées, à cause notamment de la tentative d'assassinat contre le président Moubarak en Éthiopie, attentat perpétré par des militants égyptiens. J'avais commencé à chercher un moyen de partir pour le Canada. On m'avait expliqué qu'avec le passeport saoudien, il n'y avait pas besoin de visa. Alors j'ai fini par aller au Soudan acheter un passeport saoudien, pour 2 500 dollars.

Adbullah Anas, l'ami de Ben Laden à Peshawar dans les années 1980.

J'ai rencontré Oussama deux fois au Soudan. Je crois qu'il consacrait plus de 95 pour cent de son temps à ses affaires. Il a échoué. Il en voulait énormément aux Soudanais. Je me souviens qu'il m'a raconté, un jour que nous étions dans sa voiture :

– Je suis confronté à un problème avec les Soudanais. Ils m'ont dit qu'il n'avaient jamais imaginé qu'on puisse travailler huit heures. Ils viennent travailler deux ou trois heures, et ils s'en vont.

Jamal Al-Fadl.

On a discuté avec Ben Laden, on lui a demandé s'il fallait vraiment qu'on fasse de l'argent, car les affaires étaient très difficiles au Soudan. Il a répondu que notre programme passait avant les affaires. Nous étions là pour aider le gouvernement. Nous avions besoin d'aider le gouvernement, pour que le gouvernement aide notre groupe. C'était ça, le but.

Wael Julaidan avait connu Ben Laden à Djedda au début des années 1980. Il avait travaillé avec lui au Pakistan à cette époque.

Il lui a rendu visite au Soudan en 1993 ; il devait lui parler pour la dernière fois. Interview du 11 septembre 2005.

Jusqu'en 1992, Al-Qaïda, ça ne représentait rien de sérieux. C'était plus une idée qu'un vrai projet.

Un jour, Ben Laden a disparu du Pakistan. Comme ça. En 1992. Plus tard, on a entendu dire qu'il était au Soudan.

J'ai revu Oussama en 1993 au Soudan : on avait donné à ce moment-là des terrains à la Muslim World League, dont je suis l'un des associés, pour qu'elle y établisse son antenne à Khartoum. J'étais là pour trois jours en visite officielle. Je suis allé voir Oussama et je lui ai dit :

– Tu crois que ta famille est heureuse ? Tant que tu seras loin de l'Arabie Saoudite, tout le monde sera malheureux.

La plupart des membres de sa famille sont venus le voir à Khartoum et lui ont tenu le même langage : rentre donc ! J'ai parlé à ses proches. Je m'étonnais :

– Pourquoi Oussama ne rentre-t-il pas ?

Ils me répondaient qu'ils essayaient. Ils avaient même demandé à l'oncle Abdullah, le frère de Mohammed Ben Laden, un très vieil homme, d'aller le voir. Ils s'étaient dit que si l'aïeul de la famille se déplaçait, Oussama rentrerait. Mais il n'avait guère de respect pour cet oncle.

La grande question, c'est que s'est-il passé ? Était-ce le même Oussama ?

Essam Al-Ridi, pilote égyptien, a rencontré Ben Laden au Pakistan au milieu des années 1980. Dix ans avant le 11 septembre, au Soudan, Ben Laden a pris contact avec Al-Ridi en lui demandant de lui acheter un jet aux États-Unis. C'était la première fois qu'il montrait de l'intérêt pour les avions américains. Ridi s'est exprimé sur cette acquisition alors qu'il était cité comme témoin dans un procès contre le terrorisme, à New York, en 2001. Voici un extrait de sa déposition[7].

En 1992, Wadih El Hage, un Libano-Américain, secrétaire personnel de Ben Laden, et moi avons communiqué sur le thème : « Oussama est intéressé par l'achat d'un avion dont il voudrait se servir à Khartoum. » Il cherchait quelque chose dans les 350 000 dollars américains ; un avion avec un peu plus de 2 000 miles d'autonomie. J'ai repéré un appareil qui correspondait. J'ai appelé Wadih et je lui ai dit que cela valait 350 000, plus 9 pour cent pour le vendeur, qui était le propriétaire de l'avion. C'est la commission normale quand vous achetez ou vendez un avion aux États-Unis.

Ça n'a pas marché. Ils sont revenus à la charge plus tard, en proposant un autre prix. Ils cherchaient maintenant quelque chose à 250 000, voire moins. J'ai répondu qu'ils ne trouveraient jamais à ce prix-là.

Ils avaient du matériel qu'ils souhaitaient transporter de Karthoum à Peshawar : des Stinger (un missile antiaérien U.S. très efficace).

Avec la somme qui avait baissé, et d'autres conditions, mes options étaient limitées. Parmi elles, il y avait un avion militaire de type T389, l'équivalent d'un Saber-40 civil. L'avion était sur cales - au « cimetière », comme on dit – à Tucson, Arizona. On l'a sorti de son hangar pour vérifier la mécanique et voir s'il était à même de passer les tests de la Federal Aviation Administration. J'ai dépensé en tout 230 000 dollars pour cet avion. Je l'ai remis en état.

On a décollé de Dallas Fort Worth pour Khartoum. L'avion avait à peu près 1 500 miles d'autonomie. Ce n'était pas assez pour traverser l'Atlantique.

Une première escale a été faite à Sainte-Marie, à la frontière canadienne. De là, on a gagné un autre endroit du Canada, à 67 degrés de latitude nord. Puis Rome, Le Caire et Khartoum. Le voyage devait durer deux jours au maximum, mais on a eu des ennuis à cause du mauvais temps au Canada. Il faisait moins 65 °C, et le système hydraulique a lâché ; on a eu aussi une fissure dans un hublot.

J'ai garé l'avion à Khartoum. Ce doit être le même jour, le soir, qu'on a été invités à dîner par Ben Laden dans sa maison d'amis. On a dîné et bavardé. J'ai donné à Oussama Ben Laden les clés de l'avion. Nous avons décidé d'un commun accord qu'on irait voir l'appareil le lendemain matin.

Le lendemain, de bonne heure, j'étais à l'aéroport. J'ai préparé l'avion. J'ai fait le nettoyage d'après le vol. Et j'ai attendu l'arrivée d'Oussama. C'est alors qu'on m'a demandé de passer au bureau. J'avais deux ou trois reçus à signer avec le comptable, puis je verrais Ossama. On devait discuter ; il voulait me proposer de travailler avec lui.

Cette proposition, je l'avais évoquée auparavant au téléphone avec Wadih. J'avais dit que je préférais en reparler plus tard, quand je reviendrais à Khartoum. Il s'agissait de travailler avec Ben Laden. De piloter cet avion, en fait. Et aussi de mettre en place une opération d'épandage de produits sur des champs cultivés, car Ben Laden était dans l'agriculture.

Mais avant d'en venir à cette offre, il y avait deux ou trois choses dont je souhaitais parler avec Oussama : des sujets personnels en relation avec l'époque de Peshawar et avec les faits qui m'avaient amené à quitter cet endroit. Je lui ai dit :

– Indépendamment de ce que tu en penses, je veux que tu écoutes. Tu es un homme riche qui essaie de devenir un chef militaire, et je suis contre. À l'époque, je pensais déjà que tu n'avais pas la moindre formation militaire, ni aucune expérience dans ce domaine. Aussi, je crois que certains gars, tu ne leur as pas fait faire le djihad, tu les as purement et simplement envoyés au casse-pipe. Peut-être qu'aujourd'hui, après toutes ces années, tu as acquis de l'expérience. Peut-être que la situation est différente, maintenant.

Il m'a répondu :

– Eh bien, merci beaucoup.

Il acceptait très bien la critique. Après, il a ajouté :

– Ça, ce n'est pas le djihad. C'est strictement du business. Pour une société déclarée officiellement à Khartoum.

Il m'a offert un salaire de 1 200 dollars par mois. J'ai rétorqué :

– Cette somme est supposée payer lequel des trois boulots, exactement ? Piloter l'avion, épandre du produit sur les champs ou assurer le frêt depuis Peshawar ?

– C'est mon offre. C'est le salaire le plus élevé de ma compagnie, celui que je verse à mes cadres supérieurs.

– Bien. J'ai entendu pas mal de choses sur Khartoum. L'inflation est élevée dans le pays. Les écoles coûtent très cher pour les expatriés. Les équipements aussi sont très chers. Ce n'est pas sain du tout, comme environnement. Et je crois que je dépenserai beaucoup plus. D'accord, c'est le salaire que tu donnes à tes cadres. Mais ça ne veut pas dire que je dois toucher comme eux. Je fais un autre boulot.

Et Ridi refusa la proposition.

Jamal Al-Fadl décrit le train de vie de Ben Laden au Soudan.

La maison d'amis de Ben Laden est à Riyad City, à Khartoum : une grande maison de trois étages avec une cour et un jardin. Il y passait beaucoup de temps. Quand on y allait, on priait ensemble, et quelquefois on dînait, on parlait. Ben Laden aimait s'asseoir dans la cour, pour parler du djihad, de l'islam et d'Al-Qaïda en général. Il y avait au deuxième étage une grande chambre réservée à lui seul.

Le cheikh Abdul Ghafar était l'imam de la mosquée de Khartoum quand Ben Laden comptait parmi ses fidèles. Il a été interviewé par Sam Dealey à Khartoum le 17 août 2004.

Il est resté ici jusqu'en 1996. Il habitait dans ce quartier. Cette mosquée était la plus proche de chez lui. Il avait l'habitude d'y prier cinq fois par jour, et il venait toujours à la mosquée sans se faire remarquer. C'était un homme très, très respectable. Et le plus avisé qui soit. Et réellement un bon musulman. Je lui ai demandé de s'adresser aux fidèles dans la mosquée. Il n'a pas voulu. Il souhaitait juste prier. Rien d'autre.

Oussama, ses garçons et un garde du corps arrivaient à la mosquée deux ou trois minutes avant la prière. Après ils quittaient la mosquée, non sans être restés deux ou trois minutes, là encore.

Il était très simple. Vraiment très simple. Il posait ses couvertures sur le sol et dormait comme ça. Je suis allé le voir une fois ou deux quand il était malade ou parce qu'il m'avait fait appeler. Sa nourriture se résumait à un seul plat. Il mangeait des aliments très simples, des mets que vous ne trouvez pas souvent dans une famille riche. Vous saviez qu'il était très riche ? Un bon musulman ! À 100 pour cent, vous entendez ?

Mahjub Al-Aradi a été le jardinier de Ben Laden au Soudan. Le 24 novembre 2001, le journal *Al-Quds Al-Arabiya* publie à ce sujet un article.

Ben Laden vivait dans une maison de deux étages à Riyad, la banlieue à l'est de Khartoum. Il recevait ses invités dans une autre maison du même genre. Il avait un bureau sur Mc Nimr Street. Al-Aradi, âgé de soixante-quatorze ans, a travaillé quatre ans pour Oussama Ben Laden, jusqu'à ce que ce dernier quitte le Soudan.

– Beaucoup d'invités venaient voir Ben Laden dans la journée, raconte Al-Radi, dont des Égyptiens et des Yéménites vêtus de la longue robe traditionnelle. Ils amenaient très souvent leur famille. Beaucoup avaient accompagné Ben Laden en Afghanistan.

D'après Al-Radi, Ben Laden avait quatre femmes, quatre fils – Abdallah, Abd Al-Rahman, Ahmad et Muhammad – et une fille encore toute petite. Son aîné est allé en Arabie Saoudite, où il a épousé sa cousine. Ben Laden a retiré ses trois autres fils de l'école pour les envoyer assister à des leçons de Coran données par deux professeurs venus de l'ouest du Soudan. En ce qui concerne son activité à Khartoum, Al-Aradi raconte qu'Oussama Ben Laden était toujours escorté par ses gardes du corps, en plus des hommes qui surveillaient sa maison et qui se tenaient au rez-de-chaussée pour mieux voir. Les gardes étaient armés et ils accompagnaient Ben Laden dans ses voyages hors de Khartoum.

Chaque jour, il se rendait au bureau, puis à sa maison d'amis, où il restait jusqu'à 8 ou 9 heures du soir. Après, il rentrait chez lui. Il aimait les travaux agricoles. Il a aidé à créer de vastes plantations de pastèques. Grâce à lui, le prix de la pastèque a baissé. Il s'intéressait aussi au dressage des chiens policiers.

D'après Al-Aradi, Ben Laden mangeait très peu. Il se nourrissait des restes laissés par ses invités, en vertu de la parole bénie du Prophète. Ben Laden s'habillait simplement. Il portait souvent une longue robe, un grand voile et des sandales.

Scott Macleod, le correspondant de *Time*, a rencontré Ben Laden au Soudan au printemps 1996. Interview du 29 septembre 1998.

En ce temps-là, il construisait une route au Soudan, de Khartoum à Port-Soudan, il était propriétaire d'une plantation de tournesol et il possédait une tannerie. Il s'est donné beaucoup de mal pour me montrer tout cela. Il était évident qu'il essayait de donner l'image de l'homme d'affaires. Puis il se lance dans un discours affirmant que le gouvernement saoudien est corrompu et illégitime. Il précise toutefois :

– La façon de se battre contre ça, ce n'est pas la violence. Nous sommes des politiciens.

Il souhaitait se présenter sous un angle non militaire. Il était à fond dans les affaires, voilà ce que j'étais censé comprendre ; ce que j'avais sous les yeux, c'était une entreprise du tiers-monde normale.

Le Saoudien Khalid Al-Fauwaz était à Londres le porte-parole à la fois de Ben Laden et de l'Advice and Reformation Committee, organisation politique fondée par Ben Laden en 1994, qui militait ouvertement pour une réforme non-violente du régime saoudien.

Je l'ai interviewé à Londres le 1er avril 1997.

Quand j'ai vu sa maison et son mode de vie, je n'en croyais pas mes yeux. Il n'avait pas de réfrigérateur, pas de congélateur, pas d'air conditionné, pas de belle voiture. Il m'a aussi emmené visiter une grande ferme où il faisait des expériences agricoles avec des arbres rares. Il voulait m'encourager à investir au Soudan. Je n'étais pas convaincu, à cause des réglementations. À ce moment-là, je travaillais dans l'import-export alimentaire. Oussama disait :

– Tu devrais faire pousser des produits au Soudan et les exporter en Arabie Saoudite.

Il est milliardaire, et il garde son argent pour la grande cause musulmane. Pour soutenir les réformes en Arabie Saoudite. C'est la vraie raison pour laquelle les gens le respectent de plus en plus.

L'Advice and Reformation Committe n'est pas une création nouvelle. C'est juste le prolongement de ce projet de réforme en Arabie Saoudite. Cela dure depuis des dizaines d'années. On a pensé nécessaire d'unifier ces efforts. C'était aussi censé renforcer notre projet ; parce qu'un homme qui veut faire des réformes en Arabie, on croira toujours que c'est un individu isolé qui n'est pas content de ce qui se passe. Une organisation, c'est autre chose. Quand elle se met à défendre les réformes, le régime est bien obligé de la prendre au sérieux.

Abdullah Anas, le vieil ami de Ben Laden, s'est rendu au Soudan à la fin de 1994, au moment où les takfiris, des islamistes ultras, ont fomenté un attentat contre l'exilé saoudien – à leurs yeux un hérétique.

Je me trouvais au Soudan quand eut lieu l'attentat. Ils sont venus droit sur la maison d'Oussama et ils ont ouvert le feu. Ils ont tiré sur les murs de la maison d'amis. C'étaient des takfiris. Ils estimaient que Ben Laden n'était pas assez musulman ! Certains venaient de Libye. Ces tafkiris, ce sont vraiment des dingues, vraiment des dingues. Ils veulent tuer tout le monde[8].

Le cheikh Abdul Ghafar, imam de la mosquée de Khartoum qui comptait Ben Laden parmi ses fidèles.

Beaucoup de voisins d'Oussama Ben Laden étaient contre sa présence au Soudan. Nous vivions là depuis plusieurs années quand le cheikh Oussama est arrivé. C'était un quartier très calme. Ils ont essayé de le tuer. Le quartier est resté bouclé pendant plus de dix-huit heures le jour où des gens du gouvernement ont essayé de capturer ce groupe. Ce fut un incident terrible pour nous. Tous, nous avons demandé au cheikh Oussama de partir. On priait pour qu'il s'en aille.

Un des ex-voisins de Ben Laden possède une maison qui jouxtait sa résidence à Khartoum. Il a accepté de répondre aux ques-

tions de Sam Dealey sous le couvert de l'anonymat. L'interview a été réalisée à Khartoum en juillet 2005.

C'étaient des membres de la secte tafkiri. C'était un vendredi, juste avant le coucher du soleil. Un des hommes en armes est apparu. Il descendait la rue de Ben Laden en courant et en tirant des balles sur la maison et les gardes. Il s'est tourné vers le côté de la route où l'un des gardes a tiré sur les pneus de la voiture des attaquants. La fusillade a duré un quart d'heure.

Après, la sécurité est arrivée. On a creusé une grande tranchée dans la rue pour bloquer le passage. D'autres gardes armés se sont mis en position. On ne pouvait accéder que par une petite rue détournée, près du terrain de football. Là aussi, on a creusé une tranchée, mais plus petite, pour que les voitures puissent passer. Les voitures faisaient du bruit en franchissant cette tranchée. Ainsi les gardes étaient prévenus de l'arrivée d'éventuels visiteurs.

Ben Laden est parti au bout de plusieurs mois. Tranquillement, sans prévenir. Un matin, Ben Laden et ses gardes étaient là, le lendemain ils étaient partis. Après son départ, l'ambassade chinoise est venue s'installer à sa place.

Abu Jandal, le chef des gardes du corps de Ben Laden.

D'après ce que j'ai entendu de la bouche du cheikh Oussama lui-même, il avait sur lui une arme qui ne le quittait jamais. Avec un permis. Certains de ses partisans étaient armés. Le cheikh Oussama se préparait à sortir de chez lui pour aller au bureau, mais il a été retardé par une discussion avec son fils Abdallah. À ce moment-là, il préparait sa famille à mener une vie plus austère, une existence simple, éloignée du luxe. Son fils Abdallah n'était pas d'accord. Cette discussion a mis Ben Laden en retard.

Les gardes du corps étaient déjà partis pour le bureau. Les attaquants ont été déçus. Ils pensaient que le cheikh Oussama se trouvait au bureau. Ils ont commencé à tirer directement, alors que le cheikh Oussama était encore à la maison. Lui et son fils étaient armés.

Quand il a entendu la fusillade, il est sorti de la maison et il a vu des hommes qui tiraient en direction de son bureau et de ses gardes. La sécurité soudanaise était là aussi. Avec son fils, Ben Laden a attaqué par l'autre flanc. De sorte que les assaillants se sont retrouvés assiégés. Certains se sont fait tuer. D'autres ont été blessés. D'autres se sont enfuis. Par la suite, on a su qu'ils appartenaient à un groupe islamique qui avait déclaré Ben Laden infidèle.

En décembre 1992, le président George W. Bush lance l'opération Restore Hope : 28 000 hommes de troupe sont déployés, dans le cadre d'une mission humanitaire, pour apporter de la nourriture à des centaines de milliers de Somaliens affamés par la guerre civile qui ravage leur pays. Deux ans plus tôt, les troupes américaines avaient débarqué en Arabie Saoudite ; et Al-Qaïda estimait que cette nouvelle opération relevait d'une stratégie américaine plus large, destinée à s'emparer du monde islamique.

Jamal Al-Fadl.

À Soba, on avait une grande ferme qui était aussi celle du groupe. Chaque jeudi, après la prière du coucher du soleil, s'il y avait à Khartoum des membres d'Al-Qaïda, ils venaient à la ferme pour une réunion. On y écoutait un cours de Ben Laden ou d'un autre membre sur le djihad et sur nos objectifs. J'étais dans cette maison d'amis. Ils ont pris la parole. C'était après l'invasion du Koweït par le gouvernement irakien.

Quelques mois plus tard, ils nous ont expliqué que l'armée américaine devait quitter la zone du Golfe. Je l'ai entendu de la bouche d'Abu Abdallah : nous ne pouvions pas laisser l'armée américaine rester dans la zone du Golfe et nous prendre notre pétrole, notre argent.

Après, il y a eu une fatwa. Ils disaient que l'armée américaine était dans la Corne de l'Afrique, en Somalie. Abu Ubaidah Al-Banjshiri était là. Lui aussi s'est exprimé sur ce sujet. Il a dit que les Américains étaient en Somalie ; et s'ils l'emportaient en Somalie, leur prochaine étape serait le Soudan et d'autres pays islamiques.

Dans la grande maison d'amis, Ben Laden a parlé de l'armée américaine : elle était désormais dans la Corne de l'Afrique, et il fallait couper la tête du serpent. Il a expliqué que le serpent, c'était l'Amérique.

Ils ont envoyé Abu Hafs en Somalie, à Mogadiscio, la capitale ; il est allé voir s'ils pouvaient faire quelque chose là-bas.

Abdel Bari Atwan, rédacteur en chef d'*Al-Quds Al-Arabiya*. Interview de juin 2005.

Ben Laden m'a dit qu'il s'attendait à voir les Américains en Somalie, et il a envoyé des gens sur place pour préparer le terrain.

Quand ils sont arrivés, il les a attaqués. Malheureusement ils se sont enfuis, d'après lui. Il aurait préféré qu'ils restent pour pouvoir se battre contre eux. Il m'a dit que les soldats américains étaient des lâches, comparés aux soldats soviétiques. Je pense qu'il disait la vérité à propos de la Somalie. Il a envoyé là-bas des djihadistes égyptiens.

Abu Jandal.

L'entrée des forces américaines en Somalie a offert à Ben Laden une bonne occasion. Al-Qaïda considérait que les Américains n'étaient pas là pour sauver les Somaliens de la famine, mais pour contrôler le pays et exercer une hégémonie dans la région, en vertu d'une stratégie qui répondait à plusieurs objectifs : frapper le mouvement islamique qui se développait au Soudan et installer une base arrière dans le Golfe ; la Somalie étant le pays le plus proche du Golfe.

Mohammed Sadiq Odeh, palestinien, devait rejoindre Al-Qaïda en 1992. Comme membre de cette organisation, il a gagné la Somalie en 1993, puis en 1997. Des agents du FBI l'ont interrogé à Nairobi, la capitale du Kenya, du 15 au 28 août 1998, suite

à l'attaque lancée par Al-Qaïda contre l'ambassade américaine de ce pays.

Odeh dit avoir quitté la Palestine à la fin de 1996 pour suivre des études d'ingénieur et d'architecture à l'Estern University de Manille, aux Philippines. Odeh s'est intéressé au djihad. Il s'est fait endoctriner en regardant des vidéos et en écoutant des cassettes d'Abdullah Azzam, le chef des Arabes engagés dans les combats en Afghanistan. Il s'est laissé attirer par Oussama Ben Laden et Al-Qaïda parce que, pour eux, peu importait votre nationalité.

Odeh a été approché pour la première fois par Al-Qaïda alors qu'il était encore au camp d'entraînement de base, en raison de son bon comportement, de son aptitude à travailler en équipe, de sa connaissance de la religion et de son respect des autres. Odeh dit avoir décidé au bout d'un an de prêter serment envers Ben Laden et Al-Qaïda. Il a fait le bayat et rejoint Al-Qaïda en mars 1992.

Odeh affirme avoir été envoyé en Somalie [en mars 1993] par l'émir Saif el-Adel, l'un des chefs militaires égyptiens d'Al-Qaïda. L'ordre venait d'Oussama Ben Laden. Adel a expliqué à Odeh que le djihad en Afghanistan était fini et qu'ils allaient partir faire le djihad ailleurs. Odeh dit que sa mission en Somalie consistait à entraîner au combat des membres des tribus, et à leur procurer argent et nourriture.

La position d'Al-Qaïda, en ce qui concerne l'aide apportée à la Somalie par des organisations civiles, est que cette aide peut être acceptée. En revanche, la présence des troupes américaines en Somalie est inacceptable. Ben Laden et Al-Qaïda estiment que c'est de la colonisation. Ben Laden a envoyé Abu Hafs à Mogadiscio pour dresser un état de la situation.

Les leaders somaliens, le général Mohammed Farah Aideed et Ali Mani, se battaient l'un contre l'autre autant que contre l'ONU et les États-Unis. La tribu d'Aideed, les Hawir, ont rencontré Abu Hafs. Ils ont accepté de coopérer avec Al-Qaïda pour chasser l'ONU de Mogadiscio en usant de la force. Abu Hafs était satisfait de cette réunion. En mars 1997, Odeh a reçu d'Oussama Ben Laden la mission de retourner en Somalie afin de faire le point.

Essam Al-Ridi est le pilote égyptien qui, en 1993, ramena le jet de Ben Laden de l'Arizona à Khartoum, où l'avion stationna sur le tarmac de l'aéroport pendant plus d'un an. Puis Al-Ridi dut voler à nouveau.

J'ai reçu un appel disant que l'appareil restait au sol depuis environ un an et demi et qu'Oussama aurait préféré que je fasse des affaires, plutôt que de le laisser en stationnement. J'ai répondu que j'allais me renseigner sur l'état du marché du côté du Caire et voir s'il y avait des possibilités. Je rappellerais. Mais il y avait un problème ; Ben Laden occupait beaucoup les médias égyptiens. Naturellement, il était *persona non grata* pour le gouvernement égyptien. Je lui ai fait part de mon souci.

J'ai pris un vol pour Khartoum. On a commencé à discuter de l'avion. On l'a inspecté. On a vérifié qu'il était en état de voler. Il était en très mauvais état. Ses pneus avaient fondu à cause de la chaleur, et il était resté longtemps sans bouger. Les admissions et les échappements étaient pleins de sable, suite aux tempêtes qui sévissaient à Khartoum. D'abord, on a eu un problème : on ne trouvait plus les clés. Ensuite, il a fallu localiser les batteries et les recharger. Puis nettoyer les admissions et les échappements. Regonfler les pneus. Et demander aux techniciens d'activer le système hydraulique.

Le démarrage du moteur a déclenché un début d'incendie. Il devait rester du sable. J'ai décidé de voler quand même. Nous avons tout vérifié à nouveau, notamment l'électronique. Et on a décollé. L'appareil volait bien. On a eu quelques problèmes d'alimentation. J'ai décidé de tenter un *touch and go*, cette manœuvre qui consiste à poser l'appareil pour redécoller aussitôt. Au troisième essai, j'ai décidé de me poser pour de bon. J'étais satisfait des réactions de l'avion.

Mais, à ma grande surprise, impossible de m'arrêter. Nous avions perdu quelque chose : le système hydraulique principal ou le système de freinage principal. J'ai essayé avec le système de secours. Je parlais avec mon pilote en second, qui ne connaissait pas l'avion. Je lui disais : « Maintenant je fais ci, maintenant je fais ça... » C'était une façon de me rassurer moi-même, pour qu'il comprenne ce qui se passait.

Je lui ai annoncé :

– On a perdu le système de frein principal. Je me sers du frein manuel.

Mais on n'avait plus de freins du tout, en réalité. Pas moyen d'arrêter l'avion. La dernière option consistait à couper les gaz pour réduire la propulsion. Alors j'ai coupé les moteurs.

On a continué de rouler sur la piste. On roulait, on roulait. On était encore à 60 nœuds environ quand on a heurté un tas de sable. Deux pensées me sont venues à l'esprit. La première était de savoir si mon pilote en second allait bien. La deuxième a été ma décision de quitter Khartoum aussi vite que possible.

Naturellement, la tour de contrôle et tout le monde sur l'aéroport voyait ce qui se passait. Cet avion était unique à Khartoum. Il n'y avait aucun autre jet privé de ce genre. Et étant donné que cet avion n'avait pas décollé depuis un an et demi, tout le monde était curieux de voir ce que l'expérience allait donner.

La situation était explosive. Un accident d'avion. J'étais le seul à piloter cet appareil. Tout le monde savait qu'il appartenait à Ben Laden. Et je n'avais pas envie d'être repéré comme son associé. D'où mon inquiétude et mon désir de m'en aller au plus vite. À peine rentré au Hilton, j'ai bouclé mes valises et je suis parti pour l'Éthiopie.

Le Marocain L'Houssaine Kherchtou a été entendu comme témoin lors du procès d'Al-Qaïda à New York, au début de 2001. Il explique comment Al-Qaïda a concentré ses efforts sur des opérations au Kenya jusqu'en 1998, année de l'attaque contre l'ambassade américaine à Nairobi.

En 1993, un membre d'Al-Qaïda m'a dit qu'ils avaient besoin de moi. Je devais quitter le Pakistan et me rendre au Kenya, où je prendrais des cours afin de devenir un jour le pilote d'Oussama Ben Laden. Après mon inscription, ils m'ont fourni tous les documents nécessaires, et j'ai rempli les formulaires. Ils m'ont dit ensuite d'aller au bureau d'immigration demander un permis d'étudier au Kenya.

Je venais en aide à des gens d'Al-Qaïda à Nairobi. Il y avait aussi des gens d'Al-Qaïda en Somalie. Et quand quelqu'un avait besoin d'aide, durant son séjour à Nairobi, pour traverser le Soudan, s'il avait besoin d'un interprète, par exemple, j'étais là. J'ai rencontré beaucoup de monde, là-bas. Ils allaient en Somalie pour entraîner les gens. Ils étaient contre la présence des Nations unies. Les membres d'Al-Qaïda aidaient des Somaliens. Ceux-ci essayaient d'envoyer dans un local des Nations unies une voiture bourrée d'explosifs. Mais ils n'y arrivaient pas. Ils m'ont dit qu'ils étaient dans une maison à Mogadiscio, et qu'une nuit où un hélicoptère américain avait essuyé des tirs, il y avait eu aussi des tirs dans la maison voisine ; ils avaient eu peur, et dès le lendemain ils s'étaient enfuis, de crainte d'être pris par les Américains.

Abu Mohammed Amriki (Ali Mohammed, l'Américain)... La première fois qu'il est venu avec d'autres chez moi, à Nairobi, c'était à la fin de 1994 ou au début de 1995 ; ils se sont servis de l'appartement pour développer des photos et pour tout le matériel de surveillance de l'ambassade américaine.

Une plainte fut déposée contre Ali Mohammed auprès du Southern District of New York en septembre 1998. Voici des extraits d'une déclaration sous serment remplie par l'agent du FBI Daniel Coleman ; ce dernier est considéré comme l'agent le plus efficace dont le Bureau ait disposé dans son enquête sur Al-Qaïda[9].

Daniel Coleman, ayant dûment prêté serment, présente sa déposition, affirme être un agent du FBI, et déclare ce qui suit.

Oussama Ben Laden avait un besoin précis de citoyens des États-Unis pour aider Al-Qaïda ; de gens disposant d'un passeport américain permettant de voyager librement sans éveiller l'attention.

INTERROGATOIRE DE 1997 EFFECTUÉ PAR LE FBI

Au cours d'un interrogatoire d'octobre 1997, Mohammed a reconnu avoir entraîné des gardes du corps d'Oussama Ben Laden au Soudan, après qu'une tentative d'assassinat eut échoué contre lui. (Je sais par d'autres enquêtes que cette tentative d'assassinat a eu lieu en 1994.) Mohammed a déclaré que les services secrets du Soudan avaient fourni à Ben Laden un périmètre de sécurité mais que Mohammed avait entraîné des gardes du corps qui travaillaient à l'intérieur de ce périmètre. Mohammed a déclaré qu'il vivait dans la maison de Ben Laden à Khartoum au moment où se déroulait cet entraînement.

Mohammed a déclaré aussi qu'il se trouvait en Somalie pendant l'intervention américaine ; il savait que les gens de Ben Laden étaient responsables de l'assassinat de soldats des États-Unis en Somalie. Mohammed a confirmé en outre qu'à peu près en 1991, il était allé chercher Ben Laden en Afghanistan pour le conduire au Pakistan, puis au Soudan. Mohammed a déclaré avoir fait cela parce qu'il aimait bien Ben Laden et croyait en lui.

Encore plus tard, Mohammed a reconnu avoir entraîné des gens dans des « zones de guerre » ; et il a ajouté que celles-ci pouvaient se trouver partout. Mohammed a indiqué qu'il connaissait beaucoup de gens, qu'on lui faisait confiance et qu'il pouvait mettre des gens en rapport les uns avec les autres selon les besoins.

Mohammed a affirmé en outre que l'on n'avait pas besoin d'une fatwa pour s'attaquer aux États-Unis puisqu'il était « évident » ques les États-Unis étaient l'ennemi.

En conséquence l'auteur de la présente déposition demande respectueusement que le prévenu Ali Abdelseoud Mohammed, alias « Abu Omar », alias « Omar », soit emprisonné ou libéré sous caution selon le cas.

DANIEL COLEMAN

Ali Mohammed est citoyen américain d'origine égyptienne. Voici une transcription partielle de sa déposition devant le juge Sand, du Southern District de New York, le 20 octobre 2000[10].

Au début des années 1980 je me suis engagé dans des actions avec l'organisation égyptienne du Djihad islamique. Au début des années 1990, j'ai été présenté à Al-Qaïda à la suite de mon implication auprès des Égyptiens. En 1992, j'ai dirigé un entraînement de formation militaire aux explosifs pour Al-Qaïda en Afghanistan. En 1991, j'ai aidé au déplacement d'Oussama Ben Laden d'Afghanistan vers le Soudan.

À la fin de 1993, Ben Laden m'a demandé de surveiller à Nairobi des cibles américaines, britanniques, françaises et israéliennes. Parmi ces cibles, figurait l'ambassade américaine. Ces cibles avaient été sélectionnées en représailles contre les États-Unis à cause de leur implication en Somalie. Plus tard, je suis allé à Khartoum, où mes dossiers de surveillance et mes photographies ont été visés par Oussama Ben Laden. Il a examiné les photos de l'ambassade américaine et indiqué l'endroit où pourrait frapper un « camion suicide ».

En 1994, il m'a envoyé à Djibouti surveiller plusieurs installations, dont des bases militaires françaises et l'ambassade américaine. En 1994, après une tentative d'assassinat dirigée contre Ben Laden, je suis allé au Soudan entraîner ses gardes du corps aux principes de sécurité. J'ai mené cet entraînement à l'intérieur de sa résidence, en coordination avec les agents des services secrets du Soudan, qui avaient la responsabilité de l'extérieur.

J'avais connaissance de certains contacts entre d'une part Al-Qaïda et l'organisation du djihad, et d'autre part l'Iran et le Hezbollah, un groupe terroriste iranien. J'ai assuré la sécurité d'une rencontre au Soudan entre Imad Mugniyeh, le chef du Hezbollah, et Ben Laden. Mugniyeh a planifié l'attentat perpétré en 1983 à Beyrouth contre un casernement de la marine américaine, qui a tué 241 soldats. Le Hezbollah a fourni à Al-Qaïda l'entraînement aux explosifs. L'Iran a fourni des armes aux djihadistes égyptiens. L'Iran s'est également servi du Hezbollah pour transférer des explosifs maquillés en pierres.

J'ai été impliqué dans l'organisation du Djihad islamique, très proche d'Al-Qaïda. Et l'objectif de tout cela, c'était d'attaquer des cibles au Moyen-Orient pour forcer les pays occidentaux à se retirer de la région, comme à Beyrouth en 1983.

Au milieu des années 1990, la base d'Al-Qaïda se trouvait essentiellement au Soudan, mais des diplômés de ses camps d'entraînement se dispersaient déjà aux quatre coins du monde.

Ramzi Yussef est le cerveau de l'attentat contre le World Trade Center qui en 1993 tua six personnes, et il avait pour objectif de détruire les Twin Towers. Yussef avait subi un entraînement dans un camp d'Al-Qaïda. Il était le neveu de Khalid cheikh Mohammed, l'homme qui devait superviser le 11 septembre.

Il quitta Manhattan en février 1993, juste après l'attentat contre le World Trade Center, et fut capturé deux ans plus tard au Pakistan. Voici un rapport du FBI du 7 février 1995, intitulé « Interrogatoire de Ramzi Ahmad Yussef ».

Le 7 février 1995, vers 10 h 37, Ramzi Ahmad Yussef, peu après son arrestation par des officiers de l'armée pakistanaise, a été entendu par l'agent du FBI Brad Garrett sur une base militaire à Islamabad, Pakistan. Interrogé sur son identité, Yussef a répondu « en avoir de nombreuses », mais user présentement du nom d'Ali Baloch, né le 15 février 1966. Comme on lui demandait s'il était Ramzi Ahmad Yussef, il a répondu être Yussef, et déclaré qu'il était bien l'individu figurant sur les affiches de recherche du FBI.

Les empreintes digitales de Yussef ont été relevées au poste militaire, et un premier examen a indiqué que ce relevé correspondait à Yussef. Il a déclaré que son véritable nom était Abdul Basit, né le 27 avril 1968 au Koweït. On l'a informé oralement de ses droits, puis l'agent les a écrits avant de les lui lire. Yussef a déclaré qu'il comprenait ses droits, qu'il ne voulait pas d'avocat et qu'il parlait volontairement.

Interrogé sur l'attentat contre le World Trade Center, il a déclaré avoir « planifié l'explosion ». Il a dit avoir acheté le matériel pour confectionner la bombe au City Chemicals de Jersey City. Yussef a précisé que l'attentat du WTC avait coûté moins de 20 000 dollars. Il a refusé de dire qui lui avait fourni l'argent, mais il a reconnu qu'une partie de la somme venait d'amis au Pakistan.

Yussef a dit que, à cause du manque de fonds, le WTC n'avait pas remporté le succès escompté. Il avait espéré un quart de million mais il n'avait pas obtenu ce qu'il aurait voulu pour que la bombe lui donne entière satisfaction.

Yussef indique que la raison de l'attentat tenait au soutien militaire, financier et politique apporté par les États-Unis à

Israël. Yussef a parlé longuement d'Israël comme d'un État illégal coupable d'actes criminels à l'égard des musulmans. Yussef a déclaré que le peuple américain aurait besoin de convaincre Washington de changer de politique envers Israël et que cela se produirait grâce à des attentats perpétrés en divers endroits des États-Unis. Il s'est dit particulièrement affecté par un reportage de la BBC montrant des soldats israéliens en train de briser à coups de pierre les mains d'un Palestinien. Yussef a affirmé n'avoir rien de personnel contre les États-Unis, hormis la politique israélienne.

Yussef a vécu vingt ans au Koweït, jusqu'à la guerre de l'Irak contre l'Iran ; sa famille est alors partie pour le Pakistan. Il a suivi des études secondaires au Koweït. De 1986 à 1989, il a étudié au Royaume-Uni, au West Glamorgan Institute of Higher Learning. Youssef a obtenu un diplôme national supérieur en électronique, au terme d'un cursus intitulé Computer Aided Electronics. En 1989, il est rentré au Koweït, où il a travaillé comme ingénieur en communication au National Computer Center, organisme dépendant du ministère du Plan. Après l'invasion du Koweït par l'Irak, en août 1990, il a gagné le Pakistan.

Yussef a ensuite visité divers camps en Afghanistan durant une période de six mois. Il décrit ces camps comme « des endroits où les Arabes pouvaient s'entraîner » au maniement des explosifs, aux tactiques de défense, au maniement des armes, etc. Ces camps se situent sur divers sites en Afghanistan, mais Yussef a refusé de préciser leur localisation et de délivrer toute information sur leur financement ou leur personnel. Après son entraînement en Afghanistan, il est retourné au Pakistan, où il a continué à se documenter sur la fabrication des bombes.

Pendant la Seconde Guerre mondiale, les États-Unis ont lâché des bombes nucléaires sur le Japon pour forcer l'empereur à capituler. Yussef s'appliquait à lui-même la même logique : il dépose des machines explosives sur des cibles américaines pour forcer les États-Unis à changer de politique à l'égard d'Israël. Yussef a déclaré qu'il s'agissait là d'une vision extrême des choses ; mais il croit que c'est le seul moyen d'obliger les États-Unis à retirer leur soutien à Israël.

Yussef a posé plusieurs questions sur la peine de mort aux

États-Unis, et demandé combien de temps s'écoulait avant que son exécution ait lieu. Il pensait être exécuté aux États-Unis.

L'interrogatoire de Ramzi Yussef s'est poursuivi tandis qu'on l'emmenait du Pakistan aux États-Unis. Le document ci-dessous est le rapport du FBI sur cet interrogatoire. Son intitulé mentionne le véritable nom de Yussef : « Interrogatoire d'Abdul Basit Mahmoud Abdul Karim » ; il est daté des 7 et 8 février 1995.

Les 7 et 8 février 1995, Abdul Basit Mahmoud Abdul Karim, connu aussi sous le nom de Ramzi Yussef, ci-dessous nommé « Basit », a été interrogé à bord d'un avion parti d'Islamabad, Pakistan, pour les États-Unis.

Basit a déclaré qu'il parlait, lisait et comprenait l'anglais. Il a été informé de l'identité officielle des agents qui l'interrogeaient ; on lui a rappelé qu'il était en état d'arrestation pour l'affaire de l'attentat contre le World Trade Center. Il a été informé de ses droits constitutionnels ; il a lu ses droits ; ses droits lui ont été lus. Sur la demande de Basit, aucune note n'a été prise en sa présence ; l'interrogatoire a fait l'objet de résumés rédigés durant les pauses.

En 1992, il a voyagé du Pakistan à New York. À son arrivée à l'aéroport international John F. Kennedy, Basit a présenté un passeport irakien au nom de Ramzi Ahmad Yussef. Basit a expliqué qu'il avait acheté ce passeport irakien à Peshawar, Pakistan, pour la somme de 100 dollars américains. Il a fait remarquer que Peshawar est l'endroit où l'on peut le plus facilement acheter un passeport irakien ; il a expliqué également qu'il s'agit de documents authentiques volés par des rebelles irakiens lors de raids effectués dans les bureaux de l'administration des passeports, dans le nord de l'Irak. Tout en présentant ce passeport irakien aux officiers américains de l'immigration, Basit a demandé l'asile politique ; les formalités ont été accomplies et il a été relâché.

Basit précise qu'à l'automne 1994, après l'attentat contre le WTC, il a appris en lisant divers journaux que le président Clinton avait l'intention de se rendre en novembre à Manille. Basit a prétendu être lui-même allé à Manille quelques jours avant l'arrivée du Président. Une fois sur place, il a pris connaissance de l'itinéraire prévu pour la visite du Président. Il a ensuite visité chacun des sites qui figuraient au programme, afin de les étudier en vue d'une tentative d'assassinat. Il a observé que le niveau de sécurité déployé sur chacun de ces sites était très élevé. Basit a conclu que le projet d'assassinat contre Clinton n'a jamais été mis en œuvre, étant donné le niveau de sécurité observé et le manque de temps dont il disposait pour organiser l'attentat.

Basit a examiné une seconde option, qui consistait à faire exploser une bombe au passage du cortège présidentiel, entre deux sites, pendant la visite à Manille. Basit avait envisagé de placer un dispositif improvisé en un certain endroit du parcours. L'idée était d'immobiliser le véhicule qui ouvrait le cortège : cela permettrait une attaque à l'explosif ou au gaz contre la limousine présidentielle.

Il pensait employer l'agent chimique appelé « phosphogène » pour l'attaque de la limousine, car il possédait la technique nécessaire pour travailler cette substance. D'après Basit, on utilise le phosphogène sous sa forme liquide. On le verse dans un récipient métallique. Une charge explosive permet d'ouvrir le récipient, qui libère alors le produit sous forme de gaz.

Il a raconté que son associé était également intéressé par le pape, mais il a nié que le pape fût la cible d'un assassinat. Pour ce qui est des articles religieux et des photographies du pape retrouvés dans son appartement de Manille, Basit les a mis en rapport avec l'intérêt général porté par ses associés au souverain pontife.

Il a parlé d'un incident au début de janvier 1995, que les médias ont qualifié d'incendie. Il a expliqué avoir procédé dans son appartement de Manille à une démonstration consistant à brûler un mélange de produits chimiques ; mais la fumée produite par la combustion a envahi l'appartement. Il a dû répondre à des questions concernant du matériel découvert dans l'appartement, et qui était en rapport avec les vols sur des lignes aériennes américaines. Il a précisé que si cet incident n'avait pas eu lieu, plusieurs avions auraient explosé dans les quinze jours suivants.

Les agents l'ont interrogé sur la personne interpellée à Manille, qui a réussi à prendre la fuite. Il a répondu qu'il s'agissait d'un individu connu sous le nom de Wali Khan Amin Shah, un des premiers associés de Ben Laden. Basit a décrit Wali comme un homme fort et intelligent. Quand on lui a demandé s'il opérait sous la direction de Wali, Basit a refusé d'en dire plus sur ce sujet.

On a abordé la question d'une carte de crédit au nom de Muhammad Khalifa [Jamal Khalifa, le beau-frère de Ben Laden] trouvée dans l'appartement de Basit aux Philippines. Interrogé sur ce point, Basit a répondu qu'il ne connaissait pas Khalifa personnellement, mais que la carte de crédit lui avait été remise par Wali Shah, au cas où il en aurait besoin. Basit a reconnu que le nom d'Oussama Ben Laden lui était familier, et qu'il le connaissait comme un parent de Khalifa ; mais il a refusé de développer davantage.

Raghida Dergham, du journal arabe *Al-Hayat*, a rencontré Ramzi Yussef dans sa prison de Manhattan en 1995. C'est le seul entretien accordé par ce dernier à un journaliste. L'interview a paru dans le numéro du 12 avril 1995.

Mon vrai nom est Abd Al-Basit. Je suis né au Koweït. Ma famille venait du Pakistan, mais j'ai aussi des origines palestiniennes. J'ai un passeport pakistanais. Je suis palestinien par ma mère ; ma grand-mère est palestinienne. Une partie de ma famille vit au Pakistan, une autre au Koweït, et j'ai aussi de la parenté en Palestine.

Je n'ai aucun lien avec l'Irak ni avec aucun des cercles gouvernementaux. Le peuple irakien ne doit pas payer pour les erreurs de Saddam. Je soutiens seulement l'Armée de libération qui a revendiqué sa responsabilité dans l'attentat du World Trade Center, un mouvement international dont les activités concernent les mouvements armés du monde islamique. Je ne suis pas leur cerveau. Le mouvement comprend des groupes et des branches militaires ; et chacun s'occupe des affaires islamiques dans différents pays.

Je soutiens leurs objectifs, qui consistent à faire pression sur l'administration des États-Unis en menant des opérations contre des cibles américaines, afin que ce gouvernement cesse d'aider Israël. Je crois que ce mouvement est autorisé à frapper les cibles américaines car les États-Unis sont associés aux crimes commis en Palestine, puisqu'ils les financent et les soutiennent en fournissant des armes. Si ce mouvement a le droit d'agir ainsi, c'est aussi parce que l'argent provient des impôts payés par les Américains. Logiquement et légalement, cela rend le peuple américain responsable de tout ce à quoi est soumis le peuple palestinien : assassinats, colonisation, tortures, emprisonnements. Et le peuple américain ne peut pas dire qu'il ignore à quoi sont employés les impôts fédéraux : l'excuse ne tient pas.

L'un des buts de l'Armée de libération a consisté à aider des membres du groupe islamique égyptien et du groupe djihad ; le Hamas palestinien et le Djihad islamique ; le FIS algérien, Front islamique du salut, et les mouvements islamiques armés.

L'Armée de Libération était prête à engager des actions de représailles en Arabie Saoudite en 1994, suite à l'arrestation du cheikh Salman Fahd Al-Awdah et du cheikh Safar Al-Hawali.

Les fatwas et les malédictions émis par les religieux saoudiens Salman Al-Awdah et Safar Al-Hawali devaient exercer une influence importante sur Ben Laden et Al-Qaïda. Les deux théologiens furent parmi les premiers à publier des cassettes contenant des sermons contre la présence américaine en Arabie en 1991. Leur arrestation, en septembre 1994, eut pour effet de radicaliser Ben Laden davantage[11].

Hamid Mir est le biographe pakistanais de Ben Laden. Je l'ai rencontré en mars 2005.

Il a dit que le cheikh Salman Al-Awdah était pour lui une personnalité idéale ; un sauveur qui avait été le premier à exiger le retrait des troupes américaines d'Arabie. Salman Al-Awdah a écrit des pamphlets pour Al-Qaïda, mais ils n'ont pas été distribués sous son nom. C'étaient des textes sur le djihad.

Le garde du corps Abu Jandal.

Ben Laden respectait le cheikh Salman Al-Awdah et le cheikh Safar Al-Hawali. Le gouvernement saoudien avait réagi en arrêtant ces religieux et en les jetant en prison. Apprenant que le gouvernement censurait toutes les sources de la vérité, Ben Laden a déclaré :

– Par Dieu, si le gouvernement saoudien n'avait pas arrêté le mouvement de réforme, les cheikhs et les prêcheurs, je n'aurais pas élevé la voix. Je ne me serais même pas exprimé. Quand les cheikhs saoudiens ont été arrêtés, et quand le gouvernement a étouffé toute parole de vérité prononcée contre lui, j'ai été obligé de passer à l'action. Bien sûr, je ne parle pas comme les autres. Certains s'expriment à travers la discussion ; chez moi, c'est avec la carabine que ça marche.

Ibrahim Al-Sanoussi, assistant de Hussan Al-Turabi et chef *de facto* du Soudan au milieu des années 1990.

Après l'opération Tempête du Désert, des oulémas ont protesté : cette invasion par les Américains, l'occupation de l'Irak, les bases américaines en Arabie. Ce fut le cas notamment d'Al-Hawali et d'Al-Awdah.

Or ces hommes étaient les maîtres à penser d'Oussama Ben Laden, qui lui inspiraient ses idées et lui fournissaient des arguments.

Ben Laden a songé à devenir un homme politique. Et il a parlé de ce qu'il fallait faire en Arabie Saoudite, de la réforme nécessaire. Jusqu'alors, il n'était resté qu'un homme d'affaires. Mais ces discours d'Al-Hawali enrigistrés sur cassette, on les répandait maintenant dans tous les pays arabes. Ils critiquaient la famille royale saoudienne. Cette atmosphère, c'est ce qui a donné à Ben Laden, alors au Soudan, l'occasion de s'exprimer. À cette époque, on a vu arriver au Soudan une jeunesse venue de tous les pays arabes – des Libyens, des Saoudiens, des citoyens des Émirats. Ils ont donné à Ben Laden le titre de « cheikh Oussama ». Il est vite devenu très populaire. Ils l'aimaient, ils l'écoutaient. D'autant qu'il avait de l'argent. Il pouvait résoudre leurs problèmes.

Quand les activités de Ben Laden ont commencé à gêner les Saoudiens, ces derniers ont annoncé qu'ils le privaient de sa nationalité ; ils ont dit qu'il était déchu de sa nationalité saoudienne et n'avait plus de passeport. Ce n'était pas un problème pour lui, car les Soudanais lui en avaient délivré un.

Hamid Mir, le biographe pakistanais de Ben Laden.

Ben Laden éprouve beaucoup de respect pour sa mère. Elle a fait de son mieux pour le convaincre de déclarer le cessez-le-feu avec le régime saoudien ; elle le pressait de rentrer en Arabie Saoudite. Elle est allée le voir au Soudan, elle a passé là-bas beaucoup de temps avec lui. Elle avait apporté pour lui un message du roi Fahd. À ce stade, ce qui séparait Ben Laden et le régime saoudien reposait sur des questions d'ego. Ce n'était pas l'islam. Ni rien d'autre. C'était un problème entre le prince Nayef, ministre de l'Intérieur, et Ben Laden.

– Pourquoi il me crie après ? objectait Ben Laden.

Et Nayef de répliquer :

– Me menace-t-il ?

Sa mère a fait tout ce qu'elle a pu pour pour le calmer. Elle avait toutes les peines du monde à comprendre. Voilà maintenant qu'il disait du mal du roi ! Jamais il n'avait fait cela par le passé. Mais il traversait une période de mutation, et il s'en est excusé auprès de sa mère.

– Je regrette. Je n'ai pas l'intention d'annoncer un cessez-le-feu avec la famille royale. Je vais me dresser contre eux.

Muhammad Atef, le chef militaire d'Al-Qaïda, m'a dit que le cheikh Ben Laden avait beaucoup de respect pour les femmes. C'est une erreur de croire que nous n'avons pas d'affection pour nos femmes. Il m'a dit aussi, parlant du cheikh Ben Laden :

– Il fait toujours très, très attention à sa mère ; et il est constamment en rapport avec elle.

Il a remarqué également :

– J'étais présent lors de sa visite à Khartoum. Le cheikh Ben Laden a répondu à sa mère : « Je veux bien sacrifier ma vie pour toi, mais ce que tu es en train de dire va contre l'islam. Je me bats contre les ennemis de l'islam, et tu penses que je devrais annoncer un cessez-le-feu avec les ennemis de l'islam ? » Sa mère a cédé : « Très bien. Je ne t'en parlerai plus. Merci beaucoup. »

Alors je pense que le cheikh Ben Laden a réussi à convaincre sa mère de ne plus interférer dans ses affaires idéologiques. Elle est rentrée. Et elle a informé les autorités saoudiennes. À la suite de quoi ils ont annoncé à Ben Laden qu'ils lui retiraient sa citoyenneté.

Voici le point de vue d'Abdel Bari Atwan, rédacteur en chef à *Al-Quds Al-Arabiya*, qui a interviewé Ben Laden pendant deux jours en Afghanistan au mois de novembre 1996.

Il aime sa mère. Vous n'imaginez pas à quel point il l'admire. Même son beau-père, Attas, il l'aime. Attas est dans les affaires à Djedda. Dans notre culture, normalement, on n'aime pas son beau-père. Mais lui, si. Il m'a dit :

– Le gouvernement saoudien a envoyé ma mère et mon beau-père au Soudan pour me parler.

Il m'a décrit l'offre qui lui était faite. Les Saoudiens avaient gelé des parts financières qui lui appartenaient sur un compte bloqué en Arabie Saoudite. D'après Ben Laden, la somme atteignait les 200 millions de dollars. Or ils promettaient de la doubler s'il rentrait au pays. Mais à une condition : il devait déclarer que le gouvernement saoudien appliquait la charia. Il a décliné la proposition.

Oussama Ben Laden, dans son interview diffusée sur CNN le 10 mai 1997.

Ils m'ont envoyé ma mère, mon oncle et mes frères. J'ai reçu au moins neuf visites à Khartoum pour me demander d'arrêter et de rentrer en Arabie Saoudite afin de présenter des excuses au roi Fahd. Je me suis excusé aimablement auprès de ma famille car je savais qu'on les avait forcés à venir me voir. J'ai refusé de rentrer. Ma famille m'a fait parvenir une message du gouvernement saoudien disant que, si je ne rentrais pas, on gèlerait mes avoirs. Ils me priveraient de ma nationalité et de mon passeport. Ils voulaient aussi me priver de ma carte d'identité saoudienne, et casser mon image dans les médias saoudiens et étrangers.

Ils ont cru qu'un musulman accepterait des compromis sur sa religion. Je leur ai répondu :

– Faites comme bon vous semble. Par la grâce d'Allah, nous ne rentrerons pas. Nous vivons dans l'honneur et la dignité, ce dont nous sommes reconnaissants à Allah. Nous préférons vivre ici sous un arbre, dans ces montagnes, que dans des palaces sur la terre la plus sacrée d'Allah.

En avril 1994, le gouvernement saoudien a déchu officiellement Ben Laden de sa citoyenneté. Le même mois, Bakr Mohammed Ben Laden, chef de la famille et demi-frère d'Oussama, faisait parvenir un communiqué à la presse.

« Au nom de tous les membres de la famille, nous regrettons, dénonçons et condamnons tous les actes qu'Oussama Ben Laden peut avoir commis. »

L'information ci-dessous figurait sur le site Internet du Saudi Binladin Group (SBG) avant d'être retirée après les attentats du 11 septembre. Elle donne une image de la diversité et de la surface couverte par cette holding à l'époque où la famille de Ben Laden lui coupa les vivres. (Pour plus d'informations, se reporter à l'appendice C, à la fin du présent ouvrage.)

Infrastructure :

Le SBG a joué un rôle clé dans la construction de l'infrastructure du royaume d'Arabie Saoudite. Il a contribué activement aux programmes de développement successifs du gouvernement. Toujours dans le domaine des infrastructures, les projets de la société comportent des autoroutes, des voies express, des ponts, des passerelles, des tunnels et des galeries qui relient les deux villes saintes, La Mecque et Médine au reste du royaume et aux pays voisins. À cette date, le SBG a construit plusieurs milliers de kilomètres de voies de communication.

Les compétences du SBG dans le développement des infrastructures ont été reconnues et mises à profit par les Émirats arabes unis, la Jordanie, le Yémen et le Soudan. La liste de ses réalisations est impressionnante. Y figurent des espaces de dessalage, des réservoirs d'eau et une longue canalisation d'eau fraîche. Le SBG s'est doté d'une importante flotte de matériel lourd et d'instruments de forage.

Bâtiments publics et aéroports :

Au cours des années, la division a développé des projets comme autant de défis à grande et moyenne échelle, dont des aéroports complets et des routes, des hôpitaux, des complexes universitaires, des équipements destinés à l'habitat, des maisons « clés en main », des installations d'électromécanique dans la mosquée du Prophète à Médine, l'hôpital des Forces armées de Riyad, l'aéroport de Port-Soudan et la tour Al-Musa à Dubaï.

Division commerciale :

le SBG a développé son activité au Moyen-Orient et en Extrême-Orient grâce à d'importants investissements dans les domaines de l'alimentation et de l'élevage, comme la distribution de la boisson Snapple ou des opérations de distribution pour diverses compagnies : York International Corporation, Nortel, Schreder S.A., Landis & Gyr, Audi, Porsche et Volkswagen.

Le navire amiral du SBG est le Mimar Trading Group, dont le quartier général se situe à Beyrouth. Mimar travaille en Arabie Saoudite, aux Émirats arabes unis, en Égypte, au Liban, en Syrie, en Turquie, en France, en Malaisie, à Hong-Kong et à Singapour.

L'Houssaine Kherchtou, membre d'Al-Qaïda, a été entendu comme témoin au procès des quatre hommes soupçonnés d'avoir joué un rôle dans les attentats de 1998 contre les ambassades américaines.

Sa déposition montre que les fonds de Ben Laden se sont asséchés après 1994, date à laquelle le gouvernement saoudien a gelé ses avoirs. Kherchtou explique également que le gouvernement soudanais a exercé des pressions sur les militants arabes installés dans ce pays.

Le gouvernement libyen faisait pression sur le gouvernement soudanais pour obliger tous ses citoyens qui vivaient au Soudan à s'en aller. Ben Laden a été informé que s'il avait des Libyens, il devait les laisser partir. Alors il leur a dit :

– Il faut que vous partiez, parce que sinon vous serez responsables de ce qui vous arrivera. Si quelqu'un se fait prendre, ce n'est pas moi qui serai responsable. Ce que je peux faire pour vous, c'est de vous donner 2 400 dollars, plus un billet pour vous et votre femme si vous voulez allez vous installer ailleurs.

Mais les Libyens, pour la plupart, ont refusé l'offre. Ils étaient furieux. Ils lui en voulaient de ne pas pouvoir les protéger. Ils se sont réunis et ont remis à Ben Laden une lettre disant qu'ils quittaient Al-Qaïda ; ils allaient prendre l'argent et les billets, et certains s'en iraient. Quelques-uns ont rejoint le groupe islamique libyen.

Depuis la fin 1994 et le début de 1995, on traversait une crise à Al-Qaïda. Ben Laden nous a annoncé qu'il avait perdu tout son argent et qu'il réduisait les salaires de tous. Moi-même, quand j'ai voulu aller au Kenya renouveler ma licence de vol, il m'a dit :

– Oublie.

En décembre 1995, ma femme, qui était enceinte, allait avoir besoin d'une césarienne. Je l'ai fait entrer à l'hôpital de Khartoum. Il me fallait de l'argent : 500 dollars, je crois. Je me suis adressé au cheikh Sayyid el-Masry, un assistant de Ben Laden, et je lui ai demandé s'il pouvait m'aider. Ben Laden se trouvait alors sur un de ses projets à Kassala, une ville du Soudan.

Le cheikh Sayyid el-Masry m'a répondu :

– Il n'y a pas d'argent. On ne peut rien te donner. Pourquoi tu n'emmènes pas ta femme à l'hôpital musulman ?

Je savais que ma femme mourrait dès le premier jour. Alors j'ai dit :

– Si c'était ta femme ou ta fille, tu l'emmènerais à l'hôpital musulman ?

J'ai ajouté :

– Écoute, pourquoi vous ne me prêtez pas de l'argent ? Je vous le rendrais.

– Je ne peux rien faire tant que Ben Laden n'est pas rentré.

Si j'avais été armé, à ce moment-là, je l'aurais tué.

Jamal Al-Fadi, membre d'Al-Qaïda.

C'est ce que j'ai expliqué à Ben Laden. Certains se plaignaient parce que quelques-uns avaient des salaires élevés, tandis que d'autres étaient sous-payés ; ils voulaient savoir pourquoi plusieurs d'entre nous touchaient plus que les autres. Ben Laden a répondu que certains voyageaient beaucoup et travaillaient plus. Certains étaient citoyens d'un autre pays, et ils auraient pu se faire plus d'argent en rentrant chez eux. Donc il essayait de leur faire plaisir, et c'est pourquoi il les payait davantage.

J'ai volé à Ben Laden 110 000 dollars. Quand je me suis aperçu que j'étais découvert, j'ai reconnu les faits et je leur ai rendu entre 25 000 et 30 000 dollars. Ben Laden m'a dit :

– Je m'en fiche, de cet argent. C'est pour toi que je m'inquiète, parce que tu fais ça depuis le début. Tu as bossé dur en Afghanistan, tu es un des meilleurs d'Al-Qaïda. On t'a tout donné. Quand tu es parti en voyage, tu as eu de l'argent en plus. On a payé tes soins quand tu étais malade ; alors pourquoi tu as fait ça ?

– À cause de ce dont on a déjà parlé. Les Égyptiens ont plein d'argent. Leurs salaires sont plus élevés que ceux des autres. Il y a des gens qui sont entrés à Al-Qaïda voilà quelques années seulement : pourquoi sont-ils si bien payés ?

– Si tu as besoin d'argent, tu viens m'en parler. Tu me dis : je veux acheter une maison, je veux changer de voiture. Mais tu ne fais pas ça, voler de l'argent.

Il a ajouté :

– Il n'y aura pas de pardon tant que tu n'auras pas tout rendu.

– Mais il ne me reste plus rien !

– Je ne peux pas te pardonner tant que tu n'as pas tout remboursé.

Après cet incident, j'ai senti que j'allais quitter le groupe. Il n'y avait plus d'espoir. J'ai envisagé de quitter le Soudan.

En 1996, je suis allé à l'ambassade américaine de ce pays [un pays non précisé, sans doute le Nigeria]. Je me suis mis dans la file pour les visas. Quand est venu mon tour, l'employé m'a demandé :

– Vous voulez un visa ?

– Non. Mais j'ai des informations sur des gens qui veulent s'en prendre à votre gouvernement.

L'employé a disparu à l'intérieur. Au bout de vingt minutes, une dame est sortie, elle a pointé le doigt sur moi et m'a dit d'entrer. Elle m'a entraîné dans une pièce :

– Quel genre d'information ?

– J'étais en Afghanistan. J'ai travaillé dans un groupe, et je sais que ces gens, ils essaient de faire la guerre à votre pays. Ils s'entraînent dur pour ça.

– Quel genre de guerre ?

– Je ne sais pas. Ils vont peut-être essayer de faire quelque chose à l'intérieur des États-Unis.

– Comment le savez-vous ?

Elle m'a donné un document :

– J'ai besoin que vous répondiez à ces questions. Quand vous aurez fini, il faudra vous concentrer sur ce que vous savez, sur ce groupe et sur ce qu'ils ont l'intention de faire exactement contre notre gouvernement.

Cette « visite » d'Al-Fadl à l'embassade américaine représente un moment critique pour la CIA et le FBI. C'était la première fois que des informations sur Al-Qaïda et son fonctionnement leur parvenaient de l'intérieur de l'organisation.

En 1996, le gouvernement soudanais fut soumis à des pressions de plus en plus fortes de la part de l'Égypte, des États-Unis et de l'Arabie Saoudite pour que Ben Laden soit mieux contrôlé, voire expulsé.

Les services secrets d'Arabie Saoudite étaient dirigés à ce moment-là par le prince Turki Al-Fayçal[12].

Nous avons mis Ben Laden sur écoute et appris qu'il recrutait des gens en divers lieux du monde islamique, de l'Algérie à l'Égypte, de l'Asie à la Somalie, pour les entraîner dans ces camps au Soudan. C'était inacceptable. Nous l'avons signalé, et les autorités soudanaises ont été informées ; elles nous ont donné l'assurance que Ben Laden ne serait pas autorisé à s'en prendre aux intérêts saoudiens. Le président soudanais Bachir se proposait de nous livrer Ben Laden à condition qu'il ne soit traîné devant aucune cour de justice du royaume saoudien. Nous avons répondu à Bachir que personne n'était au-dessus des lois, et qu'il nous était impossible de lui offrir de telles garanties ; son offre a été repoussée.

Abu Jandal, le garde du corps yéménite de Ben Laden, et son confident.

Les Soudanais ont traité Ben Laden avec tous les égards... jusqu'au tout dernier moment, jusqu'à ce qu'il quitte leur pays. Son départ a été motivé par l'impact politique qu'il exerçait sur la rue saoudienne du fait de ses discours. C'est ce qui a amené Riyad, la capitale saoudienne, à faire pression sur Khartoum pour qu'il soit expulsé. Il y avait aussi des pressions venues de l'Égypte ; elles accompagnaient les pressions américaines sur le Soudan. Alors le Front islamique, qui gouvernait le pays sous la direction du docteur Hassan Al-Turabi, a demandé au cheikh Oussama de partir. Ben Laden a d'ailleurs toujours considéré Turabi comme nuisible.

Al-Turabi a personnellement exercé de fortes pressions sur le cheikh Oussama pour l'amener à quitter le Soudan. Il lui a rendu visite trois jours de suite. Ils avaient de longues discussions. Ça chauffait. Turabi lui parlait jusque tard dans la nuit pour essayer de le convaincre de s'en aller. Et le cheikh Oussama essayait de convaincre Turabi du contraire, puisqu'il n'avait mené aucune opération armée contre le Soudan et qu'aucun pays n'acceptait d'accueillir ses hommes. Al-Turabi répliquait qu'il avait deux options : soit il cessait de s'exprimer, soit il partait. À ce moment-là, le cheikh Oussama a résolu de quitter le Soudan. Il s'est arrangé avec les Soudanais pour pouvoir partir avec ses partisans, et il a repris la direction de l'Afghanistan.

Khalid Batarfi, l'ami d'enfance de Ben Laden.

Les Soudanais étaient soumis à des pressions, et ils ont fini par le jeter dehors, après quoi ils ont mis la main sur ses possessions. À en croire ce qui se dit dans sa famille, ils lui ont presque tout pris, sans offrir aucune compensation.

Ibrahim Al-Sanoussi, l'assistant de Hassan Al-Turabi, qui dirigeait alors le Soudan.

Un jour, Oussama et venu me voir et m'a dit que le gouvernement lui demandait de quitter le pays. Je lui ai répondu de ne pas partir. Ensuite il est revenu me dire au revoir. C'est la dernière fois que je l'ai vu.

Par la suite, j'ai découvert qu'Ali Osman Taha, alors ministre soudanais des Affaires étrangères, avait eu chez lui l'ambassadeur américain Carney à dîner. Et il lui avait tenu ce propos :

– Nous pouvons vous remettre Ben Laden.

– Laissez-moi consulter Washington, a répondu Carney.

Un mois plus tard, Carney est revenu :

– Ils n'ont pas de charges légales contre lui. On n'en veut pas.

L'ex-ambassadeur Timothy Carney est aujourd'hui à la retraite. Voici sa réponse, telle qu'elle m'est parvenue par un courriel du 11 octobre 2005.

Jamais aucun Soudanais, ni Ali Osman Taha, ministre des Affaires étrangères du Soudan, ni personne d'autre, ne m'a dit qu'ils pouvaient remettre Oussama Ben Laden aux États-Unis.

Avec Taha, nous avons parlé de le renvoyer en Arabie Saoudite. C'était au cours d'une simple conversation, à la mi-janvier 1996, avant le dîner qui devait avoir lieu plus tard chez Taha. Et là non plus, aucune offre n'a été faite de livrer Ben Laden aux États-Unis.

En effet, la commission d'enquête sur le 11 septembre a conclu que le gouvernement soudanais n'avait pas proposé aux États-Unis de leur livrer Ben Laden. De toute façon, une telle offre aurait été nulle et non avenue puisque, au printemps 1996, il n'existait aucun motif juridique pour lancer une arrestation. Aucun crime n'était reproché à Ben Laden. Voici comment la commission d'enquête décrit cet épisode [13].

À la fin de 1995, quand Ben Laden était encore au Soudan, le Département d'État et la CIA ont appris que des responsables soudanais parlaient avec le gouvernement saoudien d'une éventuelle expulsion. L'ambassadeur des États-Unis, Timothy Carney, encourageait les Soudanais à poursuivre dans cette voie. Cependant, les Saoudiens n'avaient pas envie de revoir Ben Laden chez eux ; ils donnaient comme raison qu'ils lui avaient retiré sa citoyenneté. Fatih Erwa, le ministre soudanais de la Défense, a prétendu que le Soudan avait offert aux États-Unis de leur livrer Ben Laden. La commission n'a trouvé aucune preuve crédible permettant d'avérer ce fait.

L'ambassadeur Carney avait pour seule instruction de pousser les Soudanais à expulser Ben Laden. Il ne disposait d'aucun moyen légal pour en demander davantage aux Soudanais, aucune charge n'étant retenue contre Ben Laden.

Vahid Mojdeh a occupé plusieurs fonctions dans divers services du ministère afghan des Affaires étrangères entre 1995 et 2001, année qui a vu la chute des talibans. Il explique ici comment Ben Laden a organisé son départ du Soudan. Interview de janvier 2005.

Des membres du Hezbi-Islami de Younis Khalis, une faction afghane, se sont rendus au Soudan en 1996 et ont proposé à

Ben Laden de venir en Afghanistan. Deux avions ont quitté l'Afghanistan pour aller le chercher à Sharjah, un minuscule Émirat des Émirats arabes unis. L'un des avions est allé se poser à Khartoum, avant de retourner pour une nuit à Sharjah. Ben Laden était à bord. Le lendemain, il est monté dans l'autre avion. L'un des avions a ensuite servi de leurre et s'est rendu à Kaboul ; l'autre est allé à Jalalabad, qui se trouvait à ce moment-là sous le contrôle de Haji Qadeer, un membre de la faction de Khalis.

Les Américains sont entrés en contact avec Haji Qadeer pour lui demander de retenir Ben Laden. Mais les talibans fonçaient déjà sur Jalalabad. Ben Laden, ensuite, s'est associé avec les talibans.

Abu Jandal.

Ben Laden a quitté le Soudan pour Jalalabad dans un jet privé. Il n'y avait à bord qu'un pilote russe qui ne parlait pas arabe. Ben Laden était accompagné de deux de ses fils, Saad et Omar. Il y avait aussi quelques gardes du corps. C'était un petit avion d'une capacité de douze passagers. Le frère Sayf Adel, un ex-officier des Forces spéciales égyptiennes appelé à devenir en 2003 le chef militaire d'Al-Qaïda, avait pris place à côté du pilote. Il avait déployé une carte pour suivre la route, car ils ne faisaient pas confiance au pilote.

Ce départ pour l'Afghanistan s'était déroulé dans le plus grand secret, et on avait pris d'importantes mesures de sécurité pour garantir le succès de l'opération. L'arrivée à destination a été coordonnée avec l'homme qui dirigeait Jalalabad, l'ingénieur Mahmud, leader du Hezsi-Islami, la faction afghane. Ils ont bien voulu accueillir le cheikh Oussama parce que Mahmud et Ben Laden avaient des relations communes. Ils lui ont réservé un accueil chaleureux. Puis ils l'ont accompagné au quartier général du chef afghan, Mullah Yunis Khalis. Ce traitement était une façon de remercier le cheikh Oussama pour tout ce qu'il avait fait en faveur des combattants afghans.

6

L'AFGHANISTAN, TOUJOURS

L'Afghanistan a toujours inspiré à Ben Laden un attachement sentimental. Il lui arrivait d'évoquer ce pays en l'appelant par son ancien nom musulman, le Khurasan. Quant à la signature de sa déclaration de guerre contre l'Occident, elle s'accompagne d'une référence trouvée dans les montagnes de l'Hindu Kush, pays où il s'était battu sept années contre les communistes, de 1985 à 1992.

Depuis qu'il avait quitté Peshawar pour aller s'établir au Soudan, le pays était tombé sous la coupe d'un mouvement fondamentaliste armé, les talibans – autrement dit, les « étudiants religieux ». Ce mouvement représentait une alliance entre des diplômés d'Afghanistan, des gens venus des madrassas pakistanaises, de jeunes réfugiés afghans frappés par la misère qui avaient grandi au Pakistan, et des chefs de tribus pachtounes (parmi lesquels figurait, du moins au début, un certain Hamid Karzai, le futur président de l'Afghanistan).

Le mouvement taliban a commencé à Kandahar en 1994 sous la direction d'un chef borgne, énigmatique et solitaire, le mollah Omar. Les talibans ont joui les premières années d'un haut degré de popularité et de légitimité. Car ils ont rétabli l'ordre et une forme de paix dans un pays qui sortait de dix années de guerre civile. Au départ, ils ont laissé entendre qu'ils pourraient restaurer la monarchie afghane, régime dont le prestige était demeuré intact. Enfin, les talibans étaient perçus comme des gens incorruptibles qui n'avaient aucune intention d'abuser du pouvoir.

On connaît la maxime de lord Acton : « Le pouvoir corrompt, le pouvoir absolu corrompt absolument. » En tout cas, elle décrit parfaitement l'évolution du régime taliban. Peu à peu, le gouvernement a tourné à l'État islamique totalitaire. Les talibans n'étaient ni assez modernes ni assez compétents pour réussir dans leur projet mais ils y ont mis toutes leurs forces.

Ils consolidaient leur emprise sur l'Afghanistan quand Ben Laden revint dans le pays. Pour lui, ils représentaient une aubaine qu'il a su exploiter. Il est entré dans une relation forte et symbiotique avec le mollah Omar. Al-Qaïda était prête à fournir aux talibans l'argent dont ils avaient grand besoin, et les combattants arabes au zèle si remarquable. En échange, les talibans lui procureraient un lieu sûr où se réfugier et lui donneraient carte blanche pour construire les camps d'entraînement de son organisation.

Il aimait à dire que l'Afghanistan deviendrait la Médine du vingt et unième siècle, telle la ville choisie en 622 par le Prophète pour lever l'armée islamique qui, huit ans plus tard, reprendrait La Mecque aux païens.

Une fois établi en Afghanistan et protégé par les talibans, il relança sa guerre sainte contre les États-Unis. Sa campagne débuta en 1996 par des déclarations contre « les croisés et les juifs ». Elle s'amplifia lors de belliqueuses interviews accordées à CNN, à ABC News et à Al-Jazira. Elle prit une forme concrète à travers des attentats contre des ambassades américaines en Afrique en 1998, contre le *Cole* au Yémen en 2000, et finalement contre les Twin Towers aux États-Unis le 11 septembre 2001.

Entre 1996 et 2001, Ben Laden atteignit l'apogée de sa puissance. Il parvint à créer en Afghanistan son propre royaume djihadiste. Publiquement, il faisait allégeance au mollah Omar, le leader taliban. En même temps, il ignorait les demandes répétées des talibans de cesser ses attaques contre l'Occident et préférait afficher son statut d'« invité d'honneur ».

Le 18 juillet 1996, le Département d'État, en particulier le Bureau of Intelligence Research, a mis au point un document top secret intitulé *Terrorism, Usama Bin Ladin : Who's Chasing Whom ?* (« Terrorisme, Oussama Ben Laden : qui chasse qui ? »).

Ce texte analysait les conséquences de l'installation de Ben Laden en Afghanistan.

Il a été rendu public sur requête du Freedom of Information Act, et déclassifié en juillet 2005. En voici des extraits parmi les plus importants.

Terrorisme/Oussama Ben Laden : qui chasse qui ?

Le retour de Ben Laden.

Nul doute que Ben Laden a trouvé agréable de revenir en Afghanistan, pays où il a démarré comme chef et comme moudjahid pendant la guerre contre l'ex-Union soviétique. L'Afghanistan va peut-être devenir le havre idéal d'où il pourra continuer à régner sur ses affaires et ses réseaux financiers. Son séjour prolongé en Afghanistan – où des centaines de « moudjahidin arabes » ont suivi un entraînement au terrorisme et où se réunissent souvent des leaders extrémistes – pourrait se révéler encore plus dangereux pour les intérêts à long terme des États-Unis que ses liens de trois années avec Khartoum.

Doit-il s'inquiéter ?

Étant donné la pression que font peser sur lui les États-Unis et quelques États musulmans, en particulier l'Arabie Saoudite et l'Égypte, il devrait avoir des raisons de s'inquiéter. Pourtant, sa volonté d'exprimer toujours plus ouvertement dans la presse son opposition militante au régime saoudien et à l'Occident indique autre chose ; il fait plutôt penser à un homme encouragé par les événements récents, qu'il y ait participé ou non.

Vahid Mojdeh est cet Afghan qui, pendant les années 1980, travaillait à Peshawar au Services Office d'Abdullah Azzam et de Ben Laden. Entre 1995 et 2001 – année de la chute des talibans –, il a occupé divers postes au ministère afghan des Affaires étrangères. Il a publié fin 2001 un récit de son expérience chez les talibans : *Five Years of Taliban Sovereignty* (« Cinq années sous l'autorité des talibans »). Voici des extraits de l'ouvrage.

Au départ, le mouvement taliban n'était pas une organisation politique. Il avait été fondé pour que se retirent d'Afghanistan les groupes qui avaient fomenté la guerre civile au début de 1990. Les talibans les avaient désarmés. Ils avaient aussi levé tous les barrages sur les routes et fait régner la sécurité. C'était le genre de mesures que les gens ordinaires attendaient. En sécurisant le réseau routier, les talibans s'attirèrent des fonds venus des milieux commerçants.

Avant d'entrer dans Kaboul, en 1996, ils ont affirmé qu'ils n'avaient aucune intention de diriger le pays. Leur plus gros problème, quand il s'est agi de former un gouvernement, fut qu'ils étaient essentiellement des paysans et devaient affronter des conflits avec des exigences urbaines. Avec le temps, il devint évident qu'ils ne se contenteraient pas d'imposer à la ville leurs coutumes rurales, et que les choses iraient bien au-delà. Les femmes et les jeunes filles furent interdites de travail et d'études. Elles ne furent autorisées à se montrer en ville qu'à condition d'être couverte de la longue burka. Les hommes n'avaient plus le droit de se raser la barbe : c'était considéré comme un crime. Le port du turban devint obligatoire dans l'administration et les écoles.

D'étranges pratiques s'installèrent dans le recrutement des membres du gouvernement. La majorité d'entre eux reçurent le titre de « mollah », un statut religieux et honorifique. Même dans les lieux où l'on avait besoin de spécialistes pour développer des projets techniques, le recrutement fut confié à des talibans qui savaient à peine lire et écrire, ou à des mollahs.

À ses débuts, le mouvement avait adopté un régime consultatif dirigé par le mollah Omar, mais les membres du conseil furent bientôt affectés à des postes au sein du gouvernement, et le système s'affaiblit. Cette dissolution en douceur eut pour effet de transférer tous les pouvoirs entre les mains du mollah Omar, qui devint Émir-ul Mumineeen, « Chef de Loyauté », et put désormais gouverner le pays à sa guise.

À la base, le mouvement taliban n'était pas politique. Ses dirigeants, individuellement, étaient très pieux, avec quelquefois une inclination au mysticisme, comme dans le cas du mollah Omar, précisément. Beaucoup n'avaient d'autres connaissances que religieuses et leur regard ne portait guère au-delà de leur province afghane. Leur compréhension des problèmes politiques leur restait extérieure : les nouvelles diffusées par la radio, leurs rencontres avec des étrangers. Pour la majorité d'entre eux, ils n'avaient aucune envie de se pencher sur autre chose que sur leur saint Coran.

Bien sûr, Oussama et ses fidèles savaient comment les infuencer, compte tenu de leur expérience des chefs moudjahidin. Leur première décision consista à offrir au mollah Omar et à ses gens des voitures hors de prix. Cette stratégie se confirma par une aide financière au régime dans sa lutte contre les opposants, dont les chefs furent achetés. Ainsi Ben Laden ne tarda-t-il pas à devenir beaucoup plus qu'un simple invité.

Abu Walid Al-Misri[1], le journaliste égyptien qui a travaillé avec Al-Qaïda et les talibans.

Le pouvoir des talibans reposait sur le mollah Omar, qui avait perdu son œil droit lors des combats contre les Soviétiques, et sur le conseil taliban « Shura », une assemblée composée de quinze membres dont douze souffraient de sévères blessures ou amputations dues à la même guerre.

Hutaifa Azzam, le fils d'Abdullah Azzam, a vécu quelque temps en Afghanistan au milieu des années 1990. Interview de septembre 2005.

Dès son arrivée en Afghanistan, Ben Laden a écrit au mollah Omar une lettre qui disait : « Je veux venir dans votre secteur, mais il faut me promettre de me protéger, et de ne jamais me livrer. »

Le mollah Omar lui a répondu par ces mots :

« Vous êtes le bienvenu. Nous ne vous livrerons jamais à aucun de ceux qui vous réclament. »

La première déclaration dans laquelle Ben Laden s'affirme en guerre contre les États-Unis est parue le 23 août 1996, trois mois après son retour en Afghanistan. Dans l'extrait ci-dessous, il fait le procès de l'Occident, des États-Unis en particulier. Une idée

reçue veut que Ben Laden n'ait épousé que récemment la cause palestinienne ; on voit ici qu'il s'agit d'une fausse rumeur[2].

Vous ne devriez pas ignorer que les peuples de l'islam ont souffert des agressions, iniquités et injustices que leur ont imposées l'alliance sionistes-croisés et leurs collaborateurs ; en effet, le sang des musulmans ne compte pas pour eux, et nos richesses sont comme un butin entre les mains de nos ennemis. Le sang des musulmans a coulé en Palestine et en Irak. Nos mémoires ont le souvenir encore vif des images affreuses montrant le massacre de Qana au Liban. Des massacres ont eu lieu au Tadjikistan, en Birmanie, au Cachemire, aux Philippines, en Somalie, en Érythrée, en Tchétchénie et en Bosnie-Herzégovine ; ces massacres font frissonner le corps et trembler la conscience.

La plus importante et la plus grave des agressions endurées par les musulmans depuis la mort du Prophète, c'est l'occupation de la terre des deux lieux saints [allusion à la présence de dizaines de milliers de soldats américains en Arabie Saoudite]. Sur ordre des États-Unis, ils ont aussi arrêté un grand nombre de religieux dans le pays des deux lieux saints – dont les éminents cheikhs Salman Al-Awdah et Safar Al-Hawali. Nous avons été poursuivis au Pakistan, au Soudan et en Afghanistan, d'où ma longue absence. Mais par la grâce d'Allah, une base sûre est désormais établie dans les hautes montagnes de l'Hindu Kush au Khurasan.

La présence militaire des croisés sur la terre, sur les eaux et dans le ciel des États du golfe islamique est le danger le plus grave qui menace les plus importantes réserves de pétrole du monde.

Mes frères musulmans : l'argent que vous dépensez pour acheter des produits américains sera transformé en balles et utilisé contre vos frères en Palestine. En achetant ces produits, nous renforçons leur économie en même temps qu'augmente notre pauvreté. Les femmes du pays des deux lieux saints et d'autres pays doivent jouer leur rôle en boycottant les produits américains. Les services secrets du monde entier ne peuvent pas forcer un seul citoyen à acheter les productions de son ennemi. Le boycott des produits américains est une arme très efficace pour affaiblir l'ennemi.

Je rejette ceux qui passent leur temps à discuter sempiternellement dans leurs clubs, au coin du feu.

Je respecte ceux qui luttent sans poser de questions ni se soucier des difficultés.

Sans se détourner de leur objectif, en dépit des rigueurs du chemin.

Je souffre jusque dans mes organes internes de la perte d'Al-Quds [Jérusalem, troisième lieu de pèlerinage de l'islam, annexé par Israël en 1967]. Cette perte est comme un feu dans mes intestins.

Plus de 600 000 enfants irakiens sont morts à cause du manque de nourriture et de soins médicaux consécutif aux injustifiables sanctions économiques imposées dans les années 1990 à l'Irak et à ses nations. Les enfants d'Irak sont nos enfants. Vous, les États-Unis, vous êtes responsables d'avoir répandu le sang de ces enfants innocents.

Les murs de l'oppression et de l'humiliation ne tomberont que sous une pluie de balles.

L'homme libre ne cède pas son pouvoir aux infidèles et aux pécheurs.

Mes frères musulmans du monde entier, vos frères, en Palestine et au pays des deux lieux saints vous appellent à l'aide ; ils vous demandent de vous associer au combat contre l'ennemi, votre ennemi, leur ennemi, les Américains et les Israéliens.

Abdel Bari Atwan, rédacteur en chef d'*Al-Quds Al-Arabiya*, a vu Ben Laden trois mois après la fatwa de ce dernier déclarant la guerre à l'Amérique. Interview de juin 2005.

J'ai décidé de rencontrer Ben Laden en novembre 1996 pour de nombreuses raisons. D'abord, notre journal ne vivait pas sous la férule de l'Arabie, contrairement à la plupart des médias arabes, qui sont contrôlés par les Saoudiens. J'étais le seul à pouvoir l'interviewer et publier l'interview. Mais, honnêtement, j'ai hésité. Parce que c'était très dangereux. Et parce que je ne voulais pas d'un affrontement direct avec le gouvernement saoudien. Je savais que Ben Laden était l'ennemi juré de la famille royale. Je voulais rester en dehors de la politique intérieure à un moment où notre journal, justement, avait des ennuis.

J'ai rencontré Khalid Fauwaz, le porte-parole de Ben Laden à Londres, qui m'a demandé si j'étais intéressé par une rencontre avec lui. On m'avait dit qu'il appréciait beaucoup mes écrits. Il aimait mon style. Il avait envie de me connaître. Je me rappelle que le premier entretien avait été prévu en septembre 1996. C'est alors que Khalid Fawaz m'a précisé :

– Il faut que vous alliez à New Delhi. Là, vous monterez dans un avion pour Jalalabad. Et à Jalalabad, ils vous prendront en charge.

J'ai mené mon enquête. Je n'étais pas emballé. J'avais peur. Grâce à Dieu, Khalid Fauwaz m'a téléphoné une semaine avant la date prévue et m'a dit :

– Vous n'aurez pas besoin de partir en voyage. C'est trop dangereux.

– Trop dangereux ?

– Les talibans sont entrés dans Jalalabad et nous ignorons ce qu'il va advenir d'Oussama Ben Laden. Mieux vaut attendre un peu.

Dieu soit loué, ils avaient changé d'avis !

En novembre 1996, ils me rappellent et me disent que la voie est libre. Il n'y a plus de danger à Jalalabad. Je n'ai même pas avoué à ma femme où j'allais. J'en ai seulement parlé à une collègue du journal :

– Je vais rencontrer Oussama Ben Laden. C'est top secret. S'il m'arrive quelque chose, j'ai tant d'argent, j'ai tel crédit, j'ai telles factures à régler.

Muhammad Atef, alors chef militaire d'Al-Qaïda, se montra très content de me voir, très heureux que je me sois débrouillé pour faire ce déplacement jusqu'à Jalalabad. Il était très aimable, très hospitalier. Un homme charmant, vraiment. Et très intelligent, vous savez – peau noire et regard vert. Oui, de très beaux yeux verts.

On m'a emmené avec d'autres personnes à Tora Bora, la montagne au-dessus de Jalalabad. Le voyage s'est effectué dans un pick-up chargé d'homme armés, assis à l'arrière. Dans la cabine, il y avait deux places. L'une pour le chauffeur, qui avait deux hommes assis derrière lui. L'autre pour moi, et j'avais moi aussi un homme en armes juste derrière moi. Il neigeait. Il faisait très froid – ça gelait.

On a gagné la grotte préférée d'Oussama Ben Laden. Une grotte très simple. Il nous attendait là. Il y avait deux pièces. La première se divisait en boxes, avec une espèce de living et des lits. Et c'était plein de monde.

Cinq minutes après mon arrivée, tous ont quitté la grotte avec Ben Laden. On entendait des tirs antiaériens et des roquettes. On m'a laissé dans la grotte. J'ai pensé que les Américains nous avaient repérés et qu'ils nous bombardaient. Alors j'ai commencé à réciter le Coran. Mais au bout de vingt minutes, ils étaient de retour. Ils ont dit : pardon, c'était une manœuvre militaire, on en fait de temps en temps. J'étais horrifié ; mort de peur.

Pour être honnête, je ne sais toujours pas s'ils ont voulu m'impressionner, parce qu'ils croyaient que je pouvais être filé par les services secrets américains, ou parce que cela faisait partie de leur routine. Mais, une demi-heure plus tard, ils ont recommencé. Ensuite, on a dîné. Un dîner atroce. Ils étaient à peu près une douzaine dans cette grotte. On a mangé du fromage pourri. Ce fromage égyptien, très salé, vraiment mauvais. En Égypte, ce sont les paysans qui mangent ça. Ensuite, une patate trempée dans de l'huile. Cinq ou six œufs frits. Du pain qu'ils avaient dû cuire dans du sable, ce n'est pas possible. Je me suis dit que ce devait être leur nourriture, de la nourriture typique. Ils ne mangeaient presque rien. Ben Laden aimait mener avec ses fidèles cette vie austère. Raison pour laquelle son fils, Abdallah, qui n'en pouvait plus, est rentré en Arabie.

Abu Jandal, ancien garde du corps de Ben Laden, vit aujourd'hui au Yémen. Extrait de son interview parue dans *Al-Quds Al-Arabiya* les 3 août 2004, 20 mars 2005 et 4 avril 2005.

Le fils aîné de Ben Laden est retourné en Arabie en 1995 après avoir conclu un arrangement avec ses oncles et la famille régnante. Abdallah voulait rentrer en Arabie parce qu'il était en désaccord avec son père. Il estimait qu'il venait d'une famille riche et qu'il avait le droit de profiter de cet argent.

Le cheikh Oussama évitait de prononcer le nom d'Abdallah parce que celui-ci l'avait blessé. Il aurait voulu que son fils aîné reste auprès de lui et lui soit une aide. Néanmoins il respectait les aspirations de son fils ; il l'a autorisé à rentrer en Arabie.

Hutaifa Azzam.

J'ai rencontré Abdallah Ben Laden à Dubaï lors de son arrivée. On a passé plus de trois semaines ensemble. C'était en 1995. Abdallah était très différent de son père.

Abdel Bari Atwan, du journal *Al-Quds Al-Arabiya.*

L'homme n'est pas antipathique. Il est vraiment agréable. Vous n'avez pas du tout l'impression d'avoir affaire au futur chef du terrorisme, à celui qui deviendra l'homme le plus dangereux du monde. On ne peut pas dire qu'il frappe par son charisme. Vous le voyez pour la première fois, vous n'avez pas le sentiment d'être avec un étranger, plutôt avec quelqu'un que vous connaissez depuis dix ou quinze ans. D'ailleurs, il n'essaie pas de vous impressionner. J'ai rencontré beaucoup de leaders palestiniens, par exemple. Eux, ils essaient de vous impressionner. Lui, non. C'est peut-être ce qui fait sa force. C'est peut-être son style. Il était extrêmement naturel, très simple, très modeste. Il parle doucement. On sent que c'est un timide. Il ne vous regarde pas dans les yeux. Parfois, il baisse les yeux. Ses vêtements sont très modestes, très simples.

Il n'est pas sur la défensive. Il n'est pas agressif non plus. Et il a une excellente écoute. Il n'est pas comme nous autres. Nous, les Arabes, nous coupons toujours la parole. Lui, il attend que vous ayez fini votre phrase, que vous ayez exposé votre argument ; ensuite, il commente avec ses mots à lui. Il n'est pas bruyant comme nous autres.

Cette interview, c'était important pour eux, et cela pour deux raisons. D'abord parce que c'était en arabe. Oussama Ben Laden était content de s'adresser au monde arabe, en particulier aux Saoudiens et aux Arabes de la péninsule. Apparemment, il voulait une couverture médiatique. Sa première priorité, c'était le public arabe. Il voulait lancer sa déclaration de guerre dans sa propre langue.

Mais il voulait aussi faire un pas de plus, peut-être dix pas de plus. Il voulait dire : maintenant je suis une personnalité internationale, je ne suis pas juste un Saoudien, j'ai été blessé par ces Américains qui occupent l'Arabie Saoudite et qui désacralisent la Terre sainte.

Tel était le message qu'il voulait faire passer. Je ne m'attendais pas à le voir déclarer la guerre aux États-Unis. Je pensais qu'il concentrerait ses attaques sur le régime saoudien, sur la famille royale. Il m'a surpris.

Au début, Oussama Ben Laden ne se présentait pas comme un religieux. Il ne donnait jamais l'impression d'avoir l'autorité pour lancer une fatwa. Il avait plutôt l'habitude de reprendre à son compte celles des oulémas.

Du point de vue intellectuel, il travaillait très dur sa culture théologique, à ce moment-là. Ça se voyait dans sa grotte, pleine de livres sur le Coran, sur ibn-Taymiyyah [le penseur musulman médiéval qui a fourni un bagage théologique aux mouvements djihadistes]. D'ailleurs, pendant le voyage en pick-up, le chauffeur mettait des cassettes de Safir Al-Halawi [le théologien saoudien qui a influencé Ben Laden]. Ces gens l'influençaient : le nouveau mouvement islamiste d'Arabie Saoudite.

Il s'est passé quelque chose de très étrange. J'avais pris mon magnétophone, mais Muhammad Atef ne voulait pas que je m'en serve. Pourquoi ? ai-je demandé. Il m'a répondu que Ben Laden ne voulait pas que sa voix soit enregistrée. Il ne voulait pas prendre le risque de laisser passer une erreur qui pourrait ensuite être utilisée contre lui. Je ne suis pas religieux. Je ne suis pas un fondamentaliste. De sorte qu'ils ne pouvaient pas me faire confiance, de leur point de vue. Je n'étais pas des leurs. C'est pourquoi il m'a dit qu'il ne voulait pas risquer d'enregistrer une erreur en parlant arabe ; il estimait qu'un prêcheur ne devait pas commettre de faute grammaticale.

En fait, l'arabe de Ben Laden est un arabe classique. Un arabe correct. Il ne commet pas de fautes. Son propos est truffé de citations du Coran et de paroles du Prophète.

J'ai rencontré ses deux fils, Saad et Ali, je crois. Ils avaient treize et quatorze ans. Là où ils vivaient en famille à Jalalabad, ils jouaient à la Nitendo.

En 1996, je lui demandé pourquoi il n'attaquait pas les Israéliens.

– Vous savez, lui ai-je dit, on vous critique pour ça.

Il n'avait pas de réponse. Il était surpris par la question. Oussama Ben Laden déplaisait aux nationalistes arabes, aux gauchistes, donc à la majorité des Arabes, qui lui reprochaient d'avoir combattu l'Union soviétique, leur alliée.

Ben Laden considérait l'OLP (l'Organisation de libération de la Palestine) comme un mouvement athée, car l'OLP était au côté des Soviétiques. Pour lui, Arafat était un traître. Et un séculier. Il le détestait viscéralement.

Et il n'aimait pas non plus Saddam Hussein, trop laïque. Pourtant, il n'insultait pas Saddam Hussein comme il insultait Arafat. Il ne l'aimait pas. Il m'a dit qu'il voulait le chasser d'Irak. Car il jugeait athée le Parti baas. Il considérait Saddam Hussein comme un athée, et il hait l'athéisme.

Nous n'avons jamais parlé de sa vie personnelle. Nous n'avons à aucun moment abordé la question de ses femmes, parce que c'était un tabou. Il m'a fait faire une visite touristique de Tora Bora. On a marché ensemble pendant deux heures. On a quitté la grotte à 8 heures du matin. Il gelait. On s'est mis à marcher. Le soleil s'est levé. C'était très beau. Ben Laden m'a montré des maisons où vivaient des gens à lui ; des maisons de brique sous la neige. Il aimait cette nature. Il aimait la montagne. Ils essayaient de faire vivre leur propre communauté, de produire leur nourriture eux-mêmes. Ils se mariaient ensemble. C'était comme une oasis. On voyait leurs enfants jouer ensemble. Les familles étaient ensemble. Les hommes étaient ensemble. Ils produisaient leur nourriture. Ils cuisaient leur pain eux-mêmes.

On m'a raconté qu'en fait il ne vivait pas dans cette grotte. On m'a dit qu'il avait voulu me rencontrer là parce qu'il aimait cet endroit. Cette grotte de Tora Bora avait quelque chose de particulier. Il l'avait habitée pendant le djihad contre l'Union soviétique. Il m'a dit qu'il s'était beaucoup battu à Tora Bora et qu'ils s'étaient même débrouillés pour y gagner une bataille, raison pour laquelle il chérissait ce lieu. Mais il aimait cet endroit pour d'autres raisons.

– Je me sens en sécurité dans les montagnes. J'apprécie la vie quand je suis ici. J'y suis en lieu sûr.

– Où iriez-vous, lui ai-je demandé, si un jour on vous chassait d'Afghanistan comme on vous a chassé d'Arabie Saoudite et du Soudan ?

– J'irais au Yémen, dans les montagnes du Yémen, parce qu'elles ressemblent exactement à Tora Bora. J'aime les montagnes.

Il était en parfaite santé. Il ne se plaignait ni de l'altitude ni du froid. Il avait la gorge sèche la plupart du temps. J'ai noté qu'il buvait beaucoup d'eau et de thé.

Il m'a dit combien il haïssait les Américains. Il voulait même les battre sur le terrain de l'agriculture. En fait, il était l'homme le plus heureux du monde quand il faisait pousser ses tournesols. Ses tournesols étaient plus gros que ceux des Américains. Il m'a affirmé :

– Même en agriculture, je les ai battus.

Oui, très fier de ses tournesols...

Après la chute des talibans, je suis allé voir Tora Bora et le lieu où Abdel Bari Atwan avait interviewé Ben Laden, afin d'avoir une idée de l'endroit que le chef d'Al-Qaïda disait aimer si fort. Les grottes sur les flancs de Tora Bora sont des cavernes de petite taille susceptibles de servir d'abris contre les bombardements, mais non pas un refuge. Les constructions qui forment les installations de Tora Bora (connues sous le nom de Milewa) se présentent en enfilade le long d'une série d'escarpements. En janvier 2005, le site était au-dessus de la ligne de neige ; on découvrait de là-haut une vue merveilleuse sur les vallées verdoyantes en contrebas.

L'homme qui me servit de guide était un bûcheron du pays. Les bombardements américains étaient passés par là, et l'on voyait encore une série de postes d'observation en ruine, un four à pain, et la maison de deux pièces occupée par Ben Laden. Tout était bâti en terre cuite, selon la méthode traditionnelle des vil-

lages afghans. La maison de Ben Laden était flanquée d'une piscine incongrue, également en ruine.

Devant sa maison s'étendait un vaste champ désormais creusé par des cratères de bombes. Les membres d'Al-Qaïda l'avaient cultivé. On aurait dit qu'une communauté hippie avait réussi à se transporter jusque sur les hauteurs de l'Hindu Kush. La sensation dominante était un sentiment de tranquillité, d'éloignement vis-à-vis de la civilisation moderne. Depuis sa maison, Ben Laden ne découvrait que son petit fief féodal ; et le premier village se trouvait à perte de vue, à des centaines de mètres en contrebas, au pied d'une pente couverte d'éboulis.

En quittant Tora Bora, on roulait deux heures durant sur une route pierreuse qui sillonnait entre des villages afghans, des ruisseaux aux eaux murmurantes, des vergers ; puis on arrivait près de Jalalabad, dans une zone appelée Hadda, où se situait la base principale d'Al-Qaïda. C'était une installation en dur qui s'étendait sur près d'un hectare, un complexe formé de quelque soixante-quinze chambres, capable d'abriter des centaines d'hommes. On voyait, de l'autre côté de la route, un autre site important d'Al-Qaïda. Des enfants me montrèrent l'entrée d'un souterrain secret d'environ cent mètres de long. Les deux installations avaient été en grande partie détruites par les frappes américaines.

Safiwullah, un garçon de quinze ans, porteur d'un seul nom, comme beaucoup d'Afghans, habitait à côté de l'installation de Ben Laden.

C'était très dur de voir Oussama. On ne le voyait pas. Il arrivait dans un 4 × 4 aux fenêtres teintées. Des gardes arabes patrouillaient toute la nuit. Ils n'embauchaient pas des gens d'ici, ni comme gardes ni comme cuisiniers. L'endroit était secret. Il fallait montrer patte blanche. Oussama est un type super. Un grand soldat de la guerre sainte. Pourquoi ils disent que c'est un assassin et un sale type ? Oussama, c'est un héros.

La famille égypto-canadienne Khadr vivait auprès des Ben Laden à Jalalabad. Abdurahman Khadr fut cité comme témoin de la défense au procès en appel d'Adil Charkaoui devant la Cour

fédérale du Canada le 13 juillet 2004. Charkaoui, qui était alors détenu par les autorités canadiennes, devait bénéficier d'une libération sous caution le 7 février 2005.

Mon père venait d'Égypte. Il est citoyen canadien. De 1985 à 1986, nous avons eu notre résidence principale au Pakistan. Puis nous avons déménagé à Jalalabad. Nous avions une maison en ville, et une autre au nord, sur la base d'Al-Qaïda. Ben Laden vivait là, parmi les membres d'Al-Qaïda. Deux cent cinquante personnes environ. Nous sommes restés à Jalalabad de 1996 à 1997. En 1997, un commandant de l'Alliance atlantique a menacé d'attaquer Jalalabad, et les talibans se sont inquiétés pour le sort d'Oussama et de ses installations. Ils ont insisté pour qu'il emménage à Kandahar. Nous sommes alors partis pour Kaboul, où nous avons loué une maison ; nous avons habité là de 1999 à 2001.

Mon premier séjour à Khaldan, un camp d'entraînement en Afghanistan, remonte à la 1995, je crois. Je ne suis pas sûr des dates exactement, mais je sais que j'avais onze ans. Après, je suis allé chaque été, pendant les vacances, y passer quatre mois. Comme je l'ai appris plus tard, c'était un camp d'entraînement d'Al-Qaïda. Ils persuadaient les gens de s'entraîner à tuer un Américain, à commettre un attentat suicide. Il y avait beaucoup d'entraînement mental dans les camps d'Al-Qaïda.

En 1998 (j'avais quatorze ans), je me suis retrouvé dans un camp appelé Djihad Wel Al-Farouq. On m'avait envoyé là parce que mon père estimait que j'étais assez grand pour aller dans un camp plus important, où l'on pratiquait davantange l'entraînement mental et psychologique. J'y suis resté sept jours.

Oui, mon père était un bon ami d'Oussama Ben Laden. Oui, mon père admirait Oussama Ben Laden. Oui, Oussama Ben Laden était présent au mariage de mes sœurs. Oui, mon père, admirateur de Ben Laden, approuvait ses méthodes et son idéologie. Oui, si Ben Laden approuvait la violence, mon père l'approuvait aussi. J'ai commencé par décrire mon père comme un membre d'Al-Qaïda, et lui se vivait comme un combattant de la liberté, pas comme un terroriste. Il avait le sentiment d'appartenir au dernier groupe de défenseurs de l'islam.

Moi, je suis contre ces gens, parce que c'est de la violence.

C'est seulement une histoire de tuer des gens innocents. L'islam ne demande pas cela. L'islam, pour moi, est une religion pacifique. Je suis contre la présence des troupes américaines en Arabie Saoudite. Je suis contre, du début à la fin. Mais je ne vois pas les choses comme Oussama.

Ben Laden est contre les produits occidentaux comme le Tabasco et les glaces. Les glaces, ce n'est même pas américain, de toute façon. Mais c'est un luxe. Et il ne veut pas que son peuple s'habitue à cela.

Entre 1998 et 2001, entre ma quatorzième et ma dix-septième année, mon père m'a confié à ces théologiens et à ces instructeurs militaires, et ils ont parlé de m'employer comme bombe humaine. On a même discuté des vêtements que je devrais porter, de ma barbe que j'allais devoir raser, de mon Walkman. Et moi, je disais non, non, non.

Zaynab Khard est l'une des sœurs d'Abdurahman Khadr. Terrence McKenna, du Canadian Broadcast Corporation, l'a interviewée au Pakistan pour un documentaire de CBC, *Al-Quaeda Family* (« La Famille Al-Qaïda »), une évocation de la famille Khadr et de ses relations avec Ben Laden. Le reportage a été diffusé sur CBC le 22 février 2004. Voici un extrait de l'interview effectuée par Terrence McKenna.

J'ai rencontré la famille Ben Laden quand nous vivions à Jalalabad. On ne peut pas dire que les femmes Ben Laden n'appréciaient pas les mondanités. Elle aimaient voir du monde, mais elles devaient observer plein de restrictions : où allaient-elles, quand partaient-elles, quand seraient-elles de retour, qui leur rendait visite, combien de temps cela durerait-il, et ainsi de suite. De sorte qu'il était impossible de devenir intime avec elles.

J'ai entendu parler des relations de Ben Laden avec ses enfants. Je n'ai jamais rien remarqué personnellement. Les hommes et les femmes ne se mélangent pas. Mais le fait de s'asseoir tous les matins avec ses fils, après la prière, pendant au moins deux heures, c'était très important pour lui. Ils s'asseyaient au moins pour lire. Pas forcément pour quelque chose de religieux. Il aimait beaucoup la poésie. Alors il essayait de les pousser à lire, à mémoriser, à écrire des poèmes. C'était chaque fois un nouveau livre, soit de la poésie, soit de l'histoire ou de la grammaire, soit encore un livre religieux.

Il aimait jouer au volley-ball et monter à cheval. Les enfants jouaient autour de lui, ils voulaient lui serrer la main. Quand il les voyait tirer sur des cibles, il se joignait à eux. Parfois, il ratait la cible. Tous riaient.

Il interdisait à ses enfants de boire de l'eau froide. Sûrement parce qu'il ne croyait pas à ce qui était moderne. Il préférait qu'ils se préparent pour le jour où il n'y aurait pas d'eau froide, afin de survivre, pour que ce ne soit pas trop difficile pour eux. Il n'aimait pas acheter des boissons gazeuses américaines. Le Coca, le Pepsi. Mais ses fils, souvent, en avaient envie. Il voulait qu'ils aient un mode de vie plus naturel. Ils avaient des chevaux et des chameaux. C'était un Saoudien, pas un bédouin. Mais un de ses fils aimait les voitures, et il a trouvé de l'argent pour s'en acheter une, avec ou sans son autorisation.

Le djihadiste libanais Noman Benotman décrit la vie de Ben Laden en Afghanistan. Interview d'août 2005.

Vous connaissez cette théorie : si vous voulez devenir roi, commencez par traiter vos serviteurs comme des rois. C'est comme ça, avec Ben Laden. Il est modeste, il ne se considère pas lui-même comme un dictateur, comme un roi. Il mène une vie normale, celle d'un homme pauvre. Je l'ai vu de nombreuses fois. Vous auriez vu ses enfants... jamais, au grand jamais vous n'auriez pensé avoir affaire aux fils de Ben Laden, mais plutôt à des enfants issus de la famille la plus pauvre du monde. C'était à ne pas y croire ; ils couraient partout dans de vieux vêtements.

Il a toujours dit à ses partisans :

– Vous devriez apprendre à sacrifier la vie moderne, comme l'électricité, l'air conditionné, les réfrigérateurs, l'essence. Si vous menez une existence luxueuse, vous n'arriverez jamais à la quitter pour aller vous battre dans les montagnes.

Dans son camp, personne ne pouvait apporter de réfrigérateur ni installer la climatisation. J'ai parlé avec ses gens dans le camp. Ils plaisantaient :

– D'accord, j'ai besoin d'un réfrigérateur !

Et toute la famille riait ; et Ben Laden aussi. Vous vous rendiez compte que c'était un homme humble, puisqu'il riait avec eux.

Et comme c'était aussi un démocrate, il disait à ses femmes :

– Si l'une d'entre vous veut retourner dans sa famille, elle peut le faire, elle est libre. La vie va être très dure. Alors, si vous voulez rentrer chez vous, vous pouvez. Je ne vous empêcherai pas de partir.

L'une d'elles a voulu retourner dans sa famille, à l'époque où Ben Laden vivait au Soudan.

Le 26 septembre 1996, les talibans entrent dans Kaboul. Le lendemain, Glyn Davies, le porte-parole du Département d'État américain, annonce que l'on ne sait pas grand-chose ; quant à leurs intentions, il laisse transparaître un optimiste plutôt tiède.

D'après certains rapports qui nous sont parvenus, ils sont là pour imposer la loi islamique sur les territoires qu'ils contrôlent. Mais à ce stade, nous n'avons rien lu de sûr à ce propos. En l'état actuel des choses, il n'y a pas d'objection. Ce que nous n'avons pas eu l'occasion de faire, bien sûr, c'est d'entrer en contact avec les talibans pour discuter avec eux de leurs intentions.

Dans le même ordre d'idée, Robin Raphael, l'assistante du secrétaire d'État américain pour l'Asie du Sud, intervient aux Nations unies, dans une réunion à huis clos, pour faire les observations suivantes. Nous sommes le 18 novembre 1996[3].

Les talibans contrôlent plus des deux tiers du pays. Ils sont afghans et ils sont indigènes. Ils apparaissent comme un pouvoir stable. La véritable source de leur succès a été la volonté d'un grand nombre d'Afghans, en particulier des Pachtounes, de troquer les guerres interminables et le chaos contre des mesures de paix et de sécurité, même au prix de sévères restrictions sociales. Il n'est pas dans l'intérêt de l'Afghanistan, ni dans l'intérêt d'aucun d'entre nous, que les talibans se retrouvent isolés.

Hamid Mir est le journaliste pakistanais qui a demandé à Ben Laden de lui permettre de devenir son biographe. Interview de mars 2005.

En novembre 1996, l'assistante du secrétaire d'État américain, Mme Robin Raphael, a prononcé un discours en faveur des talibans aux Nations unies à New York. À la suite de quoi j'ai écrit un papier très critique sur les talibans et sur Robin Raphael, où cette dernière était qualifiée de mère des talibans. Les talibans étaient furieux. Quelques-uns de leurs représentants officiels ont pris contact avec moi pour essayer de m'expliquer leurs positions. Ils m'ont dit qu'ils ne travaillaient pas pour les Américains. Alors je leur ai rétorqué :

– Vous dites que vous ne travaillez pas pour eux ? Montrez-moi une preuve et je vous croirai.

– Très bien. Nous allons arranger un rendez-vous avec le mollah Omar, le chef de notre mouvement.

J'ai rencontré le mollah Omar en 1996. Je le revois assis sans tapis à même le sol d'une mosquée. La première chose qu'il m'a dite après la poignée de mains, c'est :

– *Asslamu Alaikum*. Comment allez-vous ?

C'était un homme très simple. Tous ceux qui l'entouraient lui montraient grand respect. La situation était très inhabituelle puisque le chef des talibans était assis à même le sol. Pas de protocole : il m'a servi lui-même le thé vert, et après j'ai déjeuné avec lui ; des pommes de terre, de la soupe, du pain, c'est tout. Un repas très frugal. Je me suis demandé si ce n'était pas une façon d'essayer de m'impressionner ; si ça se trouve, me disais-je, il a un bureau luxueux tout près d'ici.

Au cours de cet entretien, j'ai dit au mollah Omar :

– Robin Raphael vous soutient. Pourquoi ?

– Qui est ce monsieur ?

J'en suis resté stupéfait. Il ne savait même pas que Robin

Raphael était une femme. Comme journaliste, j'ai aussitôt pensé que je tenais un article : les Américains soutenaient les talibans, et leur chef ignorait que la personne qui les avait défendus aux Nations unies était une femme. J'ai essayé aussitôt de creuser l'affaire :

– Très bien. Vous dites que vous ne la connaissez pas. Et vous ne savez pas non plus que les Américains vous soutiennent. Alors expliquez-moi pourquoi ils parlent en votre faveur aux Nations unies.

Le mollah Omar a répondu qu'il y avait trois choses. Un, les Américains s'intéressaient à un projet de pipe-line qui traverserait l'Afghanistan et transporterait du gaz du Turkménistan vers le Pakistan ; le projet était estimé à 5 milliards de dollar. La compagnie pétrolière américaine Unocal était partante. Sauf que le mollah Omar refusait de faire ce plaisir aux Américains : en effet, les talibans avaient déjà accepté de signer avec une compagnie argentine du nom de Bridas. Deuxième chose, toujours d'après lui, les Américains voulaient se servir de l'Afghanistan contre la Chine. Enfin, ils voulaient aussi se servir de l'Afghanistan contre l'Iran.

Le mollah Omar a poursuivi :

– Radio-Téhéran m'a attiré plein d'ennuis. Ils citent votre article tous les deux jours. Hamid Mir, un célèbre journaliste pakistanais, dit que le mollah Omar travaille pour la CIA. Je ne suis pas de la CIA.

Et il répétait cette phrase à voix basse en urdu :

– Je ne suis pas de la CIA. Je ne suis pas de la CIA. Pas de la CIA...

Et ainsi de suite à l'infini. Au bout d'un temps, il a ajouté :

– Comment puis-je prouver que je ne suis pas un agent de la CIA ?

– Je ne sais pas, ai-je répondu. À votre avis ?

– Très bien. J'ai un ami qui est un grand ennemi de la CIA et un grand ennemi de l'Amérique. Cet ami est mon invité en Afghanistan. Vous connaissez Oussama Ben Laden ?

– Oui. J'ai entendu parler de lui. Pourquoi est-il si important ?

– Le cheikh Ben Laden est un grand ennemi des USA. Les USA ont réussi à le faire chasser du Soudan, et aujourd'hui il est chez nous. Promettez-moi une chose : si je vous le fais rencontrer, écrivez que le mollah Omar n'est pas un agent de la CIA.

– Je vous le promets.

J'étais tellement naïf que j'ai contacté l'ambassade américaine. Ceci parce que je n'avais aucun détail et parce que les médias pakistanais demeuraient silencieux au sujet de Ben Laden. Donc je me rends à l'ambassade.

Le bibliothécaire était pakistanais. Je lui demande :

– Vous savez quelque chose sur Ben Laden ?

– Comment ça s'écrit ? répond le bibliothécaire. Vous pouvez m'épeler ?

Il cherche sur Internet et il me remet deux articles. L'un venait du magazine *Time*. J'étais embarrassé. Cet homme n'était pas quelqu'un d'important. Valait-il la peine d'aller l'interviewer ? On était en mars 1997 et Ben Laden ne faisait pas la une.

Ma première rencontre avec lui ne m'a pas laissé une forte impression. Pas mal de problèmes se sont présentés. Surtout quand ils ont voulu me fouiller. Des gardes ont fourré les mains dans mes sous-vêtements et on s'est engueulés. Ils avaient envie de me tâter les couilles, ou quoi ? Ça m'énervait tellement que je me suis mis à hurler :

– Vous êtes gays, ou quoi ?

– On fait notre travail.

Sur quoi on a échangé des noms d'oiseaux pendant quinze ou vingt minutes. C'est alors qu'Oussama est apparu. Il a compris ce qui se passait. Il a répété :

– Pardon, monsieur Mir. Pardon, monsieur Mir.

Telles sont les premières paroles que je l'ai entendu prononcer...

Ensuite, on nous a servi à dîner. Oh, un dîner somptueux. De l'agneau grillé ! Avec quelques olives. De la salade. J'étais effaré de voir qu'ils arrivaient à vous servir des plats typiquement arabes jusque dans les grottes d'Afghanistan. Deux ou trois téléviseurs étaient posés par terre. Il y avait énormément de livres. Les grottes étaient très nombreuses, et certaines communiquaient entre elles.

Alors que je commençais l'interview, il s'est mis à lire un dossier qu'il avait entre les mains. Puis il m'a dit quel était mon numéro de compte en banque, celui de ma carte d'identité, mes numéros de téléphone personnels, la somme qui se trouvait sur mon compte. J'étais très gêné. Cet homme détenait-il tant de secrets sur ma vie privée ? Il a dit ajouté :

– Vous êtes journaliste. Je suis un combattant de la liberté. Et j'espère que vous vous conduirez comme un journaliste, pas comme un espion ou un indicateur. Si vous vous conduisez comme un journaliste, notre relation pourra se poursuivre.

Là-dessus, il m'a fait passer un message très clair : ne joue pas au plus fin avec moi.

J'ai obligé Ben Laden à tenir un rôle sur les photos que j'ai prises de lui. Vous pouvez voir qu'il était très timide. Il n'était pas prêt à mettre son arme à l'épaule. Je le forçais. Je le traitais comme un acteur. Je lui disais :

– Il faut sourire, maintenant, monsieur Ben Laden.

– Non. Je ne peux pas.

Je ne me rendais pas compte qu'il était dangereux. Il parlait très doucement. Il se montrait un hôte excellent. Il prenait soin de nous à merveille. Mais ses pensées n'avaient aucune profondeur. Il ne savait que protester indéfiniment en répétant toujours la même chose : pourquoi les troupes américaines étaient-elles présentes sur sa terre ? C'était son problème.

Lors de l'interview, il a condamné Saddam Hussein. Et il l'a fait en des termes tellement grossiers qu'il m'était difficile de les écrire. Un socialiste qui nique sa mère – c'est l'expression qu'il employait pour parler de Saddam Hussein. Il disait :

– Le pays d'Arabie, ce pays est comme une mère. Et Saddam Hussein est en train de niquer sa mère.

Il m'a expliqué que Saddam Hussein était contre nous et qu'il dissuadait les jeunes Irakiens de rejoindre l'Afghanistan.

J'ai moi-même rencontré Oussama Ben Laden en 1997. Peter Arnett était alors correspondant de CNN et je fus le producteur de ce qui deviendrait la première interview télévisée de Ben Laden. À ce moment, le chef d'Al-Qaïda n'était considéré que comme un financier doublé d'un terroriste islamique, mais le public avait commencé en 1996 à se familiariser avec son nom.

J'étais depuis longtemps de l'avis que l'attentat de 1993 contre

le World Trade Center n'était pas seulement l'œuvre d'une bande de chauffeurs de taxi arabes de Brooklyn, mais peut-être d'une organisation, peut-être d'une organisation dirigée par quelqu'un du genre de Ben Laden.

Cette intuition, cependant, devait se révéler fausse. Ben Laden n'avait rien à voir dans cet attentat. Il n'en demeurait pas moins que l'exilé saoudien dirigeait un mouvement terroriste global, comme nous l'avons découvert en Afghanistan.

Je me suis rendu à Londres pour rencontrer son responsable des médias, Khalid Al-Fauwaz. L'homme s'est montré fort soupçonneux. Il s'inquiétait beaucoup.

– Vous n'êtes pas un agent de la CIA ? Vous allez jouer franc-jeu ?

– CNN joue toujours franc-jeu.

Je suis rentré aux États-Unis. Un mois plus tard, avec Peter Arnett, nous avons rappelé pour dire que le voyage était au point. Retour à Londres. Rencontre avec notre cameraman, Peter Jouvenal, et avec deux autres personnes qui devaient nous conduire à Ben Laden. Je connaissais le chef de nos guides sous le nom d'Omar.

Nous sommes allés au Pakistan, d'où nous avons gagné l'Afghanistan en traversant les montagnes de l'Hindu Kush. Les talibans venaient d'interdire l'usage de la caméra. Ce n'était pas un mince problème : après tout, nous étions là pour réaliser une interview destinée à la télévision. Aussi avons-nous préféré ne pas prévenir les talibans de notre arrivée. Nous n'avons pas demandé de visa. Nous nous sommes contentés de traverser la frontière.

À Jalalabad, il a fallu patienter plusieurs jours, durant lesquels nous avons reçu la visite de deux hommes de l'entourage de Ben Laden, dont un jeune homme aux cheveux broussailleux qui se présentait comme le conseiller de Ben Laden pour la presse. Ils nous ont dit que nous ne pouvions pas emporter notre matériel. L'interview se déroulerait avec leurs propres caméras. Manifestement, ce n'était pas négociable.

Peter Jouvenal a filmé l'entretien ; il s'exprime lors d'une interview d'août 2005.

J'avais seize ans quand j'ai eu envie de devenir photographe de guerre. J'ai pensé que ce ne serait pas une mauvaise idée de passer un peu de temps à l'armée : c'était l'environnement adapté. Alors je me suis engagé. Et plus tard, en 1979, quand j'ai quitté l'armée, j'ai attendu qu'une guerre se présente. N'importe quelle guerre, que ce soit la bonne ou pas. Sur quoi les Soviétiques ont envahi l'Afghanistan : une chance pour moi, sinon pour les Afghans. Je me suis dit que c'était une bonne occasion car je voulais travailler en free-lance. Je suis allé à Victoria Station, à Londres, et je suis monté dans un autocar. J'ai fait tout le voyage en autocar... dans plusieurs autocars. Et j'ai fini par débarquer à Peshawar, au Pakistan.

Ce qui en faisait un conflit important, c'est que deux superpuissances s'affrontaient par procuration. En Afrique, où les guerres sont n'importe quoi, je n'aurais pas réussi pour la bonne raison que mes photos n'auraient intéressé personne ; tandis que là, il y avait un formidable appétit d'images.

C'est la raison pour laquelle j'ai fini en Afghanistan. Jusqu'au départ des Soviétiques en 1989, j'ai traversé soixante-douze fois la frontière avec des moudjahidin.

Pour moi, interviewer Ben Laden était une mission comme une autre. On attendait depuis plusieurs jours à l'hôtel quand un cameraman de Ben Laden est venu et a entrepris de vérifier mon matériel. Il craignait qu'une bombe ne soit planquée dans la caméra – ironie de l'histoire, c'est justement comme ça que le commandant Massoud devait se faire tuer le 9 septembre 2001... Et il a décidé que je ne pourrais pas utiliser ma caméra.

On a embarqué dans un van. La nuit était déjà tombée. On nous a demandé de mettre des lunettes noires avec du carton collé dessus. On a mis les lunettes. Je ne me sentais pas du tout menacé, car Oussama n'aurait pas invité quelqu'un pour le tuer. En ce temps-là, ce n'était pas le genre de choses qu'il faisait. Donc je n'étais pas du tout inquiet. Je savais que nous étions ses invités ; par conséquent, les gardes étaient obligés de se tenir correctement.

On a pris la direction de la montagne Noire qui entoure Jalalabad. Puis ils nous ont provoqués pour nous tester. Des cris, de la lumière. Il y avait des gens planqués derrière les rochers, qui manifestement nous attendaient. Ils ont tous surgi en même temps en pointant leur arme sur le véhicule. Il a fallu descendre. Et ils ont tenu à nous prévenir que, si nous avions sur nous un dispositif de traçage, il valait mieux le dire tout suite ; s'ils le découvraient plus tard, nous nous exposions à de « sérieuses conséquences »...

Nous sommes arrivés dans une vallée très sombre. Il y avait peut-être trois maisons – des cabanes en terre. La construction dans laquelle nous sommes entrés devait servir à abriter les bêtes en hiver. Ce n'était pas vraiment une habitation. On entendait gronder un générateur ; si cette machine tournait, c'est que je leur avais demandé si l'interview se déroulerait de nuit, auquel cas il me faudrait de la lumière, donc un générateur.

On a installé la matériel. On s'est assis. On a mangé nos kebabs. C'est alors que Ben Laden est apparu. Je me rappelle cette poignée de main un peu gauche. Pas vraiment une poignée de main. Il avait les mains froides. C'était un peu comme de serrer un poisson dans sa main.

Oussama Ben Laden s'est détaché de l'obscurité. Je ne savais même pas à quoi il ressemblerait. Je ne crois pas que j'avais vu une photo de lui. Apparemment, il faisait son mètre quatre-vingt-dix. Il était très grand. Très mince. Et il se présentait en faisant profil bas. Ce n'était pas le terroriste incendiaire. Il se conduisait comme un prêtre.

Une des conditions posées pour l'interview était que beaucoup de questions devraient avoir été présentées d'avance. Un des membres d'Al-Qaïda avait mis les choses au point : Ben Laden ne répondrait à aucune question sur sa famille, sa fortune ou son histoire personnelle. Il entendait délivrer un message politique, point. C'est la raison pour laquelle nous étions là cette nuit. Parce qu'il voulait nous dire pourquoi il avait déclaré la guerre à l'Occident, aux États-Unis en particulier ; qui aux États-Unis était visé, et quelles étaient les causes de cette guerre.

Il nous a expliqué qu'il avait déclaré la guerre aux États-Unis principalement à cause de leur politique extérieure. La présence des troupes américaines en Arabie Saoudite lui apparaissait comme l'occupation d'une terre sainte. Il y avait d'autres raisons : les sanctions alors en vigueur contre l'Irak, le soutien des États-Unis à Israël, l'aide aux gouvernements égyptien et saoudien, deux régimes qu'il considérait comme insuffisamment islamiques.

Il s'en est tenu à ce faisceau de raisons. La politique extérieure des États-Unis : tel était son propos. Il n'a pas parlé de Madonna, de Hollywood, de la drogue, du sexe ou de toutes les questions culturelles dont on aurait pu penser qu'elles le préoccupaient. Pour lui, il s'agissait d'une guerre défensive, d'une réplique à l'humiliation subie à l'issue de la Première Guerre mondiale, quand l'Angleterre et la France s'étaient partagé l'Empire ottoman. Ben Laden pensait que les musulmans continuaient d'être humiliés au jour d'aujourd'hui, au Cachemire, en Palestine ou en Irak. Il faisait cette guerre pour en finir avec l'humiliation, au nom de la fierté musulmane.

Il s'exprimait très tranquillement. Je me souviens qu'il buvait des quantités de thé. Quelqu'un qui n'aurait pas entendu ses paroles aurait pu croire qu'il parlait de la pluie et du beau temps ; mais il suffit de lire la transcription de ses remarques pour s'apercevoir qu'elles débordent de rage et de haine contre les États-Unis.

L'interview était pour lui un rendez-vous professionnel. Il avait prévu de nous consacrer une heure d'entretien, pas de se lier avec nous. Quand l'interview proprement dite a été achevée, il a discuté avec Peter Arnett, le correspondant de la chaîne, et le sujet de Saddam Hussein est venu sur le tapis. Il a formulé un jugement très négatif. Mais c'était en 1997 ; et l'opinion de Ben Laden sur Saddam, alors, n'intéressait personne.

Le reportage fut diffusé par CNN le 10 mai 1997, et il est intéressant de noter qu'il ne provoqua guère de réactions.

Le 30 avril 1997, alors que nous étions en pleine préparation de l'émission, j'ai reçu un fax de Tim Metz, d'Abernathy MacGregor, une société de communication installée sur Madison Avenue, qui représentait la famille Ben Laden. Voici le contenu de ce fax :

Veuillez considérer ce qui suit comme émanant du porte-parole de la famille Ben Laden.

La famille n'approuve pas les activités d'Oussama Ben Laden dont il est fait état ; ce dernier n'a pas de contact avec elle, il ne reçoit aucun soutien de la part de la famille ou de la société de celle-ci depuis 1994, date à laquelle il a perdu sa nationalité saoudienne.

Avec l'interview sur CNN, Ben Laden informe pour la première fois des journalistes occidentaux qu'il déclare la guerre aux États-Unis.

Nous déclarons le djihad contre le gouvernement des USA, car ce gouvernement est injuste, criminel et tyrannique. Il a commis des actes qui sont extrêmement injustes, atroces et criminels, soit directement, soit à travers son soutien à l'occupation israélienne de la Terre du Voyage Nocturne du Prophète [la Palestine]. Et nous croyons que les États-Unis sont directement responsables des morts faits en Palestine, au Liban et en Irak. À cause de leur subordination aux juifs, de leur arrogance, et du mépris qu'ils ont montré en occupant le *qibla* des musulmans [l'Arabie Saoudite], lesquels musulmans sont aujourd'hui dans le monde plus d'un milliard.

Quant à votre question, qui est de savoir si le djihad est dirigé contre les soldats américains, contre les civils américains présents sur le sol des deux lieux saints [l'Arabie Saoudite], ou contre les civils américains, nous avons concentré notre déclaration de guerre sur les soldats présents au pays des deux lieux saints. Le pays des deux lieux saints, dans notre religion, possède une particularité par rapport aux autres pays musulmans. Selon notre religion, il n'est pas permis à des non-musulmans de rester dans notre pays. Par conséquent, même si les civils américains ne comptent pas parmi nos cibles, ils doivent partir. Nous ne garantissons pas leur sécurité.

Question de Peter Arnett : Quelles actions envisagez-vous dans l'avenir ?

Réponse de Ben Laden : Vous les verrez, et vous en entendrez parler dans les médias, si Dieu le veut.

Wadih el-Hage, qui fut au Soudan le secrétaire personnel de Ben Laden, a témoigné aux États-Unis devant un jury le 24 septembre 1997. Il affirme que la déclaration de guerre de Ben Laden a surpris quelques-uns de ses anciens employés[4].

Abu Ibrahim, le directeur de quelques-unes des sociétés d'affaires de Ben Laden au Soudan, m'a dit qu'il avait vu Ben

Laden interviewé sur CNN. D'après lui, il avait dit des choses qu'il n'aurait pas dû dire. Je ne sais pas à quoi il faisait allusion. Mais ce qui m'est venu ensuite à l'esprit, c'est qu'Oussama avait dit des choses qu'il n'aurait pas dû dire à ce moment-là parce ça donnait une mauvaise image de lui aux yeux des gens qui le considéraient comme un exemple.

« Omar », l'homme qui nous avait conduits à Ben Laden, se prétendait journaliste. Il disait couvrir les combats des islamistes, et avoir travaillé comme médecin dans les troupes de Ben Laden pendant la guerre contre les Soviétiques.

Nos discussions du début 1997 se déroulèrent en français car il ne parlait ni l'anglais ni l'arabe. Omar m'expliqua qu'il dirigeait un groupe de presse indépendant, le Bureau pour l'étude des conflits islamiques. Il disait avoir au Cachemire, en Bosnie et au Pakistan des correspondants dont les contributions alimentaient ses publications. Il avait aussi une antenne à Kaboul. Il déclarait également avoir travaillé dans l'humanitaire en Afghanistan entre 1987 et 1990.

Ces quinze dernières années, il avait presque toujours vécu en Occident, où il avait épousé une Espagnole. Cela signifiait qu'il avait un passeport espagnol. Le véritable nom d'Omar, Mustafa Setmariam Nasar, devait être révélé au public sept ans plus tard, quand le Département d'État allait diffuser une offre de récompense pour tout renseignement susceptible de mener à lui.

Le 18 novembre 2004, Adam Ereli, un porte-parole du Département d'État, publia le communiqué suivant.

Le secrétaire d'État Colin L. Powell a donné son accord pour qu'une récompense de 5 millions de dollars soit offerte en vue d'encourager les personnes à livrer des informations sur Mustafa Setmarian Nasar, alias Abu Mussab Al-Suri, membre d'Al-Qaïda. Il a été instructeur en Afghanistan dans les camps terroristes de Derunta et Al-Ghuraba, avec pour spécialité l'empoisonnement et les produits chimiques. Nasar possède la double nationalité syrienne et espagnole.

Le 25 janvier 2005, en réponse à cette offre de récompense, Abu Mussab Al-Suri délivre sa propre déclaration sur un site Internet djihadiste.

J'ai eu l'honneur de fréquenter le cheikh Oussama depuis 1998, et celui de rejoindre Al-Qaïda où j'ai travaillé jusqu'en 1992. J'ai entraîné quelques-unes des premières avant-gardes d'Al-Qaïda, servi d'instructeur dans ses camps et dans d'autres camps d'Arabes afghans, notamment dans les domaines qui relèvent de ma spécialité : la manipulation des explosifs, les opérations spéciales et la guérilla, disciplines pour lesquelles j'ai moi-même subi un entraînement de haut niveau en Irak, en Égypte et en Jordanie.

J'ai eu l'honneur, durant cette période, de participer au djihad afghan contre les Russes et les communistes jusqu'à la destruction de leur vie et de leurs drapeaux ; ainsi avons-nous fait avec eux un exemple, comme nous le ferons avec l'Amérique, si Dieu le veut.

J'ai eu également l'honneur de migrer vers la patrie de l'islam quand celle-ci s'était établie en Afghanistan ; et j'ai eu l'honneur de prêter serment d'allégeance main dans la main à l'émir des croyants, le moudjahid mollah Muhammad Omar, en muharram 1421 [en 2000].

Puis j'ai travaillé comme moudjahid auprès du ministre taliban de la Défense. J'ai établi les « camps d'étrangers » (Al-Ghubara) ; j'y ai entraîné de nombreux Arabes et non-Arabes. Les infidèles et les apostats ont pu goûter aux effets de mon enseignement en Asie centrale, et au pays des deux mosquées, injustement connu de par le monde sous le nom d'« Arabie Saoudite ».

Al-Suri a publié en 2004, sur le Web, une histoire des mouvements djihadistes : *The International Islamic Resistance Call* (« L'Appel à la Résistance islamique internationale »). Il revient dans ce livre sur son rôle dans l'interview de Ben Laden par CNN.

J'ai rencontré Ben Laden en 1997 pour organiser une interview qui devait être diffusée sur CNN. J'avais créé à Londres le « Centre pour les médias et la recherche », un organisme spécialisé dans les conflits au sein du monde islamique. C'est dans le cadre de cette activité que nous avons rencontré plusieurs fois Ben Laden.

L'Afghan Vahid Mojdeh a travaillé pour le Services Office d'Abdullah Azzam et de Ben Laden, à Peshawar, dans les années 1980. Entre 1995 et 2001, année de la chute des talibans, il a occupé divers postes au ministère des Affaires étrangères afghanes. Interview de janvier 2005.

Quand j'ai revu Ben Laden presque dix ans plus tard, c'était sous les talibans et il était devenu quelqu'un d'important. Un jour, un ami du ministère des Affaires étrangères me suggère :

– Allons voir Ben Laden.

Il demeurait à Kaboul dans le quartier Karte Parwan, près de l'hôtel Intercontinental. C'était l'heure du déjeuner. Parmi les Arabes qui entouraient Ben Laden, un homme avait l'air différent des autres. Un des talibans lui a demandé d'où il venait, et l'homme a répondu qu'ils était jamaïquain[5]. Il a expliqué qu'il était arrivé avec d'autres et qu'ils venaient de passer un an en Afghanistan. Je me suis rendu compte que l'influence de Ben Laden s'étendait au-delà des pays islamiques.

Nous avons interrogé le Jamaïquain :

– Qu'est-ce qu'on produit, dans ton pays ?

– On est tous des danseurs !

Après quoi j'ai eu un bref entretien avec Ben Laden. Je lui ai posé des questions sur les étrangers qui le rejoignaient. Il m'a répondu :

– Tous ceux qui viennent en Afghanistan se sentent proches de leur vraie nature.

Il portait des vêtements blancs et un turban.

Abu Jandal.

J'ai été mis en relation avec le cheikh Oussama et, quand je l'ai rencontré, en 1997, nous avons passé trois jours ensemble.

Pendant ces trois jours, il a fait campagne auprès de nous. Il voulait nous convaincre. Il nous expliquait son appel au djihad contre l'Amérique. Il parlait du mauvais état dans lequel était désormais la péninsule arabique ; il essayait de nous démontrer que les États-Unis étaient responsables de cette situation, à cause du fait de leur ingérence. Les détails de ma première rencontre avec le cheikh Oussama forment une très belle histoire.

Le soir, quand nous avons décidé de rentrer à la maison d'amis, où nous habitions, le cheikh Oussama m'a dit :

– Qui es-tu, Abu Jandal ?

Il m'a demandé depuis combien de temps je n'avais pas mangé de ma'subah al-quarmushi (un gâteau à base de farine, de bananes et de sucre). Le ma'subah est un plat populaire en Arabie Saoudite. J'ai répondu :

– Plus de quatre ans. Et même davantage.

– Alors nous mangerons du ma'subah au petit déjeuner, demain matin, chez moi. Car je prends du ma'subah au petit déjeuner.

Au bout de trois jours de réunions interrompues avec le cheikh Oussama, il m'a appelé après les prières de l'après-midi en disant :

– Quelle est ton opinion, Abu Jandal ? Que penses-tu de ce que tu as entendu ?

– Je ne te cacherai pas, cheikh, que tout ce que tu as dit est convaincant et que tu as bien expliqué l'affaire. Mais il clair, selon moi, que tu n'as recruté personne de la péninsule arabique alors que c'est la cause qui est en jeu.

– Ce que tu dis est vrai. La plupart des frères qui m'entourent sont des Égyptiens, des Algériens et des Nord-Africains. C'est la raison pour laquelle je t'invite à rejoindre notre caravane.

J'ai passé le mois de Ramadan avec le cheikh Oussama. Puis, deux ou trois jours après la fin du Ramadan, il a décidé de m'envoyer suivre un entraînement militaire dans un camp à Khost. Il est vrai que nous nous étions entraînés en Bosnie, et que nous avions aussi acquis de l'expérience en Somalie et au Tadjikistan, mais encore fallait-il préciser les éléments clés ; ce travail-là se fait dans les camps d'Al-Qaïda.

Aussi les périodes d'entraînement en Bosnie étaient-elles courtes, et n'y avait-il pas d'actions militaires organisées en

Somalie. Dans ces camps, l'entraînement consistait dans le maniement des armes. Néanmoins, des messages se transmettaient indirectement. Par exemple, les cibles portaient toutes des uniformes américains. Les instructions étaient les suivantes : « Frappez le soldat ou l'officier américain », « Faites sauter le véhicule américain. » Quand la cible était touchée, c'était annoncé. On vous le répétait. Ainsi, vous aviez constamment en tête les États-Unis. Et frapper une cible américaine devenait le rêve de chaque membre de l'organisation.

Les bibliothèques, dans les camps d'Al-Qaïda, contenaient beaucoup de livres et d'encyclopédies militaires, dont l'*Encyclopédie du Djihad* en Afghanistan, où sont exposés tous les aspects de l'action militaire, depuis les armes jusqu'à la pratique de la guérilla, en passant par la guerre urbaine, le camouflage, la sécurité, le renseignement, le rassemblement des données, les tanks et la guerre chimique. Cette encyclopédie fait douze volumes. Elle comprend des dessins, des cartes et des graphiques. C'est un livre de formation militaire présenté sous une forme islamique.

En dehors des camps d'entraînement d'Al-Qaïda en Afghanistan, l'*Encyclopédie du Djihad* est la contribution la plus importante du mouvement pour la formation des djihadistes. Cette œuvre considérable de plusieurs milliers de pages répertorie des conseils applicables à tout ce qu'il est possible d'imaginer : comment piéger une serviette de table, comment tirer à partir d'un véhicule, comment reconnaître un serpent à sonnettes, comment traîter une piqûre de scorpion...

CIBLE : L'ATTACHÉ D'AMBASSADE AMÉRICAIN (JUIF)
POUR LES AFFAIRES COMMERCIALES

L'attaché d'ambassade pour les affaires commerciales
Emploi du temps

1) Il quitte la résidence (sous forte escorte) pour se rendre à son travail à l'ambassade, accompagné d'une voiture de sécurité, en plus de ses gardes du corps présents dans son propre véhicule. Il arrive qu'il prenne le volant lui-même ; parfois il y

a un chauffeur. Il n'a pas une voiture attitrée ; il utilisera plutôt les véhicules officiels de l'ambassade qui, en général, sont blindés.

2) Il regagne la résidence. La résidence où il vit est très bien gardée.

3) L'ambassade est très bien gardée.

4) Il n'a pas un emploi du temps clairement déterminé ; il est toujours en déplacement (c'est un homme actif), qui obéit à un emploi du temps inconnu. Il visite et fréquente de nombreux endroits de différents types.

5) Ses jours de congé sont le samedi et le dimanche, mais il n'a pas de programme pour ces jours-là. Il peut voyager, aller à son club, rester à la maison, aller travailler ou rendre des visites. Il ne se déplace qu'à bord des véhicules de l'ambassade, et sous bonne garde.

6) Après des recherches importantes et détaillées, après analyse, nous avons pu lire un de ses courriels sur Internet. La banque lui envoie un relevé de compte mensuel. Un examen des relevés nous a appris qu'il dépense une certaine somme venue de son compte personnel au restaurant M (un restaurant chic mais peu connu).

7) Une visite sur le site Web du restaurant nous a appris qu'il y réservait de temps en temps une table.

8) La surveillance du restaurant a permis de confirmer cette information, ainsi que l'identité [de la cible].

9) Il apparaît qu'il se rend dans ce restaurant pour y rencontrer le directeur du Sheraton (Brian Kelly), un homme d'affaires américain, et trois hommes d'affaires saoudiens.

10) Il est sous la protection de deux gardes du corps ; il se déplace dans les véhicules de l'ambassade.

11) Les membres du groupe d'opération ont réservé une table dans le restaurant. Ils ont pu se familiariser en profondeur avec le terrain, l'immeuble, les rues avoisinantes et le parking.

12) Les membres du groupe d'opération ont continué à surveiller le site Web du restaurant afin de déterminer le moment de l'opération.

COMMENT SE RENDRE SUR LE THÉÂTRE DES OPÉRATIONS

a. Le van quitte la maison sécurisée à 7 heures, avec à son bord les hommes n° 1 (le chauffeur), 2, 3 et 4.

b. Le van arrive au parking. Il y pénètre sans problème. Il se gare sur le dernier emplacement. Numéro 4 descend du véhicule (sans armes). Il gagne le restaurant M comme un client ordinaire (il a réservé une table).

c. Numéro 4 utilise le téléphone pour prévenir numéro 1 et numéro 2 de l'arrivée de la cible et de sa bande.

d. Numéro 3 pénètre dans l'immeuble, habillé en homme d'entretien. Il est porteur d'une poubelle. (La poubelle contient des explosifs et une arme munie d'un silencieux.)

e. Numéro 1 et numéro 2 s'approchent de l'immeuble, vêtus en ouvriers venus effectuer des réparations sur les gouttières ; leurs boîtes à outils contiennent les armes et les cordes.

f. Numéro 1 et numéro 2 préparent les cordes et enfilent les vêtements de l'opération, ainsi que les masques. Ils se tiennent prêts.

EXÉCUTION

a. Numéro 4 appelle numéro 1 et numéro 2 ; il leur demande de lancer l'opération.

b. Avant d'appeler, numéro 4 a ménagé un accès (la fenêtre et la porte des toilettes).

c. Numéro 3 se dirige vers le portail.

d. Numéro 1 et numéro 2, à l'aide des cordes, se hissent jusqu'à la fenêtre des toilettes. Ils pénètrent dans les toilettes. Ils gardent les cordes (qui serviront plus tard à ligoter l'Américain). Numéro 2 pénètre dans la salle marquée « privé » (son MP-5 est équipé du silencieux) ; en même temps, numéro 1 pénètre dans la salle à manger (MP-5 avec silencieux) ; ils ne lancent pas l'attaque avant d'avoir assuré leurs arrières.

Pendant ce temps, numéro 3 attaque les gardes du corps, et numéro 4 va chercher son MP-5 dans la poubelle. Numéro 4 revient rapidement dans la salle à manger du restaurant. Dès que numéro 3 a neutralisé le garde du corps, il prend son Beretta et pénètre rapidement dans la salle ; il verrouille les portes automatiques du bureau et les portes automatiques de la cuisine.

La situation est alors la suivante :

a. La pièce « privé » est sous contrôle.
b. La cour du restaurant est sous contrôle.
c. L'entrée est sous contrôle.
d. La salle à manger du restaurant est sous contrôle.

Le chef et les commis sont retenus dans la cuisine.

Numéro 4, numéro 3 et numéro 2 poussent les otages dans la cuisine ; numéro 1 pousse la cible et sa bande dans la cuisine. Dans la cuisine : numéro 3 surveille la porte, numéro 1 surveille la cible et sa bande, numéro 2 va chercher la cible et sa bande. Numéro 4 surveille les otages restants. Ensuite, on va chercher tous les otages. Les hommes jeunes et forts sont enfermés dans les placards. La cible et sa bande sont acculés dans un angle. Le reste des otages est acculé dans un autre angle. Les otages sont ligotés au moyen des cordes. S'il n'y a plus de corde et qu'il reste des otages à ligoter, utiliser les nappes. Même traitement pour la cible et sa bande ; sauf qu'ils ont la priorité. La nouvelle situation est la suivante :

e. Numéro 2 surveille la cible et sa bande.
f. Numéro 4 surveille les otages.
g. Numéro 1 procède à une inspection des lieux.
h. Numéro 3 commence par sécuriser les portes et les fenêtres ; il ferme aussi les volets.

Le travail se déroule comme suit :
i. Numéro 1 : négociations.
j. Numéro 2 inspecte le restaurant (il est responsable de la sécurité).
k. Numéro 3 surveille la cible et sa bande.
l. Numéro 4 surveille les otages.
m. Négociations :

Elles ont lieu comme suit.
* Donner à l'ennemi douze heures pour accomplir les exigences.
* Tuer un des otages dès le début (un ouvrier chrétien).

* Tuer toutes les soixante minutes un homme d'affaires chrétien devant la caméra de vidéosurveillance. Mettre les corps dans la chambre froide. Régler la minuterie de la bombe pour que l'explosion se produise douze heures plus tard.

Les exigences :

a. Un hélicoptère avec à son bord un pilote seulement ; l'appareil se posera sur la plate-forme de l'immeuble.

b. Un Boeing 707 prêt à décoller pour un long voyage, avec à bord un pilote et un copilote.

Sortie :

1. À l'arrivée de l'hélicoptère, numéro 2 sort par la porte ; numéro 3 lui a ouvert et le couvre.
2. Numéro 2 confirme : l'avion est prêt.
3. Numéro 2 contacte numéro 1 pour le départ.
4. Numéro 3 sait comment se servir de l'hélicoptère.
5. Numéro 1, numéro 3 et numéro 4 montent avec les otages pour rejoindre l'hélicoptère. Numéro 2 monte en dernier.
6. Numéro 2 demande au pilote de faire route sur l'aéroport où attend le Boeing.
7. À l'arrivée, numéro 4 sort pour s'assurer que le Boeing est bien sur la piste de décollage.
8. Numéro 4 entre en contact avec numéro 1 pour l'embarquement à bord du Boeing.
9. Numéro 4 embarque avec tous les otages.

À bord de l'avion :

a. Numéro 1 inspecte l'appareil.

b. Numéro 4 est dans le cockpit (il s'occupe d'étudier le 707).

c. Numéro 3 est dans l'avion.

d. Numéro 2 surveille la cible, l'Américain.

10. L'opération a pris vingt minutes.
11. L'avion décolle. Pendant le vol, numéro 1 demande au comandant de faire route directement sur Kandahar.
12. Numéro 3 vérifie la feuille de route en se servant du GPS (Global Positioning System) Magellan dont il s'est équipé.
13. À l'arrivée à Kandahar, les exigences sont :

a. Libération du cheikh Omar Abdel-Rahman et de ses fidèles.
b. 20 millions de dollars.
c. Livraison du criminel de guerre Norman Schwarzkopf [le commandant des forces armées américaines pendant la première guerre du Golfe].

L'ensemble de l'opération ne prend pas plus de vingt-quatre heures.
N'accepter aucun intermédiaire qui ne serait pas choisi parmi les talibans.

On trouve dans l'*Encyclopédie du Djihad* une notice sur le RDX, un puissant explosif utile pour les opérations terroristes.

Le RDX est considéré comme un explosif de base très efficace. Il peut aussi servir comme amorce. Le RDX est très sensible. Il ne prend pas feu au moment de l'explosion. Sa température d'explosion est de 197 °C. L'explosion se propage à 8 387 mètres par seconde. Le RDX résiste à l'humidité. Il a une puissance de 1,6 TNT. Sa couleur est blanche à l'état pur ; son aspect poudreux et cristallin évoque le sel. On se le procure par extraction des explosifs C4 ou en le préparant en laboratoire.

L'*Encyclopédie du Djihad* offre également des instructions détaillées sur la confection du RDX. Ahmad Ressam, qui a préparé un attentat contre l'aéroport de Los Angeles en décembre 1999, est diplômé des camps d'entraînement d'Al-Qaïda, où il a appris à fabriquer lui-même du RDX.
Il devait se servir de ses connaissances pour fabriquer ses bombes, mais il n'eut pas le temps de les faire exploser à Los Angeles, ayant été arrêté dans l'État de Washington.

Abu Jandal.

Je me rappelle que le frère Oussama avait coutume de nous expliquer certaines questions de stratégie militaire et certains concepts. Il nous disait que le combat n'était pas seulement une lutte entre Al-Qaïda et les États-Unis ; Al-Qaïda n'était qu'un élément central, un déclencheur destiné à détruire l'offensive américaine contre notre monde islamique, à entraîner les États-Unis dans une bataille à grande échelle qu'ils ne pourraient plus contrôler. Il répétait :

– Nous travaillons dans la perspective d'une grande opération, à savoir que nous voulons entraîner les États-Unis dans un affrontement avec l'ensemble du monde islamique.

Comme nous achevions notre période d'entraînement, une tentative d'attentat a eu lieu à Jalalabad contre le cheikh Oussama. Mais la police des talibans a arrêté les coupables. Le mollah Omar a envoyé un hélicoptère au cheikh Oussama, en lui proposant une rencontre à Kandahar. Ils se sont vus à l'aéroport de Kandahar. Le mollah Omar a dit au cheikh Oussama :

– Il faut que tu t'installes avec nous à Kandahar, c'est là qu'est notre forteresse, notre quartier général. Tu y seras plus en sécurité qu'à Jalalabad, où on trouve des gens de diverses religions, des groupes ethniques. Ce n'est pas très sûr.

Trois jours plus tard, le cheikh Oussama Ben Laden est retourné à Jalalabad, et il a décidé de faire transférer par avion à Kandahar toutes ses femmes et les familles des moudjahidin arabes.

Quand il est arrivé à Kandahar, le mollah Omar lui a donné le choix de s'installer soit sur le site résidentiel de la compagnie d'électricité, qui disposait de toutes les commodités, soit sur celui de l'aéroport, moins bien équipé. Ben Laden a opté pour l'aéroport car il voulait que ses fidèles vivent une existence austère et modeste. Il n'y avait pas d'eau courante. Comme disait toujours le cheikh Oussama :

– Nous voulons une vie simple.

Les recrues d'Al-Qaïda n'avaient pas fui pour des raisons économiques, mais plutôt à cause de la situation politique qu'ils subissaient chez eux du fait de l'interdiction d'exprimer leurs idées. Les États arabes auraient-ils accepté la liberté d'opinion et d'expression, leurs fils n'auraient pas été aussi nombreux à aller grossir les rangs d'Al-Qaïda. Certains d'entre eux étaient diplômés des meilleures universités du monde. Ils occupaient des postes qui leur rapportaient de hauts salaires, comme Sayf

Adel, officier dans les Forces spéciales égyptiennes. L'Égyptien Abu Hafs était officier de police. De même Abu Ubaidah Al-Banjshiri. Ces hommes-là ont quitté leur pays parce que l'absence de liberté les y obligeait ; c'était pour eux le seul moyen de pouvoir exprimer leurs opinions.

En 1998, l'Égyptien Ayman Al-Zawahiri rapprocha davantage son groupe d'Al-Qaïda. Mais plusieurs membres de son organisations n'étaient pas d'accord.

Noman Benotman est ce djihadiste libyen qui vivait au Soudan au milieu des années 1990, après avoir combattu en Afghanistan.

Quand il est revenu en Afghanistan, Al-Zawahiri a décidé de rejoindre Ben Laden. Ses gens n'étaient pas d'accord avec lui. Ils lui ont envoyé une lettre du Yémen. Ils étaient plusieurs membre du comité shura, le conseil suprême du groupe djihadiste, et ils écrivaient : « Comment peux-tu rejoindre Ben Laden ? Nous ne te faisons plus confiance. »

Le 2 février 1998, Ben Laden publie une déclaration au nom du Front islamique mondial. Le texte est signé conjointement par Al-Qaïda et par le groupe djihadiste de Al-Zawahiri.

Abdel Bari Atwan, rédacteur au journal *Al-Quds Al-Arabiya.*

Oussama Ben Laden a publié sa fatwa et Khalid Fauwaz, le responsable presse de Ben Laden à Londres, m'a téléphoné :

– Je voudrais vous voir.

Il est venu avec la fatwa et me l'a montrée ; c'était très dangereux. C'était la première fois que quelqu'un en appelait à tuer les juifs et les croisés. Pour moi, c'était choquant. Et, pour être juste, c'était choquant aussi pour Khalid Fauwaz. Il m'a dit :

– Je ne suis pas d'accord avec lui. Ce qui se passe est très mauvais. J'ignore qui a influencé Oussama Ben Laden pour le pousser à publier cette fatwa. C'est inacceptable. Je suis contre.

Il était en colère. Furieux, même.

Déclaration de djihad contre les juifs et les croisés émise par Ben Laden au nom du Front islamique mondial, le 22 février 1998[6].

La péninsule arabique n'a jamais – depuis qu'Allah l'a voulue plate, habitée par un désert et entourée de mers – été ravagée par aucune force comparable aux armées croisées qui se sont répandues sur elle comme des sauterelles acharnées à dévorer ses richesses et à balayer ses plantations. Et cela se produit à un moment où les nations s'attaquent aux musulmans comme on se bat pour une assiette de nourriture. Mais personne ne conteste aujourd'hui trois faits connus de tous ; et nous allons les énumérer afin de rafraîchir les mémoires.

Premièrement, depuis plus de sept ans [depuis que 500 000 soldats américains sont entrés au Koweït sur les pas de Saddam Hussein], les États-Unis occupent les terres d'islam et ses lieux les plus saints ; ils occupent la péninsule arabique, terrorisant ses voisins et transformant leurs bases en pointes de flèche dirigées vers les voisins musulmans.

Si quelques peuples ont pu contester naguère la réalité de cette occupation, tous les peuples de la péninsule la reconnaissent aujourd'hui comme effective. La meilleure preuve en est encore l'agression incessante des Américains contre le peuple irakien ; ils se servent en fait de la péninsule comme d'une base arrière.

Deuxièmement, en dépit des ravages infligés au peuple irakien par l'alliance des croisés et des sionistes, en dépit du nombre de tués – nombre qui dépasse le million – en dépit de tout cela, les Américains essaient une fois encore de réitérer leurs épouvantables massacres, comme s'il n'étaient pas encore satisfaits par les interminables sanctions des Nations unies, elles-mêmes consécutives à une guerre féroce [la guerre du Golfe].

Troisièmement, si les buts cachés des Américains sont religieux et économiques, leur objectif est aussi de servir l'insignifiant État juif ; il s'agit de détourner l'attention de l'occupation par celui-ci de Jérusalem, et des meurtres de musulmans perpétrés dans cette région. Pour preuve, il suffit de voir leur impatience de détruire l'Irak, le plus puissant des États arabes voisins, et leur tentative de déstabilisation de tous les États de la région tels l'Irak, l'Arabie Saoudite, l'Égypte et le Soudan. Ils veulent en faire des États fantoches, dont la faiblesse garantira la survie d'Israël et la perpétuation de la brutale occupation de la péninsule par les croisés.

Tous ces crimes et ces péchés commis par les Américains constituent une déclaration de guerre manifeste adressée à Allah, à son messager et aux musulmans. Et les oulémas, dans le cours de l'histoire de l'islam, ont unanimement déclaré le djihad devoir individuel, au cas où l'ennemi viendrait à détruire les pays musulmans.

Sur cette base, et en accord avec la volonté d'Allah, nous émettons la fatwa suivante adressée à tous les musulmans.

La règle consistant à tuer les Américains et leurs alliés – civils et militaires – est un devoir individuel pour tout musulman qui peut le faire dans tout pays où il est possible de le faire, afin de libérer de leur emprise la mosquée Al-Aqsa [de Jérusalem] et la sainte mosquée [de La Mecque].

Extrait d'un mémorandum de la CIA daté du 23 février 1998, paru au lendemain de la publication de la fatwa, et intitulé *Fatwas or Religious Rulings by Militant Islamic Groups against the United States* (« Fatwas et règlements religieux émanant des groupes de militants islamistes et dirigés contre les États-Unis »).

C'est la première fois que ces groupes publient des fatwas qui justifient explicitement les agressions contre des civils américains partout dans le monde. Les deux groupes [Ben Laden et une coalition de mouvements islamistes à Londres] avaient déjà montré par le passé que les civils représentaient des cibles légitimes, mais ces actions ont désormais une bénédiction religieuse.

L'annonce de la création du Front islamique mondial pour le djihad contre les croisés et les juifs marque une évolution importante dans la relation entre Al-Zawahiri et Ben Laden. Les deux

hommes se sont connus dix ans plus tôt à Peshawar. Il y avait longtemps que Ben Laden fournissait une aide financière au groupe djihadiste de Al-Zawahiri, mais leurs opérations seront couvertes désormais par une organisation commune.

On considère souvent Al-Zawahiri comme le véritable cerveau d'Al-Qaïda, l'homme qui apporte à Ben Laden les arguments politico-théologiques qui sous-tendent les attentats, et s'il y a du vrai en cela, il ne faut pas oublier que c'est Ben Laden qui a amené Al-Zawahiri à se détourner de l'« ennemi proche » pour s'en prendre à l'« ennemi lointain », les États-Unis.

Noman Benotman, le djihadiste libyen.

Oussama a influencé le groupe du djihad égyptien avec son idée, oublier l'ennemi proche (le gouvernement égyptien) :

– L'ennemi principal, c'est l'Amérique. Parce que l'Amérique domine toute la région, et soutient les régimes arabes.

L'Anglo-Ougandais Feroz Ali Abbasi fut capturé au Pakistan après la chute des talibans. Il avait suivi un entraînement dans un camp d'Al-Qaïda en Afghanistan. Libéré de Guantánamo en janvier 2005, il est retourné au Royaume-Uni.

D'après le gouvernement américain, il a rencontré Ben Laden à trois reprises. Abbasi a rédigé à Guantánamo un mémoire de 146 pages dont on lira ci-dessous des extraits. Il explique notamment comment les vues de Ben Laden sur la nécessité d'attaquer directement les États-Unis ont prévalu sur celles de l'organisation djihadiste de Al-Zawahiri[7].

C'est alors qu'a eu lieu le regroupement, plus que l'assimilation, du mouvement de Al-Zawahiri avec Al-Qaïda. Auparavant, le mouvement de Al-Zawahiri estimait que l'ennemi principal était le leader apostat qui dirigeait un pays musulman. Cela signifiait que le gros de nos efforts devait consister à le renverser, par la force si nécessaire, et à le remplacer par un chef légitime.

Al-Qaïda n'était pas en contradiction avec cette option. Mais Al-Qaïda disait que les musulmans, aujourd'hui, ignoraient que leurs gouvernements étaient dirigés par des apostats. Ils pensaient plutôt que leurs gouvernement avaient à leur tête des leaders légitimes. Al-Qaïda a alors indiqué qu'en s'attaquant à l'incroyant le plus important – le grand Satan américain –, on regroupait tous les musulmans.

Ainsi, c'était en combattant le grand Satan américain que l'on montrerait aux musulmans que leurs pays étaient dirigés par des gens qui ne respectaient pas la loi d'Allah, donc des apostats.

Montasser Al-Zayyat, le militant égyptien emprisonné au Caire avec Al-Zawahiri au début des années 1980, pense lui aussi que Ben Laden a fortement influencé Al-Zawahiri.

Ben Laden a conseillé à Al-Zawahiri de cesser les opérations armées en Égypte et de s'allier à lui contre leurs ennemis communs : les États-Unis et Israël. Il lui a donné ce conseil à leur retour en Afghanistan, en 1996, quand Ben Laden a garanti la sécurité de Al-Zawahiri et des membres du djihad égyptien en les abritant sous la bannière des talibans.

Ahmad Ibrahim Al-Sayyid Al-Naggar était un membre éminent du mouvement dirigé par Al-Zawahiri. En octobre 1997, il fut jugé par un tribunal militaire égyptien, qui le condamna à mort par contumace. L'année suivante, il fut arrêté par les autorités albanaises qui travaillaient avec la CIA, puis extradé vers l'Égypte, où on l'a probablement torturé.

On lira ci-dessous des extraits d'un interrogatoire de juin 1998. Al-Naggar y parle du djihad égyptien et affirme que Ben Laden finançait cette organisation[8].

INTERROGATOIRE DE L'ACCUSÉ
AHMED IBRAHIM AL-SAYYID AL-NAGGAR

Âge : 36 ans.

Profession : Enseignant à la Haramain Charity Organization, Albanie.

Domicile : Al-Shaikh Al-Husari Street, Nahia, province de Gizeh, Égypte.

Date : 2 juillet 1998.

L'interrogatoire est mené par le capitaine Yasir Abdulddin, du Département sécurité de l'État.

Au milieu de 1994, Naggar a souhaité partir pour le Soudan, où il a été accueilli à l'aéroport de Khartoum, pour être conduit dans l'une des maisons de la capitale, et rencontrer Ayman Al-Zawahiri. Ce dernier lui a demandé de prendre la responsabilité de l'organisation civile en Égypte.

En octobre 1995, le chef, Ayman Al-Zawahiri, alors au Yémen, lui a demandé de venir prendre la responsabilité de l'organisation au Yémen, en plus de ses responsabilités dans l'organisation civile en Égypte.

En janvier 1996, on l'a informé qu'il y avait du travail pour lui dans une organisation humanitaire en Albanie. Il a accepté cette offre, et quitté le Yémen en utilisant un faux passeport, au nom d'Ahmad Rajab Mohammed. À Tirana, la capitale, il a travaillé pour la Haramain Charity Organization.

Il a reçu par la suite un appel téléphonique du Saoudien Ben Laden, qui lui a dit que, si la situation venait à empirer en Albanie, il était prêt à accueillir les membres de l'organisation en Afghanistan, car il était proche du gouvernement taliban. Oussama lui a promis également de verser chaque mois 100 dollars à toutes les familles.

Les sources de financement du djihad : soutien d'Oussama Ben Laden en coordination avec Al-Zawahiri en personne. Autres sources de financement, 10 pour cent des salaires des membres ; projets de commerce de sucre ; commerce en Asie du Sud-Est ; élevage de chèvres en Albanie ; rénovation d'un vieil immeuble à Londres.

En avril 1998, le gouvernement américain reprocha au régime taliban de favoriser le terrorisme. Le mois suivant, Ben Laden fit monter les enchères en affichant publiquement son intention d'attaquer des cibles américaines, lors d'une interview à la télé-

vision américaine, et au cours de la seule et unique conférence de presse donnée par lui en Afghanistan[9].

Voici un extrait d'une déclaration de Ben Laden après que le gouvernement américain eut désigné les talibans comme un État qui tolérait le terrorisme.

Le gouvernement taliban attendait depuis longtemps une semblable résolution de la part des Américains. Il ne pourra plus être accusé désormais d'être au service des États-Unis. C'est la preuve de son indépendance et de sa fermeté, la preuve qu'il prend lui-même ses décisions, sans être soumis à aucune pression, pas même celle des États-Unis. Alors félicitons le gouvernement taliban pour cette médaille d'honneur que lui a décernée l'Amérique en décidant de l'accuser de sponsoriser le terrorisme[10].

Hamid Mir, le biographe de Ben Laden. Interview de 2003.

Je l'ai interviewé le 16 mai 1998 près de Kandahar. J'ai passé deux jours là-bas, et lors de cet entretien Ayman Al-Zawahiri était présent. J'ai compris qu'Oussama Ben Laden ne parlait plus seulement de la présence des troupes américaines en Arabie. Son programme était vaste. Il parlait du pillage du pétrole au Moyen-Orient, du problème israélo-palestinien, du problème entre l'Inde et le Cachemire, des Tchétchènes. Il essayait de devenir le chef international des musulmans. Étaient présents aussi les deux fils du cheikh Omar Abdel Rahman (le religieux égyptien aveugle emprisonné aux États-Unis).

Mais la plupart du temps la discussion ne portait que sur un seul point. Je lui posai une question :

– Comment pouvez-vous prouver, en vous appuyant sur les enseignements de l'islam, qu'il faut tuer les Américains ? Je vous en prie, expliquez-moi. Je ne demande qu'à être convaincu.

Et il s'efforçait de me convaincre. Il me montrait son livre, sa fatwa. Vous comprenez, je ne suis pas religieux. Je ne connais pas la loi islamique, mais j'ai lu le Coran. Alors je lui disais par exemple une chose très simple :

– D'après le Coran, le sang d'un innocent non-musulman équivaut au sang d'un musulman. Si vous tuez un innocent non-musulman, un chrétien, un citoyen américain, si vous tuez un non-musulman, un juif innocent, vous violez l'enseignement coranique. Quelle preuve avez-vous que votre fatwa est correcte ?

Il finissait par répondre :

– En fait, ce n'est pas ma fatwa. En fait, la fatwa a été émise par de très grands religieux islamiques. Je ne fais qu'obéir.

Sur les questions politiques, il était bon. Mais quand il parlait religion, il n'était pas brillant. J'ai assisté à l'un des cours qu'il donnait aux combattants. J'étais là en observateur. Il y avait plus de trois cents combattants dans la salle. Il y avait un grand tableau. Ben Laden y a collé une carte du Moyen-Orient. Et il s'est lancé dans une explication :

– Pourquoi les Américains sont-ils au Koweït ? Pourquoi les Américains sont-ils au Yémen ? Pourquoi sont-ils en Arabie Saoudite ? Qu'est-ce qu'ils font à Bahreïn ?

Il répondait :

– Ils sont là pour nous voler nos richesses pétrolières.

Et les combattants entonnaient aussitôt des slogans :

– *Allah Akbar ! Allah Akbar !* Dieu est grand !

Quand il a cité la charia, les livres islamiques et le Coran, quand il a affirmé qu'il fallait combattre les non-musulmans et faire triompher la loi islamique, cela n'a provoqué aucune réaction d'enthousiasme. Il ne pouvait pas prouver en s'appuyant sur le Coran que tuer les Américains, c'était l'islam, que tuer tous les non-musulmans, c'était l'islam. Il n'avait aucune preuve.

Pendant l'interview, un de ses collègues m'a lancé :

– Monsieur Mir, ne voudriez-vous pas écrire un livre sur le cheikh ?

– Pourquoi pas ? Mais il faudrait que ce soit un livre. Pas de la propagande.

Le lendemain, on a échangé des vues sur ce projet, et j'ai rédigé un synopsis. Puis j'ai dit que j'allais rédiger mes observations. Qu'elles soient négatives ou positives, ils ne devraient pas soulever d'objection. Ben Laden a acquiescé :

– D'accord. J'accepte vos conditions. Mais j'ai une condition, moi aussi. Il ne faudra pas trahir les faits. J'ai trois femmes, alors n'écrivez pas que j'en ai six. De même que j'ai seize enfants. Il ne faudra pas écrire que j'en ai cinquante-six.

– Très bien, dis-je. Je ne trahirai pas les faits.

Il n'était pas célèbre, à ce moment-là, et je pensais que le livre serait bouclé en l'espace de trois ou quatre mois.

J'ai vu Ben Laden quand il est sorti pour aller chasser les oiseaux. Je l'ai vu entouré de gens qui jouaient au football. Ils jouaient bien. Lui, il les regardait. C'est son fils, Mohammed, qui était dans les buts.

J'ai rencontré ses trois fils : Mohammed, Ali, Saad – aujourd'hui en Iran. Saad avait seize ans. J'avais pris une photo de lui assis avec son père, un fusil posé sur les genoux. Et j'avais demandé à Ben Laden :

– Il n'est pas un peu jeune pour porter une arme ?

Ben Laden m'a répondu que l'adolescent en avait lui-même décidé ainsi. Alors j'ai posé ma question à Saad :

– Tu as l'intention de marcher sur les traces de ton père ?

– Non. J'ai l'intention de marcher sur les traces de mon Prophète.

– Je vois.

Ben Laden m'a dit qu'il s'apprêtait à tenir très bientôt une conférence de presse. J'y étais invité.

– Vous devriez venir à cette conférence de presse.

Il a ajouté :

– J'invite beaucoup de journalistes.

– Combien ?

Tirant une feuille d'un dossier, il m'a montré la liste. Il y avait plus de vingt-deux personnes. Il y avait même votre nom [Peter Bergen]. Et Peter Arnett, et bien d'autres. Un type de la BBC, aussi. J'ai répliqué :

– Désolé, je n'y serai pas.

– Pourquoi ?

– J'ai l'impression que vous invitez beaucoup de journalistes pakistanais. D'accord, j'ai des contacts avec des gars des services secrets, mais moi je ne suis pas leur indic. Ils vont en profiter pour aider les agences de renseignement et votre lieu de résidence sera bombardé.

– Mais non, mais non. Vous viendrez.

– Non.

Il n'en était pas question. Je ne suis pas allé à cette conférence de presse parce que j'étais sûr que l'endroit serait bombardé. Et il l'a été, trois mois plus tard, par un missile de croisière américain. Quand ensuite j'ai revu Ben Laden, il a reconnu :

– Vous aviez raison. Je reconnais votre sagesse.

Le 26 mai 1998, Ben Laden tint une conférence de presse et annonça qu'il avait « formé avec de nombreux autres groupes islamiques et organisations du monde islamique un front appelé le Front islamique international pour mener le djihad contre les croisés et les juifs »[11]). Étaient présents les fils du religieux égyptien Omar Abdel Rahman, le cheikh aveugle, qui distribuaient de petites cartes où s'inscrivaient les « volontés » de leur père.

Le journaliste pakistanais Ismaïl Khan assistait à cette conférence de presse ; je l'ai interrogé en septembre 1998 à Islamabad au Pakistan.

Je voyais un nuage de poussière s'élever à quelque distance. Ensuite trois voitures sont arrivées, avec à l'intérieur les types qui escortaient Oussama. Il est descendu de la voiture. À l'instant où il posait le pied sur le sol, il y a eu des coups de feu. Des tirs violents. Les types ont répliqué en tirant en direction des montagnes à coups de RPG et de lance-roquettes. La fusillade a duré cinq minutes. Puis la conférence de presse a commencé.

J'en ai encore l'esprit confondu : il a parlé de « bonnes nouvelles » auxquelles il fallait s'attendre dans les semaines à venir. Oussama était assis au centre. Il y avait aussi le docteur Ayman Al-Zawahiri.

Ben Laden et Al-Zawahiri ont tous deux pris la parole lors de cette conférence de presse, et ils apparaissent sur la vidéo tournée par le cameraman d'Al-Qaïda.

Cette vidéo fut découverte par CNN en Afghanistan après la chute des talibans.

Ben Laden :

Par la grâce de Dieu, nous avons formé avec de nombreux autres groupes islamiques et organisations du monde islamique un front appelé le Front islamique international pour mener le djihad contre les croisés et les juifs. Une de ses principales composantes est le groupe du docteur Al-Zawahiri, ici présent. Et nous avons reçu des demandes d'autres organisations désireuses de rejoindre ce front. Les choses vont vite. C'est pourquoi nous aimerions que cette nouvelle soit une bonne nouvelle, par la volonté de Dieu. Nous espérons que cela permettra de lever la honte qui couvre le visage des musulmans.

Al-Zawahiri :

Nous travaillons avec le frère Ben Laden. Nous le connaissons depuis plus de dix ans. Nous avons combattu avec lui ici même, en Afghanistan. Nous avons travaillé avec lui au Soudan et dans maintes régions.

Après la conférence de presse, un journaliste pakistanais, Rahimullah Yusufzai, a posé à Ben Laden quelques questions personnelles. J'ai moi-même interviewé Yusufzai au Pakistan en septembre 1998 et en juin 2003.

Nous avons eu une brève conversation autour d'une tasse de thé, et j'ai demandé à Ben Laden s'il était vrai que sa famille, en Arabie Saoudite, l'avait déshérité. Il m'a répondu par une courte formule : « Le sang est plus épais que l'eau », qui voulait dire : « Non, ce n'est pas vrai. » Je l'ai interrogé sur sa famille et ses enfants. Il m'a dit :

– Ils sont tellement nombreux que je ne les compte plus.

Quand je lui ai parlé de sa fortune, il a posé la main droite sur son cœur :

– Ici, je suis riche et généreux.

C'est ce qui s'appelle avoir un sens de l'humour très subtil.

Ben Laden avait beau vivre dans des conditions très dures, il avait gardé un peu d'esprit.

À en croire ses fidèles, il adorait monter à cheval. Aussi, même en Afghanistan, il trouvait le temps de faire du cheval. Ses gens m'ont dit aussi qu'il avait souvent envie de jouer au football. Je leur ai répondu qu'il souffrait du dos en permanence et qu'il s'aidait d'un bâton pour marcher. Comment aurait-il pu jouer au football ? Ils m'ont affirmé qu'il les rejoignait sur le terrain quelquefois, quand il se sentait mieux.

Le journaliste pakistanais Ismaïl Khan participait à la conférence de presse.

Les deux fils du religieux égyptien aveugle, le cheikh Omar Abdul Rahman, étaient là aussi. C'est Al-Zawahiri qui nous a présenté lui-même le plus jeune des deux, Asim Omar Abdul Rahman. Il distribuait ces cartons qui contenaient les volontés de son père, lequel était emprisonné aux États-Unis pour cause de terrorisme depuis 1993. Il disait que son père n'était pas traité correctement dans les prisons américaines. Ils n'avaient pu lui parler depuis un certain temps. Il n'avait pas le droit de laver ses vêtements ni de faire ses prières ; Asim disait que les Américains étaient en train de le tuer à petit feu.

Ce n'est rien qu'une carte colorée, plastifiée, sur laquelle figurent un texte calligraphié en arabe et la photo d'un religieux emprisonné priant dans sa cellule ; mais c'est un document clé pour qui veut comprendre pourquoi quelque 3 000 Américains ont perdu la vie le matin du 11 septembre 2001. La carte a été distribuée à plusieurs des journalistes qui assistaient à la conférence de presse ; ainsi, j'ai pu m'en procurer une copie.

Voici une traduction du texte en arabe.

Mes frères...

Si les Américains me tuent, ce qu'ils feront certainement, que mes funérailles aient lieu et que mon corps soit envoyé à ma famille. Mais que mon sang n'ait pas coulé en vain. Au contraire, tirez-en la vengeance la plus violente, et souvenez-vous de votre frère, qui disait la vérité et a péri pour accomplir la volonté de Dieu... Le moudjahid cheikh Omar Abdel Al-Rahman.

Au nom de Dieu bon et miséricordieux.

LA FATWA DU PRISONNIER CHEIKH DOCTEUR OMAR ABDEL RAHMAN

L'Amérique s'est engagée dans l'élimination des oulémas qui disent la vérité. Et l'Amérique a suggéré à ses clients en Arabie Saoudite d'emprisonner le cheikh Safar Al-Hawali et le cheikh Salman Al-Awdah, ainsi que tous ceux qui disent la vérité, comme l'Égypte l'a fait...

Et le Coran a lancé un décret sur ces juifs et ces chrétiens, un décret que nous avons oublié, ou permis d'oublier.

Allah a dit : « S'ils le peuvent, ils continueront à vous tuer jusqu'à vous obliger à vous détourner de votre religion. »

Ainsi feront partout tous les musulmans.

Rompez toute relation avec les Américains, les chrétiens et les juifs, taillez-les en pièces, détruisez leur économie, brûlez leurs sociétés, brisez leur paix, coulez leurs navires, abattez leurs avions, tuez-les dans les airs, sur les mers et sur terre. Tuez-les partout où vous pourrez les trouver, tendez-leur des embuscades, prenez-les en otages, détruisez leurs observatoires. Tuez ces infidèles. Jusqu'à ce qu'ils puissent témoigner de votre sévérité. Combattez-les, et Dieu les torturera par vos mains, et Il les fera tomber en disgrâce, et Il vous donnera la victoire sur eux ; et la nation des croyants est sur le point d'être créée, et c'est d'eux que viendra la fureur.

Votre frère Omar Abdel Rahman, de sa prison américaine.

Hamid Mir, le biographe de Ben Laden. Interview de mai 2002.

Le langage tenu par le cheikh Omar Abdel Rahman dans ce document est très, très fort. Jusqu'en 1998, Ben Laden n'avait publié ni fatwa ni rien d'autre contre les Américains ordinaires. Il était contre les troupes américaines, contre le gouvernement américain, mais le docteur Al-Zawahiri, lui, était contre chaque

Américain pris individuellement, parce qu'il était touché en personne : c'était son chef, le cheikh aveugle, Rahman, que les autorités américaines avaient arrêté.

Si vous examinez cette fatwa, vous y trouvez le fondement idéologique d'Al-Qaïda. Ils disent : « Tuez les Américains dans les airs, tuez les Américains aux frontières, tuez-les partout, détruisez leurs sociétés, tout. » J'en conclus qu'ils exécutent ce que le cheikh a ordonné dans sa fatwa.

L'Algérien Ahmad Ressam avait prévu de commettre un attentat à l'aéroport de Los Angeles en décembre 1999. À la mi-1998, il s'entraînait en Afghanistan, à Khaldan, un camp d'où étaient déjà sortis plusieurs « diplômés » parmi les plus dangereux. Appelé à témoigner dans un procès, plus tard, contre des terroristes, il a évoqué son passage dans ce camp, et déclaré que la fatwa du cheikh Rahman y avait été largement diffusée[12].

Une fatwa a été émise par le cheikh Omar Abdel Rahman, un morceau de carton avec sa photo dessus. Le document parlait d'une fatwa lancée par Omar Abdel Rahman depuis sa prison. Il disait qu'il fallait attaquer les Américains et frapper leurs intérêts partout. Une fatwa est une chose à laquelle obéit une personne civilisée. Si la fatwa pose problème, si quelqu'un a besoin d'avoir un avis sur elle, le religieux, l'homme cultivé se penche sur le problème et juge s'il convient de lui obéir ou non.

Personne n'a mesuré l'importance accordée par Al-Qaïda à cette fatwa. C'était apparemment la première fois qu'un théologien musulman prononçait une sanction religieuse consistant à attaquer l'aviation américaine, des navires et des cibles économiques. « Abattez leurs avions, brûlez leurs sociétés, coulez leurs navires... » Ces exhortations feraient bientôt figure de bombe à retardement.

Le compte à rebours allait s'égrener lentement jusqu'à une première explosion, celle du 12 octobre 2000, quand un attentat suicide creusa un trou de la taille d'une petite maison sur le flanc du *Cole*, au Yémen, et tua dix-sept marins.

On comprend la signification de la fatwa si l'on songe que son auteur, le cheikh Rahman, exerce une autorité spirituelle sur Al-Qaïda. Cette organisation a beau être dirigée par Ben Laden et par son représentant Al-Zawahiri, aucun des deux ne possède le prestige dévolu aux théologiens. Le cheikh Rahman, en revanche, a son doctorat de jurisprudence islamique de l'université d'Al-Azhar au Caire – le Harvard de l'intelligentsia islamique. Et Rahman a longtemps servi de guide spirituel aux deux groupes terroristes les plus violents d'Égypte, dont les ex-membres occupent désormais les postes de dirigeants au sein d'Al-Qaïda.

Comme pour souligner la révérence particulière qu'inspire Rahman, la division média de l'organisation, baptisée « Nuages », a diffusé au printemps 2001 une cassette de propagande de deux heures. À la moitié de la cassette, arrive une séquence intitulée « Raisons », dans laquelle Ben Laden explique pourquoi les musulmans doivent lancer la guerre sainte contre les États-Unis.

Montrant une photo du cheikh Rahman, il fulmine :

– Il est otage dans une prison américaine. Nous savons qu'il est malade et que les Américains le maltraitent.

Plus loin :

– Nous tenons le gouvernement américain pour directement responsable [...] de la détention du cheikh Abdel Rahman, que nous considérons comme un des grands érudits de l'islam, et qui est en train de croupir en prison.

Rahman est la seule personnalité religieuse mentionnée dans cette cassette.

L'incarcération du cheikh Rahman est depuis des années comme une épine dans le pied d'Al-Qaïda. Quand, en 1993, le cheikh a été arrêté à New York sous l'inculpation de terrorisme, un débat a agité les membres d'Al-Qaïda au Soudan sur un possible attentat, en représailles contre l'ambassade américaine. Le projet a finalement été abandonné, de crainte de faire des victimes parmi les civils. Le groupe, par la suite, devait renoncer à ce scrupule.

En 1996, lors de la première déclaration de guerre d'Al-Qaïda contre les États-Unis, Ben Laden avait expliqué que les « sionistes-croisés » avaient arrêté Rahman, le « soldat de la guerre sainte ». L'année suivante, sur CNN, il présentait le cheikh Omar Abdel Rahman comme un « théologien bien connu dans l'ensemble du monde musulman ». Il disait voir dans le sort fait à Rahman « le genre d'injustice auquel avaient recours les Américains ». Pour lui, on avait « fabriqué contre lui un dossier de toutes pièces, alors même que Rahman était un vieil homme aveugle », on l'avait « condamné à une peine de deux cents ans » et il était « maltraité ».

En septembre 2000, la chaîne Al-Jazira a diffusé une vidéo montrant les chefs d'Al-Qaïda en Afghanistan assis sous une bannière portant l'incription : « CONVENTION DE SOUTIEN À L'HONORABLE OMAR ABDEL RAHMAN ».

Ben Laden affirmait : « Nous promettons d'œuvrer de toutes nos forces pour libérer notre frère, le cheikh Omar Abdel Rahman[13]. » On entendait hors caméra l'un des fils du cheikh s'écrier : « Que coule le sang ! »

C'était la première fois qu'un membre de la famille de Rahman se laissait identifier comme appartenant à Al-Qaïda.

L'intérêt que vouait Al-Qaïda à la destinée du cheikh Rahman a sans doute créé la surprise chez la plupart des Américains. Se souvenaient-ils du théologien corpulent qui résidait à New York au début des années 1990 ? Il passait à la télévision, sempiternellement vêtu de ses robes flottantes, coiffé du couvre-chef rouge qui marquait son statut élevé dans la hiérarchie du clergé, ses yeux opaques dissimulés derrière des lunettes de soleil. À l'écran, on aurait juré un charmant père Noël de province plus ou moins métamorphosé en Ray Charles.

Or, le cheikh aveugle était l'inspirateur du terrorisme islamiste. Il ne cessait de gagner en importance comme l'instigateur dans les attentats les plus spectaculaires des vingt dernières années – depuis l'assassinat du président Sadate en 1981 jusqu'au 11 septembre.

Le cheikh était important pour Al-Qaïda non seulement en tant que théologien, mais aussi parce qu'il avait longtemps servi de guide spirituel aux ex-militants égyptiens qui formaient à présent le cœur de l'organisation. Le fait est peu connu en Occident, mais si l'exilé saoudien Ben Laden représente la face publique d'Al-Qaïda, ses membres les plus importants sont égyptiens ; quant à l'idéologie terroriste d'Al-Qaïda, elle est née en Égypte, comme sa tactique.

Le parrain idéologique d'Al-Qaïda est un écrivain égyptien du nom de Sayyid Qutb, dont le frère, Mohammed, a influencé Ben Laden quand ils étaient étudiants en Arabie. Les trois chefs mili-

taires successifs d'Al-Qaïda ont été des Égyptiens : Abu Ubadiah Al-Banjshiri, mort en 1996, Muhammad Atef, tué en Afghanistan en 2001, et actuellement Sayf Adel, ex-officier de l'armée égyptienne aujourd'hui établi en Iran.

Mohammed Atta, le chef du commando du 11 septembre, était égyptien. Et Rifi'a Ahmad Taha, qui a cosigné avec Ben Laden la déclaration de guerre contre les États-Unis, est le chef d'un groupe terroriste islamiste égyptien.

Rifi'a Taha a publié en 2000 la déclaration suivante.

En ce qui concerne l'affaire Omar Abdel Rahman, chef spirituel du groupe islamique actuellement détenu dans une prison américaine, nous avons assez parlé et assez menacé. Nous allons maintenant nous adresser aux États-Unis dans une langue qu'ils comprennent. Et je crois que le temps de le faire se rapproche.

La fatwa lancée par le cheikh Rahman contre l'économie et l'aviation américaines a joué un rôle important dans le déclenchement des attentats du 11 septembre. Les chefs égyptiens d'Al-Qaïda voulaient infliger aux États-Unis une vengeance appropriée à l'emprisonnement de leur guide spirituel et aux « mauvais traitements » qu'on lui faisait subir. En même temps, Rahman indiquait à ses fidèles que les attentats étaient couverts par sa bénédiction spirituelle.

Les fatwas du cheikh Rahman, aux yeux d'Al-Qaïda, équivalaient à une déclaration *ex cathedra* adressée par le pape aux catholiques. En tant que docteur en droit islamique, Rahman était fondé à dire qu'il était légalement permis, voire désirable, de lancer des attentats contre les avions et les intérêts américains. C'était la première fois qu'Al-Qaïda bénéficiait d'une telle approbation.

Mieux, un pamphlet intitulé *My Testimony to History* (« Mon témoignage pour l'histoire ») fut publié en 1996 aux États-Unis par des partisans du cheikh Rahman. Ce document offrait une photographie du cheikh en fauteuil roulant, dans sa prison américaine, et des citations formulées dans le même langage que sur les cartons distribués à la conférence de presse : « Vengez-vous de ceux qui m'assassinent, quels qu'ils soient. Ne laissez pas répandre mon sang en vain[14]. »

Bien sûr, il est possible que Rahman n'ait pas rédigé lui-même la fatwa. Après tout, il était emprisonné depuis 1993. Or il l'avait été aussi par le passé, et cela ne l'avait nullement empêché de communiquer d'importants messages à ses partisans, par le truchement de sa famille ou de ses avocats. Par exemple, il approuve en 1997 un accord de cessez-le-feu passé entre le gouvernement égyptien et les terroristes du groupe islamiste – approbation qu'il retirera d'ailleurs en 2000. Dans son autobiographie parue en 2001, Al-Zawahiri observe avec satisfaction que « des gens de la stature d'Omar Abdel Rahman [...] s'opposent à cette initiative [le cessez-le-feu en question] ».

La fatwa a-t-elle vraiment été rédigée par Rahman, ou par les leaders d'Al-Qaïda ? Nous ne le saurons jamais. Dans les deux cas, la direction d'Al-Qaïda savait qu'elle avait besoin d'une couverture théologique pour abriter la campagne prévue contre les civils américains ; et seul un homme de la stature de Rahman pouvait la fournir.

Abu Walid Al-Misri a été rédacteur en chef à *Al-Imara* (« L'Émirat »), le magazine en langue arabe des talibans. Il est également l'auteur du livre déjà cité sur les « Arabes aghans », publié en feuilleton par *Al-Sharq Al-Awsat* en décembre 2004, dont voici un nouvel extrait.

Le fait remarquable de cette période, 1996-1998, était que Ben Laden avait l'obsession des médias, surtout des médias internationaux. C'était devenu une manie. Le plus grand échec du mollah Omar fut son incapacité à faire taire le chef d'Al-Qaïda. Les ministres talibans venaient de Kaboul à Jalalabad pour rendre visite à Ben Laden, parfois le consulter sur des questions techniques, en particulier dans les domaines de l'agriculture, de l'électricité et de la construction. Ils savaient qu'il avait l'expérience de ces choses. Peut-être avaient-ils l'espoir de le voir peser de tout son poids dans la construction du futur « Émirat islamique » d'Afghanistan, comme naguère au Soudan.

Ben Laden ne se montrait pas avare de conseils, mais financièrement il n'était pas loin de la banqueroute. Ces visites se faisaient sur ordre du mollah Omar, qui souhaitait faire passer à Ben Laden le message suivant : « Nous te considérons comme un des nôtres, mais ne t'exprime pas dans les médias. » Cependant, Ben Laden a montré qu'il préférait sacrifier l'Afghanistan et le mollah Omar plutôt que de se taire.

Puis les chaînes de télévision américaines sont arrivées et les médias ont fait un maximum de bruit autour de Ben Laden. Ben Laden, de son côté, se sentait envahi dans toutes les fibres de son être par une envie enthousiaste de s'exprimer. Les requêtes formulées par le Premier ministre au nom du mollah Omar demeuraient sans effet. Ces suppliques et ces cris d'effroi alimentèrent les deux derniers mois de l'année 1996. En apparence, Ben Laden semblait d'accord ; mais il montrait en même temps qu'il se considérait comme le seul homme à pouvoir agir comme bon lui semblait. Et cela pouvait conduire le régime afghan droit vers le précipice.

Contrôler Ben Laden n'était pas chose facile. Derrière ses aimables dispositions se cachait un cheval sauvage, que nul ne pouvait maîtriser.

Le Canadien Rick Bennett est cameraman en free lance. Depuis quinze ans, il travaille essentiellement pour ABC News. Il a couvert la première guerre du Golfe en 1990, ainsi que les guerres en Somalie et en Bosnie au milieu des années 1990.

Au printemps 1998, on lui propose d'aller en Afghanistan. La mission consiste à filmer une interview de Ben Laden. Le travail doit s'effectuer avec John Miller, le correspondant d'ABC News. Ce qui suit est extrait de l'interview réalisée par Paul Cruickshank en juillet 2005.

On m'a approché pour cette interview. J'ai parlé avec deux ou trois cameramen du staff d'ABC. Ils pensaient que c'était un peu risqué. Je me suis dit : « Pourquoi pas ? » J'avais sûrement entendu parler de Ben Laden. Je suis allé à la documentation d'ABC, j'ai récupéré tout ce que j'ai trouvé à lire sur lui. À ce moment-là, je n'avais pas évalué à quel point il était suivi, ni à quel point il devenait populaire dans le monde musulman.

C'était la première fois que j'allais en Afghanistan. C'était une autre époque, presque une autre planète. Je me rappelle ces villages qu'on traversait en voiture. Les gens dans leurs maisons de terre sèche. On se demandait dans quel siècle on était. Combien les gens étaient pauvres, comment ils vivaient ; comme tout cela était loin de tout, comme c'était aride...

Mais j'avais vu des régions comme la Somalie, et j'avais travaillé dans le tiers-monde. Alors c'était un voyage de plus. Je ne m'inquiétais pas trop. À ce stade, il n'y avait pas vraiment d'angoisse. C'était peut-être de la naïveté, plus ou moins. Ensuite, à mesure qu'on se rapprochait du but, à travers ces montagnes, j'ai commencé à me demander dans quoi je m'étais fourré. Mais c'était l'aventure. Des lieux nouveaux, des gens nouveaux.

Au crépuscule, on est arrivés dans ce camp. Je me rappelle une zone fermée par des barrières en pleine montagne, deux nids de mitrailleuses. On y est restés un certain nombre de jours. J'étais un peu surpris. Je n'aurais pas cru que ça ressemblerait à ce point à un camp militaire.

C'était assez bien organisé, en tant que structure. Pendant trois jours, ils ne nous ont rien dit. On en était réduits à des suppositions. Ils ne nous ont jamais précisé quand on allait le voir, comment ça se passerait.

Ils nous ont ensuite conduits vers ce type qui parlait parfaitement l'anglais. Quand on pense Al-Qaïda, on imagine toujours des gens sans instruction, des gens qu'on peut facilement soumettre à un lavage de cerveau, mais non. Lui, c'était spécial. J'ai senti que c'était quelqu'un. Il s'exprimait très clairement. Il parlait bien.

John Miller, le correspondant d'ABC News. Interview de septembre 2005.

On nous présente aux chefs d'Al-Qaïda. Al-Zawahiri est là pour nous transmettre le message dans un anglais parfait :

– Nous sommes ravis de vous voir. Soyez les bienvenus.

Atef, le chef militaire, lui, c'est la sécurité. Il a ordonné à ses hommes de fouiller nos sacs, de vérifier nos affaires, et on ne peut pas dire qu'il se soit montré très amical.

Ils nous ont emmenés jusqu'à un groupe de quatre huttes. À l'intérieur, il y avait des couvertures de flanelle étendues sur le sol, d'un mur à l'autre. Et deux ou trois coussins. Ils nous ont dit :

– C'est ici que vous allez dormir.

Ils ont ajouté :

– Nous savons que vous n'avez pas l'habitude, mais pour ici, pour ces camps...

– C'est le Ritz, a enchaîné Al-Zawahiri.

Il a conclu :

– Vous n'êtes pas des prisonniers. Vous êtes des invités. Mais nous vous demandons de ne pas sortir.

On est restés là deux ou trois jours.

Al-Zawahiri : un gars intelligent, c'est la première impression que j'ai eue de lui. En y réfléchissant davantage par la suite, j'ai pensé que c'était lui qui menait la barque. Et qu'il menait Ben Laden. Il donnait le ton. Ben Laden avait l'air d'être le chef d'où émanait l'inspiration, celui que vous envoyez en première ligne, celui que vous mettez devant la caméra. Mais celui qui élaborait la politique, qui décidait de la direction à prendre, qui réfléchissait, c'était Al-Zawahiri.

Il est revenu le lendemain :

– Nous aimerions savoir quelles questions vous allez poser à M. Ben Laden au cours de cette interview.

J'ai essayé de lui faire un topo pour éviter de répondre, puis j'ai regardé les cinq types armés de leurs AK-47, et j'ai lancé :

– Vous n'auriez pas un bloc ?

J'ai noté une quinzaine de questions qui me sont venues en tête. Cela dit, l'analyse de Al-Zawahiri se fondait sur de solides connaissances journalistiques.

– Nous allons faire appel à un interprète. Une fois vos questions écrites, il les traduira en arabe. Ainsi, quand vous poserez la question numéro 1, il aura lui-même la question numéro 1 sous les yeux.

J'ai fini par rédiger seize questions : « Avez-vous payé pour l'attentat contre le World Trade Center en 1993 ? », « Connaissez-vous Ramzi Yussef ? », « Avez-vous prévu d'assassiner Clinton et le pape ? » Et la question à mille dollars : « Avez-vous un message à adresser aux Américains ? »

Rick Bennett.

En fin de compte, ils sont entrés :
– On va y aller aujourd'hui.
C'était l'après-midi, il me semble.
– Où ça ?
Ils ont répondu que c'était pour ce soir. L'interview. Pas moyen d'en obtenir plus. Ils ont eu tôt fait de nous dépouiller de tout. J'imagine qu'ils voulaient s'assurer qu'on n'avait pas des micros ou des transmetteurs. Après, ils nous ont fait monter à l'arrière d'un véhicule.

Pratiquement, il n'y avait pas de route. C'étaient des lits de rivière, du tout-terrain. Ça roulait mal. Il y avait tout le temps des chocs sur le flanc de la montagne. Par trois fois, on a vu apparaître derrière les buissons des hommes armés d'AK-47 et de lance-grenades. Ils jaillissaient des buissons en pointant leurs armes sur nous. C'était très impressionnant. On nous a conseillé de rester tranquilles quoi qu'il arrive. À un moment, ils ont ouvert une portière. Ils nous ont pointé une arme sur la tête. Ils nous braquaient une lampe torche dans les yeux. Je me rappelle m'être dit qu'ils faisaient ça pour nous impressionner... Mais il faut reconnaître qu'ils obtenaient l'effet recherché. On avait vraiment peur. Et à ce stade, plus moyen de faire demi-tour.

Comme nous arrivions en vue du sommet, au moment de franchir la crête, quelqu'un a bondi de derrière un rocher et il a tiré. De là où j'étais, je n'aurais pas su dire s'il nous tirait dessus ou s'il voulait juste arrêter le véhicule.

Le sommet de la montagne se composait d'un plateau planté de quatre vastes nids de mitrailleuses. Je me rappelle aussi deux maisons, dans les treize mètres sur six, rectangulaires. On nous a emmenés dans l'une d'elles. On nous a expliqué qu'il allait venir. J'ai dit :
– Il me faut ma caméra. Qu'est-ce qui se passe ?
– On va vous en donner une.
Ils m'ont fourni une petite Panasonic DV.
– D'accord. Mais mes lampes ? Comment faire, sans lumière ?
Je me suis aperçu alors que ma caméra avait voyagé dans un autre véhicule. Mais pour la prendre, c'était une autre histoire. Je me suis contenté des lampes.

John Miller.

On a grimpé là-haut et on y a trouvé un vrai plateau de tournage : des générateurs qui tournaient, des projecteurs, une tente, une cabane, un grand nombre de gens formant un demi-cercle, cent personnes peut-être.

Al-Zawahiri est là. Il nous dit :

– J'ai d'excellentes nouvelles pour vous. M. Ben Laden est d'accord pour répondre à toutes vos questions.

– Formidable.

– Il y a autre chose... Nous ne traduirons pas ses réponses.

– Alors ça ne marchera pas. Je ne comprendrai pas ce qu'il dira. Comment ferai-je pour poser d'autres questions ?

– Ce ne sera pas un problème, car il n'y aura pas d'autres questions.

On ne pouvait pas dire que ça se passait bien. D'un autre côté, je n'étais pas fâché de pouvoir poser les questions de ma liste, dont certaines étaient assez provocatrices.

J'avais demandé à pouvoir doubler l'interview d'une deuxième séquence montrant Ben Laden en train de se déplacer dans le camp. Zawahiri a rétorqué :

– Ce ne sera pas comme un entretien dans la roseraie entre votre Sam Donaldson [d'ABC News] et le Président. M. Ben Laden est un homme très important.

– On ne peut pas se contenter d'avoir Ben Laden qui parle pendant une demi-heure, ai-je protesté. On a besoin de construire notre reportage sur différents éléments.

– Des éléments ? a répondu Al-Zawahiri. On vous en donnera, des éléments.

Ils avaient l'air de bien vouloir organiser la suite en tenant compte de ma demande d'images.

Là-dessus, Ben Laden arrive. Il descend d'un 4 × 4 orange. De nombreux gardes du corps l'entourent. Tout le monde se met à tirer des coups de feu en l'air. J'imagine que c'est ce à quoi Al-Zawahiri avait fait allusion quand il nous avait dit :

– L'arrivée de M. Ben Laden donne toujours lieu à de grandes célébrations.

Tout le monde tirait des roquettes et des balles traçantes. C'était une façon originale de souhaiter la bienvenue. Mais j'observais en même temps la phalange de gardes réunis autour de lui. Comment peut-on garantir la sécurité d'un homme quand tout le monde a pour instruction d'ouvrir le feu ? C'est alors que j'ai compris. Ils faisaient ça pour nous. On avait besoin d'images ; et eux, ils avaient besoin de faire leur numéro.

Rick Bennett.

Je finissais d'installer mon éclairage quand tout s'est éteint brusquement. Je me suis précipité à l'extérieur. J'ai vu quarante-cinq ou cinquante types en train de tirer vers le ciel avec leurs armes automatiques. Toutes leurs armes lourdes étaient en action. Ils tiraient des balles traçantes vers le ciel.

John Miller.

Ben Laden est guidé par ses hommes. Ils passent juste devant moi. Il y en a un qui déclenche son AK-47 près de mon oreille. J'ai été obligé de repousser le canon, mais il l'a remis en position ; c'est pour ça que je suis sourd d'une oreille, maintenant.

D'abord, je suis choqué. Le type est très grand. Peut-être 1,90 m. Il n'y a pas beaucoup de grands gabarits dans le camp ; et celui-là, il domine toute la phalange. On nous présente. On échange une poignée de main. Pas une poignée de main chaleureuse.

Là-dessus, il s'assied sur une espèce de petit banc derrière lequel est affichée une carte du monde. Je me dis qu'ils doivent essayer de faire passer l'idée qu'Al-Qaïda est une organisation mondiale, que Ben Laden en est le chef.

Ben Laden avait son AK-47, lui aussi. Il est allé le poser doucement contre le mur du fond. Il avait l'air de s'impatienter un peu. Ses aides aussi. Ils se demandaient combien de temps ça allait prendre, de refaire la lumière.

Difficile de se fabriquer une opinion sur un homme avec lequel vous ne pouvez pas vraiment parler, mais ils faisaient tout pour qu'il montre sa spiritualité. Il émanait de lui une paix à laquelle je ne m'étais pas attendu. Je m'attendais plutôt à l'orateur enflammé qui parle en montrant le poing et en débitant des phrases jusqu'à en perdre le souffle. Mais Ben Laden, si vous ne vous penchez pas vers lui, vous n'entendez rien de ce qu'il raconte. Il s'exprime d'une voix agréable, presque aiguë mais douce. Il a aussi un côté professoral qui m'a frappé. Il nous regardait droit dans les yeux. Au fond des yeux, même. Puis il se détournait pour suivre une pensée. Ceux qui l'entouraient le regardaient comme un grand chef, l'air d'être prêts à le suivre n'importe où. C'est ce charisme qui incite les gens à le suivre.

Ils parlaient de lui comme d'un dieu, mais quand vous étiez en sa présence, vous compreniez ce qu'il leur inspirait, ce qu'ils ressentaient...

Ils avaient une petite caméra Panasonic appartenant à Al-Qaïda, et Rick Bennett leur a objecté :

– Je ne tourne pas avec ça.

Je lui ai tenu alors un propos du style :

– Rick, écoute... On a fait un long voyage... Alors on accepte et on s'en va.

– Non. Dans cette culture-là, tu es obligé de camper sur tes positions et de dire : « C'est comme ça et pas autrement. » Et tu es surpris de voir avec quelle vitesse ils s'exécutent.

Rick Bennett.

Telle était ma stratégie. Il me fallait ma caméra. Alors j'ai fait ma scène devant Ben Laden. L'idée, c'était qu'il pense que ses gens avaient déraillé. Ça pouvait mener quelque part, et sûrement faire réapparaître ma caméra. C'était juste avant le moment de s'asseoir et de commencer la prise de vue. Oussama a insisté pour que tout le monde sorte, parce qu'il y avait trop d'insectes dans cette maison, trop de moustiques ou Dieu sait quoi. On a dû vaporiser du produit. Je me suis dit que ce gars-là ne vivait certainement pas dans une grotte. L'autre chose que j'ai notée, c'est sa tenue immaculée. La première fois qu'il est entré dans la pièce, il dégageait une présence. Je fais 1,80 m, et il me dépassait. Et ses hommes, autour de lui, on aurait dit qu'ils adoraient le sol qu'il avait foulé.

John lui posait ses questions en anglais, et Oussama répondait en arabe.

John Miller.

Je lui ai demandé :

– Et l'attentat contre le World Trade Center, en 1993 ? Ce n'est pas comme de combattre les Russes sur un champ de bataille. Cela veut dire prendre pour cible des innocents et des civils.

– Étrange question venant d'un Américain. Est-ce que votre pays n'a pas bombardé Nagasaki et Hiroshima ? Il n'y avait pas des femmes et des enfants, là-bas ? Des non-combattants ? C'est vous qui avez inventé ce terrible jeu ; et nous autres, les musulmans, nous sommes obligés d'utiliser contre vous les mêmes tactiques.

L'argument était parfaitement logique. Il a continué :

– Je prédis un jour noir pour les États-Unis. Un jour au lendemain duquel les Américains ne seront plus jamais les mêmes ; les States auront perdu leur unité.

Il en vint alors à l'une des questions que j'avais gardées pour la fin, comme par jeu. Avait-il un message à délivrer à l'Amérique ? Sa réponse m'a toujours frappé, tant elle semblait hyperbolique :

– Je déclare la guerre aux États-Unis. Je vais attaquer votre pays.

Avec quelle armée ? ai-je pensé par-devers moi.

Mais si vous relisez cette réponse aujourd'hui, vous comprenez qu'il parlait sérieusement.

Rick Bennett.

Après la fin de l'interview, j'ai tourné d'autres plan et des vues de la pièce. Pendant tout l'entretien, Oussama avait gardé son AK-47 à plat sur ses genoux. Je me revois filmant cette image en contre-plongée. La pièce était une longue salle rectangulaire. Il y avait une carte du monde derrière Ben Laden. Puis Oussama s'est levé, et je me suis dit que c'était la chance à saisir. Je suis sorti en courant. J'ai ouvert mon objectif à fond. Et j'ai attendu dans la pénombre. Il sort de la maison. Je le suis. Il est entouré de tous ses hommes. C'est à ce moment-là que j'ai tourné cette séquence où on le voit marcher, puis remonter dans le véhicule. Pendant cet épisode, ils tirent tous des coups de feu. On est en pleine folie. Il monte en voiture. La voiture s'éloigne. Tous ces gars qui continuent de tirer : je les filme.

À notre arrivée, ceux qui m'ont vraiment impressionné, ce sont ces jeunes, ces grands adolescents. Ils avaient à peine vingt ans. Ils étaient là depuis un bon bout de temps, c'était clair. Comme il était clair qu'ils étaient sous l'influence d'Al-Qaïda, et qu'ils auraient aussi bien pu nous tuer que discuter avec nous. On lisait dans leurs yeux qu'ils voulaient nous voir morts.

Sur quoi ils ont insisté pour qu'on reste à dîner. Il y avait du poulet au menu. Mais là, je n'avais plus faim. On avait obtenu ce qu'on voulait ; c'était l'heure de partir, de quitter cette maudite montagne. J'ai remballé ma caméra et pris la direction de notre voiture. J'ai vu alors que Tariq, notre traducteur, était en train de s'engueuler sérieusement avec deux des jeunes gens armés. Je lui ai lancé :

– Tariq ! Qu'est-ce qui te prend ? Ils sont armés !

– Ils m'insultent ! Ils disent que je suis un traître, que je suis pour les Occidentaux. Je leur explique qu'on a été invités par Oussama en personne, qu'on est ses hôtes...

– Je m'en fous ! Ils sont armés ! On a obtenu ce qu'on voulait, alors on se casse !

Aucun doute que c'était un grand soulagement, une fois sur le chemin du retour. On avait survécu à l'épreuve.

Grand soulagement aussi quand on est arrivés au Pakistan. C'est drôle, comme tout est relatif. Le Pakistan avait l'air d'un pays normal. On se sentait en lieu sûr, après l'Afghanistan. Soulagement de retrouver l'hôtel. Je me revois entrant dans la chambre. J'ai appelé la réception pour commander six bouteilles d'eau d'un litre et demi. J'avais déjà souffert de déshydratation, alors je connaissais les symptômes. Étourdissements, maux de tête. Un des symptômes, c'est qu'on n'a pas soif, justement.

Alors j'ai bu mes six bouteilles jusqu'à la dernière goutte ; c'était ça ou l'hôpital.

On a fait notre heure d'émission spéciale sur ABC : *Nightline*, animée par Ted Koppel. Je me rappelle quand le direct a commencé et qu'il a attaqué en disant :

– Nous allons vous présenter ce soir l'homme qui fait peser sur l'Amérique la plus grande des menaces. Personne n'a encore entendu prononcer son nom. Et ce nom, c'est Oussama Ben Laden.

7

AL-QAÏDA PASSE À L'ATTAQUE

Le 7 août 1998, deux mois après que Ben Laden eut annoncé sur ABC News son intention (répétée) d'attaquer des cibles américaines, Al-Qaïda fit exploser à neuf minutes d'intervalle deux ambassades américaines au Kenya et en Tanzanie. Ces attentats intervenaient huit ans exactement après que le président George W. Bush eut annoncé l'expédition de centaines de milliers de soldats américains en Arabie, après l'invasion du Koweït par Saddam Hussein – le grief le plus important nourri par Ben Laden contre les États-Unis.

Avec l'attaque des ambassades, Al-Qaïda venait de prouver sa capacité à monter des opérations sophistiquées à des milliers de kilomètres de sa base en Afghanistan. Les Américains répliquèrent par des frappes de missiles contre les camps d'entraînement de Ben Laden dans l'est de l'Afghanistan : réaction inefficace, et même contre-productive puisqu'elle ne réussit qu'à grandir l'image du chef d'Al-Qaïda aux yeux du monde musulman.

Deux plus tard, en octobre 2000, Al-Qaïda se montrera capable de frapper une cible américaine éloignée d'Afghanistan en lançant au Yémen des attentats suicides contre un destroyer, le *Cole*.

Durant cette période, les talibans cherchèrent à calmer les États-Unis et essayèrent d'empêcher Ben Laden de multiplier les interviews provocatrices. Un débat se développa chez les talibans sur la conduite à adopter envers le chef d'Al-Qaïda. Plusieurs personnalités officielles du régime voulaient l'expulser, tel Wakil Muttawakil, le ministre taliban des Affaires étrangères. Mais le plus important des protecteurs de Ben Laden, le mollah Omar,

refusait de changer d'avis ; pour lui, le régime devait continuer de protéger Ben Laden.

John Miller, le correspondant d'ABC News, se souvient des attentats contre les ambassades américaines. Interview de septembre 2005.

Quand Ben Laden a déclaré la guerre, ma réaction a été de lui dire :

– Mais qu'est-ce que vous racontez ?

Il a enchaîné :

– Vous verrez la conséquence de cette fatwa dans quelques semaines.

J'ai trouvé ça intéressant. Plus tard, à la mi-août, viennent les attentats contre les ambassades. Je suis sur un bateau. Mon téléphone sonne. Mon correspondant m'annonce :

– Deux ambassades ont sauté simultanément ce matin de bonne heure en Afrique orientale. Nous essayons de comprendre ce qui se passe. Qu'en pensez-vous ? Y a-t-il quelque chose entre les nations africaines ?

– C'est Ben Laden. C'est la conséquence de la fatwa.

J'ai appris par la suite que, dans la pièce où nous nous étions rencontrés pour l'interview, était présent Mohammed Al-'Owhali, l'homme qui était venu voir Ben Laden en disant : « Je veux une mission », et à qui on avait ordonné de faire sauter une ambassade.

Mohammed Al-'Owhali a été interrogé par l'agent du FBI Stephen Gaudin à Nairobi, au Kenya, deux semaines plus tard. Le texte ci-dessous est extrait du témoignage de Gaudin lors du procès qui devait condamner Al-'Owhali à l'emprisonnement à vie sans possibilité de remise de peine. Al-'Owhali est né en Arabie Saoudite. Il a fréquenté les camps d'Al-Qaïda en Afghanistan en 1996, à vingt ans. Il avait supplié Ben Laden de lui confier une mission suicide[1].

Al-'Owhali m'a expliqué qu'à la fin de sa période d'entraînement, il avait rencontré plusieurs fois Ben Laden et l'avait informé des missions qui l'intéressaient. Ben Laden lui avait répondu :

– Prends ton temps. Ta mission viendra à son heure.

Dès lors, Al-'Owhali explique qu'avec Azzam et quatre autres hommes il a participé à ce qu'il décrit comme un entraînement très spécial d'environ un mois, qui consistait à gérer une cellule. D'après lui, la cellule se compose de quatre sections : renseignement, administration, préparation, exécution.

Khalid, un membre d'Al-Qaïda qui a joué un rôle dans les attentats contre les ambassades, lui a expliqué que la mission serait une opération où il trouverait la mort. Son rôle serait celui de chauffeur d'un camion chargé d'explosifs.

Al-'Owhali rencontra de nouveau Ben Laden, à peu près à l'époque où fut tournée à Khost, en Afghanistan, l'interview de Ben Laden pour ABC.

Oussama était au niveau le plus élevé d'Al-Qaïda, mais il avait plusieurs chefs militaires, des cadres supérieurs placés sous ses ordres. Il fournissait des objectifs politiques à ces chefs militaires ou cadres supérieurs. Ensuite, ces derniers communiquaient les instructions à leurs subordonnés, et ainsi de suite jusqu'au bout de la chaîne.

D'après Al-'Owhali, il n'aurait pas été normal que Ben Laden donne directement des instructions à quelqu'un comme Azzam. Il dit qu'on ne lui a jamais spécifié que cette mission dépendait d'Oussama Ben Laden. Mais il en a toujours été convaincu. Al-'Owhali pense que, d'après la façon dont les choses fonctionnaient, Ben Laden n'aurait pas revendiqué un attentat tel que celui-là.

Comme Al-'Owhali, Mohammed Sadiq Odeh s'est vu condamné à l'emprisonnement à vie sans possibilité de remise de peine, pour sa participation aux attentats contre les ambassades américaines. Le 6 août 1998, la veille, il a quitté Nairobi pour le Pakistan. Puis il a fait route vers l'Afghanistan, où il devait rencontrer Ben Laden. Mais, à l'aéroport international de Karachi, son passeport a inspiré des doutes aux autorités de l'immigration. Odeh a été arrêté. Des agents du FBI l'ont interrogé à Nairobi du 15 au 28 août 1998. Voici un extrait de leur rapport.

Odeh est arrivé au Kenya en août 1994. Il a déclaré qu'en novembre 1994, Abu Hafs, un chef militaire d'Al-Qaïda, est venu lui rendre visite à Mombassa. Abu Hafs a confié à Odeh une embarcation en fibre de verre destinée à un trafic de pêche à grande échelle. L'accord prévoyait que les bénéfices de ce business reviendraient à Al-Qaïda. Odeh était habilité à prélever les sommes nécessaires à ses besoins et à remettre le reste à ceux de ses employés qui appartenaient à Al-Qaïda. Odeh est resté deux ans dans ce commerce de poisson. Al-Qaïda le payait sous forme de versement annuel. La dernière somme perçue date de novembre 1997 ; c'était une avance sur l'année suivante.

En avril 1998, Mustafa Fadel, un Égyptien d'Al-Qaïda, est venu lui rendre visite à Witu, une petite ville du Kenya. Odeh a informé Mustafa que Ben Laden avait déclaré la guerre au peuple américain dans ses deux dernières fatwas. Ils ont discuté la question de savoir si Al-Qaïda avait raison ; ils se demandaient avec inquiétude s'ils étaient à même d'affronter un tel ennemi. D'après Mustafa, les moudjahidin du Soudan étaient contre. Ils craignaient que les États-Unis ne soient trop puissants. Même en Afghanistan, Al-Qaïda posait des questions à Ben Laden ; mais ils continuaient à se tenir prêts à soutenir sa fatwa.

Une quarantaine de jours avant le 6 août 1998, Ahmad l'Égyptien a délivré à Odeh un message disant que le cheikh Hassan, un chef de la tribu somalienne d'Ogaden, souhaitait rencontrer Ben Laden. Un autre message disait que Ben Laden avait de nouveaux plans en vue et qu'Odeh devait venir en Afghanistan s'entretenir avec lui. Ce second message était en rapport avec la dernière fatwa et avec la façon dont Oussama s'y prenait pour attirer les groupes terroristes islamistes.

Le 1er août 1998, Saleh, le chef de la cellule kényane d'Al-Qaïda, lui a donné l'ordre de quitter le Kenya le 6 août. Odeh était membre d'Al-Qaïda depuis longtemps et n'avait encore jamais entendu une exigence pareille.

Mohammed Al-'Owhali interrogé par l'agent du FBI Stephen Gaudin.

Il lui a été expliqué par l'intermédiaire de Saleh, qui dirigeait l'opération à Nairobi, qu'il existait plusieurs raisons de cibler l'ambassade de Nairobi. D'abord, il y avait dans cette ambassade une importante présence américaine. Ensuite, l'ambassadeur était une femme : si elle mourait dans l'explosion, cela donnerait plus de publicité à l'événement. Il y avait également à l'ambassade des employés responsables du travail au Soudan. Ainsi qu'un certain nombre de missionnaires chrétiens. Enfin, c'était une cible facile.

Saleh a expliqué à Al-'Owhali qu'ils allaient lancer de nombreuses attaques en dehors des États-Unis et que ces attaques affaibliraient les Américains, ce qui créerait les conditions permettant de frapper à l'intérieur de ce pays.

Al-'Owhali est arrrivé à Nairobi le dimanche 2 août. Saleh lui a annoncé qu'il y aurait deux attentats, l'un à l'ambassade américaine à Nairobi, l'autre à celle de Dar es-Salaam, en Tanzanie ; les deux auraient lieu le même jour, le vendredi 7, entre 10 h 30 et 11 heures du matin. Al-'Owhali aiderait Azzam à convoyer le camion chargé d'explosifs à l'ambassade. Azzam conduirait. Al-'Owhali serait le passager. Al-'Owhali m'a dit que Saleh s'était vanté en affirmant qu'ils arriveraient à fabriquer la bombe et à tout préparer en dix jours.

Al-'Owhali et Azzam sont en route dans le camion chargé d'explosifs. D'après la description d'Al-'Owhali, Azzam écoute une cassette ; Al-'Owhali parle de chants destinés à renforcer sa motivation.

Ils ont atteint le parking derrière l'ambassade. Azzam est entré sur le parking. Il a pris la direction de la barrière, à l'arrière de l'ambassade. Al-'Owhali a sauté du camion et couru en direction du garde. Il a sorti une grenade paralysante et l'a brandie dans sa main droite ; s'adressant au garde en anglais, il a exigé que celui-ci lève la barrière. Le garde n'avait pas réagi assez vite ; alors il a dégoupillé sa grenade de la main gauche et l'a lancée sur le garde. Il y a eu une forte explosion. Le garde s'est enfui en courant. Azzam a commencé à tirer au pistolet sur l'ambassade. Entre les coups de feu tirés par Azzam et l'explosion de la grenade paralysante, les gens se sont mis à courir dans tous les sens.

Al-'Owhali a compris à ce moment-là qu'il avait accompli sa mission. Il avait fait ce qu'on lui avait été demandé : aider Azzam à amener le camion aussi près que possible de l'ambassade et faire fuir les Kényans présents dans la zone. Al-'Owhali dit que sa mort à lui n'était plus nécessaire dans cette opération. Il affirme qu'il était pourtant préparé à mourir. Pour lui, c'était atteindre le martyre et périr dans l'accomplissement de sa mission ; mais mourir après une mission accomplie, ce n'est plus un martyre, c'est un suicide. Il a couru en direction du bâtiment. Azzam a déclenché l'explosion.

L'attentat du 7 août a fait 212 morts. Ben Laden a nié avoir joué un rôle dans cette opération. Le 20 août 1998, Al-Zawahiri s'est exprimé au nom de Ben Laden lors d'un entretien par téléphone satellitaire avec le journaliste pakistanais Rahimullah Yusufzai[2].

Ben Laden appelle les musulmans à poursuivre le djihad contre les juifs et les Américains afin de libérer leurs lieux saints. Dans le même temps, il nie toute implication dans les attentats de Nairobi et Dar es-Salaam.

Une heure après la fin de cette conversation téléphonique, des missiles de croisière tirés par la marine américaine s'abattent sur le camp d'entraînement d'Al-Qaïda, près de Khost, dans l'est de l'Afghanistan.

Abu Jandal raconte comment une décision prise par le leader d'Al-Qaïda lui a permis de se trouver à des centaines de kilomètres de Khost quand les missiles ont frappé ses camps.

Je travaillais comme garde du corps personnel d'Oussama. La nuit de la frappe, nous nous sommes déplacés de Kandahar vers Kaboul. Le lendemain, ils ont attaqué ces camps parce qu'ils pensaient que Ben Laden et sa garde se trouvaient à Khost. La nuit qui précédait le bombardement, le cheikh Oussama a voulu se rendre dans les camps de Khost. Quand on a quitté Kandahar pour aller à Khost, les Américains étaient en mesure de connaître notre destination par le cuisinier afghan qui travaillait pour nous. On a découvert pas la suite que c'était un agent des services de renseignement américains.

À un carrefour entre les directions de Khost et de Kaboul, le ckeikh Oussama a dit :

– Mes amis, où pensez-vous que nous devons aller ? À Khost ou à Kaboul ?

Nous avons répondu Kaboul, car nous avions là-bas nos camarades. Il a conclu :

– Avec l'aide de Dieu, allons à Kaboul.

Nous sommes arrivés à Kaboul. Le lendemain, les États-Unis attaquaient les camps de Khost. Ce fut un bombardement ciblé. Chaque maison a reçu son missile. Mais ils n'ont pas entièrement détruit les camps. Ils ont frappé la cuisine, la mosquée et des toilettes. Six hommes ont été tués.

Le président Clinton s'adresse à la Nation le 20 août 1998.

J'ai donné l'ordre aujourd'hui à nos forces armées de frapper des installations reliées au terrorisme en Afghanistan et au Soudan, en raison de la menace imminente qu'elles faisaient peser sur notre sécurité nationale. Je voudrais vous parler des objectifs de cette opération et vous expliquer en quoi elle était nécessaire. Notre cible, c'était la terreur ; notre mission était claire – frapper le réseau de groupes radicaux affiliés à Oussama Ben Laden et fondés par lui, l'homme qui est peut-être aujourd'hui le principal organisateur et soutien financier du terrorisme international. Les groupes qui se sont associés à lui viennent de différentes régions, mais tous ont en commun la haine de la démocratie, une glorification fanatique de la violence et un honteux détournement de leur religion dont ils se servent pour justifier le meurtre d'innocents. S'ils ont fait des États-Unis leur adversaire, c'est précisément à cause de ce que nous défendons et de ce que nous combattons.

La preuve indubitable m'ayant été apportée que le réseau terroriste de Ben Laden préparait de nouveaux attentats contre les Américains et d'autres peuples amis de la liberté, j'ai décidé que l'Amérique devait agir. Aussi, ce matin, en me fondant sur la recommandation unanime des spécialistes de la sécurité nationale, j'ai ordonné que nos forces armées passent à l'action pour contrer une menace immédiate du réseau de Ben Laden.

Hier, les États-Unis ont procédé à des frappes simultanées contre des installations et des infrastructures terroristes en Afghanistan. Nos forces ont pris pour cible les bases terroristes les plus actives du monde. Ces bases abritaient des éléments essentiels au fonctionnement des réseaux de Ben Laden ; elles ont été utilisées comme camp d'entraînement par des milliers de terroristes venus des quatre coins du globe.

Nous avons des raisons de croire qu'une réunion de terroristes parmi les plus importants devait se tenir aujourd'hui même ; d'où l'urgence de passer à l'action.

Khalid Batarfi, l'ami d'enfance de Ben Laden. Interview de septembre 2005.

La plupart des gens que je connais ont été choqués d'apprendre qu'il était l'homme le plus recherché du monde, surtout ses camarades d'école. Je me rappelle que, quand j'étais en Amérique, Clinton parlait de Ben Laden comme d'un homme dangereux ; il disait qu'il allait répliquer en envoyant des roquettes Tomahawk sur l'Afghanistan. Je n'en croyais pas mes oreilles. C'était notre Ben Laden ?

C'était un homme ordinaire avec des mérites particuliers, et voilà qu'il devenait l'ennemi numéro un de la première puissance mondiale – *wouaou !*

Habib Ahmad se trouvait dans l'un des camps quand les missiles américains sont tombés. Il prétend que l'on n'y dispensait qu'un enseignement coranique. Je l'ai rencontré en septembre 1998, à l'hôpital de Peshawar, où il se remettait de brûlures consécutives aux bombardements.

Je m'appelle Habib Ahmad. Je suis originaire de Swat, à l'extrême nord du Pakistan. J'ai dix-neuf ans.

Après la prière du soir, on avait étudié le Coran. Ensuite on était allés se coucher au camp. C'est alors qu'on a entendu un grand bruit. On s'est levés. Dès qu'on a quitté le camp, on a entendu de nouveau un grand bruit. On a vu un missile tomber sur le camp. Il y avait beaucoup de gens là-bas. Ils étaient blessés. Ils criaient. Le saint Coran était brûlé. Nous étions très choqués. Ils étaient presque trois cents [dans ce camp, le camp Khalid bin Walid]. C'était lâche, comme attaque ; en pleine nuit, et de si loin.

C'est notre devoir de soutenir Oussama Ben Laden, qui lutte tout seul dans les montagnes d'Afghanistan. Oussama est musulman et nous sommes musulmans. Il est contre l'oppression et nous sommes contre l'oppression. Il attaque à distance tous ceux qui l'attaquent, que ce soient les États-Unis ou les Anglais. Et nous autres, les musulmans, nous partageons ses idées.

Ben Laden a vu son image grandie par la frappe infructueuse dirigée contre lui, comme s'en souvient Abdel Bari Atwan, rédacteur en chef au journal *Interview*. Numéro de juin 2005.

C'était le 20 août 1998. J'étais en vacances en Tunisie avec ma famille. Soudain, les frappes ont eu lieu. Mon instinct de journaliste s'est réveillé d'un seul coup.

– Al-Qaïda va peut-être réagir, dis-je.

J'ai mis fin à mes vacances. J'ai laissé ma famille et regagné mon bureau de Londres. Entre l'aéroport et mon bureau, j'ai reçu sur mon mobile un appel de Muhammad Atef, chef militaire d'Al-Qaïda.

– Oussama Ben Laden est vivant. Il se défend. Il n'a rien. Nous avons un message pour le président Clinton. Nous allons nous venger. Nous allons les frapper là où ça fait mal. Nous allons donner aux Américains une leçon qu'ils n'oublieront jamais.

Le résultat de la frappe sur Al-Qaïda était minime, en réalité. Et il faisait le jeu de Ben Laden puisque cela levait l'embargo imposé par le mollah Omar. Omar s'estimait insulté. Et Ben Laden se sentait plus libre de circuler en Afghanistan. Son image s'était beaucoup améliorée. Avant, c'était un perdant. Et voilà qu'il se faisait attaquer par les puissants Américains. Ça l'a élevé à une position plus prestigieuse aux yeux de tous ceux qui se sentaient frustrés parmi les Arabes et les musulmans.

Déposition d'un prisonnier anonyme retenu à Guantánamo, devant un tribunal militaire américain[3].

Détenu : Je connais Oussama Ben Laden depuis longtemps. Je l'ai rencontré quand il n'était pas encore célèbre. C'était il y a une quinzaine d'années, pendant la guerre contre la Russie. Quand les Russes ont attaqué l'Afghanistan, Ben Laden était un homme comme les autres. Après la guerre du Golfe, il est devenu célèbre. Qui l'a rendu célèbre ? Vous savez qui l'a rendu célèbre ?

Président du tribunal : Vous allez me le dire.

Détenu : Je vais vous le dire, c'est l'Amérique ! Les médias, la télévision, les magazines. Tout le monde parle d'Oussama Ben Laden. Avec les médias, vous l'avez rendu célèbre. Dans les années 1970, c'était Carlos. Aujourd'hui, c'est Oussama Ben Laden.

Sami ul-Haq est le responsable du Darul Ulom Haqqani, une grande madrassa située à l'extérieur de Peshawar, d'où sont sortis plusieurs membres du gouvernement taliban. Haq a connu Ben Laden à Peshawar dans les années 1980. Je l'ai interviewé à Peshawar peu après les frappes américaines sur les camps d'Al-Qaïda.

Je crois que l'Amérique a fait d'Oussama un être surnaturel. Partout où il y a du terrorisme, on se réfère à lui. Je ne pense pas qu'il ait une si grande influence, ni tellement de moyens ou de ressources. Ben Laden est devenu un symbole pour l'ensemble du monde islamique. Toutes ces puissances étrangères qui essaient d'écraser les musulmans ou de se mêler de leurs affaires... il est celui qui a courageusement élevé la voix. Oui, c'est un héros pour nous ; mais c'est l'Amérique elle-même qui a fabriqué ce héros.

Après les frappes sur les camps d'Al-Qaïda, j'ai adressé deux lettres à Muhammad Atef, que je prenais alors pour une sorte de conseiller médiatique auprès de Ben Laden. J'ai appris par la

suite qu'il était le chef militaire d'Al-Qaïda, connu sous le nom d'Abu Hafs.

Notre échange de coups de fil et de fax a eu lieu alors qu'il se trouvait à la poste centrale de Kaboul, et moi en divers hôtels du Pakistan. Cette correspondance est livrée ici pour ainsi dire sans retouches.

Au docteur Muhammad Atef
Exp. : Peter Bergen, correspondant de CNN
Fax 81-837-655 [un numéro de fax de la poste centrale de Kaboul]

Cher Docteur Atef,

Je suis correspondant de CNN. J'ai fait l'année dernière en Afghanistan un voyage dont Khalid Al-Fauwaz m'a dit qu'il avait été partiellement rendu possible par vous. Khalid m'a communiqué votre numéro de fax et suggéré d'entrer en contact avec vous. Je vais venir passer environ une semaine au Pakistan. J'aimerais beaucoup vous rencontrer, si toutefois la chose était possible. Pour le moment, je suis descendu à l'hôtel Marriott, à Islamabad. J'ai le projet d'y rester jusqu'à vendredi, jour de mon départ pour Peshawar. Je serai à l'hôtel Continental. Vous pouvez aussi m'appeler sur mon portable dont le numéro est le 0300-594336. J'ai hâte d'avoir des nouvelles de vous.

Sincèrement vôtre,

Peter Bergen
Correspondant CNN

Le 12 septembre 1998, Atef m'a appelé en disant qu'il se trouvait en Afghanistan. Il proposait un rendez-vous à l'hôtel Intercontinental de Kaboul. Il offrait également de me remettre une vidéo sur les effets des attaques de missiles américains qui avaient frappé les camps.

Au Docteur Muhammad Atef
Exp. : Peter Bergen, correspondant de CNN
Fax 81-837-655

Cher Docteur Atef,

Merci de m'avoir appelé il y a deux jours. Cela m'intéresserait de vous rencontrer. J'ai produit l'an dernier pour CNN une interview d'Oussama Ben Laden, qui s'est tenue près de Jalalabad. CNN est intéressé par un nouvel entretien avec Ben Laden. Nous sommes au Pakistan pour une semaine encore. Vous pourrez me joindre lundi au Pearl Continental de Peshawar. Mardi soir, nous allons à Islamabad demander aux talibans des visas pour l'Afghanistan. Nous serons au Marriott d'Islamabad.

En ce qui concerne la vidéo que vous détenez sur les endroits frappés par des missiles à Khost, je suis intéressé, bien entendu, mais il faut que vous sachiez que la BBC et ABC ont déjà diffusé ces images et que j'ai déjà de nombreuses photos du site.

J'ai hâte d'avoir des nouvelles de vous.

Sincèrement vôtre,

Peter Bergen
Correspondant CNN

Le 16 septembre 1998, nouveau coup de téléphone d'Atef. Il me dit qu'il est « désormais difficile » à Ben Laden d'accorder une interview à CNN.

Abu Jandal, le garde du corps.

Atef était un homme au caractère sérieux. Un homme discipliné, pas le genre de type sociable capable de partager la vie des jeunes moudjahidin, de les comprendre, de résoudre leurs problèmes et de parler avec eux de leurs soucis, comme le faisait Oussama Ben Laden. Cela venait peut-être de la place qu'il occupait dans l'organisation, celle d'un militaire. Son travail et ses activités pouvaient l'amener à éviter les gens et à se tenir à l'écart. C'était un sportif de haut niveau, et il aimait l'équitation. Cependant, il n'était pas aussi bon cavalier qu'Oussama. Il jouait au volley-ball en professionnel. Quand on entamait une partie de volley, on mettait toujours Oussama dans une équipe et Atef dans l'autre, car ils étaient doués et de grande taille.

Après les attentats contre les ambassades américaines de Nairobi et de Dar es-Salaam en 1998, nous avons subi un siège économique et rencontré des difficultés financières.

Une fois, j'avais la responsabilité d'un poste près de l'aéroport de Kandahar. Le cheikh Oussama et venu nous rendre visite et il nous a demandé :

– Qu'est-ce que vous avez à manger aujourd'hui ?

– Du riz et des pommes de terre.

– Dieu soit loué, vous êtes plus riches que nous !

– Comment ça, plus riches que vous ?

– Nous, aujourd'hui, c'est pain et yaourt.

Il avait l'habitude de mener une vie modeste. Imaginez cet homme, avec les ressources qu'il avait ! Il s'est assis avec nous, et il a mangé comme nous du riz et des pommes de terre. Je me rappelle qu'à une période il se nourrissait seulement d'eau et de pain sec. Le cheikh Oussama prenait son pain dur, il le trempait dans l'eau et il mangeait en disant :

– Dieu soit loué. Nous avons de quoi manger, alors qu'ils sont des millions qui aimeraient bien pouvoir en dire autant.

À la fin des années 1990, le gouvernement américain a continué de mettre la pression sur les talibans, lesquels se demandaient que faire de leur célèbre invité. Quand vint le second anniversaire du 11 septembre, les National Security Archives de Washington publia les résultats de ses enquêtes « Freedom of Information », dont les rapports du Département d'État concernant les talibans [4]. On trouvera ci-dessous des extraits concernant Ben Laden ; le premier résume une conversation inhabituelle entre un officiel américain et un leader taliban, le mollah Omar, lequel passait pour éviter tout contact avec des Occidentaux.

Département d'État des États-Unis
Rapport déclassifié, bureau Afghanistan
22 août 1998

Lors d'un appel téléphonique sur une *open line*, aux premières heures du 22 août, le mollah Omar, chef suprême des talibans, a dit à un officiel du Département d'État affecté à Washington que les talibans accueillaient favorablement la suggestion de créer un canal permettant d'établir une communication sécurisée avec des officiels américains.

Omar a dit n'avoir pas de message particulier à communiquer, mais plutôt un conseil ; pour reconstruire la popularité américaine dans le monde islamique, et compte tenu des difficultés présentement rencontrées par le président Clinton [allusion probable à l'affaire Lewinsky], le Congrès devrait demander à celui-ci de démissionner. Il a prétendu qu'il n'existait aucune preuve de l'implication de Ben Laden dans des actes terroristes ; ni du fait que Ben Laden les ait fomentés depuis l'Afghanistan. Répétant la rhétorique habituelle de Ben Laden, Omar a dit que les États-Unis devraient retirer leurs forces du Golfe ; il les a avertis qu'ils étaient considérés comme une menace pour les lieux les plus saints de l'islam, y compris la Kaaba (à La Mecque). Il a ajouté que le peuple d'Arabie finirait par obliger le gouvernement saoudien à chasser les Américains.

Omar a tenu à prévenir les États-Unis que leurs frappes seraient contre-productives. Que, par ce moyen, ils ne diminueraient pas le nombre d'attaques terroristes, mais au contraire en provoqueraient davantage. La solidarité islamiste contre l'Amérique allait se renforcer. Avec ces frappes, le monde islamique allait se ranger du côté de l'Afghanistan. Omar a insisté sur le fait que c'était le meilleur des conseils, et qu'il s'inquiétait des conséquences des frappes.

Sur Ben Laden, Omar a affirmé que ce n'était pas en se débarrassant d'un individu que l'on résoudrait le problème posé aux États-Unis par le monde islamique. Il a répété une fois de plus qu'il n'avait vu aucune preuve sérieuse contre Ben Laden.

Malinowki [l'officiel du Département d'État américain] a répondu qu'il existait au contraire une lourde preuve contre Ben Laden, et que cette preuve était solide. Il a dit qu'Omar et les talibans ne pouvaient ignorer ce que Ben Laden faisait en Afghanistan, et que les États-Unis n'avaient fait que réagir à un cas de légitime défense. Le Président avait agi comme un père qui cherche à protéger ses enfants. Nos frappes n'étaient en aucun cas dirigées contre le peuple afghan ni contre les talibans. Omar devait savoir que les États-Unis avaient été les amis des

Afghans, et qu'ils ne voulaient que le bien de ce pays. Rebondissant sur une observation d'Omar déclarant que l'Afghanistan avait besoin d'assistance pour se reconstruire, Malinowski lui a rétorqué qu'il ne fallait pas s'attendre à une reconstruction tant que l'agitation régnerait sur le pays, et que Ben Laden se servirait du sol afghan pour lancer ses menaces.

Au sujet du pachtounwali, le code d'honneur des Pachtounes, le groupe ethnique dont est issu le mollah Omar, Malinowski a ajouté qu'il était souvent invoqué par les talibans pour justifier leur choix de donner asile à Ben Laden. Malinowski a précisé que nous avions connaissance de ce code d'honneur ; mais il n'existe pas de Pachtoune, Omar pas plus qu'un autre, qui permettrait à un invité, ou à un demandeur d'asile, d'abuser de l'hospitalité des Afghans. Il a conclu que Ben Laden était le genre d'invité qui tire sur les voisins depuis la fenêtre de son hôte.

Le comportement d'Omar était prudent ; à aucun moment il ne s'est emporté ou n'a proféré des menaces.

Commentaire : cet entretien d'Omar avec le représentant officiel du gouvernement américain est assez remarquable, si on songe que sa nature le pousse plutôt à s'isoler et qu'il a toujours évité toute relation avec l'Amérique. Il prouve que les talibans prennent au sérieux les frappes lancées par les États-Unis, et notre colère à l'égard de Ben Laden. Ils ont beau laisser entendre que nous aurions intérêt à établir le contact avec eux, ce sont eux qui sont demandeurs d'un dialogue avec nous, sur Ben Laden comme sur d'autres problèmes. Mais il leur reste du chemin à faire, avant de prendre la bonne décision en ce qui concerne Ben Laden.

Le rapport suivant est le résumé d'un échange entre Abdul Hakim Mujahid, un officiel taliban, et un diplomate américain en poste au Pakistan. C'est apparemment la première fois que des informations parviennent au gouvernement américain sur le changement d'attitude de certains talibans à l'égard de Ben Laden.

Département d'État des États-Unis
Rapport déclassifié, bureau Afghanistan
13 septembre 1998

Lors d'une réunion tenue le 13 septembre avec Hakim Mujahid, représentant officiel des talibans, le représentant des États-Unis en mission diplomatique au Pakistan a fait un exposé complet sur la lutte contre le terrorisme. Mujahid a répondu que les États-Unis devraient se montrer « patients » dans l'affaire Ben Laden. Il a affirmé que le mollah Omar jouait un rôle clé dans le maintien de la présence de Ben Laden en Afghanistan. Le représentant des États-Unis a répondu que Ben Laden avait mis les talibans et les États-Unis sur une trajectoire de collision ; il est temps, a-t-il ajouté, que Ben Laden négocie avec lui et avec son réseau. Mujahid a répliqué que les talibans avaient « leurs défauts », et que le monde ne devait pas leur en demander trop.

Mujahid s'est livré aux commentaires suivants :

a. Il avait vérifié le matin même avec Wakil Ahmad, un des principaux officiels des talibans, l'information selon laquelle Ben Laden avait été placé en « résidence surveillée ». Elle était fausse. Cependant Ben Laden avait été averti une fois de plus qu'il ne devait ni s'engager dans des activités politiques ni s'exprimer dans la presse. En outre, les talibans l'avaient privé de ses « moyens de communication ».

b. Mujahid avait personnellement demandé à Wakil Ahmad de s'assurer que les activités de Ben Laden étaient parfaitement contrôlées par les talibans.

c. Rares sont les Afghans qui sont favorables à la présence de Ben Laden dans leur pays. À la direction des talibans, 80 pour cent des gens s'y opposent, y compris le mollah Rabbani, Wakil Ahmad et le mollah Jan, le ministre des Mines. Le principal soutien de Ben Laden, c'est le mollah Omar.

d. Les talibans se répartissent en « dix groupes séparés ». Ils ne s'unissent que sur leur volonté commune de vaincre les « seigneurs de guerre » et d'en finir avec le « chaos ». Quand cette tâche aura été menée à bien et que la guerre sera finie, les différents groupes talibans continueront de se battre entre eux, et des problèmes tels que Ben Laden ou la situation de la femme seront réglés d'une façon positive.

e. C'est un problème très complexe. Les talibans ne peuvent pas mettre Ben Laden dehors, car ils se retrouveraient sous la pression des autres musulmans. Cependant, à en croire Mujahid, Ben Laden finira tôt ou tard par quitter l'Afghanistan.

f. Les États-Unis doivent se montrer « patients » et agir « avec prudence ». Le problème Ben Laden sera réglé.

Notre conversation a duré une heure. Même si ses commentaires étaient souvent contradictoires, et semblaient motivés par une volonté de prendre ses distances avec les talibans, Mujahid a eu l'air d'entendre notre message au sujet de Ben Laden. Mais on savait depuis longtemps que Mujahid – un taliban « modéré » – n'était pas un proche du mollah Omar. La conversation tendait à souligner les limites de l'influence des talibans à Kandahar. Ses remarques étaient franches. C'est la discussion la plus ouverte que nous ayons eue avec un officiel taliban sur le problème Ben Laden.

Mujahid a l'air de croire dur comme fer qu'Omar est le protecteur de Ben Laden et que les responsables talibans n'approuvent pas sa présence. (Nous savions très bien qu'Omar approuvait à fond cette présence ; l'attitude des autres talibans était moins claire.)

Comme Omar va rester au pouvoir, Mujahid n'est guère optimiste, les talibans ne régleront pas le problème Ben Laden dans le court terme. Raison pour laquelle il conseille aux États-Unis de faire preuve de « patience ».

Le 4 mars 1999, sur CNN, j'ai parlé de Ben Laden avec le responsable taliban Abdul Hakim Mujahid. Voici ce qu'il m'a dit.

Il y a des pays qui s'inquiètent de voir Ben Laden lancer des opérations terroristes depuis l'Afghanistan, aussi les talibans lui ont-ils confisqué en février 1999 tous ses moyens de communication, y compris ses téléphones satellitaires. Les talibans lui ont dit qu'il pouvait rester en Afghanistan mais qu'il ne pouvait pas utiliser le sol afghan pour des opérations militaires.

L'Égyptien Abu Walid Al-Misri est rédacteur au magazine *Al-Imara* [« L'Émirat »], publication destinée aux talibans, et a écrit le livre déjà cité sur les *Arabes afghans*.

Durant cette période, un noyau d'opposition à Ben Laden est apparu au sein des talibans. Le mollah Muhammad Hassan, alors ministre des Affaires étrangères, était le chef le plus marquant d'une opposition dans les rangs talibans. Il était un membre important de la Shura. Il pensait que Ben Laden en était arrivé à décider de la politique extérieure de l'Afghanistan, en raison de ses activités médiatiques qui déclenchaient des réactions hostiles chez les Américains, les Pakistanais et les Arabes, sans parler de l'Europe ou des Nations unies, qui sont sous influence américaine [allusion aux sanctions de l'ONU infligées aux talibans en octobre 1999 : limitation des vols commerciaux et gel des avoirs bancaires].

On pensait que Ben Laden devait être puni ou expulsé car il refusait d'obéir aux instructions du « Prince de Loyauté », le mollah Omar ; il refusait aussi de limiter ses interventions dans les médias.

Le mollah Khaksar était le représentant du ministre taliban de l'Intérieur. Il était contre la présence de Ben Laden en Afghanistan depuis 1996, autrement dit, depuis le retour de l'exilé saoudien.

J'ai rencontré Ben Laden pour la première et dernière fois en 1996 dans une maison d'amis qui appartenait au mollah Rabbani, ministre principal. Il y avait là sept ou huit personnes, le mollah Rabbani, deux de ses invités, un interprète, Oussama et deux invités à lui. J'ai dit à Ben Laden :

– Le moment est venu pour vous autres de quitter notre pays. Bien sûr, il existe des divergences chez les Afghans, mais c'est notre problème. Un problème intérieur. Et avec le temps, nous résoudrons ces problèmes.

À la suite de quoi il y a eu des tensions entre Ben Laden et moi. Nous n'avions pas envie de nous revoir. Le mollah Rabbani m'a demandé de quitter cette réunion. Ben Laden m'évitait. Il a dit que j'avais un problème mental.

C'était une demande personnelle que j'avais formulée à son égard. Personne n'a envie d'un invité qui offense l'honneur de la maison. De temps en temps, je disais au mollah Omar :

– Ben Laden n'a nul besoin de rester en Afghanistan. Ça fera du mal à notre pays.

Les chefs talibans avaient plein de problèmes avec moi. Et ils essayaient de m'affaiblir. Dieu sait pourquoi ils ne m'ont pas viré et, par la grâce de Dieu, pourquoi je ne me suis pas retrouvé en prison.

Il existait au sein des talibans un groupe d'opposants qui ne voulaient pas de Ben Laden dans le pays. Nous avons proposé à des modérés d'aller voir le mollah Omar et de lui parler de Ben Laden. Mais cela ne s'est jamais fait. Personne n'avait le courage d'aller dire ça au mollah Omar. Il faut dire que Ben Laden distribuait de l'argent, des voitures, des véhicules. Alors il y avait des talibans qui l'aimaient.

J'ai interviewé en mars 2005 Ahmad Zaidan, le responsable du bureau d'Al-Jazira au Pakistan.

Cette relation entre le mollah Omar et Ben Laden, c'est une énigme. Ben Laden m'a raconté l'histoire suivante. Le mollah Omar lui aurait dit en 1999 :

– Tu ne pourrais pas arrêter de parler dans les médias ?

Et Ben Laden aurait répondu :

– La Mecque est le lieu le plus sacré sur toute la surface de la terre, et je l'ai quittée, et je suis venu ici parce que je voulais m'exprimer. Alors si tu veux que je reste tranquille, je préfère quitter aussi l'Afghanistan.

Le mollah Omar se comportait comme un chef qui veillait sur son pays, et Ben Laden comme un homme persuadé qu'il allait changer le monde.

Ce que je crois, c'est qu'Al-Qaïda a réussi à kidnapper les talibans, idéologiquement parlant. La preuve, c'est que les Afghans ont toujours la même politique. Ils ne se soucient jamais, jamais de politique internationale. Et Al-Qaïda a réussi à révolutionner leur façon de penser. Maintenant, ils se préoccupent de l'Amérique, de la Palestine... La politique internationale. N'importe quoi. C'est le premier point. Le deuxième point, c'est qu'Al-Qaïda a persuadé le mollah Omar qu'il devait sacrifier son pays tout entier au salut d'une seule personne.

Hamid Mir, le biographe de Ben Laden.

Je crois que le mollah Omar entretenait une relation personnelle avec Ben Laden. La majorité des chefs talibans étaient contre Ben Laden, raison pour laquelle je me suis fait arrêter par eux chaque fois que j'allais l'interviewer en Afghanistan. Je pense que Ben Laden avait réussi à convaincre le mollah Omar avec un discours du genre : « Je mène une guerre religieuse, et le moment est historique ; si tu capitules devant les Américains, si tu acceptes de céder à ceux qui veulent m'expulser d'Afghanistan, tu humilies le peuple afghan devant l'histoire. »

Résultat, le mollah Omar était prêt à tous les sacrifices pour Oussama Ben Laden. Mais les autres talibans disaient que Ben Laden était un danger pour le premier gouvernement islamique des temps modernes. Le plus grand des dangers. Ils pensaient que, s'ils n'arrivaient pas à le faire partir, ils n'arriveraient pas non plus à diffuser la parole de Dieu dans leur gouvernement. Il y avait deux courants chez les talibans. Et la majorité était contre Ben Laden.

Abdel Bari Atwan, du journal *Al-Quds Al-Arabiya*.

Ben Laden a fait une immense faveur au mollah Omar en se débrouillant pour convaincre Jaluluddin Haqqani, un général afghan de langue arabe, de rejoindre les talibans. Ceux-ci n'avaient pas de général de carrière à placer à la tête de leurs forces armées. Ils n'avaient personne qui sache se servir d'armes sophistiquées.

Dans un rapport interne rédigé peu après 1996, Abu Hafs, le chef militaire d'Al-Qaïda, a passé en revue les qualités des talibans et cherché à comprendre leur attitude à l'égard d'Al-Qaïda [5].

1. Tous les chefs du mouvement sont diplômés des écoles arabes ; la majorité d'entre eux sont juristes.
2. Quelques-uns étaient déjà membres de multiples organisations, pas seulement d'une seule.
3. Beaucoup ont été blessés au cours du précédent djihad contre les Russes.
4. Nous voyons leur sincérité et leur détermination à établir la religion, et à poursuivre le djihad contre tout ennemi désigné par Dieu.
5. Ils ont une excellente position envers les Arabes qui ont mené le djihad en Afghanistan. Ils se montrent accueillants envers eux ; ils reconnaissent les sacrifices consentis par les moudjahidin arabes, et leur droit de rester en Afghanistan comme musulmans et comme moudjahidin.

Le rapport d'Abu Hafs sur les talibans révèle une compréhension nuancée des intérêts économiques qui sont alors ceux des Américains dans la région : les ressources énergétiques de la mer Caspienne.

L'importance de l'Afghanistan pour les États-Unis.

Les États-Unis essaient de prendre le contrôle de toute région où l'on a découvert d'importantes quantités de pétrole. Figurent parmi ces régions les républiques islamiques qui entourent la mer Caspienne (le Turkménistan et autres).

Cette région possède un huitième des réserves mondiales en pétrole, ainsi que de grandes quantités de gaz. L'importance de l'Afghanistan dans ce domaine est définie comme suit.

Le transport du pétrole et du gaz vers des eaux chaudes, et de là vers le reste du monde, peut s'effectuer par trois chemins.

1. Le pipe-line qui traverse les républiques russes, et de là continue vers l'Europe. C'est un chemin très long, contrôlé par les Russes et les Européens.

2. Le chemin de l'Iran et le port de Bandas Abbas. Installer des pipe-lines en Iran revient à donner aux Iraniens la possibilité d'exercer une position dominante sur le contrôle du pétrole, ce que refusent les Américains.

3. Le troisième chemin est celui qui passe par l'Afghanistan et le Pakistan (Karachi). C'est le meilleur et le plus fiable. Il est source de grands profits pour le Pakistan et l'Amérique.

En conclusion, le gouvernement américain ne demande qu'à voir les pipe-lines de pétrole et de gaz venus du Turkménistan passer par l'Afghanistan et le Pakistan, qui est son allié. Ainsi l'Iran sera hors jeu. Et les compagnies américaines monteront un projet de 5 milliards de dollars.

Toujours dans la même analyse, Abu Hafs commente l'hospitalité des talibans et les risques auxquels ils s'exposent en abritant Al-Qaïda.

Leur hospitalité est totale, et c'est une preuve très claire de leur sincérité, d'autant qu'ils subissent de fortes pressions en raison de la présence de moudjahidin arabes ; étant donné aussi qu'ils refusent de livrer les chefs moudjahidin arabes aux gouvernements qui ne cessent de réclamer leur extradition.

Mais il admet aussi la faiblesse des talibans.

Les inconvénients du mouvement.

1. C'est un mouvement d'étudiants et d'universitaires qui n'ont pas d'expérience dans les domaines de l'organisation, de l'administration ni de la politique.

2. Leur situation économique est très précaire.

Abu Jandal, le garde du corps.

Les relations entre le mollah Omar et le cheikh Oussama s'étaient renforcées et consolidées quand le commandant Massoud avait marché sur Kaboul en 1996, et que le cheikh Oussama avait demandé aux moudjahidin arabes de défendre Kaboul. Ils ont joué un rôle important dans la défense de la ville et dans l'effort pour repousser les forces de Massoud. Ils avaient une grande expérience militaire. Durant cette période, les Arabes afghans ont donné leur sang sur le front afghan, ce qui a beaucoup contribué à renforcer les liens entre Al-Qaïda et les talibans.

Quant aux divergences entre Ahmad Shah Massoud et le cheikh Oussama, je vous assure qu'elles étaient connues, et qu'elles n'ont pas joué un grand rôle dans la relation avec les talibans. C'étaient des divergences assez anciennes. Elles se sont manifestées dès le début du djihad en Afghanistan.

La relation entre le mollah Omar et le cheikh Oussama est le résultat d'un accord mutuel en termes de religion et d'idéologie. Ils estimaient avoir le même ennemi : les États-Unis. Le mollah Omar disait toujours que, si les États-Unis voulaient frapper les talibans, ce n'était pas à cause de Ben Laden, mais parce qu'ils voulaient faire tomber le gouvernement taliban, instrument de la charia dans le pays.

Le gouvernement saoudien a poursuivi son dialogue avec Ben Laden, à qui il a envoyé de nombreuses délégations. Ils essayaient de le convaincre de sortir de sa retraite. Tout cela était possible du fait des fortes relations qui existaient entre la famille Ben Laden et la maison régnante des Saoud. Quelquefois, ils lui envoyaient ses propres frères. Même sa mère, une fois. Et son demi-frère du côté maternel. Un avion spécial du gouvernement saoudien s'est posé sur l'aéroport de Kandahar. Ils sont arrivés et ils ont essayé de le convaincre. Le cheikh Oussama leur a répondu :

– C'est un principe. Je garde dans mon cœur ma promesse faite à Dieu de ne pas abandonner. Je suis comme le compagnon du Prophète qui a dit : « Par Dieu, tu n'arriveras pas à me détourner de ma route, même avec mille âmes, car ces âmes seront l'une après l'autre livrées à la mort. »

Il était très bon avec sa mère. Il la traitait bien. Il essayait lui aussi de la convaincre, en usant de sa propre méthode. En tout cas, elle est rentrée sans lui.

Khalid Batarfi, l'ami d'enfance, qui est resté en contact avec la mère de Ben Laden et les enfants du deuxième mariage de celle-ci.

Pour elle, tout est allé de mal en pis. Il est parti pour l'Afghanistan. Au début, il lui parlait ; mais après, le seul canal possible – le téléphone – était mort.

Il a toujours été un fils obéissant, plus obéissant que ses frères et sœurs. Jamais il n'élevait la voix devant elle. Et il avait toujours le sourire. Il lui baisait les mains. Il lui baisait les pieds. Et il l'appelait tout le temps – tout le temps. Il lui posait plein de petites questions : ce qu'elle était en train de cuisiner, ce qu'elle faisait, si elle avait l'intention de sortir. Et c'est pourquoi elle l'aimait. Mais elle n'adhérait pas à sa façon de penser et d'agir. Alors j'imagine que ce devait être dur. Elle ne parlait pas beaucoup aux gens. Elle ne voulait même pas que ma femme – avec laquelle elle était proche – vienne la voir, elle ne voulait voir personne : elle n'était pas d'humeur à parler.

Le prince Turki Al-Fayçal dirigeait jusqu'en 2001 les renseignements saoudiens. Jamal Khashoggi l'a interviewé les 4 et 9 novembre 2001 pour Arab News et MBC Television.

En juin 1998, le roi Fahd et le prince Abdullah m'ont envoyé rencontrer le mollah Omar. Je devais le convaincre de leur remettre Ben Laden. À cause de ses actes et de ses déclarations. J'ai demandé au mollah Omar de le remettre aux autorités saoudiennes, et il a répondu oui. Je m'étais laissé dire que leur intérêt les poussait de notre côté, et non du côté d'un individu en particulier. Le mollah Omar m'a demandé d'informer le roi et le prince de son intention de mettre en place un comité composé de Saoudiens et d'Afghans pour définir les procédures.

Un conseiller du mollah Omar est venu ensuite dire au prince que la requête du royaume concernant Ben Laden avait reçu une réponse favorable, et qu'un comité allait donc être créé pour superviser le transfert.

J'aurais préféré ne pas avoir à retourner là-bas [en Afghanistan, en septembre 1998, après les attentats contre les ambassades américaines en Afrique]. Ils avaient accepté de nous remettre notre homme, mais j'ai découvert que le mollah Omar avait retourné sa veste et qu'il insultait maintenant l'Arabie Saoudite, son royaume et son peuple. Étant donné les circonstances, je n'avais d'autre choix que de rompre les négociations. Je me rappelle cependant avoir dit au mollah Omar, au moment de partir, qu'il regretterait un jour sa décision, et que le malheureux peuple afghan aurait à en payer le prix.

D'après Abu Jandal, le garde du corps de Ben Laden, les Saoudiens avaient envoyé en Afghanistan non seulement des diplomates, mais également des tueurs.

Les services secrets saoudiens ont plus d'une fois expédié des agents avec mission d'assassiner le cheikh Oussama. Mais ils ont échoué. J'ai participé à l'arrestation de l'un d'eux, un homme venu en Afghanistan pour l'assassiner. Ils avaient envoyé à Kandahar un jeune Ouzbek qui vivait en Arabie. Ils lui avaient promis deux millions de riyals – plus de 500 000 dollars – et la nationalité saoudienne s'il arrivait à tuer Ben Laden. On l'a arrêté. Et on l'a interrogé :

– Tu pensais vraiment pouvoir assassiner le cheikh Oussama et échapper ensuite à quatorze gardes du corps armés de pistolets automatiques ?

Il était encore groggy. Il sortait tout juste du coma. Il avait l'air d'un enfant. Il n'avait que dix-huit ans. On l'avait trompé. Il pleurait. C'en était pathétique. Il répétait :

– J'ai fait une erreur.

Finalement, Ben Laden a dit :

– Relâchez-le.

C'était en 1998. Cette tentative d'assassinat coïncidait presque avec les frappes américaines contre les camps de l'organisation Al-Qaïda.

Le journaliste palestinien Jamal Ismaïl dirigeait au Pakistan le bureau d'Al-Jazira. Il a interviewé un Ben Laden dont l'importance médiatique avait grandi.

Ce devait être le 18 décembre 1998. J'étais chez moi.

Je reçois un appel. C'est le bureau du mollah Omar. Abu Hafs, l'Égyptien Muhammad Ataf. Il me dit :

– Jamal, je vais être franc. Venez à Kandahar, et nous arrangerons une interview.

J'ai répondu que j'avais mes questions pour la chaîne Al-Jazira, et d'autres aussi pour un ami [Peter Bergen de CNN] qui avait rencontré Oussama et souhaitait le revoir.

– Il faut que j'en parle à Oussama, me répond Abu Hafs.

Nous avons fait presque trois heures de route après Kandahar. Direction : la province de Helmand. Puis on a quitté la grande route. On a vu des tentes sur une colline. Il y avait aussi des combattants arabes. Certains avaient des armes antiaériennes Stinger. Les tentes étaient au nombre de trois. Une pour la prière, une pour l'interview, une pour les gardes du corps. En tout, plus de vingt personnes. Il y en avait peut-être autant au sommet des montagnes alentour.

Muhammad Atef me lance :

– Jamal, il faut que nous vous demandions quelque chose. Ne prenez aucune photo de personne, à part Oussama et Ayman Al-Zawahiri. Pour des raisons de sécurité, vous comprenez.

Oussama est arrivé. J'ai voulu lui poser les questions de Peter Bergen. Il m'a répondu :

– J'ai pris l'engagement de n'accorder aucune interview, ni rien d'autre, à aucun média occidental. Je les considère tous comme des médias non musulmans, et nos interventions s'adressent au monde musulman.

– Si c'est un engagement, n'en parlons plus.

Je ne l'avais pas revu depuis 1992 et sa période soudanaise. Après six années, on voit le changement chez un homme. Désormais, il avait cessé se se déplacer avec son arme. Et il s'était investi dans sa lutte contre l'Occident en général, spécialement contre Israël et les juifs. Nous avons passé quatre heures en sa compagnie.

J'ai vu qu'il avait deux de ses fils auprès de lui, et son garde du corps. L'un des garçons avait à ce moment-là, je crois, dix-neuf ans. L'autre, Osman, peut-être quinze ou dix-sept ans. Son frère devait s'appeler Omar ou Abdel Rahman.

D'après la religion islamique, et l'enseignement islamique propre au djihad, nous ne sommes pas supposés tuer des civils. Oussama a dit :

– Si les juifs et les chrétiens tuent nos civils et occupent nos terres, violent nos sœurs et nos frères, et n'épargnent aucun d'entre nous, pourquoi devrions-nous les épargner ?

Extrait de l'interview conduite par Jamal Ismaïl pour Al-Jazira. L'entretien porte sur les frappes américaines contre les camps en Afghanistan.

Aujourd'hui, une agression américaine contre l'Afghanistan ne doit pas être considérée comme une agression contre l'Afghanistan seulement. Elle doit être considérée comme une agression contre le djihad entrepris au nom du monde islamique. Nous entretenons des liens très solides avec les talibans. Ce sont des liens idéologiques basés sur autre chose que la politique ou l'économie.

Sans cesse nous rendons grâce à Dieu pour notre bonne santé. Ici, dans les montagnes, nous endurons un temps sévère et froid, aussi bien que des étés extrêmement chauds. Mon loisir favori est de monter à cheval ; je peux monter sans m'arrêter pendant 70 kilomètres.

Jamal Ismaïl.

Ce reportage a été diffusé en juin 1999. Al-Jazira l'annonçait depuis un mois : « Sur Al-Jazira, un homme seul se dresse contre un État, et un État contre un homme. » Le reportage s'intitulait « Détruire Al-Qaïda ». Ils ont diffusé des moments de l'interview d'Oussama, ceux où il accusait l'administration américaine d'être contre les Arabes, contre les musulmans, et de soutenir Israël ; ceux où il explique que nous sommes dans notre droit légitime quand nous essayons de les chasser de nos terres saintes. Ils ont passé aussi des extraits de discours dans lesquels Bill Clinton s'en prend à Oussama Ben Laden.

D'après l'AFP, les rues de Riyad et d'autres villes saoudiennes se sont vidées à l'heure où Al-Jazira a diffusé l'émission. Les médias arabes ont publié d'innombrables articles à son sujet. Tous n'étaient pas favorables à Ben Laden ; mais au moins ils exposaient son point de vue, et ils demandaient aux Américains de se retirer des lieux saints, d'arrêter aussi de soutenir Israël.

Au début de juillet 1999, l'administration Clinton a perdu patience à l'égard des talibans et de leur intransigeance sur la question Ben Laden. Le Président a signé un ordre qui imposait des sanctions économiques au gouvernement taliban. Voici un extrait de cet « Executive Order 13 129 ».

Le 6 juillet 1999

La Maison-Blanche
Service de Presse
Pour publication immédiate – 6 juillet 1999

ORDRE D'EXÉCUTION
INTERVENTION SUR PROPRIÉTÉ ET INTERDICTION
DE TRANSACTIONS AVEC LES TALIBANS

Je soussigné, William J. Clinton, président des États-Unis d'Amérique, vois que les actions et les politiques menées par les talibans en Afghanistan, en autorisant des territoires placés sous leur contrôle en Afghanistan à servir de refuge et de base opérationnelle à Oussama Ben Laden et à l'organisation Al-Qaïda, lesquels ont commis et menacé de continuer à commettre des actes de violence contre les États-Unis et ses ressortissants, constituent une menace exceptionnelle contre la sécurité nationale et la politique étrangère des États-Unis ; en conséquence je déclare urgence nationale le traitement de cette menace.

J'ordonne que soient gelés :

(a) toutes les propriétés et tous les intérêts en propriété des talibans,

(b) toutes les propriétés et tous les intérêts en propriété de personnes désignées par le Secrétariat du Trésor, après consultation du secrétaire d'État et de la Justice sur :

– ce qui appartient aux, est sous contrôle des, ou est fait au nom des talibans ;

– ou ce qui leur procure des financements, du matériel, des équipements technologiques ou des services ;

– sur le sol des États-Unis, entrant aux États-Unis, ou en possession ou sous contrôle de personnes résidant aux États-Unis.

William J. Clinton
La Maison-Blanche
4 juillet 1999

Le Syrien Abu Mussab Al-Suri est affilié à Al-Qaïda. C'est lui qui, en 1997, m'a conduit à Ben Laden en se faisant appeler Omar. Il a été l'un des grands idéologues du mouvement djihadiste, puis un intellectuel important au sein d'Al-Qaïda, ce qui ne l'empêchait pas d'entretenir avec Ben Laden des relations tumultueuses.

Six cassettes vidéo ont été retrouvées en Afghanistan après la chute des talibans, datées d'août 2000. Elles montrent Al-Suri donnant un cours devant un tableau blanc. L'objectif de la caméra fixe Al-Suri qui développe son exposé en se servant du tableau. Ses propos sont évoqués ici par Mohannad Hage Ali, qui a retranscrit le contenu des cassettes pour le journal *Al-Hayat*.

Dans la première cassette, Al-Suri ébauche ce qu'il envisage de développer dans ses leçons. D'abord, il va distribuer des cassettes pour que chacun, individuellement, apprenne à recruter des fidèles pour le djihad en stigmatisant « l'oppression des musulmans par les juifs et les croisés ». Ensuite, il parlera de l'aspect opérationnel : comment sécuriser les cellules djihadistes, par exemple, ou comment prévoir un plan en cas d'échec.

Ensuite, la cassette présente la première leçon d'Al-Suri. Suri s'étend sur la dégénérescence du monde occidental. Il dit que c'est un facteur d'adhésion à l'islam. Il développe sur le péché, les gays et les lesbiennes.

Il a derrière lui une carte du monde. Il explique que 80 pour cent du pétrole se trouve dans le monde musulman. Il accuse l'Occident de faire baisser artificiellement les prix.

Suri montre le rôle que peuvent jouer les musulmans en attaquant des cibles occasionnelles, même quand ils ne se trouvent pas en première ligne.

– Si vous êtes en Malaisie et que vous entendez parler de ce qui se passe en Tchétchénie, allez tuer à coups de poignard l'attaché d'ambassade russe.

Il poursuit :

– Si un musulman est en Grande-Bretagne, inutile qu'il quitte son travail ou son université. Ce qu'il peut faire, c'est appeler une agence de presse et leur dire : « J'appartiens à la Résistance islamique globale, et je revendique ma responsabilité dans toute action accomplie dans le monde. » Si un homme vit en Suède, et qu'il repère une cible juive susceptible d'être attaquée en toute sécurité, qu'il attaque cette cible.

Suri explique que les cibles doivent être sélectionnées en fonction de deux critères. L'attaque doit faire le plus de mal possible à l'ennemi ; et elle doit provoquer autant que possible le réveil musulman.

Liste des cibles :

1. Les centres missionnaires et les missions culturelles car ce sont des usines à fabriquer des ennemis de l'islam et à promouvoir le sécularisme.

2. Les compagnies, les mines, les ingénieurs, les agents des sociétés étrangères, les représentants de la société Aramco qui vole le pétrole musulman en Arabie Saoudite.

3. Tout ce qui est ambassades et consulats.

4. Toutes les installations et bases militaires, y compris les résidences des familles.

5. Tous ceux qui représentent les forces de sécurité étrangères, les enseignants occidentaux et les médecins – qui sont en fait des espions cachés sous un déguisement.

6. Tous les touristes.

Suri s'engage ensuite dans une critique des structures hiérarchiques d'Al-Qaïda telles qu'elles existaient en 2000. Il dessine un graphique pour montrer combien il est facile de créer un réseau de cellules toutes reliées à un chef.

Et il dit à sa classe :

– L'étape suivante, c'est la brigade. Un conseil : votre brigade n'excédera pas dix membres.

En 2003, le juge espagnol Balthasar Garzon a inculpé trente-cinq personnes pour leur participation à des activités terroristes. Figuraient parmi elles Abu Mussab Al-Suri, Mustafa Setmariam Nasr de son vrai nom. L'arrêt d'inculpation du juge Garzon fait référence aux méthodes d'entraînement d'Al-Suri en Afghanistan[6].

Mustafa Setmariam Nasr, alias Abu Mussab Al-Suri, est un citoyen syrien naturalisé espagnol. Il est devenu l'émir d'un groupe syrien associé à Al-Qaïda, puis membre du conseil, ou « shura », de cette organisation. Setmariam a rencontré Ben Laden en Afghanistan, en 1998. Dès son arrivée, il a mis en place un camp d'entraînement de moudjahidin pour le compte d'Al-Qaïda. Il a accueilli des militants et des moudjahidin recrutés en France. Après avoir suivi leur entraînement, ces moudjahidin européens retournaient dans leurs pays respectifs, où ils s'intégraient à la société et où ils appartenaient à des réseaux « dormants » en attendant les ordres d'Al-Qaïda. Quand Al-Qaïda, en 1991, a emménagé au Soudan, Al-Suri Setmariam est resté en Afghanistan. Il a fait quelques voyages à Khartoum. Il s'est installé en Espagne en 1995, puis au Royaume-Uni.

Vahid Mojdeh est l'auteur du livre déjà cité sur son expérience chez les talibans.

On aurait tort de croire qu'Al-Qaïda était en Afghanistan une organisation unie et d'une efficacité à toute épreuve. De même, tous les volontaires arabes n'en étaient pas membres. Oussama n'avait pas une telle influence spirituelle qu'il pouvait s'attirer l'obéissance de tout le monde. Abu Mussab Al-Suri comptait parmi ses opposants.

Naturalisé britannique, il avait rejoint l'Afghanistan à l'époque du djihad contre l'Union soviétique. Il a toujours conseillé aux talibans de faire cesser les opérations d'Oussama, car il était persuadé que ce dernier ne savait pas ce qu'il faisait. Le conflit entre les deux hommes se développa jusqu'au point où Abu Mousad déclara qu'il mettait un terme à leurs relations, ainsi qu'il le fit savoir lors d'une interview sur la chaîne Al-Jazira.

Après la chute des talibans, le reporter du *Wall Street Journal* Alan Cullison acheta à Kaboul un ordinateur d'occasion qui se révéla avoir été l'un des principaux ordinateurs d'Al-Qaïda – une machine dont se servait souvent Ayman Al-Zawahiri en personne. Avec l'aide de ses collègues, Cullison déchiffra près de mille documents stockés dans le disque dur, pour la plupart cryptés ou rédigés en code.

Les résultats furent publiés dans le journal de Cullison, avant d'être repris dans *The Atlantic Monthly*. L'un des documents retrouvés était une lettre d'Abu Mussab Al-Suri à Al-Zawahiri. Ce courrier est daté du 19 juillet 1999[7].

Ce que j'ai entendu de plus étrange jusqu'ici, c'est Abu Abdallah [Ben Laden] disant qu'il n'écoutait pas le Chef de Loyauté, le mollah Omar, quand celui-ci lui demandait d'arrêter de donner des interviews. Je crois que notre frère [Ben Laden] a attrapé la maladie de l'écran, des spotlights, des fans et des applaudissements.

Noman Benotman est ce Libyen qui a combattu en Afghanistan dans les rangs d'Al-Qaïda. Interview d'août 2005.

Avant le 11 septembre, Al-Suri et Ben Laden se détestaient. Al-Suri n'aimait pas la domination exercée par Ben Laden.

Il disait :
– Ben Laden est un dictateur.
Il le traitait même quelquefois de « pharaon ».

Pour Vahid Mojdeh, ex-ministre taliban des Affaires étrangères, le pouvoir taliban s'est radicalisé en 2001, comme le montre la campagne de destruction de l'héritage culturel afghan.

Omar avait ordonné au printemps 2001 de détruire les statues bouddhistes du musée de Kaboul. La décision, irrévocable, était censée demeurer secrète car il fallait éviter d'attirer l'attention des nations étrangères. Tout espoir de sauver ces objets s'est envolé. Les officiels talibans sont allés au musée afin d'exécuter personnellement les ordres. Les portes du musée se sont ouvertes. Les membres du groupe étaient armés de gourdins ou autres instruments. Ils sont entrés et ont fracassé les statues en marmonnant la phrase : « Dieu est grand. »

Le 24 février 2001, on a annoncé que le mollah Omar avait ordonné la destruction des statues de Bamiyan. Il s'agissait des monuments les plus célèbres d'Afghanistan, deux statues de Bouddha de plus de 100 mètres sculptées à même le flanc de la montagne, et remontant aux troisième et cinquième siècles. Les exhortations venues de la communauté internationale, y compris de nombreux pays musulmans, n'ont rien pu changer à l'affaire : en mai 2001, les talibans ont fini par détruire les bouddhas à coups d'explosifs et de tirs d'artillerie.

Maulana Muttawakil était aux Affaires étrangères à Kaboul. Le lendemain du jour où l'ordre a été rendu public, je suis allé le voir dans son bureau. Je l'ai trouvé déprimé. Il m'a dit qu'il avait été informé la veille de la décision du mollah Omar, et qu'il lui avait parlé au téléphone. Muttawakil était plus ouvert d'esprit que nombre de talibans haut placés. Tel qu'il connaissait le mollah Omar, il savait que l'ordre ne pouvait manquer d'être exécuté, et que les efforts de la communauté internationale resteraient lettre morte. La destruction des statues de Bamiyan a soulevé dans le monde entier un sentiment de haine envers les talibans.

Mais il y a eu en Afghanistan des forces étrangères pour se réjouir de la destruction des statues de Bamiyan, y compris chez les Arabes et les combattants d'Asie centrale. Un homme en particulier a pris la défense des talibans : le cheikh saoudien Mahmoud Uqala, un chef spirituel aveugle. Il comptait parmi les religieux arabes les plus respectés. Certains le considéraient comme le successeur du cheikh Muhammad Ben Baz [l'ex-grand mufti saoudien].

C'est lui aussi qui a approuvé les attentats du 11 septembre ; il s'agissait selon lui de mesures de représailles opérées par des musulmans, et il a exprimé ouvertement son admiration envers ceux qui les avaient accomplies.

De nombreuses cassettes du cheikh Uqala ont été expédiées à Kandahar. Elles louaient l'attitude du mollah Omar. Uqala, dans ces cassettes, se demandait pourquoi il avait fallu attendre si longtemps la destruction des statues. La réaction du mollah Omar fut de faire abattre cent vaches, dont la chair fut distribuée aux défavorisés du pays, en guise de réparation pour la longue attente qu'ils avaient subie. L'abattage des vaches véhiculait une signification politique. Les bouddhistes du monde entier condamnaient la destruction des statues, et les hindouistes furent pris de rage en apprenant ce qu'ils avaient fait. On a dit que les frais d'abattage avaient été pris en charge par le Al-Rashid Trust, une œuvre de charité connue au Pakistan. J'ai entendu des combattants arabes et des officiels talibans dire qu'un mois après la destruction des statues de Bamiyan, le nombre de volontaires arabes à rejoindre Al-Qaïda et les troupes des talibans avait été multiplié par dix.

Un des documents retrouvés dans l'ordinateur acheté à Kaboul était une lettre de Ben Laden au mollah Omar.

Je prie Dieu, après qu'Il a salué votre réussite dans la destruction de ces faux dieux morts, sourds et muets, de saluer bientôt aussi votre réussite dans la destruction des faux dieux vivants comme les États-Unis.

Vahid Mojdeh explique que le régime taliban appuyait sa propre promotion sur une campagne de guerre sans fin, alors même qu'il était la proie de déchirements internes dont Ben Laden était en grande partie la cause.

Le pouvoir taliban n'avait d'autre perspective que la guerre. Ses chefs militaires jouissaient d'un pouvoir sans limite. Au début, les talibans traitaient leurs prisonniers de guerre avec humanité, et il est même arrivé plusieurs fois que les officiers les libèrent après leur avoir confisqué leurs armes. Les chefs militaires n'avaient de comptes à rendre qu'au mollah Omar. Et ils n'étaient pas censés justifier leurs dépenses. On comprend pourquoi ils n'avaient aucune envie, dans ces conditions, de voir la paix s'établir en Afghanistan. Ils répandaient la guerre comme bon leur semblait.

Les talibans pratiquaient la torture sans pitié. Le supplice le plus fréquent consistait à frapper les gens avec des câbles électriques.

Une des initiatives diplomatiques les plus intéressantes prises par les talibans fut l'ordre formulé oralement par le mollah Omar concernant la façon dont il convenait de communiquer avec les gouvernements étrangers. Les talibans avaient beau ne pas entretenir de relations diplomatiques avec la plupart des pays, le ministre taliban des Affaires étrangères adressait aux autres États des félicitations et des condoléances en cas d'anniversaires et de décès. Le mollah Omar interdit qu'un message de félicitations fût désormais envoyé pour son anniversaire à un chef d'État non musulman. Quant aux pays frappés par des désastres naturels, tels les tremblements de terre ou les inondations, ils ne recevraient plus de messages de sympathie ou de solidarité car ces événements relevaient de la volonté de Dieu. Enfin, aucun chef d'État étranger ne devrait plus recevoir de vœux de longue vie et de bonne santé s'il n'était pas musulman.

Les talibans n'échappaient pas aux désaccords internes. Les divergences devinrent même si importantes que le mollah Omar finit par encourager les factions à ne plus les exprimer. Il écrivit dans une note : « Étant donné certaines tensions, les luttes représentent un risque pour l'avenir. Chacun parle dans le dos des autres, et les chefs encore plus. » Nombre de ces divergences n'exprimaient rien d'autre que des divergences d'opinion ou des inimitiés personnelles, mais d'autres touchaient à des questions plus fondamentales. La figure la plus importante, à cet égard, était Maulana Muttawakil.

Quand Muttawakil eut accepté le poste de ministre des Affaires étrangères, il essaya de marquer sa différence. Mais il avait les mains liées du fait de la situation créée par Oussama Ben Laden. Il estimait que, si les talibans voulaient se faire accepter par la communauté internationale, ils ne devaient pas prendre part à des actions qui les mettraient en position de l'affronter. Aussi, à Kandahar, il fit placer Oussama sous surveillance et lui interdit d'agir à sa guise. En arrivant aux responsabilités, Muttawakil demanda au mollah Omar de restreindre les activités de Ben Laden. Oussama, quand il faisait allusion à Muttawakil, avait l'habitude de dire :

– Il y a deux entités contre le djihad. Les États-Unis d'une part, et d'autre part le ministre taliban des Affaires étrangères en personne.

En 2000, Ben Laden tourna son attention vers le Yémen, le pays de ses ancêtres. Al-Qaïda devait y fomenter des attentats contre des navires de guerre ; et Ben Laden y épouserait sa cinquième femme, une Yéménite.

Le garde du corps Abu Jandal.

En ce qui concerne le mariage du cheikh Oussama avec sa dernière épouse, la Yéménite Amal Al-Sadah, ma mission consistait à apporter la dot à la famille de la fiancée. Le cheikh m'a donné 5 000 dollars en me demandant de les remettre au Yémen à un homme qui se chargerait de les remettre à son tour à la famille. J'ignorais à ce moment-là que cet argent était une dot pour le mariage du cheikh Oussama. Je l'ai su plus tard.

Quand j'ai décidé de retourner en Afghanistan, les frères m'ont demandé d'emmener avec moi l'épouse du cheikh Oussama, et le parent qui devait la chaperonner. J'ai dû rester deux mois de plus au Yémen. Mais à la fin, je n'en pouvais plus d'attendre, et je suis reparti. L'épouse et l'homme qui servait de chaperon m'ont suivi un mois après.

Nous avons eu à Kandahar une splendide cérémonie à laquelle ont participé ses autres femmes et ses enfants. Les chants et les cris de joie se mêlaient aux tirs de coups de feu en l'air. Que je sache, elle est toujours en Afghanistan auprès de son époux le cheikh Oussama.

Le 7 octobre 2000, deux attentats suicides furent commis contre le USS *Cole*, un destroyer qui faisait le plein de carburant dans le port d'Aden, au Yémen. Les deux membres d'Al-Qaïda attaquèrent à bord d'un esquif chargé d'explosifs. La bombe creusa dans la coque du navire un trou de la taille d'une petite maison et tua dix-sept marins américains. Cette attaque survenait un an après une attaque similaire au Yémen, dirigée contre le *Sullivans*, et qui s'était soldée par un échec.

Abu Jandal, le garde du corps de Ben Laden, explique les motifs qu'avait Al-Qaïda de lancer cette opération.

En fait il y avait plusieurs raisons. Il fallait briser le prestige des Américains sur les mers, et remonter le moral de la nation islamique en lui montrant que ses fils étaient capables de frapper les ennemis, où qu'ils soient, sur terre, sur mer et dans les airs. Le message était que nous étions à même d'affronter les ennemis y compris en mobilisant des aptitudes individuelles. Prenez le monde islamique, qui représente 71 États. Il ne peut pas dire non aux États-Unis. Mais les individus le peuvent. Ils prouvent au monde islamique l'existence d'une capacité musulmane à briser le prestige américain et son hégémonie sur les mers et les rivages musulmans. C'était la raison principale pour laquelle le destroyer *Cole* a été choisi comme cible. Des navires de grandes lignes, il y en avait beaucoup. Mais le meilleur des destroyers de l'US Navy, c'était donner une gifle aux États-Unis. C'était dire aux États-Unis : « Nous pouvons frapper où et quand nous le voulons. »

En novembre 2002, le gouvernement des Émirats arabes unis arrêta le Saoudien Abdal Rahim Al-Nashiri, chef militaire d'Al-Qaïda pour la péninsule arabique. C'est lui qui avait dirigé l'attaque contre le *Cole*. À l'heure actuelle, il est toujours détenu par les États-Unis en un lieu secret. Voici son portrait dressé par la commission sur le 11 septembre à partir de ses interrogatoires, et des interrogatoires d'autres membres d'Al-Qaïda[8].

Il semble qu'Abdal Rahim Al-Nashiri – le cerveau de l'attentat contre le *Cole* et le dernier chef militaire des opérations menées par Al-Qaïda dans la péninsule arabique – ait commencé sa carrière de terroriste après avoir été recruté par Ben Laden lui-même.

Il avait déjà participé au djihad afghan, puis accompagné un groupe de trente moudjahidin décidés à poursuivre le djihad au Tadjikistan. Après avoir été mis en échec lors de sérieux combats, le groupe a fait route vers Jalalabad, où il a rencontré Ben Laden, qui venait de rentrer du Soudan en mai 1996. Ben Laden s'est longuement adressé à eux en les pressant de le rejoindre dans son « djihad contre les Américains ». Tous n'avaient qu'une hâte, jurer allégeance à Ben Laden, mais beaucoup, dont Nashiri, refusèrent car ils trouvaient cette notion répugnante.

Après avoir subi plusieurs jours d'endoctrinement – une avalanche de documentaires et d'informations –, Nashiri a quitté l'Afghanistan pour rentrer d'abord dans son pays natal, l'Arabie, puis au Yémen. C'est là, selon ses propres dires, que prend forme l'idée de sa première opération terroriste ; il avait remarqué la présence de nombreux navires étrangers au large des côtes sud-ouest.

Nashiri est retourné en Afghanistan, sans doute en 1997. Il s'agissait au départ de rencontrer des parents à lui qui combattaient là-bas. Il voulait aussi se renseigner sur les talibans. Il a de nouveau rencontré Ben Laden, qui recrutait toujours pour la « bataille à venir contre les États-Unis ». Nashiri a mené alors un djihad plus conventionnel en rejoignant les talibans en lutte contre l'Alliance du Nord d'Ahmad Massoud, et en faisant des allers-retours entre la ligne de front et Kandahar, où il revoit Ben Laden et d'autres moudjahidin. Durant cette période, au début de 1998, Nashiri travaille à faire passer en contrebande, du Yémen à l'Arabie Saoudite, quatre missiles anti-tanks de fabrication russe.

À un moment, Nashiri a rejoint Al-Qaïda. Il a voyagé entre le Yémen et l'Afghanistan. À la fin de 1998, il a proposé d'organiser un attentat contre un navire américain.

Ben Laden a donné son accord. Il a ordonné à Nashiri de commencer à monter l'opération ; et il a envoyé au Yémen des agents, puis de l'argent. Nashiri en référait directement à Ben Laden, la seule personne – toujours selon ses dires – qui fût informée de tous les détails de l'opération.

Quand Nashiri eut des difficultés à trouver des navires américains pour servir de cible sur la côte ouest du Yémen, Ben Laden lui donna pour instruction de viser plutôt le port d'Aden, sur la côte sud. Il résulta finalement de ces échanges une tentative d'attentat contre le *Sullivans* en janvier 2000, puis l'attentat réussi contre le *Cole* en octobre de la même année.

Grâce à ce succès, Nashiri bénéficie aussitôt d'un statut privilégié au sein d'Al-Qaïda. Il sera reconnu plus tard comme le chef des opérations dans la péninsule arabique. Nashiri, tout en continuant de consulter Ben Laden sur de futurs projets terroristes, travaille aussi dans l'ombre à des attentats moins spectaculaires, et ceci jusqu'à son arrestation. Le 6 octobre 2002, un attentat frappe le tanker français *Limburg* dans le golfe d'Aden : Nashiri supervise l'opération. Ben Laden presse alors Nashiri de continuer à fomenter des attentats contre les intérêts américains dans le golfe Persique, mais Nashiri préfère les retarder par souci de sécurité. Et il n'avait pas tort de se soucier de sa sécurité puisqu'il devait finir par être capturé en novembre 2002 par les Émirats arabes unis, qui mirent ainsi un terme à sa carrière.

Abu Jandal.

Al-Qaïda poursuit une méthode ou un principe qui revendique la « centralisation des décisions et la décentralisation de l'exécution ». La décision était centralisée ; mais la méthode choisie pour l'attentat incombait au chef opérant sur le terrain.

Par exemple, les gens qui se trouvaient au Yémen, comme Abd Al-Rahim Al-Nashiri et d'autres ont pris part à l'opération. Ils l'ont mise au point, et Dieu leur a consenti une pleine et entière réussite. L'opération contre le *Cole* a été préparée par les gens sur place. Les idées étaient définies, les cibles étaient fixées, puis on en référait à un commandement supérieur d'Al-Qaïda, un organisme de contrôle appelé la Commission des Affaires militaires, qui ne mettait pas l'opération au point mais lui donnait le feu vert et la soutenait financièrement et autre. L'organisation de l'attentat, son exécution, la méthode employée... tout cela était assumé par les chefs sur le terrain.

Quelques semaines après l'attentat d'Al-Qaïda contre le *Cole*, je descendis le Wadi Doan, une vallée de 200 kilomètres dans la région d'Hadramaout. La route se résume à peu près à un lit de rivière conduisant à Rubat, le village ancestral de la famille Ben Laden, à l'extrémité du wadi – ce wadi aux parois menaçantes hérissées de pitons rocheux qui me rappelait l'Afghanistan.

Et il est vrai que le voyage jusqu'à Rubat n'est pas sans évoquer la route de Jalalabad à Tora Bora, à cette différence près que le Wadi Doan est un désert. On y voit travailler des femmes vêtues de noir, coiffées de chapeaux de paille pointus, et qui ont l'air d'appartenir à un tableau médiéval.

Le village des Ben Laden est replié sous l'ombre confortable d'une falaise. Le mollah Rubat y dirige une école, hors du lieu de résidence des Ben Laden. Il m'a dit :

– Nous sommes contre cette guerre sainte. L'attentat contre le *Cole* est plus néfaste à la réputation du Yémen qu'à celle des États-Unis. Nous regrettons la mort des garçons et des filles américains. Ils sont nos invités.

Khalid Al-Omeri, un cousin de Ben Laden âgé de trente ans, possède un commerce d'alimentation, rue Ben-Laden. Il préfère éviter les questions directes sur son célèbre parent, mais quand on lui demande son opinion sur le djihad, il répond en montrant avec fierté son fils de trois ans :

– Mon djihad, c'est lui.

Un mois après l'attentat contre le *Cole*, Ahmad Zaidan, du bureau pakistanais de la chaîne Al-Jazira, fut convoqué par les

leaders d'Al-Qaïda, qui admirent en privé leur responsabilité dans l'opération.

Novembre 2000. Quelqu'un m'a appelé en disant :

– On a besoin de vous à Quetta [Pakistan] ; on a de bonnes choses pour vous.

Nous avons gagné Kaboul, où j'ai rencontré Oussama, qui m'a dit :

– Bien sûr que nous avons plein de désaccords avec les talibans, mais ils sont meilleurs que les autres groupes afghans. Il n'y a pas d'anarchie dans le pays.

Je lui ai répondu :

– Très bien : si vous avez des désaccords avec les talibans sur différentes questions comme les femmes, pourquoi ne pas clarifier publiquement votre position ? Beaucoup d'Arabes n'apprécient pas la politique rigide des talibans.

– Ce n'est pas un sujet d'inquiétude pour nous. Nous nous soucions de combattre les Américains, ou de combattre les Occidentaux.

La plupart des téléspectateurs d'Al-Jazira pensent que Ben Laden ne parle que de religion. C'est faux. Il se sert de la religion pour appuyer ses idées sur tout ce qui se passe, ou pour interpréter ce qui se passe en se servant de la religion.

Oussama était assis, et j'ai eu besoin d'aller aux toilettes. Mais les toilettes étaient occupées et je suis revenu. J'ai adressé un signe à ses gens :

– Prévenez-moi quand les toilettes seront libres.

Au bout de quelques minutes à peine de conversation, quelqu'un revient me dire :

– C'est libre.

Et Oussama a bien voulu que j'aille aux toilettes. C'est son côté humain.

Je suis en total désaccord avec ceux qui prétendent qu'il est sous l'influence d'Ayman Al-Zawahiri. Ben Laden est très sûr de lui. Quand il parle, c'est tout son corps qui parle. Par exemple, quand il lit en arabe, il est parfait. Je ne pourrais peut-être pas le prouver, mais Oussama Ben Laden entend apparaître comme différent de Al-Zawahiri ; et j'ai le sentiment qu'il garde toujours une certaine distance envers lui.

Et si Oussama avait confiance en quelqu'un, c'est bien en Abu Hafs – cet Égyptien, chef militaire d'Al-Qaïda, qui devait être tué lors d'une frappe américaine en Afghanistan en novembre 2001. Abu Hafs a rejoint Al-Qaïda et s'est entièrement dévoué à Al-Qaïda. Il était très calme. Vous sentiez que c'était un planificateur. Très bien organisé. Et qui souriait tout le temps. Il lisait beaucoup. Il était au courant de ce qui se passait dans le monde. Je l'entends encore me dire des choses et lire dans l'avenir. En novembre 2000, après mon interview de Ben Laden, il m'a dit :

– Nous avons réussi l'attentat contre le *Cole*, et nous voulons que les États-Unis réagissent. S'il réagissent, il réagiront en envahissant l'Afghanistan, et c'est ce que nous voulons. Nous voulons qu'ils viennent dans notre pays. Nous savons qu'ils auront des bases au Pakistan, en Ouzbékistan, au Kazakhstan. Et ils vont frapper l'Afghanistan depuis ces pays. Alors commencera la guerre sainte contre les Américains. Ce sera comme avec les Soviétiques.

Sur quoi Al-Qaïda me rappelle en janvier 2001. Le 26 exactement. Je me préparais à partir pour le pèlerinage à La Mecque avec ma femme. Chaque année, ma femme attend de partir pour le Hadj. Le problème, vous voyez, c'est qu'on est journalistes, et qu'il se passe toujours quelque chose. Toujours quelque chose... On était à six jours du Hadj, et ma femme me dit :

– Tu verras qu'on ne pourra pas partir cette année.

– On pourra.

Là-dessus, coup de fil d'Al-Qaïda. On a pris la route. Direction l'Afghanistan. Kandahar. Je pensais que nous allions réaliser une interview d'Oussama Ben Laden.

Au lieu de quoi nous avons assisté à un mariage : celui du fils d'Oussama, Muhammad, qui épousait la fille d'Abu Hafs. C'était intéressant de voir comment ils avaient organisé leur mariage. Plus de quatre ou cinq cents personnes étaient assises comme si elles étaient en rang, comme si elles priaient. Ça n'a pas duré très longtemps. Peut-être une heure. Ensuite, le repas. On a servi des fruits. La plupart étaient des gens d'Al-Qaïda. Il y avait très peu de talibans.

Oussama et Abu Hafs étaient là. J'avais un Caméscope. Bien entendu, la grande affaire dans ce genre de mariage, c'est que la fiancée n'est pas là ! Et Oussama Ben Laden disait des poèmes. Il ne faisait pas de discours. Il avait essayé de s'améliorer comme poète, et il n'y arrivait pas. Il a dit ses poèmes quand même, et les gens l'encourageaient par des « *Allah Akhbar* » (« Dieu est grand ») !

À la fin du mariage, il m'a ordonné :

– Venez avec moi.

Nous sommes entrés dans sa maison. Nous sommes allés dans sa chambre. On s'est assis pour commencer à parler. Il m'a dit alors :

– Je crois que ma prestation n'était pas très bonne.

Il était très soucieux de relations publiques. Il s'inquiétait énormément de son image quand il passait à la télévision. Il a repris :

– Je n'ai pas aimé. Je vais recommencer.

Il a recommencé. Et il a comparé. Il disait :

– Non, non. La première était meilleure.

C'était un poème contre l'Amérique, naturellement. Des louanges sur l'attentat contre le *Cole*.

Voici le poème de Ben Laden célébrant l'attentat contre le *Cole*[9].

Un destroyer, aussi brave soit-il, peut éprouver la crainte.
Il inspire l'horreur au port et sur la haute mer.
Il vogue sur les vagues
Flanqué d'arrogance, d'insolence, de fausse puissance.
Il se dirige lentement vers sa destruction
Tandis qu'un youyou l'attend en chevauchant les vagues.

(Le « youyou » fait référence au canot utilisé par le commando suicide lors de l'attaque du *Cole*.)

Ahmad Zaidan.

Le frère d'Oussama était présent. C'est quelqu'un de charmant. Vous savez, il a une famille très distinguée. Et Ben Laden a dit :

– Ma mère est là, et mon frère est là. Je me sens très coupable. Si les États-Unis ne décrètent pas un embargo contre les talibans, je pourrais affrêter un avion spécial afin de la ramener en Arabie Saoudite.

Il a ajouté un peu contrarié :

– Je ne suis pas assez gentil avec ma mère.

Lors de ce mariage, Ousmane, le fils d'Oussama Ben Laden, a prononcé en l'honneur de son père un discours qui fut filmé[10].

Comment peut-on blâmer mon père ou le tenir pour responsable alors qu'il s'efforce d'instiller chez tous et en chacun le sentiment et le désir de se dresser contre la puissance des kuffar [les infidèles] ? Mon père a élevé la voix et pressé les musulmans de s'unir contre les infidèles. Ma mère m'a appris, et a instillé en moi un sentiment infini et éternel, celui d'être à jamais motivé par l'envie de me battre et de mourir pour la gloire de l'islam. J'en appelle aujourd'hui au djihad contre les kuffar, et je le ferai pour l'éternité. Le djihad est dans mon esprit, dans mon cœur, dans le sang de mes veines. Aucune peur, aucune intimidation ne pourront priver mon corps ni mon esprit de ce sentiment.

8

LE LEADER CHARISMATIQUE

L'attentat contre le *Cole* a confirmé la position d'instigateur de Ben Laden. Sa réputation contribua alors à attirer en Afghanistan une multitude d'aspirants djihadistes, notamment originaires de pays occidentaux, sensibilisés aux propos du militant saoudien par le biais des prédicateurs radicaux, de sites Web ou simplement de la télévision. Une sorte de culte de Ben Laden commença à prendre forme au cours de cette période située entre les frappes des missiles américains à l'été 1998 et les attentats du 11 septembre 2001. Cet engouement apporta aux camps d'Al-Qaïda un nombre jusque-là inégalé de nouvelles recrues. Il incita également différents groupes islamistes à conclure des alliances avec Al-Qaïda.

Bien que Ben Laden ait pris de grandes précautions pour assurer sa sécurité et se rendre peu accessible, de nombreux aspirants djihadistes l'ont entendu prononcer des discours dans les camps d'Al-Qaïda. Une audience avec le chef d'Al-Qaïda était d'autant plus recherchée que Ben Laden se faisait rare. Et il était de rigueur pour qui désirait entreprendre une mission pour le compte de l'organisation de le rencontrer et de recueillir son assentiment. Ben Laden avait cependant pour habitude de déléguer une grande partie de l'organisation à de fidèles lieutenants comme Abu Hafs et Sayf Al-Adel. Il préférait rester au-dessus de la mêlée et n'intervenait qu'occasionnellement dans la gestion quotidienne d'Al-Qaïda.

Le 9 septembre 2001, après avoir été recruté dans cette optique

par Ben Laden, Abdessater Dahmane, un Tunisien établi en Belgique, a assassiné le chef de l'Alliance du Nord Ahmad Shah Massoud. Dahmane était arrivé en Afghanistan en 2000, après avoir vu Ben Laden aux informations télévisées en Belgique. Sa femme, Malika Malik, se rappelle très nettement ce moment, comme elle l'explique dans un livre publié à compte d'auteur intitulé *Les Soldats de lumière*[1].

Un jour, Oussama Ben Laden est apparu aux informations télévisées.

– Regarde ce visage, me dit mon mari. N'est-il pas superbe ?

– Toi aussi, tu es superbe, répondis-je.

– Je l'aime, déclara Abdessatar.

– Je l'aime aussi, dis-je.

Quand Abdessatar relevait la beauté d'Oussama Ben Laden, il faisait allusion à la lumière de la foi qui éclairait sa face. À ce moment-là, et juste à ce moment-là, Oussama et mon mari se confondirent dans ma tête. Car l'amour que je porte à mon mari est celui d'une épouse aimante, tandis qu'Oussama est mon grand frère dans l'islam. Je ne crois pas une seconde qu'il ait commandité les attentats du 11 septembre.

Quelle sérénité j'ai perçue sur leurs traits ! Mes yeux passaient du visage de mon mari à celui du dirigeant islamiste, dont l'expression figée sur la caméra exhortait à combattre l'agression contre les pauvres et les désarmés, et j'ai éprouvé un pressentiment comme seul Dieu sait.

Une ombre venait d'être jetée sur le bonheur d'Abdessatar. Il redoutait de mourir sans avoir jamais consenti l'effort suprême qui mène à Dieu : le djihad. Et il lui semblait qu'Oussama avait délivré un message spécialement à son intention.

Dans une série d'interviews accordées à Khalid Al-Hammadi, correspondant du quotidien *Al-Quds Al-Arabiya*, Abu Jandal rend compte de sa propre expérience au sein d'Al-Qaïda. Ces entretiens ont été publiés en août 2004. Abu Jandal y raconte sa première rencontre avec Ben Laden, qui le recruta en 1997 parce qu'il était « beau ». Dans cet extrait, il décrit comment il fut choisi

pour diriger les gardes du corps de Ben Laden en 1998 et lui servir de fusible, en isolant son chef des querelles intestines[2].

Je suis devenu le garde du corps personnel de Ben Laden au terme de mon entraînement. Un incident précis a motivé ce choix. Nous étions réunis à Kandahar quand arriva un homme appartenant au courant takfiri, groupe islamiste ultraradical qui avait déjà essayé d'assassiner Ben Laden au Soudan. On l'appelait Abu Al-Sha'tha le Soudanais. Celui-ci s'est adressé grossièrement au cheikh Oussama. Comme je vadrouillais souvent en ville, je savais qu'il était membre du groupe Takfiri.

Lorsqu'il s'est approché du cheikh Oussama, j'ai pris la parole. « Cheikh Abu Abdallah, permets-moi de m'asseoir auprès de toi. » Il a répondu : « Non, ce n'est pas nécessaire. » J'ai réitéré ma demande, craignant pour sa sécurité. J'aimais énormément le cheikh Oussama et d'ailleurs, après un certain temps, je me suis mis à l'appeler non plus « cheikh » mais « oncle ». Devant mon insistance, il a dit : « Viens t'asseoir derrière cette porte qui est à côté de moi. »

Je me suis posté derrière la porte sans cesser de guetter les faits et gestes du Soudanais, craignant qu'il ne l'agresse ou même qu'il ne tente de l'assassiner. Pendant ce temps, le cheikh Oussama gardait la main sur son pistolet tout en continuant de lui parler. Finalement, le Soudanais a eu un geste étrange : il a tendu la main vers le cheikh Oussama. Sans réfléchir, je me suis jeté sur lui et je l'ai immobilisé. Il poussait des cris, jurant qu'il n'avait rien fait. Je lui ai ordonné de se taire, sans quoi je lui arrachais la tête. Le cheikh Oussama a éclaté de rire : « Abu Jandal, laisse aller cet homme. » Puis il m'a prié de le faire sortir.

Après cela, le cheikh Oussama m'a tendu un pistolet et nommé garde du corps personnel. Ce pistolet n'était chargé que de deux balles : une pour moi et l'autre pour tuer le cheikh Oussama au cas où nous serions pris, afin qu'il ne tombe pas vivant aux mains de l'ennemi. J'étais le seul de ses gardes du corps à avoir ce droit.

Je veillais sur le bon état de l'arme et des balles et je les nettoyais tous les soirs en me disant : « Ce sont les balles du cheikh Oussama. Je prie Dieu de ne pas me trouver dans l'obligation de les utiliser. »

Selon les consignes, si des forces ennemies nous assaillaient sans possibilité de fuir, il m'incombait de l'abattre avant qu'il ne soit capturé vivant. Pendant les six mois durant lesquels j'ai été son garde du corps personnel, je me tenais en permanence derrière lui et je l'accompagnais vingt-quatre heures sur vingt-quatre. Il refusait d'être pris par l'ennemi et voulait devenir un martyr et non un captif, afin que son sang devienne la lumière qui guide et aiguillonne ses partisans. Je me rappelle qu'il répétait : « Le martyre plutôt que la captivité. »

Parfois, cependant, il m'envoyait le représenter dans un poste éloigné ou un camp d'Al-Qaïda. J'étais considéré comme son envoyé durant les débats. Parfois, il me demandait de visiter un poste militaire pour mesurer les difficultés que rencontraient les hommes. J'analysais la situation et ses causes et je lui exposais le tout pour qu'il tranche.

Il y avait des rivalités entre les membres d'Al-Qaïda selon leur origine. Les Égyptiens se prévalaient sans cesse d'être égyptiens. Les Saoudiens, Yéménites, Soudanais et Maghrébins en faisaient autant. Cela contrariait Oussama, qui m'envoyait étouffer ces antagonismes parce que les ennemis de Dieu, ceux qui ont le mal dans leur cœur, ainsi que les informateurs, pouvaient les exploiter dans le but de semer la discorde entre les membres d'Al-Qaïda.

J'estime que c'est le cheikh Oussama qui a complété mon éducation. Je le considérais comme un père. Pour moi, si nous voulions affronter notre puissant ennemi ou le large front que les États-Unis dressaient contre nous, nous devions être unis et éliminer les rivalités régionales. Le cheikh lui-même n'intervenait pas personnellement dans ces problèmes et c'est souvent moi qui les résolvais à ma manière, parfois sans lui en parler, parce que je me considérais comme ne faisant qu'un avec Oussama Ben Laden, avec l'organisation Al-Qaïda et avec la nation islamique.

Avant de les autoriser à entrer en contact direct avec Ben Laden, on passait au crible le passé des candidats à l'enrôlement dans Al-Qaïda. Shadi Abdallah, un Jordanien d'origine palestinienne, fut le garde du corps de Ben Laden en Afghanistan,

en 2000. Voici des récapitulatifs et des citations extraites de l'interrogatoire de Shadi Abdallah par la police allemande après son arrestation en 2002.

Il a fourni un récit éclairant son entrée dans le cercle des privilégiés, son entraînement dans les camps d'Al-Qaïda et les exhortations de Ben Laden devant les recrues d'Al-Qaïda lorsqu'il se vantait de prévoir des attentats de grande envergure contre les États-Unis [3].

Shadi Abdallah s'est installé à Krefeld, en Allemagne, en juillet 1999. Le 14 décembre 1999, Abdallah, accompagné de cinq fidèles de la mosquée de Krefeld, s'est rendu en Arabie Saoudite, puis au Pakistan et en Afghanistan. À La Mecque, il rencontra un certain Abdallah Al-Maki, également connu sous le nom d'Abdallah Al-Hallabi, qui lui conseilla de se rendre en Afghanistan, où était enseigné « le véritable islam ». Al-Maki, qui – comme l'apprit Abdallah plus tard – est un gendre d'Oussama Ben Laden, lui a donné le numéro de téléphone d'un contact à Karachi, au Pakistan. Ce contact a guidé Shadi Abdallah jusqu'à un centre de talibans et organisé son passage clandestin jusqu'à Kandahar, en Afghanistan.

À Kandahar, Shadi Abdallah a séjourné environ une semaine dans une pension d'Al-Qaïda, dans la « maison arabe ». Il y fit la connaissance de Muhammad Atef, également connu sous le nom d'Abu Hafs, adjoint d'Oussama Ben Laden, ainsi que de Saif Al-Adel Makkawi, alias Sayf Al-Adel, adjoint d'Abu Hafs. Tous deux lui firent passer un entretien pour mesurer ses aptitudes ainsi que ses opinions politiques et religieuses. Abu Hafs suggéra à Abdallah d'apprendre à « se battre » avant d'approfondir sa connaissance de la religion.

Au début de l'année 2000, Shadi Abdallah commença son entraînement militaire au camp Al-Farouq, aux abords de l'aéroport de Kandahar. Durant son séjour, il a juré de participer au djihad. L'enseignement de l'idéologie extrémiste d'Al-Qaïda lui a été dispensé. Son entraînement tourna court au bout de vingt jours environ, à cause d'une blessure à la tête. Après un séjour à l'hôpital, il est retourné à la « maison arabe ». Ensuite, durant deux semaines au quartier général d'Oussama Ben Laden à l'aéroport de Kandahar, il fit la connaissance de Ramzi Binalshibh.

Abdallah jouissait de la confiance particulière des chefs du camp parce que Binalshibh l'avait recommandé et que le gendre d'Oussama Ben Laden [la fille de ce dernier avait épousé Al-Maki à l'âge de quinze ans] l'avait envoyé.

Al-Maki joue le rôle de garde du corps auprès de Ben Laden et a pour tâche de convertir des gens à sa cause. Ce dont il s'acquitte très habilement en abordant la question du djihad de manière d'abord détournée, puis directe. En outre, il est expert en arts martiaux et dans le maniement des poignards. C'est également un bon tireur. Tous les gardes de Ben Laden sont des spécialistes des armes.

Voici les déclarations que livra Shadi Abdallah à ses interrogateurs allemands.

Le gendre de Ben Laden m'avait donné un numéro de téléphone que je devais appeler au Pakistan. J'ai parlé à un certain Hamza. Je suis resté chez lui à peu près deux jours, puis il m'a emmené à Quetta, une ville de la région frontalière de l'Afghanistan. Là-bas, je suis allé dans une grande maison, un centre taliban. Cette maison avait pour fonction de recevoir les talibans blessés, mais elle comprend également trois chambres servant à héberger des Arabes.

Les premiers jours, Ramzi Binalshibh m'a beaucoup questionné. Son statut particulier au sein d'Al-Qaïda était attesté par le fait qu'il portait une coiffe réservée en Afghanistan aux chefs clandestins. Quand je l'ai connu en Afghanistan, il y avait très peu de monde dans la pension de Kandahar. À l'époque, Binalshibh ne portait pas de « voile ». Plus tard, en 2000, devant l'afflux de nouvelles recrues à Kandahar, il s'est mis à le porter, estimant qu'il y avait peut-être des espions ou des traîtres.

Quand on m'a proposé de devenir garde du corps de Ben Laden, on m'a dit que c'était à cause de la pénurie d'hommes. Or beaucoup de jeunes gens briguaient ce poste. On m'a surveillé et on a examiné mes activités. Au début, j'ai eu la permission d'approcher Ben Laden quand il était en déplacement.

Ensuite, on m'a chargé de le suivre en permanence. Nous n'avions qu'une mission, à l'exclusion de toute autre : protéger Ben Laden. Les gardes qui étaient à son service depuis longtemps étaient pourtant chargés d'autres fonctions. Cela indique bien que l'on ne nous faisait pas totalement confiance.

Il y a deux manières de devenir membre d'Al-Qaïda : on prête un petit ou un grand serment, comme ils disent. Le premier se prête en présence d'Oussama Ben Laden. En gros, on promet de garder les secrets et de lui obéir, puis on lui serre la main. Le grand serment témoigne d'un engagement identique, mais on le prête en présence du mollah Omar.

Le camp d'entraînement est un vaste ovale. Les bâtiments sont en matériaux légers, sauf la cuisine et la caserne des officiers, qui sont en pierre. La mosquée est en paille et les sanitaires en tôle. Les Afghans se sont chargés de leur édification moyennant finance. Nous leur achetions des provisions, mais aussi des armes russes, fusils, pistolets. Les sites de chaque type d'entraînement – par exemple celui de la guérilla urbaine – étaient disséminés autour du camp. Il y avait également une partie séparée où résidait Ben Laden. Al-Qaïda finançait tout.

Les nouveaux venus logeaient dans des pensions spéciales. Ils remettaient tous leurs effets personnels, cartes bancaires, passeports, etc., en arrivant. Dans les conversations, les instructeurs n'hésitaient pas à éprouver la sincérité des novices. On craignait beaucoup les espions.

Après l'entraînement de base, il était possible de recevoir une formation dans un domaine de compétence particulier. La décision finale était prise par Abu Hafs, adjoint de Ben Laden. On avait notamment le choix entre l'entraînement tactique en montagne, la guérilla urbaine ou la guerre dans le désert, le combat antiaérien avec lance-grenades, le combat contre les blindés, les attentats terroristes et les assassinats. Une formation sur les poisons était proposée au camp d'Abu Khabab. Tous les programmes d'entraînement spéciaux avaient lieu dans des camps séparés réservés aux participants.

Les unités d'entraînement se composaient de six à dix membres au maximum. Chaque unité portait un nom. Les participants logeaient ensemble sous une tente. Parfois, mais c'était beaucoup plus rare, une tente abritait deux personnes seulement.

Un superviseur était désigné, qui informait les autres de l'arrivée d'un instructeur, signalait les cas de maladie et était responsable de la discipline de la tente.

Nous avons d'abord été formés au maniement des armes à feu, et dans un deuxième temps aux techniques de camouflage, de déplacement discret, d'infiltration. Le troisième domaine était l'orientation, le quatrième l'utilisation des explosifs. L'entraînement aux armes a pris trois semaines, les autres stages une semaine chacun.

Durant ma formation, j'ai entendu l'instructeur répéter que les États-Unis étaient une puissance occupant l'Arabie Saoudite. Ce discours visait à dresser les recrues contre les Américains. À l'aéroport de Kandahar, j'ai vu une grande carte du monde arabe qui montrait l'emplacement des bases et des navires des forces occidentales, c'est-à-dire les Britanniques, les Français et les Américains. Elle couvrait toute la région du Golfe, le Moyen-Orient et la Turquie. On nous passait également des films de propagande sur la Tchétchénie, la Bosnie, l'Arabie Saoudite, la Palestine, l'Afghanistan, l'Indonésie et la Somalie. Une fois, on nous a montré un film sur le *Cole*.

Le soir, après les séances de formation, nous avions des réunions avec les instructeurs où nous parlions des erreurs commises par les recrues et de leurs manquements à la discipline. La sanction était mise à exécution sur-le-champ. Le puni escaladait une montagne dans l'obscurité la plus totale et prouvait au moyen de signaux de torche ou de cris qu'il avait exécuté sa peine.

Dans des cas particulièrement graves, on nous faisait transporter de gros bidons d'eau très lourds jusqu'au sommet de la montagne. Quelquefois, on nous ordonnait d'ôter nos chaussures et on nous obligeait à marcher pieds nus dans le sable à midi.

Beaucoup d'hommes abandonnaient l'entraînement. Ce n'était généralement pas un problème si quelqu'un d'important les avait recommandés. Il en allait autrement de ceux venus d'eux-mêmes ou n'appartenant à aucune faction. Il arrivait qu'ils soient torturés. Cela se produisait aussi durant la période d'entraînement : passage à tabac avec des fils électriques, étranglement jusqu'à la quasi-asphyxie, arrachage des ongles et privation de sommeil et de nourriture. Je me rappelle que quelqu'un est mort parce qu'on l'avait étranglé trop longtemps.

À Kandahar, il y avait deux cellules avec des cordes accrochées au plafond. On y attachait les gens par les bras. En outre, il y avait une cellule minuscule sans fenêtres où il faisait toujours noir. On y plaçait beaucoup de gens pour qu'ils n'aient ni assez d'espace ni assez d'air. Ils devenaient littéralement fous.

Ben Laden recevait les invités de haut rang dans une sorte de résidence située en dehors de la zone qui lui servait de demeure personnelle. Lorsqu'il se déplaçait, ce qui était peu fréquent, il circulait dans une camionnette noire. Il était très secret sur ses destinations. Il arrivait par surprise. Les gardes du corps dégageaient la route avant son passage. En général, Ben Laden n'était pas accueilli triomphalement, étant donné que ses déplacements demeuraient secrets : on se contentait de passer un film de propagande ou montrant l'organisation lancer des roquettes, etc., pour impressionner la presse.

En déplacement avec Ben Laden, j'ai remarqué plusieurs désaccords entre lui et ses hommes, par exemple concernant les cibles potentielles aux États-Unis. J'ai aussi assisté à l'incarcération de plusieurs individus considérés comme des espions. C'étaient généralement des adversaires de Ben Laden.

Ben Laden était une personnalité très charismatique qui parvenait à convaincre les gens par sa seule éloquence. On pourrait dire qu'il « séduisait » les jeunes hommes. Dans nos conversations, il m'a demandé si j'étais prêt pour le djihad. Il disait que notre chemin commun devait être le sacrifice pour l'islam. Que c'était le bon chemin. J'ai répondu que je n'étais pas encore prêt. Que je devais approfondir ma connaissance de la religion.

Ben Laden parlait constamment des attentats contre les États-Unis. Je le sais par d'autres. Cependant, il n'indiquait pas des cibles spécifiques. On racontait qu'il voulait briser les reins des États-Unis. Je ne sais pas ce qu'il entendait exactement par là.

Abu Jandal décrit sa vie avec Ben Laden. Il explique que la simplicité du quotidien de Ben Laden était une source d'inspiration pour ses partisans[4]**.**

Ma femme habitait avec moi dans une résidence allouée aux familles des moudjahidin à l'aéroport de Kandahar. Quant à celles qui habitaient Kaboul, elles louaient de petites maisons, comme les autres Afghans. Les moudjahidin arabes de Kandahar et de Kaboul fréquentaient les Afghans en bien des occasions, dans leurs joies, lors de mariages, ou dans leurs peines. Nous menions une vie sociale normale, mais dans une société dont la langue, l'environnement et le mode de vie nous étaient étrangers.

Ben Laden avait coutume de se promener dans la campagne autour de Kandahar avec ses femmes et ses enfants. Il montait avec nous dans sa voiture personnelle et la famille voyageait en car. Ses fils adultes suivaient à cheval et nous nous rendions à une heure de là en voiture. Il descendait avec ses femmes et ses enfants, puis nous garions la voiture de sorte qu'il ne nous voie pas et que nous ne le voyions pas. Nous communiquions par radio. C'est là qu'il apprenait à ses épouses à se servir d'armes à feu. Ils jouaient ensemble et faisaient des exercices physiques simples. Il menait une vie de famille normale.

Bon cavalier, il aimait les chevaux et, même s'il ne montait pas tous les jours, il avait beaucoup d'expérience. Il était à même de déterminer le pedigree d'un cheval à vue d'œil. Peut-être avait-il appris cela étant jeune, au contact de la famille royale saoudienne, dont c'était un passe-temps favori.

L'adoration que le cheikh Oussama vouait aux chevaux s'expliquait aussi d'un point de vue purement religieux ; le Prophète, que la paix et le salut soient sur lui, ne disait-il pas : « Il y a de la bonté dans les chevaux jusqu'au jour du Jugement dernier » ? Il arrivait que Ben Laden organise des courses entre les membres de son organisation. Un jour, il m'a demandé si je savais monter. J'ai dit que je savais conduire, mais pas monter à cheval. « Quel dommage ! » s'est-il exclamé, avant de me donner l'ordre de m'y mettre. Mais je me suis esquivé et je n'ai pas terminé les leçons.

Tant que nous nous trouvions avec lui, nous n'éprouvions pas la peur. Nous mangions et nous nous promenions avec lui. Notre amour pour le cheikh Oussama prend sa source dans le fait que nous avions faim ensemble et que nous nous alimentions ensemble. Nous pleurions et nous nous réjouissions avec lui. Nous étions unis par une destinée commune.

Au quotidien, la simplicité le caractérisait. D'une générosité constante, il n'a jamais repoussé ceux qui lui demandaient de les aider financièrement. Un frère arabe qui souhaitait se rendre à l'étranger est venu lui exposer ses difficultés. Oussama est allé chercher tout l'argent en sa possession, soit 100 dollars, et les lui a donnés. Je connaissais la situation financière du cheikh et j'ai dit : « Abu Abdallah, pourquoi n'as-tu pas gardé un peu de cet argent pour nous ? Ceux qui restent ici sont plus méritants que ceux qui s'en vont. » Il m'a répondu : « Notre situation n'est pas mauvaise. Dieu nous enverra de l'argent. » Pendant les cinq jours suivants, nous nous sommes nourris des grenades qui poussaient autour de la maison ; elles n'étaient même pas mûres. Nous en mangions à chaque repas avec du pain. Je crois que Dieu a hissé Oussama Ben Laden à ce statut si élevé car il savait rester modeste malgré son immense fortune, et il n'était attaché qu'aux récompenses que Dieu voulait bien lui accorder.

Il traitait sa famille de la même manière. Il a élevé ses enfants dans la simplicité, en leur inculquant qu'il faut avant tout compter sur soi-même. Je me rappelle ce jour où, alors que nous étions au poste de l'aéroport de Kandahar, son fils Saad est venu lui annoncer :

– Père, je désire me marier.

Oussama a répondu :

– Cela ne me concerne pas. Repose-toi sur toi-même.

– Que dois-je faire ?

– Prends une terre, laboure-la et économise l'argent que tu gagnes pour pouvoir te marier.

Et le fils a suivi son conseil. Plutôt que de financer ses noces, son père s'est contenté de lui prodiguer des recommandations. Son fils n'a compté que sur lui-même et a engrangé assez d'argent pour s'établir.

Oussama offrait à chacun de ses fils un lopin de terre à cultiver en fonction d'un budget précis ; il les engageait ainsi à assumer leurs responsabilités, afin de ne compter que sur eux-mêmes et non sur le patrimoine de sa famille. Il leur répétait : « Mes fils, les millions dont vous entendez parler, votre père ne peut les utiliser. Ils sont pour les musulmans et je les réserve pour la cause de Dieu. Pas un riyal n'est pour vous. Chacun de vous est un homme. Qu'il ne compte que sur lui-même ».

Comme j'étais son garde du corps personnel, je passais le plus clair de mon temps avec lui. Quand sa famille et lui se rendaient à Kaboul, par exemple, une quinzaine de gardes du corps les accompagnait. Ses femmes et ses enfants prenaient un car, suivi d'un véhicule rempli de gardes.

Ses trois épouses habitaient dans une maison sans étage, en parfaite harmonie. Le cheikh Oussama gérait sa maisonnée comme le reste, avec une grande fermeté. Jamais il n'a été question de conflit entre les épouses. Deux d'entre elles sont saoudiennes. La dernière, qu'il a épousée après avoir répudié Um Ali, la mère d'Ali, est une Yéménite. La première, la mère d'Abdallah, est syrienne. Il a épousé les autres après avoir entrepris le djihad. Je sais que sa femme Um Khalid, la mère de Khalid, est une Al-Sharif : c'est la sœur d'un de ses compagnons djihadistes.

J'ai définitivement quitté l'Afghanistan peu de temps après l'arrivée de l'épouse yéménite. J'ai appris plus tard qu'elle lui avait donné une fille. Après mon départ, soit deux mois avant l'attentat contre le *Cole* à Aden, j'ai entendu dire que toutes ses femmes vivaient avec lui en Afghanistan, sauf la première, Um Abdallah, partie avant les incidents.

Je me souviens qu'il avait neuf fils au moment où j'ai quitté le pays. En ajoutant Abdallah et Ali, il en aurait eu onze de toutes ses femmes, sauf de la dernière, la Yéménite. Quant aux filles, il est impossible d'en déterminer le nombre.

Les hommes qui se portaient volontaires pour les missions d'Al-Qaïda cherchaient à entrer en contact avec Ben Laden. Les interrogatoires d'agents d'Al-Qaïda qui suivent révèlent qu'ils se rappellent surtout le temps passé avec leur chef, plutôt que les discussions détaillées des projets d'attentats. Cette planification était généralement effectuée par les adjoints de Ben Laden.

Nizar Trabelsi est un Tunisien devenu footballeur professionnel en Allemagne. À l'approche de la trentaine, après être tombé dans la drogue, il trouva refuge dans l'islam ; arrivé en Afghanistan en 2000, il est devenu un ardent disciple de Ben

Laden. Trabelsi a été arrêté à Bruxelles le 13 septembre 2001 et interrogé par des policiers belges. Il leur a déclaré qu'Al-Qaïda l'avait chargé d'un attentat contre une base de l'OTAN en Belgique[5].

Cette réunion avec Ben Laden remonte à quelques semaines après l'attentat contre le *Cole*, le 12 octobre 2000. Une nuit, Abu Zubaydah, recruteur pour Al-Qaïda, est venu me voir et m'a emmené dans une villa des environs de Jalalabad. Je suis arrivé dans une pièce bondée et je me suis assis. C'est à cet instant que je me suis aperçu de la présence d'Oussama Ben Laden.

Après le dîner, Abu Zubaydah m'a présenté à lui. Il semblait déjà savoir des choses sur moi. Il a expliqué à Ben Laden que j'étais un joueur de football récemment converti à l'Islam. Que j'étais venu en Afghanistan avec ma femme pour prêter main-forte aux gens de la région. Ben Laden m'a déclaré qu'en cas de besoin, je n'avais qu'à le solliciter.

Deux ou trois semaines plus tard, j'ai tenté de contacter Ben Laden par le biais de l'employé d'entretien de sa villa. Le lendemain, j'ai reçu une réponse : je pouvais aller à Kaboul le samedi et prendre l'avion de 8 h 45 à destination de Kandahar. Quelqu'un m'attendait à ma descente de l'avion. Cet individu avait assisté à ma première entrevue avec Ben Laden.

Il m'a conduit à une maison appelée Dar es-Salaam, où n'étaient autorisés à entrer que les hôtes particuliers de Ben Laden. Cette villa se trouve à une heure et demie de l'aéroport. J'ai pris une douche et mangé un peu. L'homme qui m'avait accueilli à l'aéroport m'a annoncé qu'Oussama arriverait probablement dans la soirée. Durant la nuit, il m'a emmené dans une autre villa, où j'ai retrouvé Ben Laden. Ce dernier avait l'air heureux de me voir.

J'étais si impressionné que je suis presque resté muet. Il m'a interrogé sur ma famille et, percevant mon embarras, il a essayé de me réconforter. Je suis resté trois jours, au cours desquels Oussama ne m'a pas quitté. Pendant mon séjour, nous avons parlé de bien des aspects de l'existence.

J'ai fait la connaissance d'Abu Hafs, l'Égyptien, et d'Ayman Al-Zawahiri. Cette fois-là, je n'ai pas osé exposer mes problèmes à Ben Laden. C'est pour cela que je ne suis resté que trois jours.

Mon deuxième séjour a duré neuf jours. J'ai pris l'avion le samedi et je suis rentré le dimanche de la semaine suivante. Je lui ai confié tous les ennuis que j'avais connus dans ma vie. Je lui ai parlé de mes parents. À la fin, Oussama m'a proposé de le considérer comme mon père. C'est pour cela que j'ai beaucoup d'affection pour lui. Il m'a dit que je pouvais rester auprès de lui et qu'il m'aiderait.

Durant ce séjour, je me suis rendu dans le bureau de presse dirigé par Ben Laden. On m'a remis une cassette vidéo et deux CD. Sur la vidéo, j'ai vu les images des souffrances subies par les musulmans aux quatre coins du monde. Des images de Bosnie, de Tchétchénie, de Palestine et aussi d'Indonésie.

J'ai vu notamment un chrétien qui avait mangé le cœur d'un musulman après le lui avoir arraché. Et aussi une femme violée par sept hommes. Mon épouse a regardé la cassette à de nombreuses reprises. Elle a été frappée par une séquence dans laquelle un bébé palestinien de quatre mois était tué d'une balle en plein ventre alors qu'il se trouvait dans un bus dans les bras de sa mère.

À la fin de la semaine, je suis revenu à Jalalabad. J'ai visionné plusieurs fois la cassette rapportée de Kandahar. Ces images m'ont troublé et convaincu de m'engager davantage en faveur de ce peuple afghan que j'aimais. Pour moi, leur pauvreté était comparable à celle des gens que j'avais vus sur la cassette.

Mes ennuis m'ont poursuivi à Jalalabad. À cause de deux hommes. L'un d'eux s'intéressait beaucoup trop à mes ressources financières. Comme ses questions m'inquiétaient, j'ai décidé de repartir auprès d'Oussama à Kandahar, une semaine ou deux après mon retour à Jalalabad. Je lui ai demandé si je pouvais me rendre utile pour la cause de l'islam. Il m'a répondu de ne pas m'inquiéter et il a essayé de détendre l'atmosphère.

Alors que j'étais à Kandahar, le projet de détruire les statues de Bouddha était au cœur des discussions.

Le lendemain de mon arrivée à Kandahar, Oussama m'a proposé de l'accompagner à Bamiyan, dans le centre de l'Afghanistan. Nous y sommes allés en hélicoptère et y avons passé une demi-journée. Nous avons gravi la montagne et participé à la destruction de l'une des statues, dont nous avons piétiné la tête. Je me rappelle que les explosifs talibans n'avaient pas totalement détruit la statue et qu'ils durent lancer un missile qui perça un trou dans la tête du Bouddha.

Revenu chez moi, j'ai repris mon activité et regardé la cassette des atrocités commises contre les musulmans. Après l'avoir vue, j'ai perdu le contrôle de mes émotions et je suis retourné voir Oussama à Kandahar. J'ai séjourné dans sa villa. Sur ce, je suis parti pour un camp d'entraînement aux environs de l'aéroport de Kandahar.

Je suis arrivé au beau milieu d'une manifestation anti-américaine. À cette occasion a été enregistrée une séquence filmée où l'on voit Oussama et Al-Zawahiri se serrer la main. Ben Laden affirmait que ce qui était arrivé au *Cole* n'était rien en comparaison de ce qui attendait les Américains. Durant ce rassemblement, en juillet 2001, une alliance contre les Américains et les juifs a été scellée entre Ben Laden et Al-Zawahiri. Avant cela, ils avaient chacun leur groupe séparé. Après, je suis rentré à Kandahar et je me suis entretenu avec Abu Hafs.

Je lui ai exposé l'émotion qu'avait suscitée en moi la cassette vidéo et je lui ai parlé de mon ressentiment à l'égard des Américains. J'ai exprimé le vœu de parler à Oussama, mais il m'a répondu que je devais être clair. Je lui ai annoncé que j'étais prêt à commettre un attentat. Pour moi, c'était forcément un attentat suicide, je sacrifiais ma vie. Comme j'étais de mauvaise humeur et que je désirais agir au plus vite, je n'ai pas attendu la réponse d'Abu Hafs et me suis adressé directement à Ben Laden. Je lui ai répété mes propos et il a exprimé des réserves sur mon projet. Il m'a suggéré d'attendre parce que la liste des hommes prêts à devenir martyrs était déjà longue.

Le lendemain, j'ai réitéré ma demande en insistant beaucoup. Il m'a permis de m'adresser à Abu Hafs. D'une certaine manière, il donnait l'ordre à Abu Hafs d'ajouter mon nom à la liste des martyrs pour les prochains attentats. Ensuite, j'ai parlé à Abu Hafs, qui m'a dit que je n'avais plus qu'à attendre. C'est là qu'on m'a prévenu que ma femme avait des problèmes. Comme elle était enceinte, j'ai décidé de la laisser rentrer en Europe. J'ai vendu notre maison et elle est repartie.

J'ai passé trois ou quatre semaines dans cette villa de Kandahar, où j'ai été formé aux explosifs. Un certain nombre de cibles m'ont été proposées, dont celle que j'ai choisie plus tard : une base américaine en Belgique, la base de l'OTAN de Kleine Brogel. L'attentat devait être perpétré par trois hommes avant moi. Deux d'entre eux, un Saoudien et un Yéménite, séjournaient dans la villa de Kandahar avec moi. J'avais pour mission de commettre l'attentat et de me procurer le nécessaire pour fabriquer la bombe.

On m'a indiqué les produits chimiques à acheter et j'ai appris les noms par cœur. J'ai pris le vol Swissair Karachi-Zurich, puis un train pour Bruxelles. Une ou deux semaines après mon arrivée, j'ai appelé un Saoudien en Hollande pour savoir si les Saoudiens et le Yéménite qui avaient suivi l'entraînement avec moi étaient arrivés. Ils étaient là.

J'ai acheté de l'acétone, du soufre et du nitrate. J'ai essayé en vain d'acheter de l'hydrazine. Elle m'a été fournie plus tard par le Saoudien qui habitait en Hollande. J'ai effectué une reconnaissance des lieux pour me familiariser avec le site. Le choix de Kleine Brogel m'avait été soufflé par le Saoudien. Aucune date n'était indiquée. Nous devions seulement informer Al-Qaïda quand la bombe serait prête.

En 2003, Trabelsi a été condamné à dix ans de détention par un tribunal belge pour tentative d'attentat contre la base de l'OTAN.

Voici des extraits de l'interrogatoire d'une recrue canadienne d'Al-Qaïda, Mohammed Monsour Jabarah, par les services de renseignements canadiens en 2002. Jabarah devait attaquer les ambassades américaine et israélienne aux Philippines à la fin de l'année 2001. Des cibles similaires étaient visées à Singapour. Ce plan fut déjoué grâce à la découverte en Afghanistan, durant l'offensive américaine, de vidéos et de documents relatifs à l'opération à Singapour. Jabarah s'est enfui en Thaïlande, au Qatar, puis à Oman[6].

Il a été arrêté en mars 2002 et livré aux autorités canadiennes, puis américaines, avec qui il a coopéré[7].

Jabarah a rencontré Ben Laden aux alentours de juillet 2001 pour le convaincre de son potentiel comme agent d'Al-Qaïda en raison de son anglais courant, de son passeport canadien et de ses bons résultats lors de la formation. Ben Laden, apparemment impressionné, a recommandé Jabarah à Mohammed le Pakistanais, lequel était censé lui donner des instructions et financer l'opération. Le Pakistanais a été identifié par la source comme Khalid Cheikh Mohammed, commandant opérationnel des attentats du 11 septembre.

Jabarah s'est rendu à Karachi, au Pakistan, à la mi-août 2001 pour rencontrer Mohammed. Celui-ci l'a conseillé sur la manière de se comporter en ville et de se préparer aux missions d'Al-Qaïda. C'était nécessaire, car il avait besoin de se familiariser avec l'existence hors d'Afghanistan. Il a informé Jabarah que sa tâche consistait à fournir les finances pour une opération suicide aux Philippines. Jabarah devait servir d'intermédiaire entre les agents du Sud-Est asiatique et Al-Qaïda.

Il n'a pas été demandé à Jabarah de tenir lieu de chauffeur ou de kamikaze durant une opération, étant donné que des centaines d'autres, en Afghanistan, se bousculaient pour obtenir cette place et qu'il représentait un atout en raison de ses capacités, sa connaissance de la langue et son passeport canadien.

Au bout d'une semaine, Jabarah a fait la connaissance d'un Malaisien du nom d'Hambali, au domicile de ce dernier à Karachi. Hambali lui a donné des détails sur les opérations prévues aux Philippines, dont les attentats contre les ambassades américaine et israélienne.

Le lendemain, Mohammed a ordonné à Jabarah de quitter le Pakistan avant le 11 septembre 2001. Selon la source, Jabarah en a déduit qu'une opération importante devait se produire à cette date, mais il ignorait où et comment. Il pense maintenant que Mohammed était l'un des cerveaux des attentats du 11 septembre. Mohammed a donné 10 000 dollars à Jabarah pour couvrir ses frais.

Jabarah est parti pour Hong-Kong le 10 septembre 2001 et y est resté trois jours. Lors de son séjour à l'hôtel, Jabarah s'est demandé s'il était en mesure d'accomplir la tâche qu'on lui confiait. Il avait cependant l'impression que, comme Ben Laden l'avait personnellement élu parmi tous les autres en Afghanistan, il ne pouvait pas se dérober. Finalement, il a décidé de poursuivre.

« Informations obtenues de Mohammed Mansour Jabarah », département de la Justice, FBI, 21 août 2002[8].

Jabarah a déclaré que des noms de code étaient utilisés par Al-Qaïda. Ils étaient généralement décidés par chaque cellule. Certains des termes utilisés en Asie étaient :

Murkel = Malaisie.
Soupe = Singapour.
Terminal = Indonésie.
Hôtel = Philippines.
Livre = Passeport.
Viande blanche = Américain.

Feroz Ali Abbasi est un Britannique d'origine ougandaise capturé au Pakistan après la chute des talibans. Il a été formé dans un camp d'Al-Qaïda en Afghanistan durant les années 2000 et 2001. Emprisonné à Guantánamo [et libéré en 2005], Abbasi a rédigé en prison un mémoire de 146 pages exposant comment il avait été pressenti et questionné pour une opération contre les États-Unis dans la période précédant les attentats du 11 septembre, non par Ben Laden mais par ses adjoints, Abu Hafs et Sayf Adel.

Ils s'intéressaient à Abbasi parce qu'ils supposaient à tort que, puisqu'il était ressortissant britannique, il portait un patronyme non musulman qui lui permettrait de passer en Occident sans attirer l'attention[9].

Abu Hafs et Sayf Adel étaient présents dans la pièce. Soit respectivement les numéros deux et trois dans la hiérarchie d'Al-Qaïda. L'interrogatoire s'est déroulé comme suit :

Abu Hafs : Quel est ton vrai nom ?
Abbasi : Pourquoi voulez-vous le savoir ?

Abu Hafs : Ne t'inquiète pas. Tout ce que tu dis ici reste confidentiel. Quel est ton vrai nom ?
Abbasi : Feroz Ali Abbasi.
Abu Hafs : D'où es-tu ?
Abbasi : D'Ouganda.
Abu Hafs [c'est à ce moment qu'il a soulevé son turban et qu'il s'est gratté la tête] : Voudrais-tu entreprendre des actions contre les Américains et les juifs ?
Abbasi : Oui, je voudrais entreprendre des actions contre les forces américaines et israéliennes parce que le djihad est un devoir personnel.
Abu Hafs : Sais-tu si les juifs sont impliqués dans les affaires de l'Ouganda ?
Abbasi [la question m'a désarçonné] : Non.
Abu Hafs : Très bien, nous allons t'envoyer suivre une formation spéciale.

Ils pensaient à tort que je portais un nom chrétien. Je crois pouvoir affirmer sans me tromper qu'Abu Hafs considérait cela comme un facteur très important pour le projet en cours. Je n'ai rien su de plus de la part d'Abu Hafs, car ils ne pouvaient rien me confier si je n'étais pas impliqué dans le projet. Mon nom est totalement musulman. Et Abu Hafs a été pris de court en l'entendant.

Selon le gouvernement américain, Feroz Abbasi a entendu plusieurs fois Ben Laden prononcer des discours dans les camps d'entraînement d'Al-Qaïda [10]. Cependant, Abbasi n'a jamais eu avec lui d'entretien privé, aussi le chef d'Al-Qaïda passe-t-il pour un personnage de second plan. Selon lui :

Abu Hafs était le cerveau d'Al-Qaïda. Ben Laden n'était là que pour la galerie.

D'autres personnes ayant eu des contacts limités avec le chef d'Al-Qaïda ont été plus impressionnées. Mohammed Abdullah Warsame, citoyen canadien, réside de manière légale sur le sol américain : il a suivi une formation en

Afghanistan dans les camps d'entraînement d'Al-Qaïda, en 2000. Voici la déclaration écrite sous serment présentée par le FBI devant un tribunal en 2005 [11].

De l'aveu de l'accusé, en 2000, il s'est intéressé à la société musulmane « idéale » créée en Afghanistan. Warsame a maintenu devant ses interrogateurs qu'il n'avait pas l'intention de se rendre en Afghanistan pour suivre une formation dans un camp d'entraînement, mais que peu de temps après son arrivée à Kaboul, Afghanistan, il a bel et bien intégré l'un des camps d'Al-Qaïda.

Lorsqu'on lui demanda s'il savait que Ben Laden était l'émir du camp, l'accusé a déclaré qu'il l'avait vu à plusieurs occasions, qu'il avait assisté à ses conférences et qu'il s'était assis à côté de Ben Laden par terre lors d'un repas. L'accusé a reconnu que Ben Laden était pour lui un exemple.

John Walker Lindh, le « Taliban américain », est une recrue djihadiste qui a une vision plus lointaine de Ben Laden. Lindh est né en février 1981 à Washington, où il a passé son enfance avant que sa famille n'emménage dans le comté de Marin, en Californie. À l'âge de seize ans, il s'est converti à l'islam, ce qui l'a conduit au Yémen pour étudier l'arabe, puis au Pakistan. En juin 2001, il a rejoint les talibans et suivi durant sept semaines un entraînement dans le camp Al-Farouq, où il a fait la connaissance de Ben Laden.

Lindh faisait partie des sections de talibans capturées par l'Alliance du Nord à la fin novembre 2001, après les attentats du 11 septembre et le début de l'offensive américaine.

Voici des extraits du compte rendu de ses interrogatoires menés par le FBI au début de décembre 2001. Lindh raconte sa rencontre avec Ben Laden et son entraînement en Afghanistan.

Rapport du FBI, « Interrogatoire de John Philip Walker Lindh », 9-10 décembre 2001 [12].

Lindh a déclaré qu'Oussama Ben Laden (OBL) a rendu visite au camp entre trois et cinq fois et qu'il était généralement accompagné d'un ou deux de ses fils. Selon Lindh, la première visite a eu lieu trois semaines après son arrivée. OBL abordait la situation locale, des questions politiques, les anciennes batailles entre l'Afghanistan et l'URSS, etc. Lindh, ainsi que quatre autres individus, ont rencontré OBL environ cinq minutes dans un cadre privé. OBL a bavardé avec eux et les a remerciés de prendre part au djihad.

Lindh décrit OBL comme un individu d'environ un mètre quatre-vingt-treize, robuste, qui s'assoit souvent, boit beaucoup d'eau, se fatigue facilement, s'interrompt parfois quand il parle, s'exprime d'une voix douce et a des manières calmes. OBL utilisait au moins deux Landcruiser Toyota [Lindh les croit blancs] en compagnie d'au moins six gardes. Selon Lindh, ces gardes semblaient saoudiens ou yéménites, d'après leur physique.

Au bout de ses premières semaines d'entraînement, au début de juin 2001, Lindh affirme que l'émir du camp, Abdul Quddods, ou bien un autre instructeur, a déclaré qu'OBL avait envoyé cinquante personnes mener vingt *amniat istih hadia* (« opérations suicides »). On disait dans le groupe qu'OBL avait prévu des attentats contre les États-Unis et/ou Israël.

Lindh, ainsi qu'une vingtaine d'autres étrangers, Anglais, Australiens, Africains et Philippins, ont été convoqués un par un pour s'entretenir avec Abu Mohammad Al-Misri, un Égyptien, directeur général de tous les camps. Al-Misri a demandé à Lindh s'il souhaitait prendre part aux opérations contre les États-Unis et Israël. Lindh a décliné cette proposition et expliqué à Al-Misri qu'il voulait aller au front et combattre l'Alliance du Nord. Pendant son entraînement, on lui a proposé de prêter allégeance à OBL et à Al-Qaïda. Lindh affirme avoir refusé ; cependant, il a prêté allégeance au djihad.

Alors que la plupart des résidents des camps d'entraînement fréquentaient très peu Ben Laden, certains visiteurs, qui se prétendent sans lien avec Al-Qaïda, ont pu l'aborder avec une relative facilité. Fouad Al-Rabia est un Koweïtien détenu à Guantánamo, marié et père de quatre enfants. C'est en qualité d'homme d'affaires membre d'une organisation humanitaire, dit-il, qu'il a voyagé en Afghanistan au mois de juin 2001 ;

il aurait rendu visite à Ben Laden à titre purement privé. Al-Rabia déclare avoir été désigné par le gouvernement koweitien pour diriger à Peshawar l'antenne d'une organisation islamique humanitaire.

Appelé à témoigner devant un tribunal militaire américain de Guantánamo, Al-Rabia commence son récit par son départ du Koweït, en compagnie d'un universitaire musulman du nom d'Abu Muldah, lequel nourrit la certitude que Ben Laden est en mesure de les mener au Mahdi, figure du Sauveur dans l'Islam [13].

Alors que nous quittions le Koweït, je me suis rendu compte qu'Abu Muldah et moi ne partagions pas les mêmes motivations pour nous rendre en Afghanistan. J'allais là-bas pour porter secours à des réfugiés. Abu Muldah pour sa part disait qu'un missionnaire l'avait informé de la présence d'un dirigeant, Ben Laden, dont il pensait qu'il était peut-être « Al-Abu Asaa », celui qui ouvre la voie pour l'avènement du Mahdi. Abu Muldah voulait en avoir le cœur net. Si c'était faux, il fallait que cela se sache au plus vite, afin que les croyants ne suivent pas un faux prophète. J'ai demandé à Abu Muldah comment il envisageait de le rencontrer, s'il allait falloir gravir des montagnes ou sortir en plein milieu de la nuit. Il m'a répondu que non, que Ben Laden habitait une maison à Kandahar. À l'entendre, il recevait couramment des visites. Abu Muldah m'a assuré que nous ne ferions rien d'illégal. Cela m'a suffi. J'allais en Afghanistan pour mes raisons personnelles.

Au Koweït, Ben Laden passait pour un milliardaire excentrique devenu révolutionnaire. C'était bien avant le 11 septembre, bien avant de nous rendre compte de quoi il était capable. Sa maison était à Kandahar et tout avait l'air très calme. Nous sommes entrés. Il n'y avait pas de gardes et personne ne nous a fouillés. Ben Laden nous a accueillis dans une salle. Nous nous sommes assis. Abu Muldah a parlé et j'ai écouté.

Abu Muldah a demandé à Ben Laden son opinion sur le massacre de civils. Je pense qu'il faisait allusion à l'attentat en Afrique contre les deux ambassades américaines. Ben Laden a répondu qu'il n'avait pas commandité ces attentats mais que cela ne le choquait pas. Il s'est exprimé en arabe, en disant :

– Je n'ordonne pas de massacres, mais cela ne me choque pas d'en voir.

Cela n'a pas plu à Abu Muldah : Al-Abu Asaa n'est pas censé tuer des gens, mais prêcher et les guider jusqu'au Mahdi. La conversation s'est terminée en fin d'après-midi.

Un jeune homme nommé Abu Suliyman a montré à Ben Laden le chauffe-mains qu'Al-Rabia avait apporté du Koweït. Abu Suliyman a dit qu'au Koweït cet article était vendu comme brûle-encens, mais que c'était en fait un chauffe-mains. Cela pourrait être utile pour les gens dans la montagne. Ben Laden m'a regardé et a rétorqué qu'il préférerait avoir trois cents paires de sous-vêtements en laine plutôt que des chauffe-mains.

Abu Muldah lui a demandé sans détour ce qu'il voulait. Ben Laden a répondu qu'il désirait que les Américains quittent le Golfe. Puis j'ai interrogé :

– Et le Koweït ? La dernière fois que Saddam Hussein a envahi le Koweït, en 1990, avant la première guerre du Golfe, c'était parce que personne n'était là pour nous protéger.

Ben Laden a rétorqué :

– Il faut avoir une perspective plus large.

Cela signifiait que, si Saddam Hussein envahissait de nouveau le Koweït, cela ne le dérangerait pas outre mesure.

Lorsque quelqu'un nous ouvre sa porte, avant de quitter la ville, nous avons pour coutume de retourner le voir et de faire nos adieux. Nous sommes donc revenus à la maison, mais Ben Laden n'était plus là. On nous a fait entrer dans une pièce où on nous a passé une cassette vidéo de ses interviews avec CNN, Al-Jazira et d'autres agences de presse.

Nafia Noureddine est né au Maroc en 1967. En 1991, il a quitté le Maroc pour l'Afghanistan, où il a fondé le Groupe de combat islamique marocain. Les négociations de Noureddine avec les chefs d'Al-Qaïda sont emblématiques du genre d'accords qu'ils passaient avec des groupes moins importants, animés de griefs nationaux spécifiques[14].

Au début de l'année 2001, j'ai rencontré Oussama Ben Laden et Ayman Al-Zawahiri. Durant l'entrevue, j'ai prononcé un discours sur les idées de Jamaa Islamiya Moukatila Maghrebia, le Groupe de combat islamique marocain, j'ai parlé des cibles et des principes du groupe. J'ai demandé au chef d'Al-Qaïda de nous apporter son soutien matériel et militaire. Il a dit que les membres de notre groupe pouvaient recevoir une formation paramilitaire dans les camps d'Al-Qaïda et m'a invité à contacter Abu Hafs, commandant militaire d'Al-Qaïda.

Deux jours après cette rencontre, nous avons eu un entretien avec Abu Hafs. On nous a promis l'assistance d'Al-Qaïda pour entraîner les moudjahidin et les hommes du Groupe de combat islamique marocain, et on nous a remis 3 000 dollars en guise de soutien de la part d'Al-Qaïda.

En septembre 2003, un tribunal marocain a inculpé Noureddine d'« association criminelle en vue de la préparation d'attentats destinés à troubler l'ordre public et de la fabrication de faux documents ». Il a été condamné à vingt ans de réclusion.

L'Égyptien Mahmodu Abdelkader Es-Sayed, alias Abu Sayed, a été condamné par contumace en Égypte à dix ans de prison pour sa participation dans le massacre, en 1997, de cinquante-huit touristes étrangers à Louxor.

Au printemps de 1998, Es-Sayed est arrivé à Rome, où il a demandé l'asile politique. À la fin de l'année 1998, il a emménagé à Milan, où il a créé une mosquée et été mis sous surveillance par le DIGOS, l'unité antiterroriste de la police italienne. Le 10 juillet 2001, les forces de police italiennes ont perquisitionné l'appartement d'Es-Sayed, qui avait fui l'Italie, et retrouvé une lettre datée du 14 mai 2001, contenant des instructions pour acheminer des militants à Kandahar, en Afghanistan. Le 31 décembre 2001, le quotidien arabe *Al-Hayat* confirmait qu'Es-Sayed avait été tué en Afghanistan.

Voici des transcriptions annotées d'enregistrements recueillis avant les attentats du 11 septembre par la police italienne : il s'agit de discussions que tinrent Es-Sayed et son cercle de djihadistes [15]. Elles illustrent le puissant désir, presque mystique, des djihadistes de rencontrer Ben Laden.

Conversation interceptée le 7 décembre 2000, à 12 h 04, par un micro placé dans une Citroën ZX 16V, voiture immatriculée 4-G9887, enregistrée au nom d'Es-Sayed et utilisée par lui.

Abu Saleh est Mahmodu Abdelkader Es-Sayed, un militant égyptien qui fabriquait des faux documents pour Al-Qaïda.

Nabil est Benattia Nabil, un Tunisien.

Adel est Ben Soltane Adel, un Tunisien.

Nabil : Aujourd'hui, nous avons été les témoins d'un fait sensationnel. Les têtes décapitées de quatre Russes [probablement une référence aux vidéos largement diffusées dans les cercles militants, montrant des djihadistes combattant les Russes en Tchétchénie].

Abu Saleh : Comment ? Décapités, ou égorgés ?

Nabil : Égorgés... *(rires)* comme des chèvres. C'est génial...

Adel : Cheikh, si quelqu'un veut partir se battre, pourquoi ne le laisses-tu pas faire ?

Abu Saleh : L'important, c'est d'en rêver. Cela cultive votre foi. Quand le moment arrivera, vous ne saurez pas d'avance si vous serez un martyr ici, en Algérie, en Tunisie, en Amérique ou en Asie centrale.

Adel : Je veux éliminer ces porcs, je les hais. Il faut que nous partions. Si seulement je pouvais voir l'émir !

Abu Saleh : Quel émir ?

Adel : L'émir Abdallah [Oussama Ben Laden].

Abu Saleh : Le chemin est long, mais mets-toi en tête que tous les chemins sont dangereux.

Adel : Je suis prêt à m'y engager, c'est mieux que de rester ici [à Milan].

Abu Saleh : Tu ne comprends pas. Pour voir l'émir, tu devras prendre bien des chemins et passer par bien des groupes. J'en ai fait l'expérience : pour le rencontrer, j'ai dû prêter serment à bon nombre des groupes différents. J'ai été transféré dans différents camps d'entraînement.

Nabil : Quelle a été ton impression ?

Abu Saleh : C'est une sensation. Je ne peux pas l'expliquer, priez avec moi.

Adel : C'est ce que nous demandons, cheikh.

Nabil : Notre place est dans les montagnes d'Afghanistan et tout le monde veut faire ça. Celui qui ne pense pas ainsi est un âne qui ne comprend rien, parce que c'est ainsi qu'il faut aller pour rencontrer Dieu.

La teneur de la conversation suivante, treize mois avant les attentats du 11 septembre, importe en raison des références à un complot visant les États-Unis et impliquant des avions.

Transcription d'une conversation interceptée le 12 août 2000, à 10 h 16, par un micro placé dans une Citroën ZX 16V, voiture immatriculée 4-G9887, enregistrée au nom d'Es-Sayed et utilisée par lui.

Abu Saleh est Mahmodu Abdelkader Es-Sayed, un militant égyptien qui fabriquait de faux documents pour Al-Qaïda.

Abdessalam est Ali Abdulrahman Abdulsalam, un Yéménite entré en Italie avec un passeport diplomatique.

Abu Saleh : Comment s'est passé ton voyage ?

Abdessalam : Eh bien, j'étudie les avions.

Abu Saleh : Quoi ?

Abdessalam : J'étudie les avions.

Abu Saleh : [Les avions] d'une compagnie yéménite ou d'autres ?

Abdessalam : Si Dieu le veut, j'espère t'apporter un morceau d'avion ou de hublot la prochaine fois que nous nous verrons.

Abdessalam : Mais l'attaque-surprise viendra d'un autre pays.

Abu Saleh : Oui.

Abdessalam : Ce sera une frappe que personne n'oubliera.

Abu Saleh : Oui.

Abdessalam : Elle provoquera un tel chaos qu'ils seront incapables de remettre de l'ordre. C'est une chose terrifiante. C'est une chose qui s'étend du nord au sud et d'est en ouest. Celui qui a conçu ce plan est un fou échappé d'un asile. Un fou, mais un génie. Ce projet l'obsède. Il les laissera tous pantois. Nous épouserons les Américains, pour qu'ils étudient la foi et le Coran. N'oublie pas à l'avenir d'écouter les informations et rappelle-toi ces paroles. Nous pouvons combattre n'importe quelle puissance avec des avions, ils ne peuvent même pas nous arrêter avec des armes lourdes, nous n'avons qu'à les frapper, dans l'obscurité, jour et nuit, l'important est d'atteindre notre but. Le danger est dans les aéroports.

Abu Saleh : La pluie, la pluie.

Abdessalam : Oui ! Il y a des nuages dans le ciel, dans ce territoire international, dans ce pays, le feu a été allumé et n'attend plus que le vent.

9

LE COMPLOT DU 11 SEPTEMBRE

Le complot du 11 septembre démontre l'importance du rôle joué par Ben Laden au sein d'Al-Qaïda. Alors qu'il ne s'est pas impliqué dans les détails de l'opération, il en a été le commanditaire. En 2002, le journaliste d'Al-Jazira Yosri Fouda a interviewé Khalid Cheikh Mohammed et Ramzi bin Al-Shibh, qui ont coordonné ensemble les attentats. À cette occasion, Bin Al-Shibh a déclaré à Fouda qu'il s'était rendu de Hambourg au Pakistan à la fin d'août 2001 pour s'assurer que Ben Laden était informé du déroulement des attentats cinq jours avant.

Le rôle de superviseur de Ben Laden dans les attentats de Washington et de New York est étayé dans le rapport de la commission sur les attentats du 11 septembre. Celui-ci explique qu'en 1999 Ben Laden a nommé chef des pirates de l'air l'Égyptien Mohammed Atta. Le rapport conclut : « Il est donc clair que Ben Laden et Atef, son commandant militaire, étaient tout à fait responsables de l'opération[1]. »

Oussama Ben Laden a discuté du complot du 11 septembre lors d'un entretien avec un partisan saoudien, enregistré en vidéo par Al-Qaïda aux alentours de novembre 2001. La cassette a été retrouvée à Jalalabad par les forces américaines après la chute des talibans. Voici des extraits de cet enregistrement[2].

Nous avons effectué un calcul prévisionnel des pertes de l'ennemi selon la position de la tour. Nous avons calculé que les étages qui seraient frappés seraient au nombre de trois ou de quatre. J'avançais l'estimation la plus optimiste, d'après mon expérience dans ce domaine. Je pensais que l'embrasement du carburant de l'avion ferait fondre la structure d'acier du bâtiment et s'effondrer les alentours de la zone d'impact, et uniquement les étages situés au-dessus. C'est tout ce que nous espérions.

Les membres d'Al-Qaïda en Afghanistan ont été comblés lorsque le premier avion a frappé l'immeuble. Je leur ai dit : « Soyez patients. » Il s'est écoulé vingt minutes entre le premier et le deuxième impact. Et une heure entre le premier avion et l'attaque sur le Pentagone. Nous avions été prévenus depuis le jeudi que l'attentat aurait lieu ce jour-là. Nous avions terminé de travailler et allumé la radio. Il était 17 h 30, heure locale. Immédiatement, nous avons appris qu'un avion avait frappé le World Trade Center. Peu après, on a annoncé qu'un deuxième appareil avait heurté les tours. Les frères qui ont entendu la nouvelle débordaient de joie.

Sulayman Abu Ghaith, porte-parole d'Al-Qaïda, se rappelle avoir vu les images des attentats du 11 septembre à la télévision en compagnie de Ben Laden[3].

J'étais avec le cheikh dans une pièce. Puis je suis allé dans une autre pièce où se trouvait une télévision. Elle diffusait le grand événement. À l'écran, on voyait une famille égyptienne assise dans son salon, en train d'exploser de joie. Vous savez, quand votre équipe préférée gagne un match de football, eh bien, c'était la même expression de joie. On lisait en sous-titre : « Pour venger les enfants d'Al-Aqsa [les Palestiniens], Oussama Ben Laden exécute une opération contre l'Amérique. » Je suis allé retrouver le cheikh, qui était dans une pièce avec cinquante à soixante personnes. J'ai essayé de lui dire ce que j'avais vu, mais il a fait un geste de la main qui signifiait : « Je sais, je sais. »

À l'été 2001, Jamal Ismaïl travaillait au Pakistan comme correspondant pour une chaîne de télévision d'Abou Dhabi. Il se

rappelle qu'une chaîne concurrente a annoncé la grande nouvelle communiquée par les chefs d'Al-Qaïda [4].

À la fin juin 2001, Bakr Atyani, chef du bureau de MBC, Middle East Broadcasting Corporation, a vu Ben Laden en Afghanistan avec Ayman Al-Zawahiri et Abu Hafs. Certains lieutenants de Ben Laden l'ont informé officieusement : « Nous avons un immense cadeau pour l'Intifada. Nous allons frapper des intérêts américains plus importants que le *Cole*. » La nouvelle a été communiquée sur le réseau MBC le 23 juin 2001.

Le gouvernement taliban a nié et forcé Abu Hafs à réfuter immédiatement cette déclaration. Après quoi, le mollah Omar a demandé à Ben Laden de « ne rien faire sur le sol afghan sans l'en informer ».

Bakr Atyani, ancien chef du bureau pakistanais de MBC [5].

Al-Qaïda m'a contacté. Peut-être parce que MBC est une chaîne importante. Ils m'ont emmené à leur siège dans les environs de Kandahar. Impossible de s'orienter : l'endroit était désert.

Oussama était là avec Ayman Al-Zawahiri et Abu Hafs, alias Muhammad Atef. Oussama était très détendu quand il m'a reçu. Il a dit qu'il avait préparé un *mensaf*, plat arabe à base de riz et de viande, en mon honneur, parce que j'étais son invité. Je me suis retrouvé embarrassé parce que le riz m'échappait entre les doigts. Voyant cela, Ben Laden a demandé à quelqu'un d'aller me chercher un couteau et une fourchette.

J'ai dit :

– Maintenant, il faut que je fasse mon travail. Pouvez-vous apporter la caméra pour que nous réalisions l'interview, s'il vous plaît ?

Ils ont répondu :

– Nous allons apporter la caméra, mais il n'y aura pas d'interview.

Ben Laden m'a dit qu'il ne pouvait s'exprimer face à la caméra parce qu'il avait promis aux talibans de ne pas faire de déclaration à la presse.

– Vous êtes là parce que nous voulons vous transmettre des images [un film de l'entraînement d'Al-Qaïda et de la fête en l'honneur de l'attentat sur le *Cole*] et des informations. C'est tout pour l'instant.

Quand la caméra s'est allumée, Ben Laden s'est tu.

Abu Hafs a enchaîné :

– Dans les prochaines semaines, nous allons prendre tout le monde par surprise et nous frapperons ou attaquerons les intérêts américains et israéliens.

C'était la nouvelle qu'ils voulaient me communiquer ce jour-là. J'ai demandé à Oussama :

– Voulez-vous confirmer cela ?

Il a souri. C'était pendant que la caméra n'enregistrait pas. Je crois que c'était la principale raison pour laquelle ils m'avaient fait venir. En tout cas, pour moi, la nouvelle était énorme.

Je me suis rendu compte qu'Abu Hafs était quelqu'un d'important, étant donné qu'il était assis à côté d'Oussama. Sa vivacité se lisait dans son regard. Il m'a posé des questions très précises sur moi-même et sur ma chaîne. Et je me rappelle ses paroles :

– Nous nous attendons certes à une frappe américaine, mais nous sommes en mesure d'évacuer notre base en trente minutes.

Quand ils ont apporté leur caméra, Oussama a demandé à Al-Zawahiri de venir s'asseoir avec lui. Ce qu'il a fait. Puis Oussama a appelé Abu Hafs. Celui-ci a refusé :

– Je ne veux pas être filmé.

Mais c'était très clair que, lorsque les trois se trouvaient ensemble, ils s'entendaient très bien. Je crois qu'Abu Hafs était plus proche d'Oussama qu'Ayman.

À mon avis, personne n'a pris au sérieux les menaces d'Al-Qaïda. Je me rappelle avoir été interviewé par Pamela Constable, du *Washington Post*, édition du 8 juillet 2001, qui m'a demandé après l'interview :

– Vous pensez vraiment qu'ils vont passer à l'acte ?

– Je vous assure, Pam, je crois qu'ils vont le faire, ils ont l'air de ne pas plaisanter.

Vahid Mojdeh est un ancien haut responsable du ministère des Affaires étrangères talibans[6].

En quittant l'Afghanistan, le journaliste de MBC a rapporté cet incident avec beaucoup d'éclat et provoqué un immense retentissement international. Cet incident a accru les tensions entre Oussama et le ministre des Affaires étrangères talibans, Muttawakil. Ce dernier a déclaré que le monde entier allait désormais nous tenir pour responsables de tous les attentats contre des cibles américaines.

Cela a également provoqué des tensions parmi les talibans. Muttawakil pensait que ces derniers considéraient Oussama et ses partisans comme des invités, mais que désormais ils voulaient détruire l'Afghanistan.

Un membre d'Al-Qaïda a révélé qu'au début de l'année 2001 leurs chefs avaient demandé une liste de volontaires pour des missions suicides. À Kandahar, Kaboul et dans l'est de l'Afghanistan, 122 se sont déclarés. Si on avait sollicité les habitants du nord de l'Afghanistan, la liste aurait été encore plus longue. Les membres d'Al-Qaïda parlaient ouvertement des martyrs et de leurs opérations suicides.

Bien avant les attentats du 11 septembre, Al-Qaïda évoquait dans ses réunions des missions suicides à grande échelle contre les États-Unis.

Abu Walid Al-Misri était rédacteur en chef d'*Al-Imara* (« L'Émirat »), magazine en langue arabe des talibans. Il a également écrit un livre sur les Arabes afghans, dont de larges extraits ont été reproduits dans le quotidien *Al-Sharq Al-Awsat* en décembre 2004. En voici quelques passages[7].

Ben Laden avait atteint un tel stade d'extrémisme que, contrairement aux membres de son entourage, il croyait les États-Unis très faibles. Il l'affirmait en public et, pour preuve, il avançait le fait que l'attentat contre le QG américain à Beyrouth avait suffi à les chasser du Liban en 1983. De jeunes partisans saoudiens confirmaient ses illusions en lui racontant ce qu'ils avaient constaté durant leurs visites aux États-Unis :

le pays, en pleine décadence, ne supporterait que quelques assauts majeurs. Cette vision était fausse et dangereuse.

Selon Hamid Mir, biographe pakistanais de Ben Laden, au sein des talibans comme des autres chefs afghans, on avait le sentiment, six mois avant les attentats du 11 septembre, que les États-Unis s'apprêtaient à envahir l'Afghanistan[8].

J'ai rencontré le chef afghan Gulbuddin Hektmatyar à Téhéran en avril 2001. Il soutenait ouvertement Ben Laden.

– C'est un grand homme, et j'appuie son idéologie et ses objectifs. Je connais Oussama depuis de nombreuses années. C'est un bon ami et un vrai moudjahid.

Il prédisait également la chute du gouvernement taliban la même année et l'attaque des États-Unis sur l'Afghanistan.

C'était le 2 ou 3 août 2001. Une quarantaine de jours avant le 11 septembre, à Kaboul. J'ai entrepris de transmettre l'information que je tenais d'un haut fonctionnaire du ministère de la Défense taliban : les Américains allaient envahir l'Afghanistan avant le 15 octobre 2001 et la justification de ce geste serait soit que les talibans contrôlaient l'Afghanistan, soit qu'un attentat majeur était survenu contre les intérêts américains sur leur territoire ou dans le reste du monde.

En 2001, le cameraman anglais Peter Jouvenal employait un Afghan de vingt-trois ans, « Ahmad » comme messager à Kaboul et à Peshawar. À la même époque, Ahmad servait de coursier pour Ben Laden. Au printemps 2001, le jeune homme demanda de l'aide à Jouvenal : il souhaitait informer les autorités américaines qu'Al-Qaïda prévoyait de détourner des avions aux États-Unis afin d'obtenir la libération du gourou spirituel d'Al-Qaïda, l'Égyptien Omar Abdel Rahman, le « cheikh aveugle »[9].

J'employais Ahmad parce qu'il parle très bien l'anglais et l'arabe, et qu'il est très doué en informatique. À l'époque, les talibans contrôlaient Kaboul. Si j'avais besoin de m'entretenir avec un contact, j'envoyais Ahmad, qui me mettait en rapport avec la personne en question. Je le connaissais depuis 1999.

Et voilà qu'un jour il vient me voir et me demande : « Vous voulez bien m'aider à partir à l'étranger ? C'est trop dangereux pour moi, ici. » Et de me raconter qu'il travaillait pour Oussama comme coursier : il allait chercher des gens au Pakistan pour leur faire passer la frontière, transmettait des messages pour Oussama, lui rendait des services, passait des courriers sur Internet et lui servait de boîte à lettres électronique. Il se chargeait même de ses courses au marché. Il m'a dit que Ben Laden aimait les nouilles et la feta, et qu'il lui en apportait pour le petit déjeuner. Les nouilles, c'était pour le soir.

Ahmad avait besoin de gagner sa vie. Les perspectives professionnelles étaient réduites à Kaboul, pour des jeunes. C'est donc ainsi qu'il s'est trouvé mouillé. Comme il avait l'air un peu arabe et qu'il parlait bien la langue, il a fini par entrer dans leur cercle.

Ahmad m'a confié que, selon lui, la plupart des Arabes et des Afghans respectaient Oussama. Il couchait par terre avec son arme. Il ne voulait pas qu'on en fasse trop et préférait vivre à la dure. Et cela les impressionnait beaucoup.

À un moment donné, Ahmad s'est lié à la CIA. Et Al-Qaïda, cherchant à le localiser, était allée trouver sa famille. Quand quelqu'un est lié à Al-Qaïda, ils viennent voir sa famille et prennent des renseignements. Donc ils essayaient de remettre la main sur lui.

À Pâques 2001, Ahmad m'a dit qu'Al-Qaïda prévoyait de pirater des avions aux États-Unis ; selon lui, c'était pour essayer de faire libérer le cheikh aveugle. Ils voulaient détourner un avion et demander la libération du prisonnier.

C'est là que cela devient amusant, parce que j'ai cru que le FBI était peut-être compétent dans cette affaire. L'un des agents du FBI était libanais, l'autre new-yorkais. Ils m'ont déclaré qu'ils voulaient que je me rende avec Ahmad en Thaïlande, et j'ai donc demandé : « Et le visa ? » Ahmad m'a répondu : « Oh, les agents du FBI disent qu'il n'y a pas de problème, ils ont tout réglé. »

J'ai évidemment pensé : c'est le FBI, ce sont eux les spécialistes.

Nous arrivons donc au comptoir d'embarquement. Je donne le passeport et le billet d'Ahmad, et on nous questionne : « Où est le visa ? » Nous retournons à l'hôtel et nous trouvons un message sur le répondeur : « Ne le dites à personne, mais nous avons merdé. » La voix avait un accent new-yorkais.

Plus tard, Ahmad part pour Bangkok et passe trois semaines à traîner en attendant que ces crétins du FBI reviennent. Quelque temps après, les attentats du 11 septembre surviennent, et Ahmad et toute sa famille s'envolent pour les États-Unis. Manifestement, le FBI s'est ressaisi après le 11 septembre.

Voici le mémo confidentiel que le président Bush a reçu le 6 août 2001, concernant la détermination d'Al-Qaïda à attaquer les États-Unis. Ce mémo fut rendu public lors de l'enquête de la Commission sur les attentats du 11 septembre. Le Président l'avait reçu à son ranch de Crawford, au Texas, où il prenait quatre semaines de vacances.

Ce document souligne l'importance du cheikh Omar Abdel Rahman pour Al-Qaïda.

BEN LADEN EST DÉTERMINÉ À FRAPPER LES ÉTATS-UNIS.

Des rapports médias, sources clandestines et gouvernements étrangers indiquent que Ben Laden cherche depuis 1997 à réaliser des attentats terroristes aux États-Unis. Ben Laden a laissé entendre dans des interviews à la télévision américaine en 1997 et 1998 que ses partisans suivraient l'exemple de l'attentat à la bombe de Ramzi Yousef sur le World Trade Center pour « porter la guerre en Amérique ».

Après la frappe de missiles américains sur sa base en Afghanistan en 1998, Ben Laden a déclaré à ses partisans qu'il voulait faire payer Washington, selon les services [...].

Un agent du Djihad islamique égyptien a déclaré aux services [...] à la même époque que Ben Laden envisageait d'exploiter l'accès de cet agent aux États-Unis pour monter un attentat terroriste.

Le complot du millénaire au Canada en 1999 pourrait faire partie de la première tentative sérieuse de Ben Laden pour per-

pétrer un attentat terroriste aux États-Unis. Un condamné, Ahmad Ressam, a déclaré au FBI qu'il avait conçu le projet d'attaquer lui-même l'aéroport international de Los Angeles, et que le lieutenant de Ben Laden, Abu Zubaydah, l'avait encouragé et aidé à organiser l'opération. Ressam a également déclaré en 1998 qu'Abu Zubaydah prévoyait un attentat de son côté.

Ressam affirme que Ben Laden était au courant de l'opération de Los Angeles.

Bien que Ben Laden ait échoué, les attentats contre les ambassades américaines au Kenya et en Tanzanie en 1998 prouvent qu'il prépare ses opérations des années à l'avance et ne se laisse pas décourager par les revers. Des complices de Ben Laden ont effectué des reconnaissances de nos ambassades de Nairobi et Dar es-Salaam dès 1993, et certains membres de la cellule de Nairobi préparant les attentats ont été arrêtés et expulsés en 1997.

Des membres d'Al-Qaïda, dont certains sont citoyens américains, ont résidé aux États-Unis ou y ont séjourné pendant des années, et le groupe entretient apparemment une structure de soutien susceptible d'aider les terroristes. Deux membres d'Al-Qaïda reconnus coupables de conspiration terroriste contre nos ambassades d'Afrique de l'Est étaient des citoyens américains ; un membre haut placé du DIE a vécu en Californie au milieu des années 1980.

Selon une source clandestine, une cellule Ben Laden recrutait en 1998 à New York des Américains musulmans pour des attentats.

Nous n'avons pas été en mesure de corroborer certains des rapports les plus sensationnels, tel celui d'un service [...] de 1998 affirmant que Ben Laden cherchait à détourner un avion américain pour obtenir la libération du cheikh aveugle, et d'autres extrémistes détenus aux États-Unis.

Cependant, les informations du FBI depuis cette époque indiquent une nette tendance à s'adonner à des activités douteuses dans ce pays, activités cohérentes avec des préparatifs de détournements d'avions ou d'autres types d'attentats, dont notamment la surveillance récente de bâtiments fédéraux à New York.

Le FBI mène à l'échelle nationale environ soixante-dix enquêtes de terrain exhaustives, qu'il considère comme liées à

Ben Laden. La CIA et le FBI enquêtent sur un appel adressé à notre ambassade aux Émirats arabes unis en mai, selon lequel une cellule de partisans de Ben Laden se trouvait aux États-Unis pour planifier un attentat aux explosifs.

À la mi-août 2001, mon attention a été attirée par une vidéo de deux heures provenant d'Al-Qaïda circulant sur des *chats* clandestins d'Internet. J'ai trouvé cette vidéo très intéressante : un documentaire de qualité professionnelle exposant les motivations et les objectifs d'Al-Qaïda. C'était la première production du service vidéo d'Al-Qaïda, Al-Sahab (Les Nuages). Voici une synthèse de son contenu [10].

Ben Laden, entièrement vêtu de blanc, lit un poème décrivant la victoire de Saladin sur les croisés : *Saladin, son épée ruisselante du sang des infidèles.*

Ben Laden : Les juifs sont libres à Al-Quds [Jérusalem] de violer les faibles femmes musulmanes et d'emprisonner les jeunes oursons qui les défendent. Tous les présidents et rois arabes ont trahi la nation musulmane. Il vaut mieux aller au-devant de la mort que l'attendre.

Séquence montée en boucle de soldats israéliens frappant des Palestiniennes et d'un jeune Palestinien abattu.

Voix off dramatique : Les juifs n'ont pas tenu leur parole ; nous souffrons depuis cinquante ans.

Séquences de soldats israéliens bousculant des Palestiniennes, de jeunes se faisant tirer dessus, de corps traînés sur le sol.

Ben Laden brandit le poing pour appuyer ses paroles : Le sang des musulmans est celui qui coûte le moins à répandre.

Abu Hafs : La vermine de la terre, les juifs et les Israéliens, ont envahi nos lieux saints.

Ben Laden : Nous parlons du gouvernement américain, mais c'est en réalité un gouvernement israélien car, si nous examinons les départements les plus sensibles, qu'il s'agisse du Pentagone, du Département d'État ou de la CIA, nous découvrons que ce sont les juifs qui ont le dernier mot au sein du gouvernement américain. Ainsi, ils utilisent l'Amérique pour exécuter leurs desseins dans le monde entier.

Ce dernier commentaire de Ben Laden est très éclairant. J'ai toujours été intrigué par le fait que Ben Laden, qui avait déclaré la guerre « aux croisés et aux juifs » en 1998, n'ait pas ensuite attaqué des cibles israéliennes ou juives. Après les attentats du 11 septembre, je me suis rendu compte que pour Ben Laden et ses complices farouchement antisémites, le Pentagone était bel et bien une cible juive.

J'ai aussi trouvé cette nouvelle vidéo d'Al-Qaïda alarmante, car elle semblait présager d'une frappe majeure. J'ai envoyé le courriel suivant à John Burns, considéré unanimement comme le meilleur correspondant étranger du *New York Times*. Nous n'étions qu'à trois semaines des attentats du 11 septembre[11].

17 août 2001
Cher John,

Je pense qu'il faut impérativement consacrer un article capital à la nouvelle vidéo de Ben Laden et aux différentes menaces à l'encontre des installations américaines ces derniers mois : elles dépeignent un tableau saisissant de l'organisation actuelle de Ben Laden et laissent raisonnablement supposer qu'Al-Qaïda prépare un attentat.

Permettez-moi de vous exposer les faits. Comme vous le savez, en juin, des indicateurs présageaient très fortement des attentats sur des cibles américaines au Yémen. En juin également, deux hommes pris à New Delhi ont déclaré qu'ils avaient l'intention de faire exploser le service, très fréquenté, des visas de l'ambassade américaine. Nous possédions également des preuves de leur intention de faire sauter l'ambassade américaine au Bangladesh.

Le 18 juillet, le Département d'État publia un communiqué selon lequel le gouvernement américain nourrissait de « fortes présomptions selon lesquelles des individus fomentent des actions terroristes contre les intérêts américains dans la péninsule arabique ».

Il est clair qu'Al-Qaïda préparait – et prépare encore – quelque chose.

À présent arrive la vidéo de recrutement et de propagande de Ben Laden, dont de brefs extraits sont diffusés sur CNN, et dont

Reuters explique l'apparition à la fin juin 2001 au Koweït. Mais personne n'a visionné entièrement la cassette ou, si certains l'ont fait, nul ne s'est donné la peine de tout traduire. Elle est au format RealPlayer et lisible sous Windows.

En outre, personne n'a songé à inscrire cette vidéo dans le contexte d'Al-Qaïda, dont le mode opératoire consiste pourtant à annoncer subtilement ses projets d'attentat. Nous l'avons vu en mai 1998, quand Ben Laden a tenu une conférence de presse en Afghanistan, où il évoquait de « bonnes nouvelles dans les semaines à venir » ; sur ces entrefaites, ABC News a prédit une « journée noire » pour l'Amérique. Neuf semaines plus tard, les ambassades en Afrique explosaient.

Les talibans ont par la suite interdit à Ben Laden de s'adresser à la presse. À présent, si Ben Laden observe cette consigne à la lettre, il n'en respecte pas l'esprit, puisqu'il se rend disponible pour ses services médias, qui diffusent ses déclarations auprès des médias arabes du monde entier, lesquelles sont ensuite reprises par les médias occidentaux.

Quelques mois avant l'attentat contre le *Cole*, comme vous le savez, est apparu un enregistrement remarquable à deux égards : Ben Laden arbore le poignard yéménite, la jambiya, qu'il ne porte sur aucune des dizaines de photos existant de lui, et son adjoint Al-Zawahiri a spécifiquement appelé à des attentats contre les forces américaines au Yémen. Cette vidéo est plus qu'anecdotique pour les enquêteurs américains, alors qu'elle illustre comment Al-Qaïda s'emploie à annoncer de manière ouverte ses prochaines manœuvres.

La vidéo que j'ai actuellement en ma possession circule dans tout le Moyen-Orient, et contient quantité de points intéressants détaillés ci-dessous, dont le moindre n'est pas le fait que Ben Laden y revendique un certain nombre d'actions anti-américaines, revendications qui sont à ce jour les plus éloquentes.

Cette vidéo de deux heures de propagande et de recrutement, habilement montée, est un concentré utile des positions de Ben Laden et des tactiques d'Al-Qaïda. Ben Laden et ses conseillers y prononcent des discours passionnés sur les musulmans attaqués en Tchétchénie, au Cachemire, en Irak, en Israël, au Liban, en Indonésie et en Égypte. Des discours ponctués de séquences crues montrant des musulmans tués, battus ou emprisonnés. La vidéo consacre dix à quinze minutes à des images de Palestiniens attaqués par des soldats israéliens. Point important, la vidéo montre le Premier ministre israélien Ariel Sharon, ce qui implique qu'elle a été montée en mars 2001 ou peu après, puisque Ehud Barak a démissionné à la fin de février.

Cependant, pour Ben Laden, la plus grande insulte aux musulmans est la présence constante d'Américains sur le sol sacré d'Arabie Saoudite. Il déclare : « Ces Américains ont amené des femmes et des juives qui peuvent aller partout sur notre Terre sainte. » Puis il conclut : « Les Arabes adorent le Dieu de la Maison-Blanche. » Ces paroles sont illustrées par des images de la famille royale saoudienne accueillant des officiels américains tels que Colin Powell.

Ben Laden déclare que les musulmans doivent réclamer réparation pour ces insultes : « Si vous ne vous battez pas, Dieu vous châtiera. » Pour l'exilé saoudien, une solution s'impose, les musulmans doivent se rendre en Afghanistan et y recevoir une formation au djihad. La vidéo montre ensuite des centaines de partisans de Ben Laden, le visage masqué, dans son camp d'Al-Farouq, à l'est du pays, brandissant des drapeaux noirs et psalmodiant en arabe : « Combats le mal ! »

On les voit tirer au lance-roquette et au lance-grenade, brandir leurs corans et leurs Kalachnikovs, effectuer le parcours du combattant, faire exploser des bâtiments et tirer sur des photos du président Clinton. Ben Laden en personne tire une rafale avec un fusil automatique. Détail glaçant, la vidéo montre également des dizaines de jeunes garçons dont la plupart paraissent avoir à peine dix ans, vêtus de treillis militaires, scandant l'appel au djihad tout en faisant le parcours du combattant vu précédemment.

Vers la fin de la vidéo, Ben Laden sous-entend que d'autres actions seront entreprises contre les États-Unis : « La victoire de l'islam approche. Et la victoire du Yémen contre le *Cole* se poursuivra... » Toute la vidéo est désormais disponible au format DVD et circule sur des *chats* clandestins d'Internet, à en croire des personnes qui connaissent bien l'organisation de Ben Laden.

Selon un dissident saoudien : « D'après ce que je sais, les menaces contenues dans la vidéo sont authentiques, les partisans de Ben Laden sont en pleins préparatifs contre plus d'une cible américaine... »

Je serai heureux de collaborer à un tel article si vous le jugez intéressant. Peut-être que je le surestime, mais cela me paraît vraiment important.

Dans l'attente de vos nouvelles.

Meilleures salutations,

Peter

Par la suite, John Burns a rédigé un article quasi prophétique intitulé BEN LADEN DÉPEINT UN AVENIR DE VIOLENCE DANS UNE VIDÉO, consultable sur le site Web du *New York Times* dès le 9 septembre 2001 ; en raison d'un désaccord ayant trait aux corrections à apporter au texte, le journal ne l'a publié que le lendemain des attentats du 11 septembre. Dans une réécriture orwellienne de l'histoire, le *Times* a retiré l'article de Burns de son site Web, épisode que le rédacteur en chef a plus tard reconnu comme un « grave cafouillage ». Voici des extraits de l'article de Burns :

L'image granuleuse de la vidéo est hypnotique. Un Arabe mince, grand, d'âge moyen, à la barbe broussailleuse, arborant un burnous blanc et le turban blanc du musulman religieux se dresse devant une assemblée quelque part en Afghanistan. Il déclame un poème en arabe, dont il est apparemment l'auteur, et les papiers se soulèvent dans la brise.

Dans ce poème, lu au mariage de son fils aîné en début d'année en Afghanistan, M. Ben Laden déclare ses intentions – tuer des Américains et des juifs – avec plus de véhémence que jamais. Non sans fierté, il glorifie l'attentat suicide du destroyer américain *Cole* dans le port yéménite d'Aden en octobre dernier, dans lequel dix-sept marines américains ont trouvé la mort, et promet d'autres attentats.

M. Ben Laden profite de cet enregistrement pour annoncer que le cauchemar de ses principaux ennemis, les États-Unis et Israël, se poursuivra. Il promet l'intensification de la guerre sainte consistant à aider les Palestiniens à combattre Israël. Changement de programme crucial, à en croire les analystes : ces dernières années, à travers une série d'attentats, le principal objectif de M. Ben Laden était de chasser les forces américaines de la péninsule arabique.

Il donne également les grandes lignes de l'expansion de ses installations de formation au terrorisme en Afghanistan, déclarant que les talibans, mouvement islamique militant qui l'héberge depuis 1996, ont édifié un État islamique idéal et purifié qui offre la base parfaite pour une guerre sainte mondiale contre les « infidèles ».

Le jour de la parution de cet article, Ahmad Shah Massoud, le commandant afghan qui représentait l'unique obstacle à la mainmise totale sur l'Afghanistan par les talibans, fut assassiné par deux membres d'Al-Qaïda qui se faisaient passer pour des journalistes de la télévision.

L'ancien officiel taliban Vahid Mojdeh se rappelle comment les assassins de Massoud se sont infiltrés en Afghanistan[12].

Le ministre des Affaires étrangères taliban Muttawakil prévoyait de fermer Markaz Al-Elaam, un réseau d'Al-Qaïda qui prétendait que son activité principale était l'impression de propagande pour les talibans en arabe, urdu, pachtoun, anglais et dari. Un jour, des cartons contenant du matériel informatique furent livrés aux bureaux de Markaz Al-Elaam à Kandahar. Ils provenaient du Pakistan. Le lendemain, trois individus se présentèrent au centre, Abu Hani, Abed et un dénommé Karim. Ces deux derniers venaient d'arriver à Kandahar et prétendaient habiter la Belgique.

Affirmant qu'elle leur appartenait, ils ont emporté un carton qui contenait une caméra vidéo. Les talibans ne cachèrent pas leur surprise : il s'agissait d'un équipement très peu moderne. Abed et Karim avaient l'air embarrassé, ce que les talibans ne manquèrent pas de remarquer. Trois jours plus tard, ces trois hommes sont revenus au centre, prétextant un rendez-vous avec le ministre des Affaires étrangères Muttawakil. Une fois l'interview terminée, le traducteur a demandé à recevoir une copie de la vidéo de l'entretien. Ils ont accepté, mais la cassette ne nous a jamais été remise.

Il semble que ces trois personnes aient intentionnellement organisé l'interview avec Muttawakil et apporté la caméra pour couper court à la curiosité attisée la veille. Cela témoigne d'une extrême prudence de leur part.

Abed et Karim se sont ensuite rendus à Kaboul, puis dans le nord de l'Afghanistan, où ils ont assassiné Ahmad Shah Massoud.

Malika Malik, épouse belge d'Abdessatar Dahmane, l'un des assassins de Massoud, a publié à compte d'auteur un livre intitulé *Soldats de lumière*. Elle raconte le voyage d'une Occidentale et de son mari tunisien de Belgique en Afghanistan, éblouis par l'idéologie de Ben Laden et par son charisme. En voici des extraits[13].

Notre histoire, à mon mari et moi, est celle d'un couple musulman pieux, à qui l'histoire a joué un tour inattendu : mon mari a tué le célèbre Massoud, le « Lion du Panshir » qui avait tenu tête à l'armée russe. Qu'est-ce qui nous a incités à quitter le confort d'un pays d'Europe et à partager la vie du peuple afghan sous le régime taliban ?

Le 9 septembre 2001, un dimanche, un Tunisien audacieux de trente-neuf ans se transforma en kamikaze, avec un complice âgé de vingt-huit ans. À la manière des Palestiniens, ils firent exploser une bombe dissimulée dans la ceinture du plus jeune, mais une deuxième bombe était cachée dans la caméra, qui, au lieu d'enregistrer les propos du principal opposant des talibans, le commandant Massoud, allait tuer le « Lion du Panshir ».

L'un des deux kamikazes est mort sur le coup, l'autre fut abattu de plusieurs balles. Ce dernier a été désigné par les médias comme l'instigateur de l'attentat. Certains le considérèrent comme un criminel, d'autres comme un héros pour les peuples opprimés du tiers-monde, qui nourrissaient l'espoir d'être dorénavant traités avec plus de respect, et non plus manipulés par les intérêts des puissances de la planète. Ce héros était mon mari, Abdessatar.

Et ainsi passèrent les jours pendant que je vivais à Jalalabad, en Afghanistan, jusqu'au 12 septembre 2001. Alors que je traversais une rue, une Pakistanaise s'est adressée à moi en arabe.

Je comprends à peine les quelques mots qu'elle prononce, pourtant mon cœur se glace d'effroi. Je suis allée à la mosquée voir un frère de mon mari, chargé de veiller sur moi. « Qu'est-il arrivé à Abdessatar ? Cette femme affirme qu'il est mort... » Il baisse la tête. Il ne veut pas me parler dans la rue. Quelques minutes plus tard, il me rejoint chez moi et, de derrière la porte, il me dit : « Oui, c'est vrai, Abdessatar est mort. » Nous étions incapables de cesser de pleurer. Apparemment, c'était de notoriété publique mais on avait décidé de me tenir dans l'ignorance car mon mari avait enregistré à mon intention une cassette audio dans laquelle il m'annonçait sa disparition. Il refusait que je l'apprenne par un autre biais. À l'époque, j'ai sombré dans une profonde dépression. Quand la menace d'une offensive américaine se profila, je m'en moquai : toutes les bombes du monde pouvaient bien pleuvoir sur moi.

Ils ne me laissèrent pas en paix durant cette période. Ironie du sort, c'est pendant cette période, où les Afghans célébraient la mort de Massoud, que des dizaines d'Afghanes et de non-Afghanes vinrent me féliciter pour les agissements de mon mari. J'ai fini par recevoir la cassette qu'il m'avait laissée pour me dire adieu et un dernier « je t'aime ». J'espérais y trouver la raison qui l'avait poussé à commettre ce geste, en vain. Je ne révélerai pas la teneur de cet enregistrement, Abdessatar voulait que ses dernières paroles restent privées. Il me disait qu'il m'aimerait jusqu'à la fin de ses jours.

Le frère qui vint m'apporter la cassette me tendit une enveloppe en disant : « Voici ce que t'envoie Oussama Ben Laden ainsi que 500 dollars pour rembourser les dettes de ton mari. » Je l'ai remercié, mais je n'ai pas compris pourquoi j'avais reçu une enveloppe de Ben Laden.

Malika Malik a développé le propos de son livre dans une interview [14].

Ce n'était pas une grosse somme d'argent. C'était pour rembourser une petite dette. L'argent n'était pas pour moi. Nous, musulmans, ne devons pas mourir en laissant des dettes. Donc, quand nous rédigeons notre testament, nous consignons nos dettes. Quand quelqu'un meurt endetté, les créances doivent être remboursées. Mon mari avait une obligation de 500 dollars depuis plusieurs années. Apparemment, Oussama était au courant et il nous rendait service.

Je n'ai pas rencontré la famille d'Oussama Ben Laden. Mais il était là, à Jalalabad. Il se trouvait à la base. Les gens parlaient beaucoup de lui. Dans chaque famille, le fils aîné était prénommé Oussama. On l'aimait parce qu'il combattait l'injustice. Il voulait libérer les terres musulmanes. C'est ce que tout le monde pensait. Il était riche et il mettait son argent au service de la communauté et dépensait pour les autres. Cette attitude inspirait respect et amour. Tout le monde n'agit pas ainsi. Il est normal que nous l'aimions et qu'il soit un héros pour nous, un grand frère, celui qui appelle à la résistance islamique contre l'occupation.

Mon mari ne m'a jamais parlé de sa rencontre avec Oussama. Je sais seulement ce qu'on m'en a raconté par la suite. On m'a dit qu'il avait rencontré Oussama, qu'il lui avait prêté allégeance et s'était mis sous ses ordres.

Yussef Al-Aayyiri a pris le contrôle des opérations d'Al-Qaïda dans la région du Golfe à la fin de l'année 2002. Il figurait sur la liste des personnes recherchées par le gouvernement saoudien et a été tué à Riyad en mai 2003. *La Voix du Djihad*, magazine d'Al-Qaïda en Arabie Saoudite, a publié sa biographie. L'extrait suivant parle du rôle d'Al-Qaïda dans l'assassinat de Massoud [15].

Ensuite s'est produit le plus grand événement de l'histoire de l'Afghanistan : l'assassinat du méprisable commandant Ahmad Shah Massoud, et rien ne saurait décrire la joie d'Al-Aayyiri. Je me rappelle lui avoir demandé : « Qu'est-il arrivé ? » Et il m'a répondu que cheikh Oussama avait demandé aux frères : « Qui prendra sur lui de s'occuper d'Ahmad Shah Massoud pour moi, parce qu'il a offensé Allah et Ses fils ? » Quelques frères se sont portés volontaires pour assassiner Massoud et être récompensés par Allah, et vous avez appris la bonne nouvelle.

Feroz Ali Abbasi est le Britannique ougandais qui fut capturé au Pakistan après la chute des talibans. Voici un extrait de ses mémoires, qu'il rédigea en prison [16].

L'événement clé fut la mort de Massoud. Nous en avons eu vent par les frères, puis nous l'avons appris à la radio. Massoud avait été éliminé grâce à une opération martyre dont étaient responsables des moudjahidin arabes. Quand c'est arrivé, j'ai cru qu'enfin les talibans allaient s'emparer de tout l'Afghanistan. Massoud était crucial pour l'Alliance du Nord. C'était un général extrêmement compétent.

J'ai été si touché par l'événement que je suis allé voir Sayf Al-Adel, numéro deux du commandement militaire d'Al-Qaïda, dans son bureau. J'étais mal à l'aise, mais je voulais lui exposer ma demande. Je lui ai dit : « J'ai entendu dire que Massoud a été tué par un commando martyr. Je voudrais faire quelque chose de ce genre. » Il m'a demandé : « L'opération contre Massoud t'a plu ? » J'ai répondu que oui.

L'Algérien Abdullah Anas a combattu aux côtés de Massoud pendant huit ans durant le djihad contre les communistes [17].

Je le jure devant Allah. Massoud est le moudjahid le plus pur de tout l'Afghanistan. Les islamistes les plus purs ne sont pas des extrémistes, et Massoud est un islamiste, profondément islamiste, mais pas extrémiste.

Jamal Khashoggi est le journaliste saoudien qui a enquêté à la fois sur Ben Laden et sur Massoud durant la guerre afghane contre les communistes [18].

Massoud est très pragmatique. Et peut-être que Massoud est l'avenir du mouvement islamique. Les musulmans pragmatiques peuvent réussir, mais pas les musulmans rigides, parce qu'ils ne cessent de se battre contre tout le monde.

J'ai fait la connaissance de Massoud une semaine après qu'il a repris Kaboul, en 1992. Et je suis tombé sous son charme, comme tout le monde. C'était vraiment un type étonnant. J'aurais aimé qu'Oussama le connaisse. Peut-être que, s'il avait connu Massoud, cela aurait changé le cours de l'histoire.

Khalid Cheikh Mohammed, planificateur majeur des attentats du 11 septembre, a passé son enfance et son adolescence au Koweït. Il a rejoint les Frères musulmans à l'âge de seize ans et, après avoir suivi des études universitaires aux États-Unis, est parti pour le Pakistan puis l'Afghanistan pour mener le djihad contre les Soviétiques. En 1996, il a retrouvé Ben Laden à Tora Bora, en Afghanistan, longtemps après leur première rencontre durant le djihad afghan. C'est alors que cheikh Mohammed a « présenté une proposition d'opération utilisant des pilotes entraînés qui abattraient leurs avions sur des bâtiments aux États-Unis [19] ».

Le 1er mars 2003, Khalid Cheikh Mohammed a été arrêté à Rawalpindi, au Pakistan, près d'Islamabad, et confié aux autorités américaines. Il est toujours tenu au secret. Voici des extraits du profil de Khalid Cheikh Mohammed (KCM) présenté par la Commission sur les attentats du 11 septembre [20].

KCM a continué de voyager dans la communauté djihadiste mondiale après l'arrestation de Ramzi Yussef en 1995. Il s'est rendu au Soudan, au Yémen, en Malaisie et au Brésil en 1995. Aucune preuve ne le lie formellement aux activités terroristes dans ces pays. En janvier 1996, comme les autorités américaines étaient à ses trousses, il a fui en Afghanistan.

Au moment même où KCM se réinstallait en Afghanistan au milieu de l'année 1996, Ben Laden et ses partisans quittaient le Soudan. Par le biais d'Atef, KCM a rencontré Ben Laden à Tora Bora, refuge montagneux datant de l'époque de la guerre afghane. Lors de leur entrevue, KCM a présenté au chef d'Al-Qaïda plusieurs projets d'attentats terroristes. Selon KCM, c'était la première fois qu'il revoyait Ben Laden depuis 1989. Bien qu'ils aient combattu ensemble en 1987, Ben Laden et KCM n'appréciaient pas particulièrement de collaborer. En fait, KCM reconnaît que Ben Laden a probablement accepté de le revoir en raison de la renommée de son neveu, Yussef, cerveau du premier attentat contre le World Trade Center en 1993.

Lors de l'entrevue, KCM a exposé à Ben Laden et à Atef les détails du premier attentat. Il leur a également suggéré une opération utilisant des pilotes entraînés qui abattraient leurs avions sur des immeubles aux États-Unis.

KCM savait que la réussite d'un tel attentat nécessiterait du personnel, de l'argent et un support logistique que seule une vaste organisation comme Al-Qaïda pouvait fournir. Il pensait qu'elle intéresserait Ben Laden, connu de longue date pour ses griefs contre les États-Unis.

Selon KCM, Ben Laden cherchait alors à consolider sa position en Afghanistan tout en prêtant l'oreille aux propositions extérieures : il n'avait pas encore fixé ses objectifs pour de futures opérations anti-américaines. Durant l'entretien, Ben Laden a écouté les idées de KCM sans émettre de commentaire, mais il a demandé à KCM d'intégrer Al-Qaïda et de s'installer avec sa famille en Afghanistan.

KCM a refusé. Il préférait demeurer indépendant et conserver la possibilité de travailler avec d'autres groupes de moudjahidin opérant encore en Afghanistan. Selon lui, les attentats de 1998 contre les ambassades américaines à Nairobi et Dar es-Salaam marquèrent un tournant dans l'évolution du complot du 11 septembre. KCM déclare que ces faits l'ont convaincu que Ben Laden s'engageait fermement dans la lutte contre les États-Unis.

Il a continué de se rendre utile en assurant la revue de presse et en aidant les membres d'Al-Qaïda à tirer parti de leur équipement informatique périmé. Ben Laden, apparemment à l'instigation d'Atef, décida finalement de donner à KCM le feu vert pour l'opération du 11 septembre vers fin de 1998 ou au début de 1999.

KCM a accepté l'invitation de Ben Laden : s'installer à Kandahar et travailler directement avec Al-Qaïda. Outre la supervision de la planification des attentats du 11 septembre, KCM a travaillé avec le comité médias d'Al-Qaïda, qu'il a fini par diriger. Mais il prétend avoir refusé de faire allégeance à Ben Laden, conservant ainsi un dernier vestige de cette autonomie qui lui était si chère.

Fin 1998 ou début 1999, les préparatifs du 11 septembre allaient bon train. Pourtant, alors que ce projet occupait la majeure partie de l'attention de KCM, il a continué d'envisager d'autres possibilités d'attentats. Durant l'été 2001, KCM a proposé à Ben Laden de recruter un pilote de l'armée de l'air saoudienne pour prendre les commandes d'un bombardier et attaquer la ville d'Eilat en Israël. Ben Laden aurait bien accueilli la proposition, mais conseillé à KCM de se concentrer avant tout sur le 11 septembre.

KCM semble avoir été apprécié des hommes comme de la hiérarchie d'Al-Qaïda, on le considérait comme un chef efficace, notamment après les attentats du 11 septembre. Ses collaborateurs le décrivent comme un dirigeant intelligent et calme, abordant les tâches avec concentration.

Yosri Fouda, grand reporter vedette d'Al-Jazira, n'a jamais rencontré Ben Laden, mais c'est le seul journaliste à avoir interviewé Khalid Cheikh Mohammed et Ramzi Binalshibh, planificateurs du 11 septembre. Fouda les a rencontrés tous les deux au printemps 2002, à Karachi, au Pakistan, où ils lui ont exposé les détails du complot. Une grande partie de leurs déclarations ont été par la suite confirmées par la Commission sur les attentats du 11 septembre[21].

Je monte. Je suis accompagné par mon intermédiaire, qui m'a conduit en voiture depuis les alentours de Karachi. Je compte quatre étages, j'entends une sonnette. Puis il m'enlève mon bandeau. J'ouvre les yeux. Il me faut un moment pour m'habituer. Je compte quatre pièces, cuisine comprise. Dans l'une des pièces, un homme est assis par terre, entouré d'ordinateurs portables et de téléphones mobiles. Une idée se forme dans ma tête, mais je ne suis pas sûr de moi. Khalid Cheikh Mohammed me demande : « Vous nous avez reconnus ? » Je réponds : « Vous me dites quelque chose. » Dès lors, je sais qui ils sont.

Ils me racontent toute l'histoire. Khalid déclare que, entre deux ans et demi et trois ans avant l'heure zéro, ils ont tenu des réunions avec le comité militaire d'Al-Qaïda et discuté d'une opération sur le sol des États-Unis. Ils ont envoyé des unités de reconnaissance là-bas pour étudier sur place certaines des cibles. Il m'assène un coup de poing sur l'épaule en me disant que, après voir envisagé de frapper des installations nucléaires, ils les avaient éliminées, faute d'être sûrs de maîtriser l'opération.

Ils disent avoir étudié les cibles sur le terrain. À l'origine, la Maison-Blanche était visée, mais ils se ravisèrent pour des questions de navigation, puisque apparemment, selon eux, on pouvait difficilement l'atteindre depuis les airs ; ils optèrent alors pour une autre cible spectaculaire, la colline du Capitole.

Khalid Cheikh Mohammed est un homme très astucieux. Il sait fort bien à quoi il s'attaque, il est très au fait des questions de sécurité. Et c'est plus un homme d'action que de religion. Ainsi, lorsque arrive l'heure de la prière, dans l'islam, c'est généralement le plus âgé qui dirige, mais c'est Ramzi Binalshibh, qui a huit ans de moins que Khalid, qui mène l'office. Voilà qui prouve que Ramzi est un homme très religieux, et il m'a frappé comme tel. Khalid ne l'est pas. C'est un homme d'action, qui ne tient pas en place. Oui, c'est un musulman, il prie, c'est le fils d'un prédicateur du Koweït, mais il ne m'a pas semblé religieux.

Personne ne sait exactement à quel moment Khalid a décidé de s'allier avec Ben Laden. Mais il me semble que c'est vers 1996-1997 que Khalid a trouvé en lui une sorte de mentor, de parapluie religieux sous lequel exprimer ses talents dans l'action. Quand l'opération Bojinka destinée à abattre une dizaine d'avions américains en Asie échoua, Khalid Cheikh Mohammed était aux aguets, et l'année d'après, en 1996, Ben Laden s'est installé en Afghanistan. Il avait besoin de quelqu'un comme Khalid. Ben Laden est le symbole d'Al-Qaïda, le cheikh, le grand dirigeant. Khalid Cheikh Mohammed est celui qui met les choses en pratique. Il a une solide expérience dans ce domaine.

En 1995, Khalid a essayé d'exécuter une opération spectaculaire, une sorte de mini 11 septembre, visant à abattre une dizaine d'avions américains en Asie. Ce projet avorta, mais le rêve de Khalid ne l'a jamais quitté. Il aime diriger une opération, donner les consignes, choisir les cibles, etc. Dans un sens, c'est aussi un jeu. Il le replace dans un contexte religieux.

Quand j'arrive à leur planque de Karachi, j'annonce :

– On dit que vous êtes des terroristes.

Khalid répond :

– Oui, c'est vrai, nous sommes des terroristes. Nous aimons terroriser les infidèles.

Cela ne me surprend pas que Khalid ait organisé les attentats du 11 septembre. Ce n'est pas vraiment le domaine de Ben Laden, qui n'a pas de goût pour les détails. Il aura toujours besoin de gens comme Khalid Cheikh Mohammed pour le conseiller sur certains types d'actions, et Khalid aura besoin de gens pour les exécuter.

Voici des extraits du documentaire de Fouda, *La Route du 11 septembre*, diffusé sur Al-Jazira à l'occasion du premier anniversaire des attentats. Les déclarations faites par la suite par Khalid Cheikh Mohammed et Binalshibh aux enquêteurs américains, relatées dans le rapport de la Commission sur les attentats du 11 septembre, recoupent nettement celles du documentaire de Fouda[22].

Ramzi Binalshibh : En ce qui concerne la coordination des attentats du 11 septembre, il s'agit simplement de relier différentes cellules, d'établir le contact entre elles et le commandement général en Afghanistan, tout en surveillant les priorités de travail de ces cellules jusqu'à ce que les phases de préparation soient achevées... jusqu'au moment de la mise en œuvre.

J'ai parlé avec le frère Ziad [Jarah, l'un des pilotes du 11 septembre et je lui ai demandé : « Comment te sens-tu ? » Il m'a répondu : « Mon cœur est serein et je sens que cette opération sera un succès, *inch Allah.* »

À la fin janvier 2001, ce dont les pilotes du 11 septembre avaient besoin, c'était d'heures de vol, d'entraînement sur des simulateurs de vol sur gros avions commerciaux comme les Boeing 747 et 767, ainsi que de renseignements sur les dispositifs de sécurité de tous les aéroports. Une fois, les frères Marwan et Ziad [deux des pilotes] ont été suivis par des vigiles alors qu'ils effectuaient leur vol de reconnaissance, mais Dieu était avec eux.

Le chef des pirates, Mohammed Atta, nous répétait que nous nous retrouverions un jour. « Ne soyez pas tristes, disait-il. Nous nous retrouverons bientôt au paradis, c'est la volonté de Dieu. » Je lui ai répondu que, s'il voyait le Prophète Mahomet, que la paix soit avec lui, il devait lui apporter notre *salaam* [salut].

Khalid Cheikh Mohammed : Les prétendus hommes de main qui n'étaient pas chargés de piloter savaient qu'ils exécutaient une opération martyre. Mais, pour prévenir la moindre fuite, ils n'ont pas été informés de nombreux détails. Nous leur avons dit que le frère Abu Abdul Rahman, le chef des pilotes, Mohammed Atta, les leur communiquerait plus tard.

Ramzi Binalshibh : Peu avant le 11 septembre, Mohammed Atta m'a dit en dialecte égyptien :

– Un ami m'a posé une devinette que je n'arrive pas à résoudre, je veux que tu m'y aides.

– Est-ce le moment de jouer aux devinettes, Mohammed ? ai-je lancé.

– Oui. Tu es mon ami et personne d'autre que toi ne peut m'aider. Deux bâtonnets, un trait et un gâteau avec un bâtonnet, qu'est-ce que c'est ?

– Tu me réveilles pour ça ?

Finalement, les deux bâtonnets représentaient le chiffre 11, le trait figurait un tiret et le gâteau avec un bâtonnet le chiffre 9 : c'était donc le 11 septembre. [Dans les pays anglo-saxons, la date du 11 septembre s'écrit 11-9.]

C'étaient des moments lourds d'appréhension. Vous vous lancez dans une bataille non conventionnelle contre la plus grande puissance du globe. Vous les affrontez sur leur territoire, protégés par leurs soldats, et vous n'êtes qu'une petit groupe de dix-neuf.

Il ne s'agit pas simplement d'une opération de détournement, mais de quatre. Il était impératif qu'elles aient lieu simultanément et que tous les frères embarquent au même moment. Et il était impératif de considérer les quinze premières minutes comme le moment idéal pour prendre le contrôle de l'appareil et le diriger vers son objectif.

Le jour des attentats, tous les camps d'Afghanistan étaient en état d'alerte. Les frères se sont dispersés. Le message fut accueilli comme une grande nouvelle pour cheikh Abu Abdallah [Ben Laden], Dieu le protège.

Quand ils l'ont apprise, les frères ont scandé « Allah u-Akbar ! Loué soit Dieu ! » et pleuré. Tout le monde pensait que c'était la seule opération (l'attaque sur la première tour du World Trade Center). Nous leur avons dit : « Attendez, attendez ! »

Soudain, notre frère Marwan, le pilote, a lancé son appareil sur le World Trade Center. C'était incroyable. Vous regardiez cela en direct et vous priiez : « Mon Dieu, faites qu'il vise juste. »

Immédiatement après la diffusion du documentaire sur Al-Jazira, Ramzi Binalshibh a été arrêté à Karachi, au Pakistan, le 11 septembre 2002, et livré aux autorités américaines.

En mai 2005, le département américain de la Justice a fourni au parquet allemand des récapitulatifs des interrogatoires de Ramzi Binalshibh pour une affaire de terrorisme à Hambourg. Ces documents montrent qu'une rencontre fortuite à bord d'un train en Allemagne a dissuadé les cerveaux du 11 septembre de se rendre en Tchétchénie ; ils convinrent d'aller en Afghanistan, où ils allaient rencontrer les dirigeants d'Al-Qaïda, dont Ben Laden, et ensuite s'engager sur la route menant aux attentats du 11 septembre, deux ans plus tard. Voici des extraits de ces documents[23].

Les propos qui suivent proviennent entièrement de Ramzi Binalshibh ; peut-être ont-ils été destinés autant à nous influencer qu'à nous informer. Binalshibh a peut-être également dissimulé des informations et employé des techniques de contre-interrogatoire.

Binalshibh a déclaré être entré en contact avec Mohammed Ould Slahi, également connu sous le nom d'Abu Musab Al-Mauritania, fin octobre ou début novembre 1999 par téléphone. Il tenait son numéro d'un certain Khalid Al-Masri, rencontré pendant un voyage en train en Allemagne en compagnie de Marwan Al-Shehhi et de Ziad Jarrah, deux des pilotes du 11 septembre. Binalshibh affirme que la rencontre était entièrement due au hasard et que Khalid les avait abordés parce qu'ils portaient la barbe et avaient l'air d'Arabes du golfe Persique.

Abu Musab a donné un rendez-vous à Duisburg, en Allemagne, où se rendirent Binalshibh, Ziad et Marwan deux ou trois jours plus tard. Le trajet de Hambourg à Duisburg a pris trois à quatre heures et Abu Musab les attendait à la gare. Apprenant leur désir de se rendre en Tchétchénie, il leur a exposé les difficultés du voyage *via* la Géorgie. D'après Abu Musab, de nombreux voyageurs étaient arrêtés et détenus selon le bon plaisir des autorités géorgiennes.

Abu Musab a entrepris de les convaincre qu'il était de leur intérêt de se rendre en Afghanistan. Il leur a dit que la meilleure route pour la Tchétchénie était l'Afghanistan, où ils pourraient recevoir l'entraînement nécessaire et rencontrer d'autres djihadistes ayant combattu en Tchétchénie. Abu Musab leur a indiqué qu'ils pourraient par la suite poursuivre leur voyage jusqu'en Tchétchénie.

Ils se sont tout d'abord méfiés d'Abu Musab, avant de lui accorder leur confiance à mesure que la conversation se poursuivait. Abu Musab leur a signalé que la première étape consistait à obtenir un visa pakistanais, car c'était par le Pakistan qu'ils entreraient en Afghanistan. Il leur a conseillé de demander les visas avec leurs passeports authentiques et de revenir au bout d'un certain temps. Binalshibh a oublié quel délai s'est écoulé entre leurs deux entrevues, mais l'estime à deux ou trois semaines.

Selon Binalshibh, bien que Mohammed Atta n'ait pas assisté à leurs réunions, il a décidé également de se rendre en Afghanistan. Tous ont demandé et obtenu un visa pakistanais de trente jours. Atta a eu le sien à Berlin ; Marwan est allé récupérer le sien aux Émirats arabes unis ; Binalshibh et Ziad ont retiré le leur à Francfort, en Allemagne.

Aux alentours de novembre 1999, une fois les visas obtenus, ils appelèrent Abu Musab, qui les pria de revenir à Duisburg. Abu Musab les emmena chez lui. Quand il eut vérifié leurs visas, il leur donna instruction de partir pour Karachi, et de là à Quetta. Binalshibh déclare sans équivoque que le groupe s'est rendu en Afghanistan entre la mi-novembre et décembre 1999.

Ali Hamza Ahmad Sulayman Al-Bahlul, un Yéménite, est accusé d'avoir travaillé au service médias d'Al-Qaïda en tant que garde du corps de Ben Laden à l'époque des attentats du 11 septembre. Les extraits de son acte d'inculpation de Guantánamo décrivent ce qui était censé se passer dans les camps d'Al-Qaïda aux alentours du 11 septembre[24].

Après avoir été mis en alerte par Ben Laden durant les semaines précédant les attentats du 11 septembre, Al-Bahlul aida Oussama et d'autres membres d'Al-Qaïda à quitter Kandahar.

Le 11 septembre 2001, Ben Laden a chargé Al-Bahlul de mettre sur pied une liaison satellite permettant de suivre les informations télévisées. Malgré ses efforts, Al-Bahlul n'a pu obtenir la liaison à cause de la nature accidentée du terrain.

Durant les semaines qui ont suivi le 11 septembre, Ben Laden a chargé Al-Bahlul d'obtenir des rapports médias concernant les attentats et de recueillir des données concernant les dommages économiques causés par ces attentats.

Avant et après le 11 septembre, Al-Bahlul a protégé Ben Laden. De la fin 2000 à novembre 2001, Al-Bahlul voyageait dans la caravane de véhicules avec lui. Durant ces trajets, Al-Bahlul était armé et portait une ceinture d'explosifs pour pouvoir offrir à Ben Laden protection et sécurité.

Feroz Ali Abbasi décrit sa surprise en apprenant qu'il n'y avait aucune action américaine contre Ben Laden, étant donné que tout le monde savait dans les camps d'Al-Qaïda qu'un attentat menaçait les États-Unis[25].

Ben Laden résidait dans un pays qui lui était favorable, ainsi qu'à ses gens. Il était constamment entouré et, malgré ses précautions, des gardes du corps, par exemple, des inconnus pouvaient parfois s'approcher et lui serrer la main. C'est un mythe qu'Oussama Ben Laden se cachait dans des grottes un peu partout en Afghanistan. Où sont ces grottes ? Il n'y en a pas ! Où étaient les agents américains sur le terrain en Afghanistan ? Ils devaient bien y être, mais pourtant, ils n'ont pas eu vent qu'Oussama Ben Laden préparait un attentat contre des cibles américaines. Cette information était connue dans tous les camps d'entraînement. Qu'est-ce qui empêchait les Américains d'assassiner Ben Laden ? Était-ce parce que, Ben Laden étant entouré de tous ses hommes, cela aurait signifié sacrifier la vie d'un Américain contre des milliers d'autres ?

Abu Musab Al-Suri, djihadiste syrien, s'est illustré pour avoir été parfois en désaccord avec Ben Laden[26].

En septembre 2001, Ben Laden a déclaré à ses partisans qu'il était temps de quitter l'Afghanistan et de retourner au Yémen. Alors que rumeurs, étonnement et espoir dans ce changement se répandaient parmi les Arabes afghans, les attentats du 11 septembre ont eu lieu.

Sayf Adel, commandant militaire actuel d'Al-Qaïda[27].

Les objectifs des frappes de New York : depuis leur fondation et leur indépendance vis-à-vis de la Couronne britannique et pendant plus de deux siècles d'histoire, les États-Unis se sont lancés dans le pillage dans le monde entier. Ils ont menacé et agressé des peuples. Ils se sont emparés des ressources des nations. Certains seront peut-être surpris si nous leur disons que les États-Unis préparaient leur armada pour occuper l'Algérie en 1817. Des moudjahidin et marins arabes de la Méditerranée – qualifiés par l'Occident de pirates – ont détruit la flotte américaine. Les batailles entre les États-Unis et les pays musulmans ont duré pendant plus de trois mois.

Notre principal objectif était donc de porter un coup à la tête du serpent, sur son territoire, pour affaiblir son arrogance. Cet objectif a été partiellement atteint, Dieu soit loué. Les autres frappes auraient-elles réussi comme celles contre les Twin

Towers, le monde aurait senti un changement soudain. Notre objectif ultime avec ces frappes contre la tête du serpent était de le forcer à sortir de son trou. Il aurait ainsi été plus facile pour nous de le frapper encore, de l'affaiblir et enfin de le dépecer. Cela aurait renforcé notre crédibilité devant notre nation et les peuples assiégés du monde entier. Un individu riposte au hasard quand il est cruellement frappé à la tête par un ennemi qui se cache. De tels coups forcent l'individu à accomplir des actes au hasard et à commettre de graves et parfois fatales erreurs. C'est ce qui s'est produit.

La première réaction a été l'invasion de l'Afghanistan et la seconde celle de l'Irak. Les erreurs peuvent se reproduire et il y aura peut-être d'autres réactions au hasard. Ces réactions ont amené les Américains et leurs alliés à frapper violemment la tête et d'autres organes importants de notre nation restée en hibernation pendant presque deux siècles. Si Dieu le veut, ces coups l'aideront à sortir de sa torpeur.

Abdul Aziz Al-Omari, Saoudien de la province d'Asir, accompagné de Mohammed Atta et de trois autres terroristes, s'est embarqué à bord du vol 11 d'American Airlines à l'aéroport international Logan de Boston, au matin du 11 septembre. À 8 h 45, le vol 11 d'American Airlines atteignait la tour nord du World Trade Center. Voici des extraits du « testament » enregistré en vidéo par Omari, diffusé par Al-Jazira le 10 septembre 2002.

Je rédige ce testament et je ne sais par où commencer. Des idées s'accumulent dans mon esprit. Ceci est un message à l'intention de tous les infidèles et de l'Amérique. Le voici : « Quittez la péninsule arabique vaincue et cessez de soutenir ces lâches de juifs en Palestine. » Nous continuerons de chercher votre mort et votre humiliation tant que le Livre de Dieu et les enseignements du Prophète Mahomet seront entre nos mains.

Je voudrais tout particulièrement mentionner le chef moudjahid cheikh Oussama Ben Laden, Dieu le protège des complots et des comploteurs, de l'envie et des envieux, de la rancœur et des rancuniers. Que Dieu ajoute ces exploits à la somme de ses bonnes actions.

Mohammed Atta, chef des pirates de l'air, a laissé un exemplaire de son propre « testament » dans des bagages qui ont été retrouvés à l'aéroport Logan de Boston après le 11 septembre. En voici un extrait[28].

Ceux qui laveront mon corps devront être de bons musulmans. Celui qui lavera mon corps autour de mes parties génitales devra porter des gants afin de ne pas me toucher en cet endroit. [Bien entendu, le corps d'Atta a été pulvérisé dans les attentats du 11 septembre. Il n'y a eu aucun corps à laver ni à enterrer.]

Que personne ne me pleure, ne pousse de cris ni ne déchire ses vêtements ou ne se frappe le visage : ce sont des gestes stupides.

Qu'aucune femme enceinte ou autre personne impure ne me fasse ses adieux : je le refuse. Les femmes ne devront pas assister à mes obsèques ni jamais visiter ma tombe.

Voici l'échange entre le correspondant d'ABC News John Miller, qui avait interviewé Ben Laden en Afghanistan en mai 1998, et le présentateur d'ABC News Peter Jennings à 10 h 29 heure locale, le 11 septembre 2001.

Miller : La tour nord semble s'effondrer.

Jennings : Oh, mon Dieu !

Miller : La deuxième... La deuxième tour...

Jennings : [Très long silence.] C'est très difficile à traduire en paroles et peut-être n'est-ce pas nécessaire. Les deux tours du World Trade Center, où travaillent des milliers de personnes aujourd'hui, mardi, viennent d'être attaquées et détruites avec des milliers de personnes à l'intérieur ou dans leurs environs immédiats.

10

LA CHUTE DES TALIBANS ET LA FUITE À TORA BORA

Méjugeant la réaction américaine aux attentats du 11 septembre, Ben Laden n'a envisagé qu'une alternative : soit un départ définitif du Moyen-Orient, semblable au retrait américain de Somalie en 1993, soit une invasion terrestre totale de l'Afghanistan analogue à celle des Soviétiques en 1979, laquelle aurait permis aux talibans et à Al-Qaïda de se livrer à une guérilla classique.

Aucun des deux scénarios ne s'est réalisé. L'offensive américaine contre les talibans a donné lieu à un déploiement aérien massif, avec des dizaines de milliers de soldats de l'Alliance du Nord et trois cents hommes des forces spéciales américaines sur le terrain. Et Al-Qaïda a ainsi perdu la meilleure base qu'elle ait jamais eue. Le 11 septembre était peut-être une victoire tactique pour Al-Qaïda, mais une erreur stratégique pour l'organisation.

Oussama Ben Laden[1].

L'Amérique est une grande puissance dotée d'une redoutable force militaire et d'une économie diversifiée, mais tout cela est bâti sur des fondations instables qui peuvent être visées, en prêtant tout particulièrement attention aux points faibles les plus évidents. Un petit groupe de jeunes combattants islamiques a réussi à démontrer au peuple qu'il est possible de déclarer la guerre à une prétendue superpuissance et de la combattre. Ils ont réussi à protéger leur religion mieux que les gouvernements et les peuples d'une cinquantaine de pays du monde musulman, parce qu'ils se sont servis du djihad pour défendre leur foi.

Jamal Ismaïl, correspondant de télévision d'Abou Dhabi au Pakistan en 2001[2].

Le lendemain du 11 septembre, j'ai reçu le message d'Oussama. Il ne revendiquait pas la responsabilité de l'attaque. C'est quelqu'un qui m'a contacté : « Jamal, je suis rentré en catastrophe hier soir d'Afghanistan. » J'ai répondu : « OK, laissez-moi noter ce que vous me racontez. » Il a lu, j'ai corrigé et tapé le texte sur mon ordinateur. Je l'ai envoyé par fax et lu au téléphone pour la télévision d'Abou Dhabi. Dans ce message, Oussama disait : « Nous croyons que ce qui est arrivé à Washington et ailleurs contre les Américains était un châtiment d'Allah Tout-Puissant et que ceux qui ont agi étaient des hommes de bien. Nous sommes d'accord avec eux. » Et Oussama n'a jamais félicité quiconque n'était pas musulman. C'est ce qui m'a fait penser qu'il savait quelque chose, qu'il connaissait leur identité : ils avaient des liens.

Lorsque le deuxième avion a heurté le World Trade Center, j'ai su que c'était Al-Qaïda. Aucun autre groupe terroriste n'avait à la fois l'intention et la capacité d'attaquer les États-Unis. J'étais certain qu'il y aurait un attentat d'envergure contre des cibles américaines durant l'été, mais je n'imaginais pas que ce serait sur le territoire américain lui-même.

Lorsque le deuxième avion s'est écrasé, je me suis souvenu que l'un des hommes de Ben Laden, Ihab Ali, avait été formé aux États-Unis comme pilote dans les années 1990 et que Ben Laden lui-même avait fait l'acquisition d'un jet en Arizona en 1993.

Jamal Khashoggi est le journaliste saoudien qui a enquêté sur Ben Laden au milieu des années 1980[3].

J'étais dans mon bureau d'*Arab News* à Djedda, en Arabie Saoudite. J'ai pensé à Oussama, oh, oui, j'ai pensé à lui, pas de doute. Deux jours après, j'ai rédigé un article sur les attentats où j'écrivais : « Dieu nous vienne en aide. Les Américains finiront par panser leurs blessures, mais nous, nous resterons longtemps avec un problème sur les bras. » Et je crois avoir vu juste.

Paulo José de Almeida Santos, Portugais converti à l'islam, était une des premières recrues d'Al-Qaïda. Il a rencontré Ben Laden en maintes occasions au Pakistan en 1990 et 1991[4].

Le Coran et l'islam interdisent expressément de tuer femmes, enfants et vieillards. Ce qui me laisse un goût amer dans la bouche, c'est que des avions ont été utilisés avec à leur bord des innocents et peut-être même des enfants. Je crois que c'était une erreur stratégique d'attaquer le World Trade Center. S'ils avaient attaqué Langley, cela aurait peut-être été plus intelligent. Langley est le QG de la CIA. Cela aurait constitué un acte de guerre légitime. Dans les Twin Towers, des gens de multiples nationalités sont morts, dont certains étaient neutres.

Quand nous étions en Afghanistan, aux alentours de 1990, notre objectif était de créer un État islamique, un califat : une communauté musulmane prenant pour modèle la genèse de l'islam. Ces dernières années, l'objectif a changé. À présent, il me semble qu'il s'est transformé en guerre contre les États-Unis. Je ne crois pas possible de gagner une telle guerre. En ce qui concerne les tours, je continue de penser que c'était une erreur. Mais si cela avait été le Pentagone ou Langley, j'aurais accordé mon soutien à ces attaques.

Brian Fyfield-Shayler, ancien professeur d'anglais de Ben Laden en Arabie Saoudite[5].

Quand son visage et ses yeux pensifs sont apparus sur les écrans du monde entier, le 11 septembre, j'ai trouvé que quelque chose clochait : l'élève que je connaissais autrefois n'avait rien d'un fanatique. Donc il s'était passé quelque chose avant ces événements horribles. C'est ce qui m'a décidé à m'exprimer publiquement. Il ne s'agissait pas de s'indigner et de hurler :

« Oh, quel monstre, que c'est consternant, comme ces fondamentalistes et fanatiques sont affreux ! » Il ne fallait pas oublier qu'il y avait un être humain en chair et en os derrière tout cela. Un élève très agréable, charmant, qui n'avait rien d'exceptionnel. Qu'est-ce qui avait provoqué ce changement ? J'ai bien sûr pensé que c'était ce qu'il avait vécu en Afghanistan.

Bakr Atyani, chef du bureau de MBC au Pakistan, avait été averti dix jours plus tôt par des chefs d'Al-Qaïda qu'un attentat d'envergure allait viser des intérêts américains[6].

Pour moi, Al-Qaïda était derrière les attentats, mais ce jour-là, et même une semaine après, personne ne pouvait le dire dans le monde musulman. Sans quoi vous auriez été accusé d'œuvrer contre les musulmans. Tout le monde parlait du Mossad.

Mussad Omar est un Yéménite détenu à Guantánamo. Omar prétend être allé en Afghanistan « pour observer la situation » sous les talibans après avoir été recruté dans ce but par une connaissance au Yémen. Dans des extraits de son témoignage devant un tribunal militaire américain à Guantánamo, il se rappelle l'atmosphère des camps d'Al-Qaïda à l'époque des attentats[7].

C'était le premier jour des événements du 11 septembre. Les gens du camp d'entraînement militaire d'Al-Farouq ont dit : « Si vous voulez partir, vous êtes libres. Il risque d'y avoir des bombardements et des problèmes, donc, si vous ne voulez pas en subir, partez. Si vous voulez rester, vous le pouvez. » Comme je n'avais pas envie d'avoir des problèmes, je suis parti, parce que mon but n'était pas de me battre.

Je n'ai vu Ben Laden qu'une seule fois au camp d'Al-Farouq. Il était venu le visiter et je l'ai aperçu à trente ou cinquante mètres. La deuxième fois, c'était dans le Khost, à l'est de l'Afghanistan. Ben Laden voulait passer par les villages pour voir les habitants. C'était un mois avant la chute de Kaboul, le 12 novembre 2001.

J'ai quitté le camp dans un camion militaire qui allait à Kandahar. Le trajet durait deux ou trois heures. Ensuite, je suis allé à Kaboul dans un car civil. Vingt-cinq de mes amis étaient dans le même groupe. Ce n'étaient pas des talibans. Nous ne sommes pas passés par les routes officielles mais par les montagnes. J'étais avec un groupe d'Arabes, d'Afghans, de Pakistanais et autres. Nous sommes allés du Khost jusqu'à un endroit nommé Zurmat. Après cela, dans un petit village frontalier. C'est comme ça que je suis passé au Pakistan.

Question d'un membre du tribunal : Les gens qui vous ont aidés étaient-ils des combattants ?

Omar : Non, non, non. Ils nous ont aidés, c'est tout. Ils habitaient là. Les gens d'un village nous emmenaient à un autre village et ils rentraient chez eux.

Membre du tribunal : Pourquoi ces gens vous auraient-ils aidés ?

Omar : Parce qu'ils étaient musulmans.

Le 21 septembre 2001, la radio La Voix de l'Amérique interviewait le mollah Omar. À la suite de pressions du Département d'État, l'interview n'a pas été diffusée. En voici un extrait[8].

L'interviewer : Donc vous ne voulez pas livrer Oussama Ben Laden ?

Le mollah Omar : Non. Nous ne pouvons pas faire cela. Sinon, cela voudrait dire que nous ne sommes pas des musulmans ; que l'islam est vaincu. Si nous avions peur des représailles, nous aurions pu le livrer la dernière fois que nous avons été menacés et attaqués. L'Amérique peut nous frapper de nouveau.

Abu Walid Al-Misri est un Égyptien introduit dans les cercles d'Al-Qaïda et des talibans[9].

Le mollah Omar s'est prononcé avec sa franchise coutumière : « Je ne livrerai pas un musulman à un infidèle. » Il ne fait aucun doute que cette phrase a scellé le sort des relations entre les États-Unis et les talibans. En outre, c'est cette phrase qui a rendu la guerre inévitable.

Rahimullah Yusufzai est l'un des plus éminents journalistes du Pakistan. Il a interviewé Oussama Ben Laden et le mollah Omar [10].

J'ai rencontré plusieurs fois le mollah Omar. Avant comme après le 11 septembre, il m'a dit : « Jamais je ne livrerai Ben Laden. Je crois que Dieu nous aidera. » Il a déclaré qu'il savait quelles en seraient les conséquences. Pour d'autres, comme Muttawakil, le ministre des Affaires étrangères des talibans, le mollah Omar ne comprenait rien aux affaires du monde.

Le mollah Omar m'a déclaré : « Je sais que je ne peux pas lutter contre les Américains, mais, si Dieu me protège, je survivrai. Je ne veux pas passer dans l'histoire comme quelqu'un qui a trahi son invité. Je suis prêt à donner ma vie, mon régime ; puisque nous lui avons offert asile, je ne peux pas le jeter dehors, à présent. »

Le mollah Omar était très féru d'interprétation des rêves. Il m'a demandé : « Vous êtes déjà allé à la Maison-Blanche ? » J'ai répondu que j'y étais allé une fois. Il a poursuivi : « Mon frère a rêvé d'une maison blanche en flammes. Je ne sais pas comment interpréter cela. »

Voici des extraits d'une interview de Ben Laden accordée au quotidien pakistanais *Ummat* et publiée le 28 septembre 2001. Ben Laden y déclare que les tentatives du gouvernement américain pour geler ses ressources financières à la suite du 11 septembre sont futiles [11].

Dieu ouvre la voie à ceux qui œuvrent pour Lui. Geler des comptes ne changera rien pour Al-Qaïda et les autres groupes djihadistes. Al-Qaïda a plus de trois systèmes financiers de rechange, qui sont tous séparés et totalement indépendants les uns des autres.

Parmi les documents récupérés sur l'ordinateur acheté à Kaboul par les journalistes du *Wall Street Journal* après la chute des talibans, se trouvait une lettre adressée par Ben Laden au mollah Omar et datée du 3 octobre 2001, soit quatre jours avant le début des bombardements américains contre les talibans. Ben Laden y déclare que les États-Unis sont au bord de l'implosion. En voici un extrait [12].

La presse a annoncé que, selon un sondage récent, sept Américains sur dix souffrent de problèmes psychologiques à la suite des attentats de New York et Washington.

Une campagne américaine contre l'Afghanistan constituera un lourd fardeau économique qui forcera l'Amérique à recourir à l'unique option qui était restée aux Soviétiques : se retirer d'Afghanistan, se désintégrer et se replier sur soi.

Faraj Ismaïl, journaliste égyptien travaillant pour le magazine *Majallah*, a couvert le djihad afghan dans les années 1990 et la guerre contre les talibans à l'automne 2001 [13].

La première fois que j'ai rencontré le mollah Omar, c'était durant la guerre contre les Russes. C'était un aimable jeune homme borgne. Plus pieux que les autres, il avait étudié dans une institution religieuse de Kandahar. Il parle un arabe incompréhensible. Il a également assisté aux conférences d'Abdullah Azzam durant les années 1980.

Je l'ai interviewé le 7 octobre 2001 à Kandahar. Cette nuit-là, les bombardements américains ont commencé et je suis rentré au Pakistan. J'étais très troublé par ses réponses : Omar n'était pas convaincu que Ben Laden était l'instigateur des attentats du 11 septembre. Il m'a déclaré : « Je contrôle l'Afghanistan. Je suis sûr que ce n'est pas lui. » Omar ne savait absolument rien de ce qui se passait dans le monde. La télévision et les journaux étaient interdits par les talibans.

Le magazine *Majallah* a publié l'interview du mollah Omar par Faraj Ismaïl le 14 octobre 2001. En voici un extrait, qui

indique que le mollah , comme beaucoup de musulmans à l'époque, avait adhéré à la théorie selon laquelle les attentats du 11 septembre étaient un complot sioniste [14].

Omar : Ni Oussama ni les talibans n'ont les ressources pour mettre en place les derniers attentats contre les États-Unis. Je crois que les coupables proviennent de l'intérieur des États-Unis.

Ismaïl : Comment cela ?

Omar : Par exemple, l'enquête n'a pas pris en compte l'absence le jour même de l'attentat des quatre mille Juifs qui travaillaient dans les Twin Towers du World Trade Center.

Le 7 octobre 2001, au début de l'offensive américaine, Ben Laden surgit par surprise sur les réseaux télévisés du monde entier dans un enregistrement vidéo probablement tourné quelque temps auparavant. C'était la première fois qu'il apparaissait depuis le 11 septembre [15].

J'atteste qu'il n'est d'autre Dieu qu'Allah et que Mahomet est Son Prophète.

Voici l'Amérique frappée par Dieu en son point le plus sensible. Ses grands immeubles sont détruits, Dieu en soit remercié.

Voici l'Amérique remplie de peur du nord au sud, et d'est en ouest. Dieu en soit remercié. Ce que l'Amérique goûte aujourd'hui n'est rien à côté de ce que nous avons enduré pendant des dizaines d'années. Notre nation a subi cette humiliation et cette dégradation pendant plus de quatre-vingts ans.

Quand Dieu a béni l'un des groupes de l'islam le 9 septembre, ils ont détruit l'Amérique. Je prie Dieu de les élever jusqu'à Lui et de les bénir.

À l'Amérique et à son peuple, je ne dirai que quelques mots. Je jure devant Dieu, qui a élevé les cieux sans piliers, que ni l'Amérique ni ceux qui y vivent ne connaîtront la sécurité tant que nous ne la connaîtrons pas en Palestine, et que les armées infidèles n'auront pas quitté le sol de Mahomet, la paix soit avec Lui.

Hamid Mir, le biographe pakistanais de Ben Laden [16].

La nuit du 7 octobre, après le début des attaques américaines en Afghanistan, Ben Laden a rendu publique, par le biais de notre chaîne arabe, une déclaration enregistrée en vidéo dans laquelle il glorifiait les attentats. Il disait que Dieu avait donné du courage aux musulmans qui avaient attaqué les États-Unis et qu'ils iraient au paradis. Vous voyez donc là toute la contradiction entre l'opinion d'Oussama Ben Laden sur les attentats terroristes et celle qui règne en général dans les pays islamiques. Tous les religieux musulmans les plus éminents ont condamné les attentats, sur la foi qu'ils étaient non islamiques. Mais Ben Laden les a portés aux nues. C'est une grande contradiction et cela a prouvé qu'il n'était pas versé dans la religion. Il combat les États-Unis parce qu'il les déteste. Quelles que soient ses raisons : la Palestine ou la présence de troupes américaines sur le sol saoudien. Mais je ne crois pas que ses convictions religieuses soient justes.

Ben Laden regarde la télévision, CNN, la BBC. J'ai vu de mes propres yeux Ben Laden regarder CNN. Je vais vous confier quelque chose de très intéressant. Quand je l'ai rencontré après le 11 septembre, il m'a dit : « Je vous ai vu chez Larry King voilà quelques jours et vous avez dit qu'Oussama Ben Laden était beaucoup plus convaincant quand il parlait politique que quand il parlait religion. Alors aujourd'hui, je vais m'employer à vous convaincre sur quelques sujets religieux. »

Je lui ai demandé : « Parce que vous regardez l'émission de Larry King ? » Il a répondu : « Oui, je mène une guerre d'envergure et je dois surveiller les activités de l'ennemi grâce à ces chaînes. » Ce qui est intéressant, c'est qu'à l'époque, le gouvernement taliban était toujours debout et que le mollah Omar avait défendu à tout l'Afghanistan de regarder la télévision. Ben Laden violait donc les consignes du mollah.

Le livre écrit par Yossef Bodansky, *Ben Laden, l'homme qui a déclaré la guerre à l'Amérique*, publié en 1999, était posé devant lui. Du coup, il n'en a pas été question durant l'interview. Après, je lui ai demandé : « Monsieur Ben Laden, vous lisez ce genre de livre en ce moment ? » Il a éclaté de rire : « Oui, c'est un ouvrage très intéressant. Vous y trouverez des tas de choses amusantes. Et je tiens ce Yossef Bodansky pour un grand ami. Il égare les Américains en ce qui me concerne. Si les Américains possèdent ce genre d'informations sur moi, je suis le plus heureux des hommes. »

Je n'étais pas disposé à dire que Ben Laden était impliqué dans les attentats du 11 septembre. Je remettais encore cette accusation en question. Quand j'ai visité l'Afghanistan, j'ai passé quelques jours là-bas et j'ai fini par changer d'avis en voyant les photos d'Atta accrochées dans les cachettes d'Al-Qaïda. En privé, ils avouaient tout. Ils disaient que ceux qui avaient perpétré les attentats étaient leurs frères, mais ils ajoutaient : « Lorsque les Américains tuent des musulmans au Soudan, ils ne reconnaissent pas leur responsabilité. Et lorsque des Israéliens tuent des Palestiniens, ils ne la reconnaissent pas non plus. Tout comme les Indiens qui tuent des Cachemiris. Maintenant, c'est notre tour. Nous les avons tués et nous allons nous en défendre. »

L'un des grands chefs d'Al-Qaïda a éteint mon magnétophone et avoué : « Oui, c'est moi qui ai fait le coup. Maintenant, rallumez votre magnétophone ». J'ai obéi et il a déclaré : « Non, je ne suis pas responsable. »

Ben Laden m'a dit : « J'ai eu une petite fille après les attentats du 11 septembre et je l'ai appelée Safia. C'est le prénom de celle qui a tué un espion juif à l'époque du saint Prophète Mahomet. » Je lui ai demandé quel âge avait sa fille. « Tout juste un mois. Elle tuera les ennemis de l'islam comme la Safia de l'époque du Prophète. » Il était là, à se figurer sa petite fille d'un mois telle une Safia qui allait tuer des quantités de juifs... Vous voyez l'état d'esprit.

Khalid Batarfi, l'ami d'enfance de Ben Laden, est resté en contact avec la mère d'Oussama[17].

Après le 11 septembre, elle m'a dit qu'elle suivait les nouvelles pour essayer d'apprendre comment il se portait ; cela la rendait malade d'entendre annoncer qu'il était blessé ou capturé.

À un moment, on a prétendu qu'il avait des problèmes de reins. D'après ce que je sais par sa famille, il a quelque chose. Il doit boire beaucoup d'eau pour diminuer son taux de sel parce qu'il a été affecté par le gaz jaune utilisé par les Russes pendant la guerre durant les années 1980.

L'état de santé de Ben Laden a donné lieu à maintes spéculations et, à en croire de nombreux rapports, il serait atteint d'une affection rénale grave. C'est absurde. Bien que Ben Laden souffre d'hypotension et ait été blessé au pied, pendant la guerre contre les Soviétiques, et à l'épaule lors de la bataille de Tora Bora, il semble qu'il n'est pas près de mourir d'une cause naturelle, comme le suggèrent les déclarations qui suivent.

Abu Jandal est devenu le chef des gardes du corps de Ben Laden en 1998[18].

Durant ma collaboration étroite avec lui, je n'ai jamais remarqué qu'il souffrait d'aucune affection, en dehors d'une inflammation des cordes vocales. Elle est due à une attaque chimique durant son djihad contre les forces soviétiques. Cela ne l'affecte pas beaucoup, sauf lorsqu'il parle longtemps, et il doit alors boire beaucoup d'eau. Donc, quand il donnait une interview à un journaliste, il passait toute la journée du lendemain à ne communiquer que par gestes pour reposer sa voix. En dehors de cela, il est en pleine santé. Je me souviens qu'il faisait même la course à cheval avec de jeunes hommes sur près de 70 kilomètres sans s'arrêter. S'il avait souffert de quoi que ce soit, il n'en aurait pas été capable.

Ahmad Zaidan d'Al-Jazira a interviewé Ben Laden huit mois avant le 11 septembre[19].

Concernant la santé de Ben Laden, je n'ai rien constaté d'anormal. Je suis resté avec lui pendant deux ou trois heures. Il n'y avait rien.

Bakr Atyani, de la Middle East Broadcasting Corporation, a rencontré Ben Laden trois mois avant le 11 septembre.

J'ai trouvé qu'il avait grossi ; il est en bonne santé et je ne crois pas qu'il ait le moindre problème aux reins. Je n'y crois pas, d'après son visage, son état général.

Le Dr Amer Aziz, éminent chirurgien pakistanais et sympathisant des talibans, a vu Ben Laden lors d'un voyage en Afghanistan en novembre 2001. Il avait déjà rencontré le chef d'Al-Qaïda en 1999 pour soigner une blessure causée par une chute de cheval[20].

Quand je l'ai vu, il était en excellente santé. Il marchait. Il était en forme. Je n'ai rien constaté qui indique une affection rénale ni aucune preuve de dialyse.

L'interview qui suit entre Ben Laden et le correspondant d'Al-Jazira Taysir Alouni a eu lieu en octobre 2001. C'est l'unique interview télévisée accordée par le chef d'Al-Qaïda depuis le 11 septembre. CNN l'a diffusée le 5 février 2002, après qu'Al-Jazira a préféré ne pas la présenter, en avançant de multiples raisons fort peu compréhensibles, comme : « Elle n'était pas digne d'intérêt. » En voici les principaux points forts[21].

Alouni : Chers téléspectateurs, bienvenue pour cette interview très attendue avec le chef de l'organisation Al-Qaïda, le cheikh Oussama Ben Laden. Cheikh, la question que se pose le monde entier : l'Amérique prétend détenir des preuves accablantes de votre implication dans les événements de New York et Washington. Que répondez-vous ?

Ben Laden : Si inciter des gens à agir ainsi et si tuer ceux qui tuent nos fils, c'est du terrorisme, alors que l'histoire soit témoin que nous sommes des terroristes. Tout comme ils nous tuent, nous devons les tuer afin de rétablir l'équilibre de la terreur. C'est la première fois dans l'époque moderne que cet équilibre est presque réalisé entre les deux parties, les Américains et les musulmans. Nous œuvrerons pour continuer la lutte, si Dieu le veut, jusqu'à la victoire ou jusqu'à ce que nous rencontrions Dieu avant elle.

Alouni : Et le fait de tuer des civils innocents ?

Ben Laden : « Tuer des civils innocents », comme l'Amérique et certains intellectuels le prétendent ? Voilà une expression bien curieuse ! Quand nous tuons leurs innocents, le monde entier pousse un cri d'horreur. Qui a dit que notre sang n'est pas du sang, mais que le leur en est ? Qui a proclamé cela ? Qui a été tué dans nos pays pendant des décennies ? Plus d'un million d'enfants sont morts en Irak et d'autres meurent encore. Comment se fait-il que personne ne s'indigne ni ne condamne et n'offre ne serait-ce que des paroles de consolation ou de condoléances ? Nous tuons des civils infidèles en échange de nos enfants qu'ils ont tués. C'est intellectuellement permis et autorisé par la loi. Les hommes que Dieu a aidés le 11 septembre n'avaient pas l'intention de tuer des bébés ; ils voulaient détruire la plus grande puissance militaire du monde, attaquer le Pentagone qui abrite plus de 64 000 employés et toute une organisation militaire.

Alouni : Et les tours jumelles ?

Ben Laden : C'est une puissance économique, pas une école maternelle. Ceux qui s'y trouvaient soutenaient la plus grande puissance économique du monde.

Alouni : Que pensez-vous du prétendu choc des civilisations ? Vous ne cessez de répéter des mots comme « croisés ». Cela signifie-t-il que vous soutenez le choc des civilisations ?

Ben Laden : Cela ne fait pas le moindre doute. Les juifs et les Américains ont appelé à la paix dans le monde, mais la paix qu'ils réclament est un conte de fées. Ils endorment les musulmans pour mieux les mener à l'abattoir. Et le massacre continue. Si nous nous défendons, on nous traite de terroristes.

Le 19 octobre 2001, douze jours après le début des bombardements américains contre les talibans, *The News*, un quotidien pakistanais, a interviewé Jalaluddin Haqqani, commandant militaire des talibans et allié de Ben Laden depuis une quinzaine d'années[22].

Nous battrons en retraite dans les montagnes et nous commencerons une longue guérilla pour arracher notre terre pure des mains des infidèles et la libérer comme nous l'avons fait avec les Soviétiques. Nous attendons avec impatience que les troupes américaines débarquent sur notre sol. Les Américains sont épris de confort. Pour le moment, nous avons tenu nos postes. Il n'y a de retraite nulle part. Les frappes militaires n'ont pas réussi à infliger des dégâts sérieux. Le mollah Omar, Oussama Ben Laden et tous les autres chefs sont en sécurité et poursuivent leur devoir. Je ne peux pas vous dire quand j'ai vu Ben Laden pour la dernière fois. Cependant, permettez-moi de déclarer que non seulement Ben Laden est sain et sauf, mais que son moral est excellent.

Kaboul aux mains de l'Alliance du Nord le 12 novembre 2001. Peter Jouvenal, qui a filmé l'interview de Ben Laden pour CNN en 1997 et a couvert l'Afghanistan depuis 1980, était sans doute le premier Occidental à poser le pied à Kaboul. Jouvenal travaillait avec le correspondant bien connu de la BBC John Simpson, que Ben Laden avait menacé de mort durant le siège de Jalalabad, en 1989[23].

J'ai pensé me rapprocher de la ligne de front : on m'avait donné les plans de l'offensive terrestre. Le premier jour, nous sommes partis à 23 heures. Je n'étais pas avec le groupe de tête, mais derrière. J'ai rencontré des amis du djihad. À présent, tous étaient des généraux et officiers supérieurs qui se contentaient de rester assis sur les toits à regarder la bataille se dérouler. Ils m'ont indiqué la bonne direction. Nous étions l'avant-garde. Nous avons pris une route où affluaient de plus en plus de gens venus de Kaboul. Cela a donné de bonnes images et John Simpson a eu son reportage. À quelqu'un qui lui demandait qui était en train de libérer Kaboul, comme l'Alliance du Nord était au bout de la route, il a répondu non sans ironie que c'était la BBC.

Les gens étaient transportés de joie à la perspective d'être soulagés d'un régime aussi répressif. À leur arrivée, les talibans étaient des gens bien, mais ils étaient devenus des tas d'escrocs.

Pour beaucoup d'Afghans, le gros problème, c'est qu'il n'y avait plus rien à faire. L'économie était à genoux. Personne n'était libre, il était interdit de lancer des cerfs-volants, de jouer de la musique, il fallait prier à heures fixes, la longueur de la barbe était contrôlée, on ne pouvait porter de vêtements occidentaux. L'un de mes amis avait été arrêté à l'aéroport de Kaboul et les talibans lui avaient confisqué une bombe de mousse à raser.

– Pourquoi ? avait-il demandé.

– Parce que vous n'avez pas à vous raser.

Or il quittait le pays, il n'y entrait pas.

Le problème des talibans, c'est que c'étaient des ignares. Ils étaient devenus de plus en plus brutaux. Les gens en avaient assez. À cette époque, je travaillais à Kaboul. Je n'ai pas connu la Seconde Guerre mondiale, mais il devait régner ce genre d'ambiance à Paris quand la Gestapo traquait les résistants. C'était très oppressant, le silence régnait et j'ai dû me laisser pousser la barbe pour me fondre dans le décor. Bref, tout cela a disparu.

Je me suis rendu à la première adresse d'Al-Qaïda et j'ai appris que les Arabes avaient quitté les lieux pour un autre bâtiment. J'y suis donc allé. Au mur était accrochée une affiche expliquant comment on pouvait progresser au sein d'Al-Qaïda en suivant tel ou tel cours. Ahmad [ami afghan de Jouvenal qui avait travaillé avec Al-Qaïda] m'a dit que l'une des maisons abritait une épouse de Ben Laden. Il n'a pas précisé laquelle. De l'extérieur, la maison paraissait très ordinaire et assez délabrée, mais la plupart des bâtiments de Kaboul étaient dans le même état. J'ai trouvé le propriétaire, qui habitait à côté : heureusement, c'était un homme sympathique, qui m'a laissé entrer. Il ignorait totalement que la famille Ben Laden avait résidé là. Il croyait que c'était une famille yéménite.

J'avais déjà vécu à Kaboul. Je me suis dit que je pourrais y reprendre un logement. John Simpson m'a suggéré que les gens apprécieraient peut-être de séjourner dans l'ancienne maison des Ben Laden. Au départ, je n'avais pas l'intention de créer un hôtel, mais de me constituer un point de chute.

Le propriétaire était très heureux, car les Ben Laden payaient 150 dollars par mois, mais ils étaient partis en laissant une ardoise de trois mois. Pour lui, c'étaient des Yéménites. Il y avait des femmes et il ne leur adressait pas la parole. Elles étaient très sèches avec les gens trop curieux. Le jardinier, qui travaille pour moi maintenant, n'avait pas le droit de venir.

Je suis allé à l'autre maison, l'ancienne ambassade d'Arabie Saoudite, et je suis descendu au sous-sol. C'était très intéressant. Tous les sièges étaient alignés dos au mur pour faire face au centre et le sol était jonché d'un tas de détritus : vêtements, paperasses, médicaments : de l'aspirine, ce genre de choses, quelques seringues, mais pas de drogues, elles étaient interdites. Il était évident que cet endroit avait servi de quartier général pour les Arabes venus grossir les rangs juste après le 11 septembre. Quand les Américains préparaient l'invasion de l'Afghanistan, beaucoup d'Arabes affluèrent pour soutenir les talibans. Certains apportaient des valises énormes comme s'ils venaient en vacances. Elles étaient ficelées et numérotées, ils laissaient leurs effets personnels dans la maison avant de s'équiper et de partir.

Les Afghans avaient pénétré dans le bâtiment et l'avaient mis à sac. Il ne restait plus que des munitions, des passeports et des cutters, que je voyais pour la première fois de ma vie. Je les remarque plus facilement depuis les attentats, mais il y en avait quelques-uns. J'ai filmé tout cela, ainsi que John en train de faire son commentaire, tout en arpentant les lieux. C'était très étrange, parce que l'électricité fonctionnait et il y avait même un sauna. Inutilisé.

Toutes ces maisons d'Al-Qaïda étaient rudimentaires, assez crasseuses, même pas peintes. Le sol était jonché de couvertures grises en guise de tapis, avec des matelas le long des murs. Cela sentait toujours le moisi, des miches de pain se desséchaient dans un coin parce qu'ils ne le jetaient pas — c'est un péché. Ils étaient donc venus là pour vivre dans des conditions difficiles. Plus c'était pénible, mieux c'était. Un peu comme Lawrence d'Arabie. Ils voulaient se mettre à l'épreuve. Ils auraient pu acheter un peu de peinture, il ne faut pas grand-chose pour égayer un bâtiment. Mais ils étaient venus là pour mener le djihad, pas pour vivre dans le luxe.

Vahid Mojdeh, ancien cadre du ministère taliban des Affaires étrangères[24].

Lors d'une réunion quelques jours avant l'offensive aérienne américaine sur l'Afghanistan, le mollah Omar a déclaré à un groupe de compagnons : « Vous penserez peut-être que je suis faible ou que j'ai peur, mais je dois envoyer ma famille au Pakistan. » Jusqu'alors, les talibans estimaient que, même si le mollah Omar avait quelques carences, il ne manquait ni de piété ni de courage. Or, à présent, il manifestait sa première défaillance.

Bien que le gouvernement pakistanais ait désapprouvé les talibans, des milliers de gens des régions tribales du Pakistan étaient prêts à se joindre au djihad contre les Américains en Afghanistan. Ces gens croyaient, comme les talibans, qu'ils allaient être confrontés à des troupes sur le terrain. Au début des bombardements intensifs, les combattants talibans ont serré les rangs pendant plusieurs semaines.

Au bout de ce laps de temps, la situation dans le Nord est devenue critique et nombre de volontaires pakistanais fraîchement arrivés en Afghanistan ont été envoyés à Mazar-i-Sharif, au nord de l'Afghanistan, alors qu'ils ne connaissaient même pas la topographie de la région. Le mollah Omar espérait résoudre le problème en les expédiant là-bas.

À Kandahar, on était convaincu que la résistance continuerait, mais, petit à petit, les bombardements compliquèrent les choses pour Omar. Il était forcé de passer ses nuits à découvert ou dans des endroits où on ne l'avait pas encore signalé. Même s'il était officiellement chargé des questions militaires, en réalité il n'avait aucun contact avec le front parce qu'il craignait d'être repéré et pris sous les bombes. Mais les talibans refusaient de prendre leurs ordres auprès de quiconque à part lui. Le mollah Nouri, le commandant de la zone nord, était au comble de la perplexité : « Nous sommes bombardés et les lignes intérieures de Mazar-i-Sharif sont attaquées, il y a un soulèvement en ville : Omar doit me dire ce que je dois faire. »

Les talibans craignaient la colère du peuple plus que tout. Ils n'avaient jamais essayé de gagner son soutien et ils savaient pertinemment que, à la première occasion, il se vengerait de toutes les tortures. C'est le destin que connaissent toutes les tyrannies quand elles sont renversées.

À Kandahar, Omar était réduit à la divination et à l'interprétation des rêves pour prendre ses décisions. Il demanda aux officiers de continuer de se battre parce que l'Amérique allait bientôt être anéantie. Mais la destruction de l'Amérique se faisait toujours attendre alors que celle de Kaboul était une réalité. Omar finit par renoncer à ses rêves et décida de déserter. Il s'y résigna une fois que les avions américains eurent détruit toutes les forces qu'il avait envoyées pour reprendre la province d'Uruzgan, sa province natale.

Feroz Ali Abbasi est ce Britannique ougandais qui fut capturé au Pakistan après la chute des talibans [25].

Après le 11 septembre, la plupart des frères anglophones sont restés à la Pension [à Kandahar]. J'étais de plus en plus frustré de devoir attendre l'attaque imminente sans rien faire, sans armes et sans défense. Sayf Al-Adel, commandant militaire adjoint d'Al-Qaïda, nous a donné trois choix : « Soit vous allez à Kaboul, vous restez à Kandahar avec le groupe des montagnes ou le groupe de l'aéroport. Le groupe de l'aéroport est le plus dangereux. Que préférez-vous ? » Tout le monde, moi compris, se porta volontaire pour l'aéroport. Le camp d'Obaidah, où nous devions nous rendre, était à une petite distance de l'aéroport.

J'étais en civil. J'ai décidé de fouiller le camp et de trouver de quoi m'aider à survivre durant le combat à venir. J'ai mis une tenue militaire. J'ai été pratiquement le seul. Quelqu'un m'a expliqué que tout le monde gardait ses vêtements pour redevenir un civil si la situation tournait mal. J'ai passé le reste du temps avant les bombardements à chercher à accroître mon arsenal.

Les avions alliés sont arrivés le dimanche soir 7 octobre. Je pensais qu'ils commenceraient les bombardements le mardi suivant parce que j'avais appris un mois auparavant qu'un fax avait été envoyé à Ben Laden par une personne aux États-Unis qui communiquait avec lui. Je le savais depuis le début de l'entraînement : Ben Laden, venu parler à la mosquée, avait déclaré qu'on l'avait averti que l'Amérique nous bombarderait dans un mois.

Le plus drôle ? Les Américains avaient fait savoir aux médias qu'ils avaient demandé à l'Alliance du Nord de consigner ses avions au sol. Autant dire qu'ils s'annonçaient avec tambours et trompettes. Peut-être au cas où Ben Laden n'aurait pas encore bouclé ses bagages.

Quoi qu'il en soit, les bombardements ont commencé et j'ai passé mon temps à l'aéroport à courir dans tous les sens pour éviter les missiles.

Je crois que c'est le 17 du mois de Ramadan [3 décembre 2001] que les forces d'opposition pachtounes ont tenté de s'emparer de la zone de l'aéroport. Les coups de feu ont été échangés jusque dans la nuit. Vers le 19 du mois, les forces pachtounes ont lancé une nouvelle offensive et pris un avantage significatif. Nous avons dû nous replier encore. La plus grande partie de l'Afghanistan était tombée [seules Kandahar, Tora Bora et peut-être une autre place forte assiégée dans le Nord étaient encore aux mains des moudjahidin]. Peut-être commençaient-ils à se dire qu'il valait mieux battre en retraite et remettre le combat à plus tard.

Je suivais les directives du mollah Omar qui m'avaient été transmises et traduites : « Tous les moudjahidin doivent se replier sur Kandahar. De là-bas, soit nous nous dispersons et reprenons l'Afghanistan, soit nous mourons. » J'ai pris cela au pied de la lettre : vaincre ou mourir.

Le groupe qui m'avait adopté campait dans le lit d'une rivière asséchée. Mon coéquipier était un Yéménite ; il avait renoncé à comprendre mon arabe balbutiant et l'idée de guetter un hélicoptère américain le remplissait de joie. Mais un beau matin, je me suis réveillé à l'aube et il n'y avait plus personne. Tout le monde avait fui.

Un détenu de Guantánamo anonyme, devant un tribunal militaire américain[26].

Je reconnais toutes les charges portées contre moi. Je me suis tenu aux mêmes déclarations et je n'ai pas menti. J'ai aidé Ben Laden.

Les faits sont tels que je les raconte. C'est la vérité. J'ai collaboré avec [censuré] et fréquenté Oussama. Je reconnais les faits. J'ai agi par appât du gain. Pendant cinq ans, j'ai fait partie des talibans et, lorsque les Américains sont arrivés [censuré] donnait de l'argent pour financer les attentats contre eux. Les Arabes, qui avaient l'argent, nous ont dit qu'ils prévoyaient un attentat contre les États-Unis avec vingt pilotes. C'est la première partie des faits. Je travaillais pour de l'argent.

La deuxième partie est que [censuré] était avec moi. Nous sommes allés à Jalalabad. Ben Laden était là-bas et nous l'avons emmené jusqu'à la frontière pakistanaise. C'est un chemin que personne ne connaît, il est secret. Nous avons laissé Ben Laden et sa famille à la frontière pakistanaise et nous sommes revenus. Ils ont disparu. Voilà dans quelle mesure j'ai collaboré avec Al-Qaïda.

Un membre du tribunal : Considérez-vous les États-Unis comme votre ennemi ?

Réponse : Je faisais cela pour l'argent. Certains me disaient que les Américains étaient mauvais, mais je n'ai jamais réfléchi à la question. Je n'agissais que pour l'argent.

Koweitien de quarante-cinq ans détenu à Guantánamo, Fouad Al-Rabia a rencontré Ben Laden en juin 2001. Quatre mois plus tard, il était de retour en Afghanistan, alors que les États-Unis lançaient leur offensive. Al-Rabia déclare qu'il avait eu l'intention d'effectuer un court séjour en Afghanistan, mais qu'il fut pris dans le tourbillon de la guerre. Il raconte en détail le repli d'Al-Qaïda vers les montagnes de Tora Bora, dans l'est de l'Afghanistan, près de la ville de Jalalabad[27].

À cette période, personne ne voulait louer de maison à un Arabe, de peur d'être abattu ou victime d'un attentat. On nous laissait seulement séjourner quelques jours par politesse. Du coup, nous allions de maison en maison tous les deux ou trois jours. On nous a dit qu'il fallait aller dans le Nord, à Jalalabad, d'où il était possible de sortir du pays. Nous sommes donc allés là-bas. Le pays était en train de tomber. Personne n'avait envisagé que cela se produirait en une semaine. Vous imaginez le chaos qui pouvait y régner.

Des gens s'entassaient comme des valises dans des véhicules quittant Jalalabad. Nous sommes allés dans une maison des alentours de la ville, qui appartenait à un certain Abdul Ghoudous, un membre éminent de Al-Qaïda. Nous avons emporté tout ce que contenait la maison et nous sommes partis parce que Jalalabad tombait. C'était la pagaille. Le simple fait de sortir dans la rue revenait à chercher à se faire abattre. De là, nous sommes allés jusqu'au pied des montagnes de Tora Bora qui bordent la frontière, le Pakistan se trouve de l'autre côté. C'était la seule issue.

Dans les montagnes, les bombardements se poursuivaient nuit et jour. En escaladant la montagne, j'entendais des enfants, des hommes. La région était remplie de civils en déroute. Nous sommes arrivés au sommet.

C'est là qu'Abdul Ghoudous nous a donné l'ordre de partir parce que nous craignions que la neige n'arrive. Les routes auraient été bloquées.

Le Dr Mohammed Asif Qazizanda est le gouverneur adjoint de la province de Tora Bora. Vétérinaire de formation, il a passé des années à combattre les Soviétiques et a rencontré Ben Laden à plusieurs occasions durant le djihad contre les communistes entre 1989 et 1991. Il observe qu'« à l'époque, il était très respecté ». Sa perspective historique sur Tora Bora explique pourquoi Ben Laden s'y était replié [28].

J'étais commandant adjoint de Tora Bora de 1980 à 1983, quand j'avais une vingtaine d'années. Nous avons installé des emplacements pour l'équipement antiaérien. C'était difficile pour les Russes de nous attaquer à cause des grottes et des abris construits dans la montagne. Tora Bora communiquait facilement avec le Pakistan : des sentiers mènent jusqu'au Parachinar, « pointe » du territoire pakistanais qui s'enfonce dans l'Afghanistan.

J'ai assisté à nombre d'offensives soviétiques contre Tora Bora. Une fois, 2 000 Russes et autant de soldats communistes afghans ont lancé une attaque soutenue par cinquante hélicoptères et MIG russes. Nous avons abattu deux hélicoptères à la mitrailleuse et capturé un soldat ukrainien. Durant le djihad contre les Soviétiques, nous avions entre 120 et 130 hommes stationnés à Tora Bora.

Mohammed Musa, chef des milices afghanes, commandait les troupes du front lors de la bataille de Tora Bora. Musa est le beau-frère d'Hazarat Ali, l'un des hauts responsables de la bataille. Quand je l'ai interviewé à l'été 2003, Musa m'a déclaré qu'il avait rencontré Ben Laden en 1991, sans fournir plus de détails.

Dix ans plus tard, il conduira les soldats qui délogeront le chef d'Al-Qaïda de sa cachette montagneuse de Tora Bora.

Je suis parti de Jalalabad pour Tora Bora avec 600 hommes. Durant une semaine, il nous fut impossible d'avancer. Ils nous envoyaient des roquettes depuis les montagnes et c'était très difficile de les combattre : ils étaient cachés dans leurs repaires tandis que nous étions à découvert. En outre, ils avaient des mitraillettes. Al-Qaïda nous a combattus âprement. En cas de capture, ils se suicidaient à la grenade. J'en ai vu trois mettre fin à leurs jours sous mes yeux. Par radio, ils nous disaient : « Ne vous battez pas contre nous, vous êtes musulmans ! » Les plus redoutables adversaires étaient les Tchétchènes, qui ont résisté jusqu'au bout.

Le 12 décembre 2001, Haji Zama, un autre officier afghan, m'a parlé d'un cessez-le-feu avec les Arabes. Al-Qaïda voulait déserter un village particulier des montagnes : Ghalanjali. Al-Qaïda a déclaré : « Nous souhaitons nous rendre aux Nations unies. Nous demandons un cessez-le-feu. » Zama a répondu : « Nous accepterons un cessez-le-feu à 16 heures. » Cette nuit-là, Al-Qaïda et les talibans se sont réfugiés au Pakistan. Nous n'avons capturé que treize fuyards. Nous ne voulions pas du cessez-le-feu. C'était Haji Zama qui l'avait accepté.

Les forces américaines n'ont pas participé au combat. Seuls six soldats américains nous ont rejoints, des membres des Forces spéciales qui coordonnaient les frappes aériennes. Le bombardement américain a été très efficace et très utile, il a atteint très précisément les positions d'Al-Qaïda.

Personnellement, je pense que, si les Américains avaient bloqué la voie du Pakistan, Al-Qaïda n'aurait pas pu s'enfuir. Les Américains étaient mes hôtes ici, mais ils ne savaient pas comment se battre dans la région.

À la fin de la bataille, ils m'ont donné quatre ou cinq 4 × 4 Datsun. Quatre de mes hommes sont morts et huit ont été blessés.

Peter Jouvenal, ancien officier de l'armée anglaise devenu cameraman, a couvert la bataille de Tora Bora pour ABC News.

Les Forces spéciales américaines sont généralement très efficaces, mais à Tora Bora elles ont commis l'erreur de se fier aux Afghans pour le renseignement. Donc Oussama n'a eu aucun mal à filer. Je ne critique pas les Forces spéciales. Je crois qu'ils n'étaient pas assez nombreux sur le terrain. En fait, je n'ai vu qu'une douzaine d'hommes.

Les Américains ont mené une guerre couronnée de succès avec un très petit effectif et je pense qu'ils n'étaient pas prêts sur le plan psychologique à engager beaucoup d'hommes sur le terrain. Peut-être a-t-on trop insisté sur les membres des Forces spéciales, qui ont fait un excellent travail : ils ont débarrassé le pays du régime taliban. Mais là, c'était un renard qu'on traquait, et pour cela il fallait beaucoup de monde sur le terrain.

Le fait que les États-Unis aient manqué ou non leur occasion de capturer Ben Laden durant la bataille de Tora Bora en décembre 2001 a fait l'objet d'un débat dans la campagne très serrée des élections présidentielles de 2004. Le sénateur démocrate John Kerry a déclaré à ce propos : « Il s'est enfui dans les montagnes de Tora Bora. Il est encerclé[29]. » Deux semaines plus tard, dans le *New York Times*, le général Tommy Franks, partisan de Bush et commandant de l'opération de Tora Bora, déclarait : « Nous ne savons pas à ce jour si M. Ben Laden était à Tora Bora[30]. » Lors d'une réunion en Ohio le 19 octobre, le vice-

président Dick Cheney déclarait que la critique de la campagne de Tora Bora par Kerry était « une sottise absolue »[31].

Le président Bush lui-même s'est exprimé sur le sujet lors d'un meeting une semaine avant l'élection : « [C'est tout à fait dans le personnage de Kerry] de dire n'importe quoi pour être élu. Comme lorsqu'il a accusé notre armée d'avoir échoué à capturer Oussama Ben Laden à Tora Bora, même si notre commandant en chef, le général Tommy Franks, a déclaré : "La conception qu'a le sénateur de la situation ne cadre pas avec la réalité" et les rapports des services de renseignement étaient contradictoires à l'époque[32]. »

Cependant, selon un briefing du Pentagone de la mi-décembre 2001, largement diffusé, il y avait une « certitude raisonnable » pour que Ben Laden se trouve effectivement à Tora Bora, comme l'indiquaient des communications radio interceptées[33].

D'ailleurs, le général Tommy Franks raconte dans son autobiographie, *Soldat américain*, qu'au Texas, en décembre 2001, il avait informé le président Bush en ces termes : « Selon des rapports non confirmés, Oussama Ben Laden aurait été vu dans les Montagnes Blanches, dans la région de Tora Bora[34]. » En juin 2003, j'ai rencontré plusieurs officiers supérieurs des services de contre-terrorisme américains qui m'ont expliqué : « Nous sommes certains qu'il était à Tora Bora et a disparu avec un petit groupe. » En outre, Gary Berntsen, l'agent de la CIA chargé de l'opération de Tora Bora, a publiquement déclaré que Ben Laden se trouvait dans la région lors de la bataille[35].

Les récits qui suivent confirment également la présence de Ben Laden à Tora Bora.

Peter Jouvenal.

Des amis afghans m'ont confié qu'Oussama était à Tora Bora. C'était environ un jour avant que l'Alliance du Nord ne prenne Kaboul le 12 novembre 2001. L'information provenait du chauffeur afghan de Ben Laden.

Plus tard, je me suis fait conduire jusqu'à Tora Bora. J'ai interviewé des Arabes capturés à Tora Bora par un commandant afghan local. Ils semblaient épuisés. Ils dormaient sous surveillance dans une petite cabane où on m'a autorisé à aller. L'un était noir. Il devait venir du Soudan. Et les autres types avec leur costume d'hiver pakistanais et leur nez morveux avaient manifestement pris froid dans les montagnes. Ils n'avaient pas l'habitude. Ils portaient des caleçons longs. Ils se nourrissaient de petits pots pour bébé – j'en ai retrouvé des boîtes vides dans les montagnes –, de yaourt et de miel. Sans doute avaient-ils constamment la colique. La première chose que j'ai pensé, c'est qu'ils allaient se réveiller et, en me voyant bien propre avec ma moustache, qu'ils croiraient l'armée américaine arrivée.

J'ai une photo de Peter Bergen et moi avec Ben Laden, prise lors de l'interview de 1997 pour CNN. Je savais qu'elle me serait utile un jour.

Il faisait très sombre et j'ai dû allumer une lampe à pétrole pour les voir. Ils étaient écroulés. Ils venaient de se faire capturer dans la nuit et il était dans les 9 heures du matin. Cela faisait deux jours qu'ils n'avaient pas dormi. J'en ai donc réveillé un, pas tous, de peur qu'ils m'attaquent. J'ai réveillé celui qui avait l'air arabe. Il a paru un peu surpris. Je lui ai montré la photo où j'étais avec Peter Bergen et Ben Laden et j'ai expliqué qui j'étais. Je lui ai demandé s'il avait vu Ben Laden, s'il était dans les environs. Voyant la photo, il s'est un peu détendu. Il parlait bien anglais. Il m'a dit qu'il avait vu Ben Laden quelques jours plus tôt, mais qu'il ignorait où il se trouvait depuis.

Abu Jaafar Al-Kuwaiti a assisté aux frappes aériennes américaines sur Tora Bora au début du mois de décembre 2001. Il a estimé que Ben Laden avait fui la région aux alentours du 10 décembre. Voici des extraits de son récit, publié sur le principal site Internet d'Al-Qaïda lors du premier anniversaire des attentats du 11 septembre[36].

14 novembre 2001. Ben Laden et son groupe spécial sont arrivés à 3 000 mètres d'altitude dans la région montagneuse et accidentée de Tora Bora, où règne un froid mordant. Nous étions avec lui. Cet endroit disposait de plus de quinze tranchées pour protéger les moudjahidin des frappes insensées entamées par les Américains depuis cinq jours. Nous les avons creusées de nos mains avec l'aide de nos frères moudjahidin afghans. Mais

comme nous avions besoin de beaucoup de tranchées, le frère Faris et Abdul Ghoudous ont demandé l'assistance des tribus voisines. Leurs hommes sont venus. Après quoi nous avons assisté à l'augmentation des vols de drones [drones américains Predator] qui survolaient la région nuit et jour.

Le 9 décembre, au milieu de la nuit, nous avons été réveillés par des explosions terrifiantes tout près. C'était dans la tranchée où était réfugié Oussama Ben Laden. La nuit que nous avons passée a été longue et angoissante car nous attendions le matin pour voir les conséquences de ce raid barbare.

Au matin, nous avons appris les horribles nouvelles. La tranchée de Ben Laden était détruite ; celle où il venait tous les jours constater la situation des moudjahidin et prendre des nouvelles de la bataille. Mais Dieu a gardé Oussama Ben Laden en vie parce qu'il avait quitté le bunker deux nuits plus tôt pour gagner une zone à seulement 200 mètres de là.

Abdellah Tabarak, Marocain qui fut le chauffeur de Ben Laden, a été détenu par les autorités pakistanaises et américaines en décembre 2001, puis renvoyé de Guantánamo au Maroc en août 2004 pour y être jugé[37].

Après le bombardement américain, j'ai quitté Kandahar en compagnie de Ben Laden, Ayman Al-Zawahiri et plusieurs gardes en direction de Kaboul, via Jalalabad, puis nous sommes revenus à Kaboul. Après sa chute, nous sommes repartis pour Jalalabad. L'année suivante, durant le mois de Ramadan, nous sommes allés à Tora Bora, où nous avons séjourné vingt jours. De là, Ayman Al-Zawahiri a pris la fuite, accompagné d'Uthman, le fils d'Oussama Ben Laden.

Après, Ben Laden s'est enfui à son tour avec son fils Mohammed, accompagné de gardes afghans, pendant que je partais en direction du Pakistan avec un groupe principalement composé de Yéménites et de Saoudiens. Nous avons été arrêtés à la frontière par les autorités pakistanaises ; elles nous ont remis aux mains des Américains, qui nous ont envoyés au camp de détention de Guantánamo, à Cuba.

Oussama Ben Laden lui-même a raconté son séjour à Tora Bora dans un enregistrement audio diffusé sur Al-Jazira le 11 février 2003[38].

À présent, je vais vous relater un épisode de la grande bataille de Tora Bora pour vous prouver combien les Américains sont lâches. Nous n'étions que 300 combattants et avions déjà creusé cent tranchées sur une surface de 2,5 kilomètres carrés.

Le matin du dix-septième jour du mois de Ramadan [3 décembre 2001], d'intenses bombardements ont commencé, surtout après que le commandement américain se soit assuré que certains des chefs d'Al-Qaïda se trouvaient à Tora Bora, dont moi-même et notre frère moudjahid, le Dr Ayman Al-Zawahiri. Les bombardements étaient constants.

Pas une seconde ne passait sans qu'un bombardier nous survole, nuit et jour. Les forces américaines nous criblaient de bombes intelligentes pesant des milliers de livres, de ces bombes qui pénètrent dans les grottes. Les B-52 nous survolaient pendant deux heures et lâchaient chacun entre vingt et trente bombes.

Cela s'ajoutait aux forces de l'Alliance du Nord, qu'ils avaient exhortées à nous attaquer sans relâche depuis un mois. Nous avons riposté à leurs offensives et les avons vaincus chaque fois. Malgré cela, les forces américaines n'osaient pas venir jusqu'à nos positions. Quel meilleur signe y a-t-il de leur lâcheté ?

Toutes ces armées combattaient un petit groupe de 300 moudjahidin réfugiés dans leurs tranchées, sur 2,5 kilomètres carrés, par une température de moins 10 °C. À la fin de la bataille, nous avions perdu 6 pour cent de nos hommes [dix-huit].

C'est un Ben Laden visiblement vieilli qui est apparu sur un enregistrement vidéo diffusé le 27 décembre 2001. Ses paroles semblaient confirmer qu'il venait de frôler la mort à Tora Bora. Ben Laden, qui est gaucher, a gardé le côté gauche de son corps totalement immobile durant les trente-quatre minutes de son intervention, ce qui suggère qu'il a été grièvement blessé durant l'affrontement[39].

Je ne suis qu'un humble esclave de Dieu. Que je meure ou que je vive, la guerre continuera.

Abdel Bari Atwan a passé deux jours à interviewer Ben Laden à Tora Bora en 1996[40].

Je n'ai pas été surpris qu'Oussama soit à Tora Bora. Je m'y attendais. Dans le Golfe, j'ai rencontré un membre d'Al-Qaïda qui m'a dit qu'Oussama avait été blessé durant le bombardement de Tora Bora et qu'on l'avait opéré de l'épaule gauche. Et lorsque j'ai vu la vidéo juste après Tora Bora, j'ai trouvé qu'il y avait quelque chose de curieux : son épaule gauche était raide et il ne bougeait pas la main. Et beaucoup de gens d'Al-Qaïda ont été furieux que je l'aie déclaré en public, parce qu'ils ne voulaient pas que l'on sache qu'il était blessé.

Pourquoi l'armée américaine n'a-t-elle pas verrouillé la région de Tora Bora au lieu de se reposer sur une poignée de Forces spéciales sur le terrain ? Les historiens débattront sans aucun doute de la question pendant longtemps, mais on peut déjà expliquer cette erreur tactique en affirmant que l'armée américaine était victime de son propre succès. Alliés à des milliers d'Afghans sur le terrain, des pelotons des Forces spéciales dirigeant les frappes aériennes avaient détruit l'armée des talibans en quelques semaines ; c'est devenu un cas d'école de stratégie non conventionnelle.

Cependant, cette approche avorta à Tora Bora, où il aurait fallu un important déploiement au sol pour former un cordon efficace autour des dirigeants d'Al-Qaïda. L'aveu d'échec fut manifeste quand, trois mois après cette débâcle, le Pentagone lança l'opération Anaconda dans le centre de l'Afghanistan. Lors de cette opération – ainsi baptisée pour évoquer une étreinte puissante –, près d'un millier de soldats américains furent déployés dans la zone de Gardez, dans l'est de l'Afghanistan, pour affronter des centaines de talibans et de soldats d'Al-Qaïda.

Ceux qui excusent l'échec militaire américain de Tora Bora ne se privent pas de le justifier en invoquant notamment la capacité réduite de la base américaine K2 d'Ouzbékistan. Or cela cadre mal avec le fait que des dizaines de journalistes aient réussi à se rendre à Tora Bora, bataille couverte en direct par les principales chaînes de télévision. Si Fox News et CNN ont pu dépêcher leurs équipes pour couvrir Tora Bora, il est surprenant que l'armée américaine n'ait pas envoyé plus d'effectifs sur le terrain pour prendre au piège les dirigeants d'Al-Qaïda. Il est regrettable de constater qu'il y avait plus de journalistes américains que de soldats à la bataille de Tora Bora. En résumé, on a manqué une occasion rêvée de s'emparer de Ben Laden et de le traduire en justice.

11

AL-QAÏDA EN QUÊTE D'ARMES DE DESTRUCTION MASSIVE

Ben Laden en 1999 [1].

L'acquisition d'armes nucléaires et chimiques est un devoir religieux.

Dans cette allocution prononcée deux ans avant les attentats du 11 septembre 2001, Ben Laden n'aurait pu être plus explicite à propos des visées d'Al-Qaïda concernant les armes de destruction massive. Dès le début des années 1990, alors qu'Al-Qaïda était postée au Soudan, ses membres cherchaient déjà à se procurer des substances radioactives. Une fois le groupe établi en Afghanistan, Ben Laden entreprit de rencontrer des scientifiques pakistanais de haut niveau, spécialistes du nucléaire et, selon certains, aurait tenté d'acquérir des substances radioactives auprès de l'ancienne URSS. À la même époque, Al-Qaïda commençait à expérimenter des armes chimiques de fabrication rudimentaire et à se former à l'utilisation des armes biologiques.

Depuis les origines, certains membres d'Al-Qaïda rêvaient d'organiser des attentats meurtriers par le biais d'armes de destruction massive.

Le Portugais Paulo José de Almeida Santos a rejoint Al-Qaïda en 1990. Après avoir purgé une peine de huit ans dans une prison italienne pour tentative d'assassinat contre le roi d'Afghanistan,

à Rome, en 1991, Santos s'est installé en Afrique orientale, où il a été interviewé par José Pedro Castanheira, du magazine portugais *Expresso*, en avril 2002. Il déclarait dans cette interview que les chefs d'Al-Qaïda émettaient au départ des réserves à l'égard de l'utilisation des armes de destruction massive[2].

J'ai échafaudé des plans diaboliques pour exterminer les Israéliens. Par exemple, empoisonner l'eau au mercure, ce qui aurait contaminé les récoltes. Épouvantable ! Aujourd'hui, ce plan me fait froid dans le dos. Il a été rejeté par les chefs d'Al-Qaïda.

J'ai passé quelques jours dans une bibliothèque médicale au Pakistan à étudier les poisons synthétiques qui passent de l'épiderme directement dans la circulation sanguine, comme c'est le cas de beaucoup de crèmes. L'idée était de fabriquer un poison capable de tuer en quelques minutes ou quelques heures par simple contact avec la peau. À Peshawar, on savait que beaucoup de gens connus étaient des espions occidentaux. J'ai proposé : « Et si on capturait un espion, américain ou européen, pour procéder à des expériences sur lui ? »

Al-Qaïda a répondu qu'il fallait d'abord demander l'opinion théologique d'un cheikh. Celui que nous sommes allés voir a failli me frapper. Il était en rage : « Faire des essais sur un être humain ? Tu nous prends pour des nazis ? » Il nous a suggéré de mener nos expériences sur des animaux. Nous avons essayé sur un lapin, sans succès. Le meilleur animal pour cela est le cochon, qui a le même métabolisme que l'être humain. Mais comment trouver des cochons dans un pays musulman comme le Pakistan ?

Jamal Al-Fadl est ce membre d'Al-Qaïda ayant témoigné à charge lors du procès new-yorkais de quatre hommes impliqués dans les attentats contre les ambassades américaines d'Afrique, en 1998. Au milieu des années 1990, Al-Fadl habitait au Soudan ; il se rappelle les efforts d'Al-Qaïda pour se fournir en uranium[3].

Je me souviens qu'Abu Fadhl Al-Makkee [un homme de main de Ben Laden, dont il était parent par alliance] m'a appelé : on disait que quelqu'un à Khartoum possédait de l'uranium ; il fallait que nous allions le vérifier.

Nous nous sommes rendus dans un bureau de Jambouria Street, à Khartoum. Le vendeur d'uranium m'a déclaré : « Vous êtes sérieux ? Vous voulez vraiment de l'uranium ? ». Je lui ai répondu : « Oui. Je connais des gens qui veulent en acheter. Ils désirent des renseignements sur le produit, connaître la qualité et l'origine avant de commencer à parler argent. »

Il m'a répondu : « Je vais vous donner les renseignements, cela coûtera 1,5 million de dollars. Paiement en dehors du Soudan. » C'était le prix de l'uranium, mais il voulait aussi une commission.

Je suis allé à la Ikhlak Company, dans l'immeuble Baraka, à Khartoum, pour transmettre tous les renseignements à Abu Rida Al-Suri, membre d'Al-Qaïda. Il m'a déclaré : « Dis-lui que nous avons un appareil électronique pour tester l'uranium, mais qu'avant nous voulons voir le cylindre et connaître la qualité. »

Quelques minutes plus tard, ils ont apporté un gros sac et l'ont ouvert. À l'intérieur, il y avait un cylindre grand comme cela [geste indiquant entre 60 et 90 centimètres]. Il portait des inscriptions, comme gravées dessus. Je me rappelle avoir lu « Afrique du Sud » et un numéro de série. Tout était en anglais.

Cependant, cette transaction semble ne jamais avoir abouti.

Mamdouh Mahmud Salim, membre fondateur d'Al-Qaïda, s'est lui aussi efforcé de se procurer de l'uranium au début des années 1990. En septembre 1998, après son arrestation en Allemagne, il a été accusé par un agent du FBI de préméditation d'assassinat et d'association criminelle en vue d'une utilisation d'armes de destruction massive. Voici un extrait du dossier[4].

À la fin de l'année 1993, après que Ben Laden eut prononcé devant les affiliés d'Al-Qaïda une fatwa personnelle déclarant que les États-Unis étaient l'ennemi à attaquer, des membres d'Al-Qaïda se sont efforcés de se procurer de l'uranium enrichi dans le but de fabriquer des armes nucléaires. En atteste en particulier un document concernant le projet d'acquisition d'uranium qui a été transmis à Salim. Après examen, celui-ci a donné son feu vert.

Le 14 mai 1998, Ben Laden a publié un communiqué à la suite d'essais nucléaires réalisés par le gouvernement indien trois jours plus tôt, dans un site expérimental désertique, à moins de 200 kilomètres de la frontière pakistanaise[5].

Le monde a été réveillé mardi dernier par le vacarme de trois explosions nucléaires souterraines effectuées par l'Inde et accompagnées de déclarations agressives du gouvernement indien. Les dirigeants du monde musulman, frappés d'aveuglement politique, n'ont pas perçu ce danger. Nous appelons les nations islamiques en général, le Pakistan et son armée en particulier, à se préparer pour le djihad imposé par Allah et à terroriser l'ennemi en mobilisant les forces nécessaires. Nous demandons la mise en œuvre d'un arsenal nucléaire destiné à susciter la peur parmi tous les ennemis menés par l'alliance sioniste et chrétienne et conspirant à renverser le monde islamique, ainsi que l'ennemi indien occupant le Cachemire musulman.

Le Dr Bashir-Ud-Din Mahmood, physicien nucléaire pakistanais, récemment retraité et sympathisant des talibans, a rencontré Ben Laden et le mollah Omar à Kandahar en 2000 puis en 2001. Il déclare que ses contacts avec Ben Laden étaient parfaitement innocents. Selon les experts en prolifération nucléaire et le gouvernement américain, ces entrevues traitaient des tentatives d'acquisition d'armes nucléaires. Le Dr Mahmood a accordé au quotidien pakistanais *The News* une interview exceptionnelle dont voici un extrait[6].

Je n'ai jamais été en contact avec les terroristes d'Al-Qaïda, mais j'ai rencontré le mollah Omar, des membres de son Conseil des ministres, ainsi qu'Oussama Ben Laden, uniquement pour obtenir leur coopération dans mon organisation charitable Ummah Tameer-e-Nau. J'ai rencontré Oussama pour solliciter

3 millions de dollars afin de financer des emplois et des projets immobiliers en Afghanistan, mais il a refusé de m'aider au motif que tous mes comptes étaient gelés. J'ai été peiné que ces rencontres aient été unanimement interprétées comme une tentative de transfert de technologies nucléaires. Je n'aurais jamais imaginé que cela prenne de telles proportions.

Voici un extrait d'un communiqué écrit du secrétaire au Trésor Paul O'Neill après la désignation de Umma Tameer-e-Nau (UTN) comme organisation terroriste. UTN, fondée par plusieurs savants nucléaires pakistanais, dont le Dr Mahmood, s'est toujours ostensiblement présentée comme une organisation charitable[7].

Aujourd'hui, nous bloquons les actifs d'une organisation terroriste, UTN, et de trois de ses dirigeants, parce qu'ils financent le terrorisme. UTN et ses dirigeants ont non seulement procuré de l'argent à Al-Qaïda, mais également des informations sur les armes nucléaires, biologiques et chimiques. Le fondateur d'UTN [Mahmood] est l'ancien concepteur et directeur d'un réacteur atomique au Pakistan. Il a été rejoint au sein d'UTN par d'autres éminents scientifiques pakistanais, officiers en retraite et industriels. En plusieurs occasions, des délégations d'UTN se sont rendues en Afghanistan pour rencontrer Ben Laden et des chefs d'Al-Qaïda afin de discuter d'armes nucléaires, biologiques et chimiques. Après le 11 septembre, les représentants d'UTN ont continué de fournir à Ben Laden et aux talibans d'autres armes de destruction massive.

Après la chute des talibans, CNN s'est procuré deux cents cassettes apparemment issues de la vidéothèque d'Al-Qaïda. On y voit notamment des membres d'Al-Qaïda testant sur des chiens des armes chimiques, probablement du gaz de cyanure. Ces expériences étaient probablement menées aux alentours de Jalalabad, dans le camp d'entraînement de Darunta, sous la conduite d'un Égyptien connu sous le pseudonyme d'Abu Khabab, qui dirigeait

tout le programme d'armes de destruction massive d'Al-Qaïda. Voici une description de l'un des tests filmés [8].

Un chien est enfermé dans une cage, à côté d'une Cocotte-Minute. Le chien est attaché à une corde reliée à l'extérieur de la cage.

Un gaz blanc est libéré dans la cage. Un homme à l'accent égyptien déclare hors champ : « Commencez à chronométrer ! »

Le chien aboie et gémit, puis essaie de se libérer. Il se débat et agite la queue. Puis il retombe, inerte.

Abu Khabab, chef du programme ADM d'Al-Qaïda, a choisi l'Ouzbékistan – pays frontalier du nord de l'Afghanistan et ex-République d'URSS – comme source d'approvisionnement en produits chimiques. Voici un extrait d'un ordre rédigé le 2 avril 2001 et retrouvé aux alentours de Jalalabad [9].

Procurez-vous au plus vite des produits chimiques liquides et solides en Ouzbékistan car nous en avons besoin. Prenez toutes les précautions nécessaires pour la livraison et la protection de nos hommes. Essayez de recruter des militaires ouzbeks dotés d'expérience dans ce domaine. Procurez-vous des masques à gaz, combinaisons et chaussures de protection. Exécutez cet ordre immédiatement.

Abu Walid Al-Misri était rédacteur en chef d'*Al-Imara*, magazine en arabe des talibans [10].

L'aile dure d'Al-Qaïda nourrissait un rêve qui prenait parfois la forme d'une exigence : la nécessité cruciale de posséder des armes de destruction massive et d'en entreposer certaines sur le territoire américain afin de les utiliser en riposte rapide et directe à toute agression américaine en Afghanistan.

La conclusion était qu'Al-Qaïda devait détenir des armes défensives composées des matériels disponibles dans les domaines nucléaire, biologique et chimique, afin que, en cas de crise, un adversaire utilisant des armes de destruction massive ne puisse échapper à un châtiment mortel.

Pour un autre groupe, ce type d'armes, si Ben Laden pouvait se les procurer, serait tactique uniquement par nature, en raison de leur caractère rudimentaire et de leur faible capacité destructrice. Cependant, il fallait continuer de les appeler « armes de destruction massive » afin de susciter la terreur. Ce sont des armes primitives aux capacités tactiques et non stratégiques. En d'autres termes, les utiliser donne de la crédibilité aux moudjahidin, du prestige et une évidente influence psychologique.

Les proches de Ben Laden pensaient que ces armes destructrices rehausseraient considérablement les capacités de lutte et l'emprise morale d'Al-Qaïda. On se posait néanmoins des questions : s'il est possible d'obtenir de telles armes, seront-elles utilisées contre l'ennemi sur le territoire musulman ou sur le territoire de l'ennemi ? Les forces ennemies seront-elles la cible de ces armes si nous nous les procurons, ou bien les civils de ce pays seront-ils également visés ? Les opinions divergeaient sur le sujet, et d'autres interrogations furent soulevées. Lesquelles de ces armes seront les plus appropriées pour la situation actuelle des moudjahidin : nucléaires, chimiques ou biologiques ? Le mode d'obtention de ces armes devait-il rester secret ou allait-on le dévoiler à tous les groupes de moudjahidin ?

D'autres ont suggéré la possibilité de combiner les attentats suicides et ces armes de destruction massive. Ils ont souligné que les mesures de sécurité adoptées par l'ennemi avaient diminué l'effet des opérations suicides et que l'utilisation d'un arsenal différent pourrait accroître l'intérêt de telles opérations.

À l'origine, Ben Laden n'était pas partisan des armes de destruction massive, comme il l'a indiqué à plusieurs reprises en affirmant que les États-Unis ne pourraient tolérer deux ou trois attaques. Mais il a refusé d'exprimer publiquement sa désapprobation, sans doute en raison de son extrême politesse envers son entourage. C'était également parce que son bras droit au sein d'Al-Qaïda, Abu Hafs, dirigeait le parti des faucons et soutenait l'acquisition de nouvelles ressources, notamment les armes de destruction massive. Mais il attendait que de telles armes soient en sa possession pour prendre une décision concernant leur utilisation. Abu Hafs s'est chargé de la question des ADM et a agi avec son entêtement et sa détermination habituels.

L'un des documents stockés sur l'ordinateur d'Al-Qaïda retrouvé par le *Wall Street Journal* après la chute des talibans était une lettre d'Ayman Al-Zawahiri à Abu Hafs, datée du 15 avril 1999, dont voici un extrait[11].

L'ennemi [l'Occident] a commencé à prendre en compte ces armes chimiques et biologiques avant la Première Guerre. Malgré leur extrême danger, nous n'en avons eu connaissance que lorsque l'ennemi a formulé ses inquiétudes en raison de leur facilité de production à partir de matières premières faciles d'accès.

Il vaut la peine de s'arrêter sur l'ironie du commentaire de Zawahiri relatif à l'intérêt croissant d'Al-Qaïda pour les armes chimiques et biologiques : ce seraient les inquiétudes de l'Occident concernant la prolifération des armes chimiques et biologiques qui auraient éveillé l'intérêt d'Al-Qaïda.

Abu Walid Al-Misri[12].

Les talibans de Kaboul étaient en possession d'une quantité considérable de produits radioactifs saisis sur les contrebandiers en provenance de pays de l'ancienne Union soviétique, notamment le Tadjikistan, et d'autres cargaisons abandonnées par les Soviétiques en Afghanistan, certaines pour usage médical, d'autres pour un usage inconnu. Les autorités de Kaboul ont jeté le voile sur leurs secrets nucléaires et préféré de tout temps se confier aux Pakistanais. Ils ne faisaient pas confiance aux Arabes. Les Pakistanais ont payé peu, mais obtenu beaucoup, sous la forme de produits radioactifs dont ils étaient seuls à connaître la valeur et qui les ont aidés probablement dans le programme nucléaire qui allait voir le jour plusieurs années après. Les talibans ont permis aux Arabes d'examiner ce qui restait de ces produits.

En septembre 1997, cinq mois après avoir interviewé Ben Laden avec moi, Peter Jouvenal, cameraman anglais correspondant en Afghanistan depuis 1980, m'a confié qu'il avait appris qu'un groupe d'Afghans vendait des substances radioactives en provenance de l'ex-URSS. Ils avaient contacté un ami afghan de Jouvenal, qui l'avait alors informé.

Les produits étaient stockés dans cinq fûts portant des inscriptions en russe. Les vendeurs prétendaient avoir cédé d'autres produits militaires à des acheteurs iraniens pour la somme dérisoire de 2 000 dollars. Ils étaient basés à Mazar-e Charif, dans le nord de l'Afghanistan, situation idéale pour vendre des substances radioactives provenant des anciennes Républiques soviétiques d'Asie centrale.

U 235 150 g [U pour uranium]
PU 239 50 g [PU pour plutonium]
MO-9999 r OCT 1988
CCCP [URSS en caractères cyrilliques].

Peter Jouvenal[13]**.**

Depuis l'effondrement de l'Union soviétique, on racontait que des substances radioactives et des résidus de plutonium étaient disséminés dans tout l'Afghanistan. *A posteriori*, je pense que ces rumeurs étaient une intox de Russes qui ont persuadé les Afghans d'acheter des substances radioactives. Il pouvait s'agir de déchets radioactifs provenant d'un appareil de radiologie. Et du coup, tout le monde parlait de plutonium et d'uranium et demandait à mots couverts ce qu'il y avait à vendre. Personnellement, je crois que c'était une escroquerie très astucieuse.

L'information sur les substances radioactives provenait d'un ami afghan. Je crois qu'il était allé voir ces produits avec un ami à Mazar-e Charif et qu'on lui a dit de passer une montre au-dessus de la marchandise et de voir si elle s'arrêtait. C'est ce qu'il a fait. Le lendemain, il est tombé malade et son ami le surlendemain. Il a déclaré que ses sourcils commençaient à peler. J'ai toujours pensé qu'il s'agissait de déchets radioactifs provenant peut-être d'un appareil de radiologie hospitalière.

Après consultation avec un physicien nucléaire, nous avons conclu que les substances « nucléaires » n'étaient rien de cela, mais probablement des déchets radioactifs quelconques. Cependant, de telles substances peuvent être utiles pour des terroristes désirant fabriquer une arme radioactive ou « bombe sale », qui allie explosifs conventionnels et matériaux radioactifs tels que déchets de processus industriels ou hospitaliers. De telles bombes tuent relativement peu de gens, mais elles causeraient d'énormes dégâts dans une zone urbanisée, en raison de la panique provoquée dans la population et de l'obligation d'envoyer des équipes de décontamination dans ces zones durant une longue période.

Dans une lettre retrouvée en Afghanistan après la chute des talibans, Abu Khabab, chef des opérations ADM d'Al-Qaïda, décrivait l'utilisation possible de tels produits radioactifs [14].

Comme demandé, vous trouverez ci-joint un récapitulatif des dégagements d'un réacteur nucléaire traditionnel, parmi lesquels des éléments radioactifs qui pourraient servir à des fins militaires. Ils peuvent être utilisés pour contaminer une zone ou ralentir l'avance de l'ennemi. Il est possible d'obtenir d'autres informations de nos amis pakistanais, qui possèdent une grande expérience dans ce domaine.

Voici des extraits d'un mémo exposant les motifs du ministère américain de la Défense pour prolonger la détention du citoyen américain Jose Padilla en tant que combattant ennemi. Padilla, ancien petit délinquant de Floride, a rencontré au Pakistan début 2002 Abu Zubaydah, qui recrutait pour Al-Qaïda, et Khalid Cheikh Mohammed, qui a planifié les attentats du 11 septembre, pour discuter d'un attentat radiologique aux États-Unis. Padilla a été arrêté à l'aéroport O'Hare de Chicago le 8 mai 2002 [15].

Padilla avoue avoir rencontré à nouveau Abu Zubaydah dans une pension de Lahore, au Pakistan. Après un séjour d'un mois,

Padilla, son futur complice et plusieurs autres, se sont rendus à Faisalabad, où Abu Zubaydah les a rejoints. Padilla déclare que son complice et lui ont proposé à Abu Zubaydah de se rendre aux États-Unis et d'y faire exploser une bombe nucléaire qu'ils avaient appris à fabriquer sur l'Internet. Padilla prétend qu'Abu Zubaydah, bien que sceptique devant ce projet, leur a annoncé qu'il les enverrait à Karachi présenter leur projet à Khalid Cheikh Muhammed [« KSM »]. À l'époque, KSM était le chef de la planification et de l'organisation à Al-Qaïda. Abu Zubaydah a organisé l'entrevue entre Padilla, son complice et KSM.

Les aveux de Padilla sont corroborés par le détenu Al-Qaïda n° 1 : celui-ci déclare qu'Abu Zubaydah prétendait avoir d'emblée jugé irréalisable l'idée de la bombe atomique, et trouvé qu'un mélange d'explosifs et d'uranium [c'est-à-dire une « bombe sale »] était beaucoup plus envisageable. Selon ce détenu, Abu Zubaydah a averti Padilla et son complice de la complexité de réalisation de la bombe sale ; or ils semblaient convaincus de pouvoir la mettre au point sans se faire prendre. Toujours d'après ce détenu, Abu Zubaydah considérait que Padilla et son complice s'y connaissaient en explosifs, qu'ils avaient reçu une formation dans ce domaine et étaient des djihadistes ; toutefois il ne se rappelait pas les avoir vus dans des camps, ne pensait pas qu'ils étaient membres d'Al-Qaïda et, dans son esprit, Padilla n'était pas prêt à exécuter une opération martyre.

Ce détenu a déclaré en outre qu'Abu Zubaydah avait l'intention d'utiliser Padilla et son complice dans ses prochaines opérations, mais qu'il les avait envoyés à KSM en raison de leur impatience. Abu Zubaydah a adressé une lettre de recommandation à KSM et leur a fourni de l'argent pour le voyage à Karachi. Abu Zubaydah a informé KSM du projet de bombe sale en précisant ses réserves, mais il lui a demandé d'évaluer la proposition. Il a ajouté que KSM pouvait utiliser les deux hommes pour des opérations aux États-Unis s'il le désirait. Abu Zubaydah a envoyé Padilla et son complice voir KSM à Karachi à la mi-mars 2002.

Suleiman Abu Ghaith, un Koweitien ayant servi de porte-parole officiel d'Al-Qaïda, a rédigé un essai publié en juin 2002 sur Al-Neda, l'Appel, le site Web de l'organisation. Voici des extraits de la thèse d'Abu Ghaith, qui défend le « droit » d'Al-Qaïda à tuer des millions d'Américains à l'aide d'armes de destruction massive[16].

Pourquoi des millions de personnes ont-elles été surprises par ce qui est arrivé à l'Amérique le 11 septembre ? Le monde pensait-il qu'il se passerait autre chose ? Ce qui est arrivé à l'Amérique est naturel et attendu pour un pays qui se sert de la terreur, pratique une politique arrogante, opprime des nations et des peuples et impose un mode de vie, une pensée et une méthode uniques, comme si les peuples du monde entier étaient des employés de son gouvernement, de ses entreprises et de ses institutions.

Pendant cinquante ans en Palestine, les juifs – avec la bénédiction et le soutien des Américains – ont commis des abominations : meurtres, oppression, mauvais traitements, exil. Les juifs ont exilé près de 5 millions de Palestiniens et en ont tué près de 260 000. Ils en ont blessé près de 180 000 et près de 160 000 sont infirmes. À cause des bombardements américains et de l'embargo sur l'Irak, plus de 1,2 million de musulmans ont été tués au cours des dix dernières années.

Si l'on en croit ces chiffres, nous n'en sommes qu'au commencement. Les Américains n'ont pas encore subi de notre part ce qu'ils nous ont infligé. Le nombre de morts du World Trade Center et du Pentagone est infime comparé aux morts de Palestine, Somalie, Soudan, Philippines, Bosnie, Cachemire, Tchétchénie et Afghanistan.

Nous n'avons pas encore égalisé. Nous avons le droit de tuer 4 millions d'Américains – dont 2 millions d'enfants –, d'en exiler deux fois plus et d'en blesser et d'en mutiler des centaines de milliers. En outre, nous sommes en droit de les combattre avec des armes chimiques et biologiques, afin de leur infliger les maladies mortelles qu'ont connues les musulmans à cause des armes chimiques et biologiques des Américains. L'Amérique ne connaît que le langage de la force. Elle ne peut être tenue en respect qu'avec le sang.

Abu Mussab Al-Suri, membre syrien d'Al-Qaïda et confident de Ben Laden, a publié ce communiqué sur des sites Web djihadistes le 25 janvier 2005[17].

Je regrette qu'il n'y ait pas eu d'armes de destruction massive dans les avions qui ont attaqué New York et Washington le 11 septembre. Nous aurions été débarrassé du plus grand nombre possible des électeurs qui ont accordé à Bush un second mandat !

La dernière option demeure la destruction de l'Amérique par des opérations stratégiques avec des armes de destruction massive nucléaires, chimiques et biologiques, si les moudjahidin parviennent à se les procurer, en coopération avec ceux qui les possèdent, en les achetant, ou en fabriquant des bombes atomiques rudimentaires appelées « bombes sales ».

Hamid Mir, biographe pakistanais de Ben Laden, a interviewé ce dernier après le 11 septembre[18].

Je l'avais d'abord rencontré en 1998 et lui avais demandé : « Selon certaines sources, vous possédez des armes de destruction massive et vous essayez de vous procurer des armes nucléaires. » À l'époque, il avait éludé : « Question suivante. » J'ai donc réitéré ma question le 8 novembre 2001. Il a alors répondu : « Nous possédons la dissuasion nucléaire et c'est pour nous défendre ».

Après l'interview, nous avons pris le petit déjeuner et ensuite nous avons bu du thé. Cette histoire d'armes nucléaires m'intéressait. J'ai donc demandé au Dr Ayman Al-Zawahiri, qui était présent : « Il est difficile de croire que vous possédez une arme nucléaire. Comment peut-on se procurer ce genre d'arme ? » Il a répondu : « Monsieur Hamid Mir, ce n'est pas difficile. Si vous avez 30 millions de dollars, vous pouvez acheter sur le marché noir en Asie centrale ce que l'on appelle une bombe-valise. »

Ben Laden a parlé des armes chimiques et nucléaires. Il n'a jamais utilisé le terme « biologique » parce que je l'ai interrogé sur le charbon : « Certains pensent que vous êtes derrière les attentats au bacille de charbon [anthrax] en Amérique. » [Plusieurs attentats avec des lettres piégées à l'anthrax ont suivi le 11 septembre, en Floride, à Washington et à New York, faisant cinq victimes.] Il a éclaté de rire et répondu : « Nous n'avons aucun lien avec ces attentats. Question suivante. »

Déclaration d'Oussama Ben Laden à Hamid Mir le 8 novembre 2001[19].

Je désire déclarer que si l'Amérique utilisait contre nous des armes chimiques ou atomiques, nous pourrions riposter avec des armes de même nature. Nous en possédons à titre dissuasif.

Après sa capture par des soldats américains à la fin novembre 2001 en Afghanistan, le « taliban américain » John Walker Lindh a déclaré aux enquêteurs que, dans les camps d'entraînement, couraient des rumeurs d'une vague d'attentats devant être commis au moyen d'ADM. Voici un extrait des minutes de l'interrogatoire de John Walker Lindh le 1er décembre 2001 (ministère de la Défense)[20].

La deuxième vague devait avoir lieu immédiatement avant ou juste au commencement du Ramadan [décembre 2001]. Elle pouvait comprendre l'utilisation d'agents biologiques non spécifiés, des attentats éventuels contre les ressources en gaz naturel ou les installations de stockage d'armes nucléaires aux États-Unis [commentaire des agents : la source émettait des hypothèses fondées sur des conversations entendues entre ses compagnons].

L'ampleur de la deuxième phase aurait fait oublier la première. La troisième était censée porter le coup de grâce aux États-Unis et avoir lieu au cours des six mois suivants [commentaire des agents : la source émettait des hypothèses fondées sur des conversations entendues entre ses compagnons].

L'offensive américaine en Afghanistan à l'hiver 2001 eut au moins un mérite qu'on ne lui reconnaît pas souvent : elle mit un

terme aux projets d'armes de destruction massive d'Al-Qaïda. C'est pourquoi il est très peu probable que Ben Laden ait pu acquérir ou fabriquer ne fût-ce que la plus rudimentaire arme nucléaire. Cependant, il est certain qu'Al-Qaïda a procédé à des essais d'armes chimiques et s'est efforcée d'acquérir des substances radioactives – efforts qui n'ont pas abouti. Les experts considérant comme un mythe l'existence des prétendues bombes-valises russes, il est probable que les déclarations d'Ayman Al-Zawahiri à Hamid Mir concernant l'achat de telles bombes n'étaient que des fanfaronnades. Toutefois, que le gouvernement américain affirme à tort ou à raison que Jose Padilla projetait un attentat à la bombe sale aux États-Unis, il est possible qu'Al-Qaïda ou ses alliés puissent à l'avenir lancer une attaque de ce type. En fait, il est assez surprenant qu'elle n'ait pas encore eu lieu, étant donné que le savoir-faire technique nécessaire à la fabrication d'une telle bombe ne dépasse pas celui d'un étudiant de première année en physique.

12

L'ENRACINEMENT D'AL-QAÏDA EN IRAK ET L'HISTOIRE D'ABU MUSSAB AL-ZARQAOUI

L'offensive américaine en Irak a dynamisé Al-Qaïda, ses alliés et les sympathisants djihadistes du monde entier. Ce qui s'est passé en Irak, Ben Laden n'aurait jamais osé l'espérer dans ses rêves les plus fous. Les États-Unis ont envahi une nation pétrolière musulmane au cœur du Moyen-Orient, professant l'impérialisme dont Ben Laden disait qu'il était l'objectif à long terme des « croisés » dans la région. L'invasion américaine a déposé Saddam Hussein, méprisé depuis toujours par Ben Laden, allumé le feu de la ferveur fondamentaliste sunnite et chiite, et suscité un djihad défensif qui a galvanisé les djihadistes du monde entier.

Il ne s'agit pas là d'une obscure question de théologie islamique. C'est la raison même de la mort d'un grand nombre d'Américains en Irak aujourd'hui. Le Coran propose deux justifications à la guerre sainte : la première est le djihad « défensif », lorsqu'un pays musulman est attaqué par des non-musulmans ; la seconde, le djihad « offensif », vise à combattre les infidèles sans provocation préalable. En général, les musulmans considèrent les justifications défensives comme les plus légitimes. Ainsi, c'est à un djihad « défensif » que les clercs musulmans ont appelé contre l'occupation soviétique de l'Afghanistan dans les années 1980.

La grande majorité des musulmans, d'obédience sunnite, se réfèrent pour cela à l'antique université Al-Azhar du Caire, centre principal de la pensée musulmane. Avant la guerre d'Irak, Al-Azhar a émis une fatwa proclamant que si des forces « croisées » attaquaient l'Irak, il était de l'obligation de tout musulman de les combattre[1].

Les docteurs de la loi d'Al-Azhar n'étaient pas les seuls. Le religieux libanais et chef du Hezbollah, Fadlallah, a également appelé les musulmans à lutter contre les forces américaines en Irak[2].

Cela contraste avec les déclarations de ces religieux après les attentats du 11 septembre. Le cheikh Fadlallah avait alors émis une fatwa condamnant les terroristes, tout comme le chef de l'université d'Al-Azhar[3]. Ainsi, alors que les chefs spirituels musulmans condamnaient les attentats du 11 septembre, ils exhortaient à lutter contre l'occupation américaine de l'Irak.

D'aucuns, dont le président Bush, ont avancé qu'il valait mieux combattre les terroristes dans les rues de Bagdad que dans celles de Boston. Cette opinion se fonde sur une hypothèse douteuse, celle qu'il existerait un nombre fini de terroristes pouvant être attirés dans un lieu unique afin d'y être anéantis. En réalité, la guerre en Irak a considérablement augmenté le nombre des terroristes, comme l'indique l'accroissement « significatif » des attentats depuis le début du conflit ; 2003 a connu un sinistre record par rapport aux vingt dernières années. Et le nombre d'attentats a triplé en 2004[4]. Étant donné ces chiffres, il est curieux que le secrétaire de la Défense Donald Rumsfeld ait fait cette célèbre déclaration : « Nous manquons de statistiques pour déterminer si nous gagnons ou perdons la guerre globale contre le terrorisme[5]. » Une augmentation exponentielle du terrorisme semble pourtant un chiffre assez parlant.

Le président Bush a répété à l'envi que l'Irak était le « front central de la guerre contre le terrorisme ». C'est peut-être l'unique proposition sur laquelle le Président et le chef d'Al-Qaïda seront d'accord. Les déclarations de Ben Laden qui suivent démontrent que lui aussi considère l'Irak comme un point capital.

Le 18 octobre 2003, la chaîne Al-Jazira a diffusé un « Message au peuple irakien » émis par Ben Laden. Le chef d'Al-Qaïda se réjouissait des difficultés rencontrées en Irak par les forces américaines[6].

Je vous remercie de mener le djihad et que Dieu vous aide. Réjouissez-vous des bonnes nouvelles : l'Amérique est enlisée dans les marécages du Tigre et de l'Euphrate. Bush est une proie facile. Le voici dans une situation embarrassante alors que l'Amérique est ruinée devant les yeux du monde entier. Ô jeunesse d'islam de la terre entière et surtout des pays voisins de l'Irak, le djihad est votre devoir. Dieu m'est témoin, si j'avais la possibilité de me joindre à vous, je le ferais sans délai.

Sur une cassette rendue publique le 6 mai 2004, Ben Laden offrait une récompense pour l'assassinat de l'ambassadeur Bremer et d'autres officiels de haut rang en poste en Irak[7].

L'Amérique a annoncé d'importantes récompenses à quiconque tuera ceux qui combattent au nom de Dieu, c'est-à-dire les chefs d'Al-Qaïda. Nous, membres du réseau d'Al-Qaïda, nous nous engageons à verser dix kilos d'or à quiconque tuera l'occupant Bremer ou son adjoint, ou le commandant des forces armées en Irak ou son adjoint.

Dans un communiqué publié sur Internet le 6 décembre 2004, Ben Laden soulignait l'importance de la désorganisation de l'industrie pétrolière, vitale en Irak[8].

Cibler l'Amérique en Irak au niveau économique et humain est une opportunité unique et cruciale. Ne la gâchez pas, au risque de le regretter plus tard. Si nos ennemis cherchent à contrôler notre terre, c'est pour voler notre pétrole. Faites tout votre possible pour que cesse le plus grand pillage de l'histoire. Soyez actifs et empêchez-les d'atteindre le pétrole, et organisez vos opérations dans cet objectif, en particulier en Irak et dans le Golfe.

Ce chapitre évalue l'accroissement du rôle d'Al-Qaïda dans l'insurrection irakienne et la relation entre Ben Laden et le commandant insurgé le plus redouté d'Irak, le Jordanien Abu

Mussab Al-Zarqaoui. Zarqaoui a entretenu des relations intermittentes avec Al-Qaïda depuis le début des années 1990, lorsqu'il a combattu en Afghanistan. Il a mis sur pied un camp d'entraînement dans l'ouest de l'Afghanistan en 1999 pour son groupe Tawhid (Unité de Dieu), organisation qui au départ concurrençait Al-Qaïda.

Cependant, alors que la guerre d'Irak entrait dans sa deuxième année en 2004, Zarqaoui a publiquement déclaré son allégeance à Ben Laden et rebaptisé son groupe Al-Qaïda du pays des Deux Fleuves, c'est-à-dire l'Irak. À présent, Zarqaoui est l'homme de terrain de Ben Laden en Irak, évolution qui a comblé les chefs d'Al-Qaïda.

Hutaifa Azzam, fils d'Abdullah Azzam, se rappelle Zarqaoui à l'époque où ils luttaient ensemble en Afghanistan contre les communistes au début des années 1990[9].

J'ai rencontré Zarqaoui en 1990-1991 dans le Khost. C'était un homme ordinaire, qui revenait à Dieu après avoir commis beaucoup de péchés. En Jordanie, c'était un voyou : bagarres au couteau, près de trente-sept délits à son casier judiciaire. Il buvait et il a fini par décider de revenir à Allah. Il est arrivé en Afghanistan et c'était un type bien. Très courageux.

Il est rentré en Jordanie en 1993 et a été envoyé en prison pour une peine de quinze ans. En 1999, le roi a accordé une amnistie et il a été relâché. Il est retourné en Afghanistan, mais il n'a pas rejoint Al-Qaïda ou Ben Laden. Il est allé à Herat, à la frontière iranienne, et il a mis en place son propre camp.

Je peux vous dire que c'est un homme courageux, un combattant très, très célèbre. Il ne connaît pas la peur. Il est capable de s'attaquer à une armée tout seul : même si tout le monde l'abandonnait, il continuerait de se battre.

Sayf Adel est commandant militaire d'Al-Qaïda depuis 2002. Comme Hutaifa Azzam, il a rencontré Zarqaoui en Afghanistan au début des années 1990. Adel raconte en détail l'évolution de la relation entre Al-Qaïda et Zarqaoui dans *Al-Zarqaoui : la deuxième génération d'Al-Qaïda*, livre de Fouad Hussein, journa-

liste jordanien. Le quotidien *Al-Quds Al-Arabiya* en a commencé la publication en plusieurs parties en mai 2005 [10].

J'ai été informé qu'un groupe de Jordaniens arrivait à Kandahar en 1999. J'étais en déplacement à l'époque. Rentré à Kandahar deux semaines après l'arrivée d'Abu Mussab Al-Zarqaoui, je suis allé le voir à la pension où logeaient les nouveaux venus. En bref, Abu Mussab était un radical qui n'était pas d'accord avec nos frères.

Je devais rencontrer en même temps Ben Laden et Al-Zawahiri. Après avoir discuté de l'ordre du jour, j'ai proposé de parler d'Abu Mussab. C'était un gars costaud, pas vraiment doué pour l'éloquence. Il disait ce qu'il pensait, sans détour, et refusait le moindre compromis. Mais il avait un objectif clair, qu'il s'efforçait d'atteindre : le rétablissement de l'islam dans la société. Il ne savait pas en détail comment il s'y prendrait, à part observer totalement la foi et lancer le djihad. Nous sommes notamment convenus que nous ne recherchions pas l'allégeance totale d'Abu Mussab ou de ses compagnons. Nous préférions nous coordonner et coopérer pour atteindre nos objectifs communs.

En conséquence, l'idée principale consistait à trouver un lieu en Afghanistan pour établir un simple camp d'entraînement. Abu Mussab devait le superviser et faire venir des frères de Jordanie, Palestine, Syrie, Liban, Irak et Turquie afin d'établir notre présence dans ces pays importants. Ensuite, nous avons discuté avec des frères et décidé que ce camp devait se trouver loin de notre quartier général, sur la frontière occidentale de l'Afghanistan avec l'Iran. L'Iran était devenu un passage sûr pour les frères depuis que le Pakistan avait décidé de resserrer son étau sur notre mouvement. Il était très compliqué pour des Arabes d'atteindre l'Afghanistan par le Pakistan. En revanche, il était facile pour les frères de passer de Turquie en Iran puis en Afghanistan. Herat était une ville afghane près de la frontière iranienne relativement éloignée de nous.

Les jours ont vite passé et la date de notre réunion mensuelle est arrivée. Abu Mussab nous a annoncé de bonnes nouvelles. Les effectifs du camp atteignaient quarante-deux hommes, femmes et enfants, dont les familles d'Abu Mussab et de ses deux compagnons. Trois nouvelles familles syriennes sont arrivées, dont une d'Europe.

Abu Mussab, optimiste, estimait que nous étions en train de fonder une mini-société islamique. Il a déclaré que des frères de Jordanie et de Palestine étaient attendus pour bientôt à Herat et que l'itinéraire Iran-Afghanistan était sans risque. Cela nous a donné l'idée de nouer de bonnes relations avec des fidèles en Iran pour coordonner des opérations d'intérêt commun. Ce que nous avons par la suite réalisé avec des personnes sincères, hostiles aux Américains et Israéliens, et non avec le gouvernement iranien.

À cette époque, j'ai remarqué qu'Abu Mussab progressait. Aux premiers jours, il n'entamait jamais une conversation. Ses idées et ses intérêts pour la politique étaient limités. Cependant, désormais, c'était lui qui lançait les sujets. Tous l'intéressaient. Il utilisait des relations publiques pouvant mener ses projets à bien. Il était plus convaincant quand il parlait, il s'exprimait à présent en arabe courant, alors qu'il parlait jusqu'alors son propre dialecte. Tout cela indiquait qu'il allait devenir un chef exceptionnel.

Les frères de diverses nationalités qui venaient le rejoindre à Herat ont été formés. Il y avait des Syriens, Jordaniens, Palestiniens, ainsi que quelques Libanais et Irakiens. Abu Mussab a réussi à nouer des relations avec l'Ansar Al-Islam kurde et commencé à établir des bases dans le nord de l'Irak, qui échappait au contrôle de Saddam Hussein.

L'offensive américaine contre l'Afghanistan a commencé à la fin de l'année 2001. Abu Mussab est retourné à Herat auprès des frères. Nous n'avions prévu aucun plan de bataille précis. Les jeunes gens d'Al-Qaïda, les talibans et le groupe d'Abu Mussab n'ont eu d'autre choix que de se replier et de nous rejoindre dans l'est du pays. Ils sont partis dans un convoi de cent trente-cinq véhicules avec les frères arabes d'Al-Qaïda dans la région et le reste des talibans. Au début, nous avons décidé de défendre Kandahar sans nous préoccuper des conséquences. Nous avons d'abord mis à l'abri femmes et enfants en les envoyant au Pakistan, puis nous nous sommes préparés à l'affrontement.

Un jour a eu lieu une réunion avec les frères les plus importants, dont Abu Mussab. Un frère s'est servi de son téléphone satellite. Quelques minutes plus tard, j'ai quitté l'endroit avec trois autres frères. Dix minutes après notre départ, un avion américain a bombardé la maison où se tenait la réunion. Le toit s'est effondré. Personne n'a été tué, mais certains frères ont été blessés, dont Abu Mussab, qui a eu des côtes brisées et des contusions.

L'offensive américaine a commencé sur Kandahar. Les chefs ont décidé de se replier dans les montagnes et d'évacuer les blessés en lieu sûr. Abu Mussab devait partir pour le Pakistan à cause de ses blessures, mais il a refusé et tenu à prendre part au combat.

Tous ceux qui osent s'attaquer à ce mastodonte que sont les États-Unis sont châtiés : c'est l'extermination totale. C'est l'un des principaux défis qui nous attendait dès le début. En conséquence, les chefs ont pris l'audacieuse résolution de démanteler l'émirat taliban et de réintégrer la société afghane.

Cette tactique lui permettra de renaître dans sept ans, en accord avec un plan soigneusement conçu pour vaincre les Américains et leurs alliés.

Nous avons commencé à rejoindre l'Iran les uns après les autres. Les frères de la péninsule arabique, du Koweït et des Émirats, qui étaient partis d'Afghanistan, s'y trouvaient déjà. Ils possédaient d'abondantes ressources financières. Nous avons loué des appartements pour les frères et certaines de leurs familles. Ceux du groupe de Gulbuddin Hekmatyar [leader islamiste radical d'Afghanistan allié depuis longtemps à Al-Qaïda] nous y ont aidés. Ils nous ont fourni des logements et des fermes qu'ils possédaient.

Shadi Abdallah, un Jordanien d'origine palestinienne, était affilié au groupe terroriste Al-Tawhid, mené par Zarqaoui. Il a été arrêté par la police allemande en avril 2002. Lors de ses interrogatoires par les autorités allemandes, Abdallah décrit la création d'Al-Tawhid, sa présence au Royaume-Uni et le rôle d'Abu Qatada, son chef spirituel. Abdallah a également été garde du corps de Ben Laden pendant une courte période.

Abdallah explique également que Zarqaoui, du moins jusqu'au début de l'année 2002, se concentrait sur une campagne d'attentats en Jordanie et contre Israël et des cibles juives, et non contre les États-Unis, ce qui constitue la différence d'idéologie essentielle entre Al-Tawhid et Al-Qaïda. Voici des récapitulatifs des interrogatoires de Shadi Abdallah par la police allemande et des citations directes extraites de ces interrogatoires [11].

Al-Zarqaoui, alias Muhannad, dirige une organisation terroriste composée de Jordano-Palestiniens, appelée « Groupe de Muhannad Abu Mussab Al-Zarqaoui » ou « Al-Tawhid ». Shadi a également expliqué que le terme « Al-Zarqaoui » indique l'origine de Zarqaoui – la ville jordanienne de Zarka. Le centre de l'organisation est Herat dans l'ouest de l'Afghanistan. Le quartier général s'y trouve également : il s'agit d'un camp d'entraînement. Muhannad demeurait avec sa famille dans une résidence privée à Kaboul, et non au quartier général.

Rien n'indique que Muhannad soit le chef d'une organisation : contrairement à Ben Laden, toujours accompagné de ses gardes du corps, Muhannad se déplace comme n'importe qui.

On devient membre du groupe de Zarqaoui en serrant la main du chef, en jurant loyauté et obéissance. C'est répandu dans toutes les organisations. Si vous êtes membre d'un groupe, tout ce qui touche ce groupe vous touche. Vous devez exécuter les ordres et ne pas trahir. On devient membre en jurant à son chef : « Je promets devant Dieu que je travaillerai avec toi et ferai tout ce que demandent Allah et son Prophète Mahomet. » Ce serment n'est prêté qu'après que tous les critères ont été vérifiés : que l'on est palestinien et musulman, que l'on vient de Jordanie et que quelqu'un se porte garant de vous. Il faut aussi s'engager à observer fidèlement la charia et à rejeter la société de consommation qui règne en Jordanie.

Il y a de nombreux membres d'Al-Tawhid, non seulement en Afghanistan, mais aussi en Grande-Bretagne. Ceux qui venaient des pays occidentaux jouissaient d'un prestige particulier dans l'organisation parce qu'ils pouvaient se déplacer librement entre les pays. Les objectifs de l'organisation ? Des attentats contre des sites juifs, israéliens et jordaniens, en particulier des cibles israéliennes en Jordanie et l'armée jordanienne. Les plans concrets étaient exécutés immédiatement. Les attentats sont censés être réalisés au moyen d'explosifs ou d'armes. Al-Tawhid est surtout implanté dans deux pays européens : l'Allemagne et la Grande-Bretagne.

Du point de vue d'Al-Qaïda, les États-Unis sont la cause du mal ; pour Al-Tawhid, c'est Israël. Les principales cibles sont donc principalement américaines pour Al-Qaïda, et israéliennes ou juives pour Al-Tawhid. Al-Qaïda recrute ses membres dans tous les pays arabes. Mais des organisations parallèles recrutent seulement dans leur propre pays. Par exemple, Al-Tawhid enrégimente uniquement en Jordanie. Ces organisations poursuivent des objectifs spécifiques à leur pays. Certaines sont par exemple constituées de ressortissants syriens, algériens ou tunisiens. Ben Laden a pour objectif d'unifier toutes ces organisations et de se concentrer sur l'ennemi commun : les États-Unis.

Un attentat était prévu contre une destination touristique de premier plan en Jordanie aux alentours de l'an 2000, une montagne depuis laquelle le prophète Moïse aurait montré aux juifs la Terre promise : le mont Nebo, en Jordanie. C'est une destination prisée des touristes, notamment juifs. Ce plan a été déjoué par les services secrets jordaniens.

Actuellement, il existe des installations juives et israéliennes dans le monde entier et des cibles de choix aux États-Unis, en France, en Grande-Bretagne et en Allemagne. Au début de l'année 2002, les membres d'Al-Tawhid ont envisagé des attentats contre des sites juifs en Allemagne. Le groupe était très irrité des dernières évolutions du conflit israélo-palestinien. Aucun plan concret n'a été conçu.

Je n'ai jamais fait partie d'Al-Tawhid. Je n'ai pas prêté serment de loyauté. J'avais une relation personnelle avec Zarqaoui parce que je connaissais Abu Ali, un chef d'Al-Tawhid. Zarqaoui m'a souvent demandé de prêter serment, mais je prétextais que je voulais mieux les connaître, lui et la religion, avant de m'engager plus avant. Ma position au sein de l'organisation était si solide que je pouvais me le permettre. J'étais très important pour le groupe parce que j'avais un permis de séjour en Allemagne.

Je n'ai parlé qu'à quelques personnes au téléphone sur l'ordre d'Abu Ali et j'ai demandé de l'argent à ces gens. Une partie des fonds était collectée dans les mosquées, auprès de riches hommes d'affaires très pieux. Nous disons à ces gens que nous utilisons l'argent à des fins religieuses. Ils ignorent que l'argent finit le plus souvent dans les caisses d'Al-Qaïda ou d'autres organisations.

La légitimation religieuse d'un attentat revenait principalement à Abu Qatada, pas à Muhannad. Il y a en Angleterre quelqu'un au-dessus de lui, Abu Qatada.

L'interrogatoire de Shadi Abdallah clarifie un point important : le mentor spirituel de Zarqaoui est de longue date Abu Qatada, un religieux jordanien établi à Londres depuis 1993. Après les attentats du 7 juillet 2005 à Londres, qui ont fait cinquante-six victimes, le gouvernement britannique a expulsé Abu Qatada vers la Jordanie.

Pièce maîtresse du dossier de l'administration Bush pour justifier la guerre en Irak, le discours du secrétaire d'État Colin Powell devant le Conseil de sécurité de l'ONU le 5 février 2003. Powell y tentait notamment de prouver les débuts d'alliance entre Saddam Hussein et Al-Qaïda par l'intermédiaire de Zarqaoui[12].

Ce que je souhaite porter à votre attention aujourd'hui est le lien potentiellement plus redoutable entre l'Irak et le réseau terroriste Al-Qaïda, alliance permettant de combiner organisations de terroristes classiques et méthodes modernes d'assassinat. L'Irak d'aujourd'hui abrite un réseau terroriste mortel dirigé par Abu Mussab Al-Zarqaoui, associé et collaborateur d'Oussama Ben Laden et de ses lieutenants d'Al-Qaïda.

Cependant, les principales découvertes des services de renseignement allemands auprès de leur informateur Shadi Abdallah, et d'autres sources en 2002, indiquaient que l'organisation de Zarqaoui et Al-Qaïda étaient autant concurrentes qu'alliées. Voici les récapitulatifs d'un rapport sur Zarqaoui émanant du BKA (Bureau d'investigation criminelle allemand).

En conséquence, selon Shadi Abdallah, une démarcation existait entre Al-Qaïda et l'idéologie d'Al-Zarqaoui. Ces deux hommes se respectent en tant que musulmans, mais poursuivent des objectifs différents. Ceux d'Al-Zarqaoui sont des attentats contre les officiers de l'armée, la police et les services secrets, la chute du gouvernement jordanien et l'établissement d'un État islamique, ainsi que des attentats contre les juifs et les intérêts juifs. Pour Zarqaoui, les juifs représentent « la racine de tout le mal ». Mais du point de vue d'Al-Qaïda, ce sont les États-Unis.

En outre, Zarqaoui a mentionné à Abdallah que la possibilité d'une alliance entrait en conflit avec l'orientation religieuse d'Abu Hafs Al-Mauretani, qui était responsable au sein d'Al-Qaïda des questions religieuses et islamiques, en contradiction avec les enseignements observés par Zarqaoui. Il semblerait que cette divergence ait conduit des groupes comme ceux de Zarqaoui à ne pas rejoindre Al-Qaïda.

Rien n'indique, même dans les interrogatoires des chefs d'Al-Qaïda, que Zarqaoui ait fait partie d'Al-Qaïda. C'est pourquoi Abu Zubaydah, un recruteur d'Al-Qaïda, parle du « groupe d'Al-Zarqaoui » dans l'un de ses interrogatoires.

Après le 11 septembre, le BKA a commencé à mettre sur écoute en Allemagne des terroristes présumés qui communiquaient avec Zarqaoui en Iran et en Afghanistan. Le BKA, équivalent du FBI, a enregistré quarante et une conversations entre le 19 octobre 2001 et le 7 avril 2002. La plupart ont eu lieu entre Zarqaoui et Abu Ali, son plus proche subordonné en Allemagne, d'autres entre les partisans de Zarqaoui en Allemagne ou entre ses partisans allemands ou jordaniens. Ce rapport rédigé par le BKA en avril 2002 fournit un tableau intéressant de l'organisation de Zarqaoui à l'époque du déplacement de sa base d'Afghanistan en Iran après le 11 septembre.

En 2002, Zarqaoui devait se délocaliser en Irak[13].

DONNÉES PERSONNELLES DE ZARQAOUI

- Téléphone mobile en Iran : 0098-9135153994
- Fax en Iran : 0098-218757638
- Téléphone satellite : 0087-0762724528

et 0087-0762944549
• adresse mail : alzabh@yahoo.com

NOMS ET PSEUDONYMES DE ZARQAOUI

• Les interlocuteurs tentaient de dissimuler l'identité de Zarqaoui en utilisant de nombreux pseudonymes.

• Lorsqu'ils s'adressaient directement à lui, ils l'appelaient « Habib » ou « Muhannad ». Lorsqu'ils faisaient allusion à lui entre eux, ils l'appelaient « Al-Zarqaoui » ou « Abu Mussab ». Parfois, ils l'appelaient « Al-Gareeb », « Abu Hossein » ou « Eisen ». L'un d'eux l'a appelé une fois « Ezzarija ».

• Dans certains cas, un correspondant utilisait plusieurs noms avant que son interlocuteur ne comprenne qu'il parlait de Zarqaoui. Ces nombreux noms étaient sources de confusion.

NOMS DE CODE

• université = prison ; hôpital = emprisonnement
• [douteux] cochons = Américains ; papillons = hélicoptères
• Fille [ou danseuse] = faux passeport
• journal = passeport ; pansement = visa [probable]
• [probable] firme = organisation terroriste
• être malade = sous surveillance policière.

COMMUNICATION

• En Afghanistan, Zarqaoui utilisait des téléphones satellites. Depuis l'Iran, il utilisait le numéro fixe de son ami Rashid Haroun [numéro : 0098-9112311436].

RÉORGANISATION D'AL-TAWHID (L'ORGANISATION TERRORISTE JORDANIENNE)

• Au début de l'année 2002, Zarqaoui a indiqué qu'il voulait réorganiser Al-Tawhid. Selon le BKA, la précédente structure avait été anéantie par la guerre en Afghanistan et Zarqaoui désirait saisir l'occasion de bâtir une nouvelle organisation sous sa direction.

• À cette époque, le réseau terroriste était en redéploiement. Les camps d'entraînement en Afghanistan avaient été abandonnés et les terroristes avaient dû se regrouper dans des pays voisins, notamment l'Iran et le Pakistan.

• Les communications avec les amis et collègues des pays étrangers devenaient de plus en plus difficiles en raison du renforcement du contrôle des services de sécurité et des mises sur écoute des téléphones.

• Quelques conversations entre des partisans allemands de Zarqaoui indiquent que la réorganisation avait peu de chances de se réaliser dans le pays de résidence de Zarqaoui [l'Iran], dont les autorités n'approuvaient pas ses activités politiques.

Sayf Adel, commandant militaire d'Al-Qaïda, raconte comment Zarqaoui a quitté l'Iran pour l'Irak en 2002 alors que les États-Unis se préparaient à l'invasion de l'Irak [14].

Après un long débat, Zarqaoui et ses camarades jordaniens et palestiniens ont opté pour l'Irak : leur couleur de peau et le dialecte jordanien leur permettaient de s'intégrer facilement dans cette société. Selon nous, les Américains allaient tôt ou tard commettre l'erreur d'envahir l'Irak et de renverser le régime ; en conséquence, nous devions jouer un rôle important dans la résistance.

Contrairement à ce qu'ont répété les Américains, Al-Qaïda n'avait aucune relation avec Saddam Hussein ou son régime. Nous avons dû échafauder un plan pour pénétrer en Irak par le nord, qui n'était pas sous le contrôle du gouvernement irakien. Ensuite, nous devions nous étendre vers le sud et rejoindre nos frères sunnites. Les frères de l'Ansar Al-Islam [groupe djihadiste kurde dans le nord de l'Irak] nous ont affirmé leur volonté de nous y aider. Le but était de nous rendre dans les régions sunnites du centre et de commencer à préparer l'affrontement avec les Américains pour les vaincre.

Le BKA allemand a retracé l'itinéraire de Zarqaoui depuis l'Iran et le nord de l'Irak entre le début et le milieu de l'année 2002 jusqu'à une région hors du contrôle du régime de Saddam Hussein. C'est là que Zarqaoui est entré en contact avec le groupe terroriste Ansar Al-Islam ; il a conclu avec un accord son chef

pour mener campagne contre les cibles américaines en Irak dès le début de l'invasion terrestre des États-Unis [15].

Après l'intervention militaire des forces armées menées par les États-Unis fin 2001 en Afghanistan, les membres d'Al-Qaïda, quittant l'Afghanistan, seraient arrivés par l'Iran sur le territoire de l'Ansar Al-Islam, dans le nord de l'Irak. Parmi eux se serait trouvé un groupe de vingt à vingt-cinq Jordaniens et Syriens menés par Zarqaoui.

L'étroite collaboration entre Zarqaoui et l'Ansar Al-Islam est également attestée par les déclarations d'un ressortissant jordanien, Ahmad Al-Riyati. Selon lui, une entrevue entre le mollah Krekar, chef de l'Ansar Al-Islam, et Zarqaoui a eu lieu probablement à la mi 2002 en Irak. Au cours de cette rencontre, tous deux seraient convenus d'équiper en armes et en explosifs un groupe d'une quinzaine de personnes afin de lancer des attentats sur des cibles américaines et étrangères en Irak.

Au début de 2004, les services secrets américains ont intercepté une lettre dans laquelle Zarqaoui conseille Ben Laden sur la situation irakienne et lui propose une stratégie pour poursuivre le djihad. Zarqaoui suggère de déclencher une guerre civile entre sunnites et chiites, option historiquement rejetée par Ben Laden qui cherchait à restaurer un califat unifié, et également parce que les chefs d'Al-Qaïda étaient dans une sorte d'état d'arrestation dans un Iran largement chiite. L'autorité provisoire de la coalition a publié en février 2004 la traduction de la lettre, dont voici des extraits [16].

Aux hommes des sommets de la montagne, c'est-à-dire Ben Laden et Al-Zawahiri, aux faucons de gloire, que la paix, la miséricorde et la bénédiction de Dieu soient avec vous.

Même si nos corps sont éloignés, nos cœurs sont proches.

Je vous fais parvenir un compte rendu de la situation irakienne.

Après examen, nous pouvons réduire notre ennemi à quatre groupes :

1. Les Américains : ce sont, comme vous le savez, les plus

lâches des créatures de Dieu. Ce sont des proies faciles, Dieu soit loué. Nous demandons à Dieu de nous aider à les tuer et les capturer afin de semer la panique parmi ceux qui les suivent, et les échanger contre nos frères détenus.

2. Les Kurdes : ils sont un fardeau et une épine dans le pied que le moment n'est pas encore venu d'arracher. Ils sont les derniers sur la liste, même si nous nous efforçons de mettre à mal certains de leurs symboles, si Dieu le veut.

3. Soldats, police et agents : ce sont les yeux, les oreilles et les mains de l'occupant, grâce auxquels il voit, entend et frappe. Si Dieu le veut, nous sommes déterminés à les viser prochainement avant que la situation ne se fige.

4. Les chiites : à notre avis, ils constituent la clé du changement. Les cibler et les frapper au cœur religieux, politique et militaire les forcera à montrer aux sunnites la rancœur qu'ils dissimulent dans leur âme. Si nous parvenons à les attirer dans l'arène d'une guerre sectaire, il sera possible d'éveiller les sunnites assoupis et de leur faire voir le danger.

Oussama Ben Laden et Ayman Al-Zawahiri : Vous, frères par la grâce, êtes les chefs, guides et symboles du djihad et de la lutte. Nous ne nous considérons pas de taille à vous défier et nous n'avons jamais frappé pour nous approprier la gloire. Nous espérons seulement que nous serons le fer de lance, l'avant-garde et la passerelle par laquelle la nation islamique parviendra à la victoire promise et au lendemain auquel nous aspirons. Telle est notre vision. Si vous êtes convaincus par l'idée de combattre les sectes d'apostats [les chiites], nous serons vos soldats dociles, nous lutterons sous votre bannière, nous exécuterons vos ordres et nous proclamerons publiquement et dans les médias notre allégeance à votre cause. Si vous pensez différemment, nous demeurons des frères et ce désaccord ne souillera pas notre amitié. Dans l'attente de votre réponse, que Dieu vous garde.

Hutaifa Azzam, fils d'Abdullah Azzam, a fréquenté Zarqaoui pendant plus de dix ans. Il souligne que la relation entre Zarqaoui

et Ben Laden ne s'est renforcée qu'après l'occupation américaine de l'Irak en 2003.

Zarqaoui n'avait aucune relation avec Oussama jusqu'à son départ pour l'Irak. Ses relations avec lui ont commencé il y a un an, en 2004, par Internet.

Improbable partisan de cette thèse, le secrétaire de la Défense Donald Rumsfeld s'est exprimé lors d'une réunion du Conseil des relations étrangères à New York, le 4 octobre 2004[17]**.**

En ce qui concerne Al-Qaïda, mon impression est que la plupart des anciens ont réellement prêté serment à Ben Laden, et à ma connaissance, même à l'heure actuelle, je ne crois pas que Zarqaoui, principal chef du réseau en Irak, ait prêté ce serment.

Deux semaines après ce commentaire de Rumsfeld, le 17 octobre 2004, Zarqaoui a publié sur Internet au nom de son groupe Al-Tawhid un communiqué prêtant allégeance à Ben Laden[18]**. À cette occasion, Zarqaoui a rebaptisé son organisation « Al-Qaïda en Irak ». Et c'est ainsi, presque deux ans après que les autorités américaines eurent prétendu que Zarqaoui faisait partie d'Al-Qaïda, que le terroriste jordanien s'est finalement résigné à prêter serment de fidélité à Ben Laden.**

Qu'il soit connu par là que les chefs et soldats d'Al-Tawhid prêtent allégeance au commandant moudjahid, le cheikh Oussama Ben Laden, en paroles comme en actes, et au djihad pour la gloire de Dieu jusqu'à ce qu'il n'y ait plus de discorde dans les rangs de l'islam et que toute religion se tourne vers Dieu.

Par Dieu, ô, cheikh des moudjahidin, si tu nous ordonnes de plonger dans l'océan, nous t'obéirons. Si tu nous interdis quelque chose, nous nous soumettrons. Car tu es le grand commandant des armées de l'Islam contre les infidèles et les apostats !

Un enregistrement de Ben Laden diffusé sur Al-Jazira le 27 décembre 2004 souhaitait à Zarqaoui la bienvenue au sein d'Al-Qaïda [19].

Je crois que le digne frère Abu Mussab Al-Zarqaoui et les groupes qui lui sont affiliés sont bons et de ceux qui combattent selon les ordres de Dieu. Nous sommes heureux de leurs audacieux exploits contre les Américains. Nous tous, membres d'Al-Qaïda, accueillons chaleureusement leur union avec nous. Qu'il soit connu que le frère moudjahid Abu Mussab Al-Zarqaoui est l'émir de l'organisation Al-Qaïda sur le pays des Deux Fleuves [l'Irak]. Les frères qui s'y trouvent devront écouter ses ordres et lui obéir en tout bien.

Après son serment d'allégeance, Zarqaoui a adressé en mai 2005 à Ben Laden une lettre demandant respectueusement les ordres du chef d'Al-Qaïda [20].

Du soldat qui se dresse sur la ligne de feu, Abu Mussab Al-Zarqaoui, à son grand prince, Oussama Ben Laden, que Dieu lui accorde Sa bénédiction et toute Sa divine générosité. Notre prince, nous demandons à Dieu de te protéger et de t'accorder longue vie, de faire de toi l'épine dans le pied de l'ennemi et son martyr. Nous attendons tes ordres.

Voici une version d'une lettre envoyée par Ayman Al-Zawahiri à un associé de Zarqaoui en juillet 2005. Cette lettre, interceptée par les forces américaines en Irak et rendue publique à la mi-octobre 2005, dresse un portrait saisissant et sans fard de Zawahiri déplorant les erreurs commises par Al-Qaïda en se déconnectant des « masses » et pressant Zarqaoui de ne pas commettre la même faute avec sa campagne contre les chiites et son habitude de décapiter ses victimes.

Cher frère, Dieu Tout-Puissant sait combien il me manque de ne pas te voir et combien je désire me joindre à toi dans cette lutte historique contre les plus grands criminels et apostats au cœur du monde islamique, lieu des grandes épopées guerrières de l'histoire de l'islam. Je jure que si je le pouvais, je ne tarderais pas d'un jour, si Dieu le veut.

Mon cher frère, nous demeurons informés sur toi, malgré les difficultés et les épreuves. Nous avons reçu le dernier message public que tu as adressé à Oussama Ben Laden, que Dieu le garde [référence possible au serment d'allégeance d'octobre 2004 de Zarqaoui à Ben Laden]. De même, je me suis assuré dans mon dernier discours, celui diffusé par Al-Jazira le 18 juin 2005, de mentionner ton nom, te saluer, dire mon soutien et te remercier de tes exploits héroïques pour défendre l'Islam et les musulmans.

Je désire te rassurer sur notre situation. L'été a commencé dans la fièvre avec un accroissement des opérations en Afghanistan. Le véritable danger provient de l'armée pakistanaise qui perquisitionne les régions tribales pour débusquer les moudjahidin.

Aussi, nous devons longuement réfléchir à nos prochaines actions et à la manière de procéder, et il est de mon humble opinion que le djihad en Irak exige plusieurs objectifs progressifs.

Première étape : expulser les Américains d'Irak.

Deuxième étape : établir une autorité islamique ou émirat, puis la développer et la soutenir jusqu'à ce qu'elle devienne un califat – régnant sur le plus vaste territoire possible pour toi en Irak, c'est-à-dire les régions sunnites.

Troisième étape : étendre la vague du djihad aux pays non religieux voisins de l'Irak.

Quatrième étape : elle pourrait coïncider avec ce qui précède. L'affrontement avec Israël, car Israël n'a été fondé que pour défier toute nouvelle identité islamique.

Si nous examinons les deux premières étapes, expulser les Américains d'Irak et établir un émirat islamique en Irak, nous verrons que l'arme la plus puissante dont disposent les moudjahidin – après l'aide et le succès que nous accorde Dieu – est le soutien des masses populaires musulmanes d'Irak et des pays musulmans voisins. Les masses musulmanes, pour de nombreuses raisons, et ce n'est pas notre propos d'en discuter ici, ne se rallient pas sauf contre un ennemi extérieur occupant, surtout si l'ennemi est d'abord juif, puis américain. En conséquence, le mouvement moudjahid doit éviter toute action que les masses ne comprennent et n'approuvent pas.

Nous ne voulons pas répéter l'erreur des talibans, qui ont restreint la participation au gouvernement aux étudiants religieux et aux natifs de Kandahar. Il n'y avait dans leur régime aucune représentation du peuple afghan et en résultat, c'est le peuple afghan qui s'est désolidarisé d'eux. Même les plus pieux se sont contentés d'assister sans participer et, lorsque l'invasion est survenue, l'émirat taliban s'est effondré en quelques jours, parce que le peuple était soit passif, soit hostile.

En conséquence, je souligne, pour toi et pour tous nos frères, combien il est nécessaire de procéder à une action politique en même temps que militaire, par l'alliance, la coopération et le rassemblement de tous les chefs d'opinion et influences de l'arène irakienne. Je ne puis définir précisément comment agir. Tu es plus au courant que moi des conditions sur le terrain. Mais toi et tes frères devez vous efforcer de vous entourer de soutiens, assistance et coopération, grâce auxquels vous progresserez afin de devenir une entité, une organisation ou une association qui représente un consensus et tous ceux qui sont honorables en Irak. Je te répète ma mise en garde : ne te sépare pas des masses, quel que soit le danger.

Pour cette raison, bien des admirateurs musulmans parmi le peuple s'interrogent sur les attaques que tu mènes contre les chiites, et ce d'autant plus lorsqu'elles ont lieu dans l'une de leurs mosquées. À mon avis, c'est une affaire qui ne sera pas acceptable parmi le peuple musulman, quels que soient tes efforts pour la justifier, et l'aversion pour ces actes ne fera que s'amplifier.

Le peuple musulman qui t'aime et te soutient ne trouvera jamais à son goût les scènes de massacres d'otages. Ne te laisse pas tromper par les louanges de quelques jeunes hommes zélés qui te dépeignent comme le cheikh des massacres, etc. Je te le dis, nous sommes au cœur d'une bataille et plus de la moitié de cette bataille se livre dans les médias.

J'ai grand désir de me rendre auprès de toi, aussi fais-moi savoir s'il est possible de voyager et d'être hébergé.

Quant à moi, je suis en bonne santé et heureux, grâce à Dieu. Ne me manquent que tes pieuses prières, dans lesquelles je te supplie de ne pas m'oublier. Dieu Tout-Puissant m'a accordé une fille que j'ai nommée Nawwar, ce qui signifie « la timide gazelle et la femme lavée de tout soupçon ».

Ton frère qui t'aime

Abu Muhammad [Ayman Al-Zawahiri]
Samedi 9 juillet 2005

À moins que nous n'ayons prévu d'occuper indéfiniment l'Irak, demeure la question de ce que feront les « combattants étrangers » menés par le Jordanien Zarqaoui après la fin de la guerre. Il serait bien qu'ils retournent à la vie civile dans leurs pays respectifs. Si l'on en juge par le « retour de manivelle » provoqué par les vétérans de la guerre afghane contre les Soviétiques, ces combattants ont toutes les chances de rester en contact, d'acquérir un savoir-faire militaire et de réclamer des droits avant de devenir les nouvelles troupes de choc du mouvement djihadiste international.

Plusieurs facteurs pourraient rendre encore plus dangereux que la chute de l'Afghanistan ce retour de manivelle de la guerre d'Irak. Les combattants étrangers ont commencé à arriver en Irak bien avant la chute du régime de Saddam Hussein. Ils ont mené la plupart des attentats suicides – y compris ceux qui ont conduit à des succès stratégiques comme le retrait de la plupart des organisations d'aide internationale et des Nations unies – et le Jordanien Zarqaoui est peut-être le commandant insurgent le plus efficace sur le terrain. Ils sont plus aguerris que les Arabes afghans, qui luttaient contre des conscrits soviétiques démoralisés.

Les combattants étrangers en Irak aujourd'hui affrontent la meilleure armée de l'histoire, et acquièrent dans ces combats contre les forces de la coalition un savoir-faire qui sera nettement plus utile pour les futures opérations terroristes que ce qu'ils ont appris durant les années 1980. Maîtriser la fabrication d'explosifs improvisés ou la conduite d'opérations suicides est beaucoup plus utile pour le terrorisme urbain que les tactiques de guérilla

conventionnelle utilisées contre l'Armée rouge en Afghanistan. Les commandants militaires américains déclarent que les techniques acquises en Irak s'étendent déjà à la guerre en Afghanistan.

Enfin, l'engagement étranger dans le conflit irakien conduira probablement les ressortissants irakiens à devenir des terroristes internationaux. Les Afghans étaient heureux de bénéficier de l'argent arabe, mais d'un point de vue culturel, religieux et psychologique, ils étaient éloignés des Arabes afghans : ils ne se sont jamais engagés dans Al-Qaïda ni identifiés à sa théologie radicale. Les Irakiens, en revanche, sont culturellement plus proches des combattants étrangers et certains se porteront volontaires pour continuer d'autres djihads même après le départ des États-Unis de leur pays.

13

BEN LADEN EN FUITE

Scott McClellan, porte-parole de la Maison-Blanche, le 5 octobre 2005 [1].

Nous continuons de poursuivre Ben Laden. Nous le traduirons en justice. C'est un individu qui a toujours été en fuite. Nous avons connu de grands succès en démantelant la hiérarchie et la direction d'Al-Qaïda, dont environ les trois quarts ont été traduits en justice d'une manière ou d'une autre. Mais ce mouvement ne se limite pas à une seule personne.

Voici certaines des déclarations clés de Ben Laden lors de sa fuite. Elles traduisent initialement un pessimisme après la chute des talibans et la bataille de Tora Bora, mais au cours des années, le ton de Ben Laden est devenu plus véhément. Il a même fait une tentative pour apparaître comme un homme d'État à partir de 2004, offrant des « trêves » aux pays qui se retireraient de la coalition en Irak et, juste avant les élections présidentielles américaines, s'est directement adressé aux citoyens américains. Au cours des dernières années, Ben Laden a de plus en plus adopté l'attitude de l'homme d'État du djihad.

Le 14 décembre 2001, aux alentours de sa fuite de Tora Bora, Ben Laden a rédigé son testament, dont le ton abattu et intro-

spectif est frappant. Les extraits qui suivent ont été initialement publiés dans le magazine *Al-Majallah* en octobre 2002[2].

Allah nous a ordonné lorsque la mort approche de faire un legs à nos parents, nos proches et aux musulmans en général. Si chaque musulman se demande pourquoi notre nation a atteint ce stade d'humiliation et de défaite, la réponse est évidente : c'est parce qu'elle s'est précipitée follement sur le confort de la vie et a oublié le Livre d'Allah. Les juifs et les chrétiens nous ont tentés avec les biens et les vils plaisirs terrestres, puis submergés avec leurs valeurs matérialistes avant de nous envahir avec leurs armées tandis que nous restions paralysés comme des femmes, parce que l'amour de la mort pour la cause d'Allah a déserté nos cœurs.

La cause principale de l'épreuve que subit notre nation est la peur de mourir pour la cause d'Allah. Ô, jeunesse de la nation. Désirez la mort et la vie vous sera donnée. Mon dernier conseil à tous les moudjahidin du monde entier : reprenez votre souffle et oubliez pour l'heure le combat contre les juifs et les croisés. Consacrez-vous d'abord à purger vos rangs des agents, des faibles et des faux religieux qui vous retiennent de mener le djihad et ont abandonné notre nation.

Votre frère Abu-Abdallah Oussama ben Mohammed Ben Laden, le vendredi 28, mois du Ramadan, an 1422 de l'Hégire, correspondant au 14 décembre 2001.

Ben Laden a signé son testament le lendemain de la nuit du Pouvoir, qui tombe le vingt-septième jour du mois de Ramadan. Comme mentionné au chapitre 3, c'est un jour d'une importance spéciale pour les musulmans, où il est particulièrement heureux de mourir, car les portes du paradis sont ouvertes. Il est évident que la mort occupait l'esprit de Ben Laden durant cette période.

Le 27 décembre 2001, Al-Jazira a diffusé la première déclaration de Ben Laden enregistrée en vidéo après sa fuite de Tora Bora. Il expliquait que l'accent ne devait pas être mis sur son rôle et celui de ses partisans [l'organisation Al-Qaïda], mais sur l'éveil des musulmans[3].

Les derniers événements ont prouvé des vérités capitales. Il est devenu clair que l'Occident en général et l'Amérique en particulier éprouvent une haine indicible pour l'Islam. Le terrorisme contre l'Amérique doit être loué parce que c'était une réponse à l'injustice destinée à forcer l'Amérique à cesser son soutien envers Israël qui tue notre peuple. Nous déclarons que la fin des États-Unis est imminente, que Ben Laden ou ses partisans soient morts ou vifs, car l'éveil de l'umma [nation] musulmane est arrivé.

Hamzah Ben Laden est l'un des fils de Ben Laden. Dans un poème publié sur le principal site Web d'Al-Qaïda, « Études et recherches islamiques », aux alentours de juin 2002, Hamzah parlait à son père des difficultés de la vie en cavale[4].

Ô père ! Où est l'issue et quand aurons-nous un foyer ? Ô père ! Je vois le danger partout où je regarde. Comment se fait-il que notre foyer ait disparu sans laisser de traces ? Pourquoi ne voyons-nous qu'obstacles sur notre chemin ? Pourquoi nous ont-ils criblés de bombes sans montrer la moindre pitié pour l'enfant ?

Ô père ! Qu'est-il advenu de nous pour que nous soyons chassés par le danger ? L'immortalité est notre destin si Dieu Tout-Puissant désire notre victoire. Dis-moi, père, explique-moi ce que je vois.

Ben Laden a répondu à son fils par un poème de sa main.

Ô mon fils ! Je dirai seulement que je suis rempli de chagrin et de soupirs. Qu'y puis-je si nous vivons dans un monde de paresse et d'insatisfaction ? Que puis-je dire à un monde aveugle et sourd ? Pardonne-moi, mon fils, mais je ne vois devant nous qu'un chemin abrupt. Dix ans d'errance et de voyages ont passé, et nous vivons une tragédie. La sécurité n'est plus, mais le danger demeure. C'est un monde de crimes où les enfants sont sacrifiés comme des génisses. Combien de temps encore manquerons-nous de vrais hommes ? L'action doit parfois être entreprise pour écarter le péril. J'ai juré à Dieu Tout-Puissant de combattre l'infidèle.

Malgré sa fuite, Ben Laden et son numéro deux, Ayman Al-Zawahiri, ont été en mesure de continuer d'influencer les militants djihadistes du monde entier en publiant une série d'enregistrements audio et vidéo qui ont été largement diffusés. Il existe une forte corrélation entre les appels aux attentats des chefs d'Al-Qaïda et leurs exécutions[5]. Peu après que Ben Laden eut appelé à la reprise des attentats contre l'Occident en octobre 2002, une bombe explosait dans une discothèque de Bali, en Indonésie, faisant 200 victimes, pour la plupart des touristes occidentaux, et un attentat-suicide était lancé contre un pétrolier français croisant au large du Yémen.

En septembre 2003, Al-Zawahiri condamnait le président pakistanais Pervez Musharraf pour avoir soutenu la campagne contre Al-Qaïda : Musharraf a réchappé de justesse à deux tentatives d'assassinat trois mois après[6]. En octobre 2003, Ben Laden a appelé à des attentats contre les membres de la coalition en Irak[7]. Des terroristes ont ensuite bombardé un consulat britannique en Turquie et des voyageurs dans les gares de Madrid et le métro londonien.

Ahmad Zaidan, chef du bureau d'Al-Jazira au Pakistan, a reçu une mystérieuse cassette vidéo le 12 novembre 2002, un mois après les attentats de Bali[8].

Il était 22 heures quand quelqu'un m'a appelé et déclaré : « J'ai quelque chose pour vous. Quelque chose d'urgent. Venez chez moi. » Je me suis rendu à l'adresse, j'ai garé ma voiture et quelqu'un est arrivé brusquement. Il faisait nuit, évidemment. Il m'a dit : « Tenez, c'est pour vous. » J'ai à peine eu le temps de répondre : « OK, attendez, je voudrais vous demander... » qu'il avait disparu. Évidemment, j'étais impatient. J'ai passé la cassette et c'était sans le moindre doute Ben Laden. Cela a été un énorme scoop pour moi. J'étais en vie.

La cassette de Ben Laden a été diffusée sur Al-Jazira le 12 novembre 2002. C'était sa première déclaration filmée depuis presque un an.

Ce qui est arrivé depuis la conquête de New York et Washington jusqu'à aujourd'hui, comme les opérations contre les Allemands en Tunisie [un attentat le 11 avril 2002 sur une synagogue qui a fait 17 victimes], contre les Français à Karachi [mai 2002, 12 victimes], contre les Australiens et Anglais dans les attentats de Bali [12 octobre 2002, 200 victimes], ainsi que les récentes prises d'otages à Moscou [octobre 2002, 129 otages et 41 terroristes tués] et d'autres opérations ailleurs dans le monde n'était rien d'autre que la réaction de musulmans désireux de défendre leur religion et d'obéir aux ordres de Dieu et de Son Prophète.

Vos gouvernements ignorent-ils que la clique de la Maison-Blanche est composée des plus grands assassins de ce siècle ? Rumsfeld est le boucher du Vietnam qui a tué plus de deux millions de personnes. [Rumsfeld était secrétaire de la Défense vers la fin de la guerre du Vietnam]. Cheney et Powell ont commis plus d'assassinats et de ravages à Bagdad qu'Houlagou [seigneur de guerre mongol qui conquit la ville au treizième siècle].

Pourquoi vos gouvernements s'allient-ils à l'Amérique pour nous attaquer en Afghanistan – et je cite en particulier la Grande-Bretagne, la France, l'Italie, le Canada, l'Allemagne et l'Australie ? L'Australie a ignoré les mises en garde contre sa participation à la guerre en Afghanistan, jusqu'au jour où elle a été réveillée par les explosions de Bali. Son gouvernement a ensuite faussement prétendu que ses citoyens n'étaient pas la cible.

Si vous souffrez de voir votre peuple tué et ceux de vos alliés en Tunisie, à Karachi, à Bali, rappelez-vous notre peuple tué parmi les enfants de Palestine, en Irak. Souvenez-vous de nos morts en Afghanistan. Tout comme vous pleurez vos morts à Moscou, souvenez-vous des nôtres en Tchétchénie.

Combien de temps encore la peur, les massacres, les destructions, l'exil, les veuves et les orphelins seront-ils notre lot, alors que la sécurité, la stabilité et le bonheur sont à vous seuls réservés ? Il est grand temps que l'égalité soit établie : pour chaque assassinat, vous serez assassinés, pour chaque bombe, vous serez bombardés.

Des extraits de la déclaration de Ben Laden ont été publiés le 16 février 2006. Il en ressort clairement que l'accord Sykes-Picot de 1916, qui a permis le démembrement de l'Empire ottoman entre les Français et les Anglais à l'issue de la Première Guerre mondiale, est pour Ben Laden l'équivalent du traité de Versailles de 1919 pour Hitler : un humiliant « coup de poignard dans le dos » qui doit être vengé et remboursé.

Nous souffrons encore des blessures infligées au monde islamique au siècle dernier et de l'accord Sykes-Picot entre les Anglais et les Français, qui a divisé le monde musulman en fragments. À présent, nous sommes face à l'esprit de cet accord [mais sous un autre nom] : l'accord Bush-Blair, qui est mené sous la même bannière et dans le même objectif – la bannière est celle de la croix, et l'objectif le pillage des musulmans.

Le 14 avril 2004, un mois après les attentats dans les trains de Madrid qui ont fait 191 victimes, Ben Laden a proposé une « trêve » aux nations européennes faisant partie de la coalition en Irak. En voici des extraits[9].

Réfléchissez à ce qui s'est produit le 11 septembre et le 11 mars [2004, les attentats de Madrid]. J'offre une trêve à l'Europe. La première trêve pourra être reconduite à expiration et l'établissement d'un nouveau gouvernement sur accord des deux parties. L'annonce de la trêve sera faite du jour où le dernier soldat aura quitté notre pays [référence à l'Irak et à l'Afghanistan] et la porte est ouverte pendant trois mois à partir de cette déclaration. Pour quiconque rejette cette trêve et désire la guerre, nous sommes les fils de la guerre et à quiconque désire cette trêve, nous la proposons.

L'un des développements les plus significatifs suivant le 11 septembre a été la volonté de Ben Laden d'approuver une campagne terroriste contre le régime saoudien. Par cette décision, Ben Laden, au départ réticent à s'opposer à la famille royale saoudienne dans les années 1980, achevait de devenir l'ennemi implacable du gouvernement de Riyad.

Extraits d'une déclaration de Ben Laden publiée le 16 décembre 2004 sur le site Web d'Al-Qal'ah (La Forteresse)[10].

Le gouvernement de Riyad a conclu une alliance internationale avec les croisés infidèles menés par Bush contre l'islam et son peuple. Ceci est un bref message adressé aux dirigeants et décideurs de Riyad : il existe entre le dirigeant et ses sujets un contrat qui entraîne droits et devoirs pour les deux parties. L'un d'eux est le devoir de protection du dirigeant envers son peuple. Mais il en est tout autrement. Vous avez opprimé le peuple contre sa volonté. Le peuple est sorti de son sommeil et a compris l'étendue de la tyrannie et de la corruption que vous exercez. N'oubliez pas le destin du shah d'Iran et celui de Ceausescu en Roumanie.

Abdulaziz Al-Muqrin, également connu sous le nom d'Abu Hajer, a assumé le commandement des opérations d'Al-Qaïda en Arabie Saoudite en mars 2004. La cellule d'Al-Qaïda était impliquée dans les attentats sur des complexes résidentiels des villes de Riyad et Khobar en 2003 et 2004, qui ont fait 51 victimes. Il est également tenu pour responsable de l'assassinat de Simon Cumbers, caméraman de la BBC, et de deux Américains, Robert Jacobs et Paul Johnson. Al-Muqrin a été tué à Riyad le 18 juin 2004.

En octobre 2003, Al-Qaïda dans la péninsule arabique a lancé un magazine sur Internet, *La Voix du Djihad*. Dans les premier et deuxième numéros, Al-Muqrin accordait une interview dont suivent des extraits[11]. Dans cette interview, Muqrin fait allusion à un désaccord initial au sein d'Al-Qaïda sur le lancement d'attentats en Arabie Saoudite même. Après les attentats du 11 septembre et l'invasion américaine en Afghanistan, Ben Laden et

d'autres chefs d'Al-Qaïda auraient encouragé les cellules locales à lancer leurs opérations [12]. Le 12 mai 2003, Al-Qaïda frappait trois complexes résidentiels à Riyad, faisant 35 morts et 200 blessés.

Aujourd'hui, Allah soit loué, je suis en Arabie Saoudite, sur le front que nous cherchions à purifier et libérer de la dégradation infligée par ses traîtres dirigeants et, avant eux, par les croisés américains et leurs alliés. J'ai juré de purifier la péninsule arabique des polythéistes. Nous sommes nés sur cette terre et nous nous battrons sur elle contre les croisés et les juifs jusqu'à ce que nous les ayons expulsés ou que nous connaissions [le martyre].

J'ai reçu de nombreuses offres de cheikhs pour me rendre en Irak. Malheureusement, ils cherchaient simplement à nous faire quitter la péninsule. En vérité, l'Irak est un front et, Allah soit loué, nous y investissons nos efforts. C'est lui que nous voulons utiliser pour combattre les Américains, tout comme les autres fronts du djihad. À tous ceux qui m'ont proposé de partir en Iraq, j'ai répondu : « Pas question ». Songez aux conflits avec tous les infidèles en Arabie.

Concernant les opérations en Arabie Saoudite, les membres du djihad et amis des moudjahidin étaient divisés : il y avait ceux qui disaient que nous devions attaquer les forces d'invasion qui souillent le pays des deux lieux saints. Et d'autres pour qui nous devions préserver la sécurité de cette base et de ce pays [l'Arabie Saoudite], où nous recrutons des armées et recueillons des soutiens financiers. Il est vrai que nous devons utiliser ce pays parce que c'est la principale source de fonds pour la plupart des mouvements du djihad, et qu'il y règne une certaine liberté de mouvement. Cependant, nous devons mettre cela en balance avec l'invasion américaine du monde islamique et l'étranglement du mouvement djihadiste.

Voici ce que nous déclarons à ceux qui s'opposent aux attentats en Arabie Saoudite : si seulement vous pouviez voir ces prisons remplies de jeunes moudjahidin et prêcheurs pro-djihadistes. Vous devez agir ; vous devez combattre les ennemis d'Allah, les croisés et les juifs, et devenir une épine dans leur pied et dans leur cœur.

En lançant sa campagne terroriste en Arabie Saoudite, en 2003, Al-Qaïda a également diffusé une lettre d'information, la *Publication du camp militaire Al-Batar*, dirigée par un djihadiste saoudien, indiquant qu'Al-Qaïda avait décidé de monter des opérations dans le royaume saoudien. L'édition suivante, datée de 2003, donnait des informations utiles à tous les membres d'Al-Qaïda en Arabie Saoudite. Sayf Al-Adel, commandant militaire actuel d'Al-Qaïda, explique comment choisir et utiliser une planque [13].

Une planque est un endroit utilisé pour des opérations clandestines et des raisons de sécurité.

COMMENT CHOISIR UNE PLANQUE

1. Éloignée de tout bâtiment abritant des services de police ou de sécurité.
2. Éloignée de toute zone où règnent délinquance et trafic de drogue.
3. Évitez les quartiers fréquentés ou le centre-ville.
4. Un endroit qui se fond dans l'environnement.
5. Un endroit difficile à placer sous surveillance constante.
6. Nombreuses issues, de préférence secrètes.
7. N'ayant d'autre utilisation que celle de planque.

COMMENT UTILISER UNE PLANQUE

1. Utilisée pour des activités secrètes, mais une couverture sérieuse doit être donnée au public.
2. Le propriétaire ne doit pas être informé de la raison de la location.
3. La maison doit être en harmonie avec ses occupants pour ne pas attirer l'attention. Par exemple : des riches dans une maison luxueuse.
4. Vérifier régulièrement que la planque est sûre.
5. La maison doit contenir en quantité suffisante médicaments, vivres et autres fournitures permettant de la quitter le moins possible.
6. Ne doit servir de base qu'à une seule opération à la fois.
7. Avoir un plan de la maison avec toutes ses issues, et le dissimuler.
8. Évacuer immédiatement au moindre doute sur la sécurité.

La stratégie saoudienne pour éliminer Al-Qaïda dans le royaume a consisté en un effort de renseignement et d'opérations militaires pour capturer ou tuer des terroristes comme Adbulaziz Al-Muqrin, qui a personnellement exécuté le mécanicien d'hélicoptère américain Paul Johnson en juin 2004.

Deux jours après l'apparition sur Internet d'une vidéo de la décapitation de Johnson, les forces de sécurité tuaient Muqrin. Selon les autorités saoudiennes, depuis 2003, plus de 90 autres militants ont été tués et 800 emprisonnés [14].

Pour le moment, Al-Qaïda en Arabie Saoudite apparaît décimée, capable de ne monter que des attentats sporadiques et inefficaces. Cependant, les djihadistes radicaux saoudiens combattent à l'heure actuelle en Irak. Plusieurs études ont démontré que plus de la moitié des opérations suicides en Irak étant le fait de militants saoudiens, ces derniers sont actuellement occupés. Quand le conflit irakien s'apaisera, ces militants ont toutes les chances de lancer une autre campagne d'attentats dévastateurs en Arabie [15].

Depuis les attentats du 11 septembre, Ben Laden et son adjoint, Ayman Al-Zawahiri, ont publié plus de trente enregistrements audio et vidéo, pour une moyenne d'une cassette toutes les six semaines. Remonter la piste de ces cassettes est la seule méthode sûre pour localiser les chefs d'Al-Qaïda. Cependant, bien que ces cassettes soient généralement diffusées en premier sur la chaîne Al-Jazira, les services de renseignements américains, qui bénéficient d'un financement d'au moins 30 milliards de dollars annuels, sont apparemment incapables de remonter la piste, ce qui constitue un lamentable échec.

La cassette vidéo précédant l'élection présidentielle américaine a été diffusée selon le procédé habituel. Ahmad Zaidan, chef du bureau pakistanais d'Al-Jazira, qui avait reçu une cassette similaire de Ben Laden deux ans plus tôt après les attentats de Bali, en Indonésie, a reçu une mystérieuse cassette à son bureau d'Islamabad cinq jours avant les élections américaines du 2 novembre 2004. Barbara Starr, de CNN, a rapporté que le jour de la diffusion de la cassette, alors que les autorités du Pentagone s'attendaient à ce que Ben Laden publie une telle déclaration aux alentours de l'élection présidentielle américaine, apparemment, les services de renseignements américains ne surveillaient pour-

tant pas le destinataire le plus évident : le bureau d'Al-Jazira au Pakistan.

L'enregistrement a été diffusé sur Al-Jazira et les chaînes de télévision du monde entier le 29 octobre 2004 [16]. Sur la cassette, dans une parodie du discours de Halloween dans le bureau Ovale, Ben Laden parle directement au peuple américain assis à un bureau et vêtu d'un costume doré. L'interview est bien éclairée, ce qui indique une production préparée, et Ben Laden ne porte pas d'arme, ce qui est rare. Pour la première fois, Ben Laden avoue sans équivoque son implication personnelle dans le complot du 11 septembre et répond directement aux déclarations réitérées du président Bush, pour qui Al-Qaïda attaque les États-Unis parce qu'ils incarnent la liberté et non à cause de leur politique étrangère [17].

Je m'adresse à vous aujourd'hui, peuple américain, pour vous conseiller sur la façon d'éviter une autre catastrophe et vous parler de la guerre, de ses raisons et de ses conséquences. Et à cet égard, je vous déclare que la sécurité est un pilier capital de la vie humaine, et que les peuples libres ne la compromettent pas. Contrairement à ce que Bush prétend, nous ne détestons pas votre liberté. Sinon, pourquoi n'avons-nous pas attaqué la Suède [18] ?

Je m'inquiète pour vous, peuple américain. Bien que nous soyons aujourd'hui quatre ans après le 11 septembre, Bush fait toujours régner la confusion et vous dissimule la véritable raison pour laquelle vous êtes attaqués. En conséquence, ce qui est déjà arrivé a toutes les raisons de se reproduire.

Nous étions convenus avec le chef des pirates du 11 septembre, Mohammed Atta, de lancer tous les attentats en vingt minutes avant que Bush et son administration ne puissent comprendre ce qui se passait.

Et je vous le dis, Dieu sait que nous n'avions jamais eu l'intention de détruire les Twin Towers, mais au vu d'une telle injustice et de la coalition entre Américains et Israéliens contre notre peuple au Liban et en Palestine, il m'est venu à l'idée de nous en prendre à elles.

Votre sécurité ne repose pas entre les mains de Kerry, de

Bush ou d'Al-Qaïda. Elle est entre les vôtres. Tout État qui ne compromet pas notre sécurité sera lui-même en sécurité.

Ahmad Zaidan, chef du bureau d'Al-Jazira au Pakistan.

Oussama donnait l'impression de faire une conférence à l'université de Georgetown. À présent, il joue finement le jeu des médias et des relations publiques.

Noman Benotman, un Libyen qui a combattu avec Al-Qaïda en Afghanistan au début des années 1990, critique le message filmé de Ben Laden[19].

Donc, si vous élisez George W. Bush président, vous devrez payer : c'est cela le fin mot de l'histoire, c'est un argument très naïf. Ce n'est pas logique. Il y a 8 millions de musulmans en Amérique : eux aussi seraient donc des cibles légitimes ?

Jamal Khalifa, beau-frère de Ben Laden et autrefois ami proche[20].

Ce que fait Oussama n'est pas logique, ni islamique, et encore moins stratégique. J'en suis navré. Je l'aime beaucoup, vraiment, mais il commet de très grosses erreurs. Il est vraiment en train de détruire l'image de l'islam.

Les attentats suicides de Londres le 7 juillet 2005, où quatre terroristes britanniques ont fait 52 victimes, sont emblématiques de l'influence continue de Ben Laden et d'Al-Zawahiri auprès des djihadistes du monde entier. Sur une cassette vidéo produite par le service médias d'Al-Qaïda, connu sous le nom d'Al-Sahab (les Nuages), et publiée le 1er septembre 2005, le chef de la cellule terroriste londonienne, Mohammed Siddique Khan, expliquait qu'il opérait pour le compte de Ben Laden. Khan, professeur et natif de Leeds, dans le nord de l'Angleterre, est probablement

entré en contact avec Al-Qaïda à l'occasion de ses vacances au Pakistan en novembre 2004. Sur la cassette, il parle avec l'accent caractéristique de Leeds, et apparaît sans ses trois complices, ce qui suggère qu'elle a été enregistrée lors de sa visite au Pakistan à la fin 2004. Voici des extraits de ses déclarations[21].

Allah soit loué, et Son Prophète soit béni. Je vais rester bref et précis, car tout a déjà été dit par des gens bien plus éloquents que moi et comme nos paroles n'ont aucune influence sur vous, je vais vous parler un langage que vous comprenez. Nos paroles sont lettre morte tant que nous ne leur donnons pas vie par notre sang. Moi, et des milliers de mes semblables, avons renoncé à tout pour ce en quoi nous croyons. Vos gouvernements démocratiquement élus perpètrent constamment des atrocités contre mon peuple dans le monde entier, et votre soutien vous en rend directement responsables, tout comme je le suis de protéger et venger mes frères et sœurs musulmans. Tant que nous ne nous sentirons pas en sécurité, vous serez nos cibles, et tant que vous n'arrêterez pas de bombarder, gazer, emprisonner et torturer mon peuple, nous poursuivrons le combat. Nous sommes en guerre et je suis un soldat. À présent, vous allez vous aussi connaître la réalité de la situation. Élevez-moi entre ceux que j'admire, mes héros d'aujourd'hui, comme le cheikh Oussama Ben Laden, le Dr Ayman Al-Zawahiri, et Abu Mussab Al-Zarqaoui, ainsi que tous les autres frères et sœurs qui luttent pour la cause d'Allah.

Sur la même cassette où apparaissait Khan, Al-Zawahiri explique que les attentats de Londres étaient une vengeance contre la participation de l'Angleterre à la guerre en Irak et la conséquence du refus de la « trêve » proposée par Ben Laden aux nations européennes de la coalition, offre qui expirait le 15 juillet 2004, presque exactement un an avant les attentats londoniens.

Je vous parle aujourd'hui du saint attentat de Londres. Réjouissez-vous, ô peuples de la coalition des croisés, dans les calamités qui s'abattent sur vous et qui, si Allah le veut, s'abattront encore à cause de la politique de Bush, de Blair et de ceux qui les suivent. Ô peuples de la coalition des croisés, nous vous avons mis en garde, mais il semble que vous veuillez que nous vous fassions goûter les horreurs de la mort. Aussi, goûtez à votre tour ce que vous nous avez infligé. Le Lion de l'Islam, le moudjahid cheikh Oussama Ben Laden, Allah le protège, ne vous a-t-il pas proposé une trêve pour que vous quittiez les terres de l'islam ?

Adbel Bari Atwan a interviewé Ben Laden en 1996 pour le quotidien *Al-Quds Al-Arabiya.* Il s'interroge sur les raisons pour lesquelles il est si difficile de localiser le chef d'Al-Qaïda[22].

Les États-Unis n'ont pas trouvé Oussama Ben Laden pour une seule raison : Ben Laden est un homme humble. Il peut survivre en mangeant peu, sans le moindre luxe, et il ressemble ainsi aux millions de personnes qui vivent dans cette partie du monde, en Afghanistan et au Pakistan. En outre, il est aimé de ces mêmes gens, où qu'ils soient, au Pakistan ou en Afghanistan. Et je ne crois pas qu'ils le livreront. Il est adoré par son entourage. Pour eux, ce n'est pas un chef. Il est tout : un père, un frère, un chef, un imam. C'est un exemple : un homme qui a sacrifié toute sa fortune pour venir vivre parmi eux, avec eux, et combattre pour leur cause. Il est différent, il n'est pas corrompu et représente ainsi les pionniers des débuts de l'histoire de l'islam : les compagnons du Prophète Mahomet.

« Où est Ben Laden ? » est une question fréquemment posée. Cependant, dans une certaine mesure, il est impossible d'y répondre, sauf à dire qu'il se trouve probablement dans la région frontalière entre Afghanistan et Pakistan. Cette frontière s'étend sur 2 500 kilomètres, soit la distance entre Washington et Denver. Elle est peu surveillée et même indéfinie par endroits : les allées et venues clandestines y sont donc relativement aisées. Les deux provinces pakistanaises qui jouxtent l'Afghanistan sont le Balouchistan, une vaste région inhospitalière de déserts brûlants, et la province de la frontière nord-ouest, région âpre et montagneuse hérissée des forteresses des chefs tribaux.

Les tribus pachtounes, qui constituent l'un des plus grands groupes tribaux du monde, sont majoritaires dans les deux provinces. Elles observent la pachtounwali, loi des Pachtouns, qui accorde le plus grand prix à l'hospitalité et à la protection de qui le demande, énorme avantage pour les fugitifs d'Al-Qaïda.

Il est également possible que Ben Laden se dissimule dans une zone plus ou moins urbanisée. Son plus récent enregistrement vidéo, diffusé juste avant les élections présidentielles américaines de 2004, était une production professionnelle où il apparaissait soigné et bien informé de l'actualité, ce que l'on n'attend guère de quelqu'un qui se terrerait dans une grotte de la lointaine région frontalière. En fait, depuis le 11 septembre, aucun des membres clés d'Al-Qaïda capturés au Pakistan n'a été découvert dans les régions tribales ; ils l'ont été dans les villes de Karachi, Peshawar, Quetta, Faisalabad, Gujrat et Rawalpindi. Ce qui suggère que Ben Laden a peut-être lui aussi trouvé refuge dans quelque zone urbaine, peut-être dans la région tribale, où se trouvent quelques petites villes le long de la frontière. Mais la réponse à la question sur la cachette de Ben Laden peut se résumer à : « Qui sait ? »

14

L'HÉRITAGE DE BEN LADEN

Le président George W. Bush a prononcé un discours sur la guerre contre le terrorisme le 6 octobre 2005, au National Endowment for Democracy de Washington. Dans ce discours, le Président a mentionné plusieurs fois Ben Laden, ce qu'il fait rarement. En voici un extrait.

L'idéologie meurtrière des islamistes radicaux est le grand défi de ce siècle. Pourtant, à bien des égards, ce combat ressemble à la lutte contre le communisme au siècle dernier. Comme l'idéologie communiste, l'islamisme radical est élitiste, mené par une avant-garde autoproclamée prétendant parler pour les masses musulmanes. Ben Laden déclare que son rôle est de dire aux musulmans, je cite, « ce qui est bon pour eux et ce qui ne l'est pas ». Et cet homme qui a grandi dans la richesse et les privilèges considère qu'il est bon pour les pauvres musulmans de devenir des assassins et des kamikazes. Il leur assure que c'est la route du paradis – même s'il ne s'est jamais proposé de la prendre lui-même.

Comme l'idéologie communiste, notre nouvel ennemi enseigne que des individus innocents peuvent être sacrifiés pour servir une vision politique. Voilà qui explique son mépris pour la vie humaine.

Il faudra peut-être des années, mais Ben Laden finira par être capturé ou tué. Quelles sont donc les implications dans l'un ou l'autre cas ? Si Ben Laden est capturé vivant, où devrait-il être jugé, par exemple ? Étant donné que ses crimes ont touché plusieurs pays, on pourrait présumer qu'il soit jugé par un tribunal international spécial.

Le traitement réservé à Saddam Hussein après sa capture en Irak, en décembre 2003, fournit un modèle utile pour le cas de Ben Laden, s'il était capturé vivant. Les photos diffusées dans le monde entier montrant Saddam Hussein se soumettant à un examen médical ont été plus efficaces que tout pour démystifier le dictateur irakien. Des images semblables pourrait avoir le même effet avec Ben Laden. Bien sûr, le capturer vivant est peu probable. En plusieurs occasions, Ben Laden s'est déclaré prêt à mourir dans cette guerre sainte – paroles qu'il convient de prendre pour argent comptant.

À court terme, la mort de Ben Laden déclencherait probablement de violents attentats antiaméricains dans le monde entier, tandis qu'à moyen terme, elle porterait un coup sérieux à Al-Qaïda, organisation dont le succès doit beaucoup au charisme et au savoir-faire de son dirigeant. Cependant, Ben Laden a onze fils, et certains pourraient décider de reprendre le flambeau de leur père dans le groupe. Déjà, Saad Ben Laden, âgé d'une vingtaine d'années, a joué un rôle important au sein d'Al-Qaïda.

À plus long terme, le « martyre » de Ben Laden donnerait probablement un nouvel élan à ses idées. Sayyid Qutb était un auteur relativement méconnu avant son exécution par le gouvernement égyptien en 1966. Après sa mort, ses écrits, qui appelaient à une guerre offensive contre les ennemis de l'Islam, ont acquis une énorme influence[1]. La même chose pourrait très bien se produire avec celle de Ben Laden, mais à une beaucoup plus grande échelle, étant donné que son prestige et sa renommée éclipsent largement Sayyid Qutb. Et grâce à sa mort, les idées de Ben Laden auraient donc toute les chances de perdurer.

Voici des extraits du « testament » de Ben Laden, rédigé le 14 décembre 2001, publiés en octobre 2002 dans le magazine *Al-Majallah*[2].

Allah est témoin que l'amour du djihad et la mort pour la cause divine ont dominé ma vie et que les vers de l'épée ont pénétré chaque cellule de mon cœur. « Combattez les idolâtres dans tous les mois de même qu'ils vous combattent dans tous les temps. » Combien de fois me suis-je réveillé en récitant ce verset saint !

Ô femmes de mon peuple ! N'usez jamais de cosmétiques et n'imitez pas les putains et les viragos de l'Occident.

Ô mes épouses ! Vous avez été, après Allah, mon meilleur soutien ; du premier jour, vous avez su que le chemin était semé d'épines et de mines. Vous avez quitté le confort de votre famille et choisi de partager ces épreuves avec moi.

Et vous, mes enfants, pardonnez-moi, car je ne vous ai donné que peu de mon temps en répondant à l'appel du djihad. J'ai choisi une route semée de dangers et pour cela connu les épreuves, l'amertume, la trahison et le mensonge. Je vous conseille de ne pas travailler avec Al-Qaïda et le front [le front islamique de lutte contre les croisés et les juifs].

Jamal Khalifa, beau-frère de Ben Laden[3].

Omar, le fils d'Oussama, âgé de peut-être vingt-quatre ou vingt-cinq ans, était en Afghanistan le 11 septembre. Avant l'attentat, son père lui disait que quelque chose d'énorme allait arriver. Puis il est venu ici, en Arabie Saoudite. Il en voulait beaucoup à son père. La situation l'irritait. Il a déclaré : « Mais qu'est-ce qu'ils s'imaginaient quand ils ont détruit ces deux tours ? » Il trouvait que c'était une erreur de jugement.

À présent, Omar essaie de suivre des études et de travailler, car Oussama n'a pas envoyé ses enfants à l'école. Il voulait leur donner une éducation traditionnelle, comme autrefois. Leur faire apprendre le Coran, puis le Hadith et de la poésie. Omar était vraiment accablé. Il voyait combien il était différent des autres enfants de la famille, qui ont tous des diplômes universitaires.

Hutaifa Azzam, fils d'Abdullah Hazzam[4].

Les fils de Ben Laden, Abdallah et Omar, sont en Arabie Saoudite. Abdel Rahman est en Syrie avec sa mère, première épouse de Ben Laden, à Damas. Et les autres sont en Afghanistan.

Omar est revenu après la guerre en Afghanistan. Il est contre son père. Je l'ai connu deux ans après le 11 septembre et nous avons passé quatre jours ensemble sous la même tente durant le Hadj.

Je lui ai demandé ce qu'il pensait du 11 septembre. Il m'a répondu : « C'est de la folie. Ces types sont des marionnettes qui ont tout détruit, et pour rien. Qu'avons-nous obtenu du 11 septembre ? » Il a accusé ces « fous d'Égyptiens » et a traité son père de tous les noms.

Abdel Bari Atwan a interviewé Ben Laden en 1996[5].

Le personnage d'Oussama Ben Laden sera diversement interprété. Certain le considéreront comme un phénomène héroïque, un audacieux et minuscule David qui a défié la puissance de Goliath – les Américains. D'autres diront que c'était une calamité. Le 11 septembre a réussi à entraîner les Américains dans la région et à occuper l'Irak. Je crois que Ben Laden aura en réalité ouvert les yeux des Américains en leur faisant comprendre qu'ils avaient tort de soutenir les dictatures pourries et corrompues du monde arabe. Avant, ils étaient heureux de faire affaire avec elles, de laisser la région telle quelle. Mais après le 11 septembre, les Américains ont compris qu'ils soutenaient des régimes qui font le lit du radicalisme et qu'ils alimentaient l'islam fondamentaliste contre l'Occident.

Abu Jandal, ancien chef des gardes du corps de Ben Laden[6].

De simple groupe armé, Al-Qaïda est devenue une idéologie et ce sont les États-Unis qui sont responsables de cette transformation. Les musulmans du monde entier se sont mis à ne voir qu'une seule cause de leur situation tragique : les États-Unis. C'était l'Amérique la cause de tous leurs problèmes, parce qu'elle intervenait dans toutes les affaires intérieures musulmanes d'un bout à l'autre du monde. Ils se sont convaincus que la seule manière de mettre un terme à l'influence américaine était celle choisie par Al-Qaïda, c'est-à-dire la lutte armée et les attentats. À présent, chaque composant d'Al-Qaïda est autonome. Quiconque trouve une occasion de commettre un attentat se lance. Chacun décide, qu'il ait ou non prêté allégeance à Ben Laden.

S'il meurt, je pense qu'il sera un symbole pour tous ceux qui l'ont suivi, surtout s'il est assassiné. Ce sera une idole pour tous ceux qui croient en ses idées. Il les inspirera à suivre ses traces. Sa mort aura pour effet de susciter un enthousiasme et d'encourager ceux qui veulent le suivre dans le martyre.

S'il est arrêté, ce sera peut-être un peu différent. Cela pourrait provoquer une grande défaite psychologique au sein du groupe et du monde musulman.

Khalid Khawaja est l'ancien officier des forces aériennes pakistanaises qui a combattu avec Ben Laden en Afghanistan en 1987[7].

Il ne sera jamais pris. Ce n'est pas Saddam Hussein, c'est Oussama. Il adore la mort. Ben Laden a joué son rôle. Oussama a réveillé le Ben Laden endormi.

Jamal Ismaïl, journaliste palestinien basé au Pakistan, a rencontré plusieurs fois Ben Laden depuis 1984[8].

Si Ben Laden est tué, aucune personnalité ne sera assez charismatique pour le remplacer. Ayman Al-Zawahiri est un intellectuel, pas un chef, et la direction est de toute façon convoitée par d'autres Égyptiens. Personne ne pourra égaler Ben Laden.

Sa mort sera mille fois plus importante pour le mouvement djihadiste que celle en 1966 de l'idéologue djihadiste égyptien Sayyid Qutb, à cause de l'évolution des technologies de l'information.

Montasser Al-Zayyat est l'avocat égyptien qui a fait la connaissance d'Ayman Al-Zawahiri alors qu'ils étaient tous les deux

détenus à la suite de l'assassinat du président égyptien Anouar el-Sadate en 1981. En 2002, Al-Zayyat a écrit *La Route d'Al-Qaïda*, biographie critique de Al-Zawahiri, dont proviennent ces extraits[9].

Le point de désaccord entre islamistes, et particulièrement entre Zawahiri et moi, était la manière de traiter avec la superpuissance mondiale. Le désir de Ben Laden de se venger sans se soucier de la réaction américaine et internationale, ainsi que des conséquences sur l'avenir des mouvements islamistes du monde entier, a donné aux Américains et aux autres gouvernements la possibilité d'anéantir les islamistes sous nos yeux. Les islamistes d'Afghanistan ne sont pas tous liés à Ben Laden ou Al-Qaïda et certains sont même en désaccord avec l'homme et ses idées.

L'attitude de Ben Laden et de Al-Zawahiri a été très critiquée par de nombreux islamistes en Égypte et à l'étranger. Certains m'ont contacté pour déplorer les conséquences des attentats du 11 septembre et le fait qu'on ignore si les chefs d'Al-Qaïda en étaient responsables. Beaucoup d'islamistes, y compris les faucons et ceux qui sont partisans de l'usage de moyens pacifiques, se sont opposés aux tentatives de Al-Zawahiri pour lier les islamistes égyptiens à Ben Laden. Les faucons pensaient que la guerre américaine en Afghanistan avait détruit tout espoir pour les islamistes exilés de rentrer en Égypte combattre le gouvernement. Dans le monde post 11 septembre, aucun pays ne peut se permettre d'abriter les ennemis des États-Unis.

Rahimullah Yusufzai, l'un des plus éminents journalistes pakistanais, a interviewé Ben Laden à deux reprises à la fin des années 1990[10].

Selon moi, Ben Laden se voit comme un homme prêt à sacrifier sa vie pour ses croyances. Il aimerait se battre, devenir un martyr. Il ne se rendra pas. Je pense qu'il ne se laissera pas capturer et traduire devant un tribunal à New York, et c'est pourquoi je suis convaincu qu'il se battra jusqu'au bout. Il sera bien plus populaire pour de nombreux musulmans une fois devenu un martyr, parce que Ben Laden sera plus puissant mort que vivant.

Abu Mussab Al-Suri, un associé de longue date de Ben Laden, affirme que les attentats du 11 septembre ont causé beaucoup de tort au mouvement djihadiste [11].

Le statut du peuple islamique a changé après les événements du 11 septembre. Nous sommes à un stade où Américains et Européens, ainsi que leurs amis juifs, ont pris le premier rôle. Certaines affaires importantes, conséquences du 11 septembre, ont eut un effet négatif sur les musulmans.

L'Amérique a détruit l'émirat islamique en Afghanistan, refuge des moudjahidin. Ils ont tué des centaines de moudjahidin qui défendaient l'émirat. Après quoi l'Amérique a capturé et emprisonné plus de 600 djihadistes de différents pays arabes et du Pakistan. Le mouvement du djihad a connu son essor dans les années 1960, s'est poursuivi jusque dans les années 1980, culminant avec la création de l'émirat islamique d'Afghanistan, mais a été anéanti après le 11 septembre.

Le règne de Clinton s'est terminé avec l'élection de Bush, fils du premier Bush qui a entamé sous son règne la croisade contre les musulmans. C'est ce qui a entraîné l'essor des chrétiens extrémistes et du mouvement des néoconservateurs. Ils ont commencé à faire avancer impunément leurs idées, croyances et projets. Et ils ont annoncé que l'Amérique était l'héritière de l'Empire romain et qu'elle allait prendre sa place dans l'histoire et l'avenir. L'Amérique a utilisé sa guerre contre le terrorisme pour justifier l'anéantissement du réveil islamique.

Saad Al-Fagih, ancien chirurgien en Arabie Saoudite, dirige un groupe d'opposition saoudien à Londres [12].

Je pense que l'influence d'Al-Qaïda est maintenant immense dans le monde musulman et arabe. Ce que les dirigeants américains ont fait après le 11 septembre est revenu à mettre en place ce que désirait Ben Laden. C'est-à-dire organiser une vaste campagne contre les musulmans.

Noman Benotman est ce Libyen qui a combattu avec Al-Qaïda en Afghanistan au début des années 1990 [13]**.**

Le 11 septembre a détruit 95 pour cent de l'organisation existante. Les États-Unis sont directement impliqués dans cette guerre. L'organisation n'existe plus.

À mon avis, Ben Laden est maintenant réduit à la tactique et non plus à la stratégie. Il s'agit toujours de tuer, abattre, détruire, bombarder, en Afghanistan, en Irak, et maintenant en Amérique et en Europe. On ne peut pas discuter avec ces gens. Pour eux, il n'y a que tuer et se sacrifier.

De mon point de vue, Ben Laden lui-même et son groupe ne parviendront à rien. Ils ne réussiront pas à obtenir ce qu'ils demandent et la crédibilité de Ben Laden diminue au lieu d'augmenter. Ce qui augmente, ce sont les occurrences de sa nouvelle tactique : les attentats-suicides.

Dans les années 1970 et 1980, et jusque dans les années 1990, tous ces groupes djihadistes n'ont pas réussi à renverser les gouvernements. C'est ce que je me suis dit. Je l'ai confié à Al-Zawahiri : « Nous avons échoué. Tous les mouvements djihadistes ont échoué parce que nous ne pouvons pas enrôler le peuple. » C'est aussi simple que cela. Ce sont les règles de la guerre, surtout de la guérilla. Je pense que le père spirituel de tout cela est Mao. Voilà la théorie, c'est très simple, c'est Mao. Nous n'avons pas réussi à enrôler le peuple.

Dans son autobiographie, *Chevaliers sous la bannière du Prophète,* publiée en décembre 2001, Al-Zawahiri reconnaît qu'Al-Qaïda n'a pas suscité l'adhésion des masses [14]**.**

Le mouvement djihadiste doit se rapprocher des masses. Nous devons gagner leur confiance, leur respect et leur adhésion. Les gens ne nous aimeront que s'ils sentent que nous les aimons, que nous nous occupons d'eux et que nous sommes prêts à les défendre.

La nation musulmane ne participera pas si les slogans des moudjahidin ne sont pas compris par ses masses. L'unique slogan qui a été bien compris et auquel la nation musulmane a répondu ces cinquante dernières années est l'appel au djihad contre Israël. Il doit être reconnu que c'est la question palestinienne qui a enflammé la nation musulmane, du Maroc jusqu'à l'Indonésie, durant cette période. En outre, c'est un point de ralliement pour tous les Arabes, qu'ils soient ou non croyants.

En marge de ce slogan, la nation musulmane a favorablement réagi à l'appel au djihad contre les Américains.

C'est un combat d'idéologies, une lutte pour survivre et une guerre sans trêve. Plus encore, c'est un objectif qu'il faudra plusieurs générations pour atteindre. Les croisés en Palestine et en Syrie ne sont partis qu'après deux siècles de djihad continu au Moyen Âge. Les Français ont occupé l'Algérie pendant plus d'un siècle.

Aux États-Unis, Ben Laden est couramment perçu comme un avatar de l'« islamofascisme » ou simplement comme un criminel. Bien sûr, si Ben Laden est certes l'instigateur de bien des crimes, c'est un personnage bien plus complexe que ne le laissent entendre ces caricatures. Selon moi, Ben Laden est un acteur politique habile qui a entrepris une guerre religieuse profondément sincère contre l'Occident.

Ben Laden, comme certains de ses prédécesseurs, a adopté le terrorisme comme choix rationnel pour se rapprocher de certains objectifs politiques et comme raccourci pour transformer le paysage politique. Ainsi, après la Seconde Guerre mondiale, le futur Premier ministre israélien Menahem Begin et son organisation, l'Irgoun, ont mené une campagne terroriste contre des cibles britanniques en Palestine pour hâter le départ des Anglais – stratégie qui s'est révélée fructueuse. L'organisation de Ben Laden a tué des milliers de personnes, alors que les victimes de l'Irgoun se sont chiffrées à quelques vingtaines, mais le recours au terrorisme est motivé par le même choix stratégique : c'est une arme qu'utilisent les faibles contre les forts. Ben Laden espère que sa cam-

pagne terroriste contre les États-Unis parviendra enfin à renverser la dynastie des Saoud.

Les convictions religieuses de Ben Laden sous-tendent ses objectifs politiques. Comme les interviews de ce livre le font clairement apparaître, dès son plus jeune âge, Ben Laden était profondément religieux, attitude peu commune pour un adolescent dans le milieu conservateur de l'Arabie Saoudite des années 1970.

Son expérience de lutte contre les Soviétiques en Afghanistan lui a donné confiance dans ses convictions religieuses. Selon lui, une superpuissance avait été vaincue par des musulmans à peine armés et mus par leur seule foi. Cette expérience a également fait de lui un chef, sûr de sa capacité à mener les hommes à la bataille.

Ben Laden a mis ses convictions religieuses au service d'un programme politique qui présente un caractère révolutionnaire – renverser les Saoud –, et anticolonial – mettre fin à l'influence occidentale, et particulièrement américaine, dans la péninsule arabe, puis à terme dans tout le Moyen-Orient et le monde musulman en général.

Au cours des dernières années, Al-Qaïda a évolué en une idéologie, un « benladénisme » qui peut être résumé comme une opposition farouche aux politiques occidentales au Moyen-Orient et une volonté d'instauration de la loi islamique, la charia, dans tout le monde musulman. Cette idéologie a bénéficié d'un retentissement planétaire grâce à la large diffusion des multiples déclarations de Ben Laden après les attentats du 11 septembre. En outre, Internet a eu un effet amplificateur pour toutes les idées d'Al-Qaïda. À présent, il n'est plus nécessaire de se rendre en Afghanistan et de s'asseoir aux pieds des dirigeants de l'organisation pour recevoir une formation au terrorisme. S'engager dans le djihad n'est qu'à un clic de souris.

Le benladénisme ne séduira jamais les masses comme d'autres idéologies destructrices de l'époque moderne, comme le communisme, mais il jouit sans conteste aujourd'hui d'un soutien plus large que le socialisme civil arabe qui a régné sur la plus grande partie du Moyen-Orient au cours des dernières décennies. Et cela signifie que nous avons à peine commencé la guerre contre Al-Qaïda et ses affiliés, car des milliers d'hommes désabusés et sous-employés du monde musulman continueront d'épouser l'antioccidentalisme violent de Ben Laden.

Je rédige ces lignes plus de quatre ans après les attentats

du 11 septembre et revenir sur le passé soulève une question évidente : dans quelle mesure le projet de refonte du monde musulman de Ben Laden a-t-il été un succès ? Pour l'instant, cela a été une sorte de faillite. Les armées américaines occupent désormais à la fois l'Afghanistan et l'Irak. Alors que leurs effectifs ont été notablement réduits en Arabie Saoudite, elles demeurent fermement implantées dans d'autres parties de la Péninsule comme le Qatar, Bahreïn et le Koweït. Le mariage de raison entre Arabie Saoudite et États-Unis a été mis à mal après le 11 septembre et l'annonce que quinze des dix-neuf pirates des attentats étaient des Saoudiens, mais à présent, alors que le prix du pétrole augmente et que le gouvernement saoudien s'engage dans une lutte longtemps remise au lendemain contre les extrémistes, cette alliance semble plus solide que jamais. Et la plupart des gouvernements musulmans du monde se mettent en quatre pour coopérer avec les États-Unis dans la guerre contre le terrorisme.

Le 11 septembre pourrait-il finalement constituer le dernier sursaut des islamistes radicaux ? En 1992, l'universitaire français Olivier Roy a publié un livre capital, *L'Échec de l'islam politique*, dans lequel il avançait que l'islam politique avait atteint son apogée avec la révolution khomeyniste en Iran en 1979 et était en déclin depuis lors [15]. Un autre éminent universitaire français, Gilles Kepel, développait plus loin cette thèse un an avant le 11 septembre dans *Jihad : Expansion et déclin de l'islamisme*, en posant l'argument irréfutable que les États islamistes comme le Soudan ou l'Afghanistan des talibans s'étaient révélés de lamentables échecs [16].

Curieusement, cette opinion est implicitement ou explicitement soutenue par un ensemble de militants islamistes et djihadistes présentés dans ce livre, qui déplorent le 11 septembre pour diverses raisons : les attentats n'avaient aucune justification islamique ; ils ont anéanti les talibans et réveillé le géant américain assoupi, qui est parti en campagne contre les islamistes du monde entier, y compris en Tchétchénie et au Cachemire, zones de conflits que le gouvernement américain tendait à considérer jusqu'alors comme des luttes nationalistes légitimes.

Comme nous l'avons appris à nos dépens ces dernières années, nombre d'informations « secrètes » sont fausses, alors que des informations publiques – par exemple, les appels répétés de Ben Laden aux attentats contre les États-Unis avant 2001 – sont trop souvent négligées. Le 11 septembre nous aura notamment appris que nous devrions accorder plus d'attention à ce que disent réellement les djihadistes. Et ce qu'ils disent du 11 septembre, c'est que les attentats ont peut-être été une victoire tactique, mais qu'ils étaient un désastre stratégique en provoquant la perte de l'Afghanistan comme base et en amorçant la campagne des États-Unis pour faire incarcérer les membres des mouvements djihadistes autour du monde.

C'est pourquoi les militants islamistes ont été heureux de la décision de l'administration Bush d'envahir l'Irak. Sans cette guerre, leur mouvement, assailli de l'extérieur et fragmenté en interne, aurait implosé peu ou prou un an après le 11 septembre. Pour l'heure, Ben Laden surfe sur la vague des revers américains en Irak et l'allégeance que lui a prêtée l'insurgé clé irakien, Abu Mussab Al-Zarqaoui en reconnaissant la primauté d'Al-Qaïda dans le mouvement djihadiste. Mais le grand projet de Ben Laden, déclencher un choc des civilisations entre l'Occident et le monde musulman – conflit qu'il est convaincu de gagner –, a été un échec.

Al-Zawahiri déplorait dans sa biographie de 2001, *Chevaliers sous la bannière du Prophète*, que les masses n'aient pas adhéré à Al-Qaïda. Et cela bien que Ben Laden jouisse d'une grande popularité personnelle dans le monde musulman pour s'être dressé contre les États-Unis. Dans un passage cité dans ce chapitre, Zawahiri explique : « Le mouvement djihadiste doit se rapprocher des masses. Nous devons gagner leur confiance, leur respect et leur adhésion. » Mais ce ne sera pas possible alors que tout musulman sait que tuer des civils est explicitement interdit par le Coran et qu'Al-Qaïda ne présente aucune vision positive du monde qu'il veut créer, en dehors de vagues références à la restauration du califat.

Al-Qaïda est contre beaucoup de choses – la politique américaine au Moyen-Orient, Israël, le rôle de l'Inde au Cachemire et de la Russie dans la guerre de Tchétchénie – mais n'a formulé aucune vision du monde qu'elle souhaitait créer. L'Afghanistan des talibans est le type même de société utopique qu'Al-Qaïda semble vouloir imposer au reste du monde islamique. Ce n'est pas une vision gagnante de l'avenir pour la vaste majorité des musulmans du monde. En attendant, Ben Laden et les autres dirigeants d'Al-Qaïda semblent s'être acculés eux-mêmes à une

stratégie qui n'est qu'un appel à l'augmentation de la violence. Comme l'observe Noman Benotman dans ce chapitre, c'est un exemple de la tactique qui prend le pas sur la stratégie. Et si je devais écrire une épitaphe pour Ben Laden, je dirais que c'était un homme dont les tactiques violentes sont devenues l'unique stratégie.

Oussama Ben Laden, dans son testament rédigé en décembre 2001 [17].

Loué soit Allah et la paix soit sur le maître des messagers, sa famille et ses compagnons. Nous demandons Son pardon, Ses conseils et Sa protection pour nos péchés et nos mauvaises actions. Nous prions Allah, qu'Il soit loué et glorifié, de nous accepter avec les martyrs et les vertueux parmi Ses adorateurs et qu'Il nous fasse mourir en musulmans.

Annexe A

OÙ SONT-ILS ?

Abbasi, Feroz Ali : Après avoir été libéré de Guantánamo en janvier 2005, il est retourné au Royaume-Uni.

Adel, Sauf Al : L'ex-commandant militaire d'Al-Qaïda est actuellement en résidence surveillée en Iran.

Anas, Abdullah : Fondateur du Front islamique du salut algérien, qui a siégé à son comité exécutif jusqu'en 1996. Réside à Londres.

Atef, Muhammad [Abu Hafs] : Tué lors d'une frappe aérienne en Afghanistan en novembre 2001.

Atwan, Abdel Bari : Rédacteur en chef du quotidien *Al-Quds Al-Arabiya* et fréquemment invité sur les chaînes arabophones et anglophones.

Awdah, Cheikh Salman Al : Libéré des prisons saoudiennes en 1999. En novembre 2004, Al-Awdah a signé une fatwa avec vingt-cinq autres religieux contre l'occupation américaine en Irak.

Azzam, Hutaifa : Réside en Jordanie, où il achève son doctorat de littérature arabe à l'université. Il est également négociant en voitures, téléphones et fruits secs.

Banjshiri, Abu Ubaidah Al : Décédé dans un accident de ferry sur le lac Victoria au Kenya en 1996.

Batarfi, Khalid : Réside à Djedda, en Arabie Saoudite, où il est directeur exécutif du quotidien conservateur *Al-Madinah*. Il tient également une rubrique hebdomadaire pour le magazine anglophone *Arab News*.

Benotman, Noman : Établi à Londres, où il dirige le Forum libyen pour le développement humain et politique, organisation visant à renverser le dictateur libyen Kadhafi.

Ben Laden, Oussama : En fuite.

Ben Laden, Bakr Mohammed : Continue de diriger l'entreprise familiale de bâtiment.

Binalshibh, Ramzi : Capturé en septembre 2002 à Karachi, au Pakistan, est à présent détenu par les États-Unis dans un lieu non communiqué.

Deras, Essam : En retraite, réside au Caire.

Fadl, Jamal Al : Réside aux États-Unis dans le cadre du programme de protection des témoins.

Fayçal, prince Turki Al : A démissionné des services de renseignements saoudiens dix jours avant le 11 septembre. En 2002, a été nommé ambassadeur d'Arabie Saoudite au Royaume-Uni. En septembre 2005, a été nommé ambassadeur d'Arabie Saoudite aux États-Unis.

Fauwaz, Khalid Al : Arrêté à Londres en 1998 pour extradition aux États-Unis au motif de complicité dans les attentats sur les ambassades américaines en Afrique la même année. Est actuellement détenu en Grande-Bretagne et a fait appel de la demande d'extradition.

Fouda, Yosri : Journaliste investigateur en chef d'Al-Jazira et directeur du bureau de Londres.

Fyfield-Shayler, Brian : En retraite, demeure dans le Devon, au sud de l'Angleterre.

Ghanen, Alia : Réside à Djedda, en Arabie Saoudite, dans le quartier où a grandi Ben Laden.

Haqqani, Jalaluddin : Chef militaire des talibans. En fuite en Afghanistan ou au Pakistan.

Hawali, Cheikh Safar Al : Libéré des prisons saoudiennes en 1999. Est actuellement secrétaire général de la Campagne globale anti-agression, organisation anti-américaine fondée en réaction à l'invasion de l'Irak menée par les États-Unis.

Hekmatyar, Gulbuddin : Après la prise de Kaboul par les talibans en 1996, a fui en Iran, où il a aidé par la suite les membres d'Al-Qaïda à se réorganiser après l'offensive américaine en Afghanistan. Il serait en Afghanistan, dans un lieu indéterminé.

Ismaïl, Faraj : Correspondant du magazine *Al-Majallah* au Caire.

Ismaïl, Jamal : Dirige une société de production télévisuelle à Islamabad, au Pakistan.

Jandal, Abu : Réside à Sanaa, capitale du Yémen, soumis à des mesures de restriction de déplacement par le gouvernement. En 2004-2005, a donné de nombreuses interviews au quotidien *Al-Quds Al-Arabiya.*

Jouvenal, Peter : Réside à Kaboul, où il dirige le Gandamack Lodge, meilleur hôtel de la ville, où a séjourné l'une des épouses de Ben Laden jusqu'en juin 2001.

Julaidan, Wael : A quitté le Pakistan en 1994 pour retourner en Arabie Saoudite, où il a travaillé pour l'entreprise d'immobilier familiale. A joué un rôle important dans les efforts d'assistance saoudiens aux Bosniaques du milieu à la fin des années 1990. Le département du Trésor américain a gelé ses actifs en septembre 2002 et l'ONU l'a désigné comme financier du terrorisme, ce qu'il nie énergiquement.

Khalifa, Jamal : Aide son frère à gérer un restaurant de poissons très apprécié, le Sultana, dans la banlieue de Djedda, et organise des séminaires de motivation.

Khashoggi, Jamal : Est devenu rédacteur en chef adjoint d'*Arab News* et, après le 11 septembre, conseiller médias du prince Turki Al-Fayçal, qui a ensuite été ambassadeur d'Arabie Saoudite auprès du Royaume-Uni et est actuellement ambassadeur aux États-Unis.

Khawaja, Khalid : Réside à Islamabad. Défend les détenus pakistanais de Guantánamo et est affilié au parti islamiste d'Imran Khan, célèbre joueur de cricket devenu politicien.

Kherchtou, L'Houssaine : Aux États-Unis, dans le cadre du programme de protection des témoins.

Malik, Malika : Réside en Suisse. N'est pas autorisée à quitter le pays.

Massoud, Ahmad Shah : Assassiné le 9 septembre 2001 par deux des hommes de Ben Laden.

Miller, John : En septembre 2005, a commencé à travailler pour le siège du FBI à Washington comme directeur adjoint aux affaires publiques. Auparavant, a été pendant deux ans chef de la division antiterroriste de la police de Los Angeles.

Mir, Hamid : Chef du bureau d'Islamabad de la chaîne privée Geo TV au Pakistan. Est également l'animateur d'une émission politique très appréciée. Doit publier une biographie de Ben Laden.

Mohammed, Ali : Arrêté en 1998. Témoin du gouvernement américain dans le cadre d'une négociation d'aveux.

Mohammed, Khalid Cheikh : Détenu par les États-Unis dans un lieu non communiqué.

Modjeh, Vahid : Porte-parole de la Cour suprême afghane.

Muttawakil, Wakil Ahmad : S'est rendu aux autorités militaires américaines à la base aérienne de Kandahar en 2002. Libéré en 2004. En mai 2005, a appelé les talibans à discuter avec le gouvernement d'Hamid Karzai.

Omar, Mollah Mohammed : Après la chute des talibans, a pris la fuite et serait quelque part en Afghanistan, peut-être en Uruzgan, sa province natale.

Qatada, Abu : En résidence surveillée à Londres. Il a attaqué la décision des Britanniques de l'expulser en Jordanie, son pays natal.

Rahman, Cheikh Omar Abdel : Emprisonné aux États-Unis depuis 1993.

Ridi, Essam Al : Résidait au Texas avant les attentats du 11 septembre. Résidence actuelle inconnue.

Rushdi, Oussama : A quitté le Pakistan pour les Pays-Bas en 1993, puis Birmingham, en Angleterre, en 2003. Membre actif de groupes opposés au gouvernement d'Hosni Moubarak en Égypte.

Sanoussi, Ibrahim Al : Réside à Khartoum, au Soudan.

Surayhi, Abd-Rabbuh Al : Libéré par le gouvernement saoudien en novembre 2001 après une peine de six ans de prison.

Suri, Abu Mussab Al : Arrêté au Pakistan en novembre 2005.

Turabi, Hassan Al : Candidat malheureux contre Omar Bashir à l'élection présidentielle de 1999 au Soudan. Placé en résidence surveillée entre

2001 et 2003 et détenu de 2004 à 2005. Relâché en juillet 2005, il réside au Soudan.

Yussef, Ramzi : Arrêté au Pakistan en 1995 et détenu à la prison « Supermax » de Florence, dans le Colorado.

Yusufzai, Rahimullah : Chef du bureau du quotidien *The News* de Peshawar, au Pakistan.

Zaidan, Ahmad : Chef du bureau de la chaîne de télévision Al-Jazira à Islamabad.

Zarqaoui, Abu Mussab Al : En fuite en Irak.

Zawahiri, Ayman Al : Actuellement en Afghanistan ou au Pakistan, il a rendu publique une série d'enregistrements vidéo pour le compte d'Al-Qaïda, dont celui revendiquant les attentats de Londres du 7 juillet 2005.

Zayyat, Montasser Al : Continue d'exercer au barreau du Caire.

Annexe B

LE CLAN BEN LADEN

La famille Ben Laden étant très secrète et l'Arabie Saoudite une société fermée, l'information fournie ici n'est pas aussi fiable que pour une famille d'affaires analogue aux États-Unis. Comme précisé dans l'introduction, à cause des décalages entre les calendriers occidental et islamique, certaines dates diffèrent d'un an ou plus. En outre, les fondamentalistes saoudiens ne fêtant pas les anniversaires, l'âge d'une personne est parfois imprécis. Cela ayant été posé, voici des informations sur la famille de Ben Laden.

MOHAMMED BEN LADEN, PÈRE [1908-1967]

Mohammed était l'arrière-petit-fils de Salim Ben Laden, petit-fils d'Abud Ben Laden et fils d'Awad Ben Laden. Mohammed est né en 1908 dans le village de Rubat, dans l'Hadramaout, actuellement province sud-est du Yémen. À son arrivée en Arabie Saoudite en 1930, Mohammed a travaillé comme porteur pour les pèlerins de Djedda, avant de fonder son entreprise de bâtiment, le Saudi Binladin Group [SBG], et d'en faire l'une des premières entreprises de la région. En 1951, il récupère le contrat de construction de la route reliant Djedda à Médine, dont une entreprise anglaise, Thomas Ward of Sheffield, a demandé à être libérée pour avoir sous-estimé les difficultés techniques [1]. Mohammed Ben Laden fonde ensuite la Binladin Organization Marble Factory et devient le plus grand entrepreneur en bâtiment d'Arabie Saoudite. Mohammed construit également la route de Djedda à Taif, résidence d'été du roi Abdel Aziz. Mohammed Ben Laden est mort dans un accident d'avion en Arabie Saoudite en 1967 à l'âge de cinquante-neuf ans [2]. Il a épousé une vingtaine de femmes et eu au moins vingt-cinq fils et vingt-neuf filles [3].

ALIA GHANEM, MÈRE

Alia Ghanem, d'origine syrienne, est la mère d'Oussama Ben Laden, son unique enfant avec Mohammed, né en 1957. Alia Ghanem vient de Latikia, une ville balnéaire de Syrie, que le Saudi Binladin Group a contribué à développer. Mohammed et elle divorcent peu après la naissance d'Oussama, et elle se remarie avec Mohammed Al-Atta, issu d'une vieille famille de négociants de Djedda, avec lequel elle aura trois fils et une fille. Après le remariage de sa mère, le jeune Oussama emménage dans le quartier de Musharifa, à Djedda, où sa mère vit encore aujourd'hui [4].

FRÈRES D'OUSSAMA BEN LADEN

Mohammed Ben Laden aurait eu au moins vingt-cinq fils. Salem, Ali, Bakr, Tariq, Hassan, Mahrous, Tabet, Khalid, Yeslam, Abdul Aziz, Ghalib, Isa, Ahmad, Omar, Muhammad, Abdullah, Oussama, Haidar, Hamza, Ibrahim, Yahia, Yasser, Khalil, Ibrahim et Tareg [5]. Ci-dessous suivent les notices biographiques de quelques-uns des plus importants.

Salem, fils aîné du patriarche Mohammed, est né vers 1945 à Djedda. Il est envoyé étudier au Royaume-Uni dans la prestigieuse pension Millfield. À la mort de son père, en 1967, Salem revient en Arabie Saoudite lui succéder comme chef de famille, position d'abord contestée par le deuxième fils d'une autre épouse, Ali [6]. Après la mort de son père, le SBG est mis sous tutelle du gouvernement saoudien et dirigé par Mohammed Baharith [7], un dirigeant très apprécié. Salem reprend les rênes de l'entreprise vers 1973 et s'attache à la redynamiser. Au début des années 1970, le SBG décroche le contrat de construction de la route Jizan-Djedda (643 km) [8]. Salem est décédé le 29 mai 1988 dans un accident d'avion à San Antonio, au Texas [9].

Ali est le deuxième fils de Mohammed Ben Laden et d'une autre épouse. Il fait ses études à Djedda et quitte l'Arabie Saoudite en 1974. Il réside actuellement à Paris.

Bakr Ben Laden est né en 1946 à La Mecque et est actuellement président du conseil d'administration du SBG et chef de la famille Ben Laden [10]. Bakr est diplômé de l'université de Miami, en Floride, en 1972 [11]. Il a également fréquenté la faculté de droit d'Harvard [12]. Il est décrit comme austère, sévère, mais courtois [13]. Dans les années 1970 et 1980, Bakr aurait travaillé étroitement avec son frère Salem à la direction du SBG [14]. En 1988, après le décès de Salem, il prend le contrôle du SBG. En avril 1994, il déshérite publiquement Oussama, que le gouvernement vient de déchoir de sa nationalité. Il est marié à Haifa, une Syrienne [15].

Omar Ben Laden est diplômé de l'université de Miami en 1974. Depuis 2001, il est président du SBG. On le dit religieux et conservateur [16].

Hassan Ben Laden est vice-président du SBG et habite à Djedda.

Yeslam Ben Laden est né vers 1950 [17]. Il réside à Genève, en Suisse, dont il a la nationalité. Il fait ses études à Beyrouth dès l'âge de six ans, puis en Suède et en Angleterre [18]. Il épouse Carmen en 1974. Le couple entame une procédure de divorce en 1988. Entre 1974 et 1976, il fréquente l'université de Californie du Sud et établit des contacts commerciaux avec les États-Unis. À son retour à Djedda en 1976, il joue un rôle prépondérant dans la restructuration financière du SBG [19]. Il fonde également ses propres entreprises à Djedda et en Suisse dans les années 1980, notamment la SICO,

Saudi Investment Company, basée à Genève[20]. En 2004, Yeslam lance une entreprise de parfums, Yeslam[21]. Selon son ex-femme Carmen, sa fortune atteignait, dans les années 1980, 300 millions de dollars[22].

Yahia Ben Laden est né en 1955 et fait partie de la génération des aînés. Il devient vice-président du conseil d'administration du SBG en 2001. Il possède des intérêts dans le bâtiment, les télécommunications et l'édition en Arabie Saoudite. Il possède également des parts d'Hybridions, une entreprise biomédicale de Cambridge, dans le Massachusetts[23].

Abdullah Ben Laden, l'un des plus jeunes fils de Mohammed Ben Laden, est né vers 1967[24]. Il est diplômé de la faculté de droit de Harvard et résidait à Boston à l'époque du 11 septembre. Sa dernière entrevue avec son frère Oussama remonte aux obsèques de Salem en 1988[25].

SŒURS D'OUSSAMA BEN LADEN

Étant donné l'extrême secret entourant la famille en Arabie Saoudite, notamment en ce qui concerne les femmes, la liste des filles est incomplète. Mohammed Ben Laden aurait eu vingt-neuf filles, dont Aisha, Sheika, Regaih, Fawzia, aTaiba, Najia, Randa et Rafa.

ÉPOUSES D'OUSSAMA BEN LADEN

Première épouse : Najwa Ghanem, Um Abdallah, mère d'Abdallah. Ben Laden épouse Najwa vers 1974 à l'âge de dix-sept ans dans la ville balnéaire de Latikia, en Syrie. Najwa est sa cousine, fille du frère de sa mère. Carmen Ben Laden, qui l'a connue dans les années 1970, la décrit comme « humble, soumise, très religieuse et constamment enceinte ». Elle accompagne Oussama au Soudan et en Afghanistan. Selon Abu Jandal, l'un des gardes du corps d'Oussama, elle quittera l'Afghanistan avant le 11 septembre pour ne jamais y retourner[26]. Selon Hataifa Azzam, elle réside actuellement à Damas avec l'un de ses fils, Abdel Rahman[27].

Um Ali, mère d'Ali. Issue de la famille Sharif, selon le beau-frère de Ben Laden Jamal Khalifa[28]. Alors qu'elle séjourne au Soudan avec son mari, Um Ali demande le divorce au prétexte qu'elle ne supporte plus cette existence difficile. Oussama accepte[29]. Elle rentre en Arabie Saoudite avec Ali, son fils, et une fille.

Um Khalid, mère de Khalid. Elle est la sœur de l'un des compagnons de djihad de Ben Laden, qui l'a offerte en mariage à Oussama. Très cultivée, elle possède un doctorat en droit islamique. Elle serait en Afghanistan avec son mari[30].

Um Hamza, mère d'Hamza. Issue de la famille Sabar, selon Jamal Khalifa. Elle possède un diplôme d'arabe. A également accompagné Oussama en Afghanistan.

Amal Al-Saddah (plus jeune épouse). Amal, Yéménite, a dix-sept ans lorsque Oussama l'épouse en 2000. Le garde du corps d'Oussama, Abu Jandal, a apporté un douaire de 5 000 dollars à la famille d'Amal au Yémen et organisé le voyage jusqu'en Afghanistan. Le mariage a lieu à Kandahar, en présence des enfants et autres épouses d'Oussama [31]. Elle porte la fille d'Oussama lorsqu'elle quitte l'Afghanistan au début de l'offensive américaine à la fin de l'année 2001, probablement celle qui sera nommée Safia. Selon certaines sources, Amal Al-Sadah serait retournée au Yémen.

ENFANTS D'OUSSAMA BEN LADEN

Selon Abu Jandal, ancien garde du corps de Ben Laden, à la date de l'an 2000, Oussama avait onze fils, dont neuf étaient en Afghanistan. Abdallah et Ali ne résidaient pas en Afghanistan à l'époque [32].

Abdallah est l'aîné de la première femme d'Oussama, Najwa. Né à la fin des années 1970, il laisse Oussama au Soudan pour rentrer en Arabie Saoudite en 1995, n'appréciant pas l'existence pénible dans le pays [33]. En octobre 2001, Abdallah, qui préfère être appelé Abdallah Ladin, a évalué ainsi devant la London Press Association les chances de survie de son père : « L'Amérique et l'Angleterre ne retrouveront jamais mon père. Il s'est fondu dans le paysage [34]. »

Abdul Rahman est un autre fils de la première épouse d'Oussama, Najwa. Il résiderait à Damas avec sa mère [35].

Omar est né vers 1982-1983 et, comme son frère Abdallah, réside en Arabie Saoudite [36].

Muhammed a épousé la fille d'Abu Hafs Al-Masri à Kandahar en janvier 2001.

Khalid et Hamza sont deux autres fils sur lesquels nous disposons de peu d'informations.

Saad est le fils de Najwa Ghanem, première épouse. Il a une vingtaine d'années et demeure en Iran en résidence surveillée. Bien que son rôle au sein d'Al-Qaïda soit très controversé, beaucoup s'accordent à le considérer comme un acteur de premier plan. Il est spécialiste des ordinateurs et parle couramment anglais [37].

Ali est né vers 1982. Abdel Bari Atwan, rédacteur en chef palestinien du quotidien *Al-Quds Al-Arabiya* déclare avoir rencontré Saad et Ali, qui jouaient à la Nintendo à Jalalabad en novembre 1996, à l'âge de treize et quatorze ans [38].

Osman était garde du corps de son père lorsque Jamal Ismaïl l'a interviewé pour Al-Jazira en 1998 [39].

Uthman aurait fui Tora Bora avec Ayman Al-Zawahiri, selon Abdallah Tabarak, chauffeur de Ben Laden [40].

Annexe C

LES AFFAIRES FAMILIALES DES BEN LADEN

Les informations suivantes sur le Saudi Binladin Group proviennent de son site Web à la date de l'été 2001, avant qu'il soit déconnecté aux alentours du 11 septembre.

BINLADIN GROUP INTERNATIONAL

Comité exécutif

Bakr M. Ben Laden, Ingénieur	Président du conseil d'administration
Yahia M. Ben Laden, Ingénieur	Vice-président du conseil d'administration
Omar M. Ben Laden, Ingénieur	Président
Hasan M. Ben Laden	Vice-président
Abu Bakr S. Al-Hamed	Directeur exécutif

Division Aéroports & Bâtiments publics

Ahmad M. Ben Laden	Directeur exécutif

Division Bâtiments spéciaux

Henry H. M. Sarkissian	Directeur exécutif

Division Projets industriels & Énergie

Mu'taz Sawwaf	Directeur exécutif

Division Architecture & Décoration

Abu Bakr Ben Ali Al-Akhdar, Ingénieur	Directeur exécutif

Division Pétrole, Chimie & Mines

Safiq M. Ben Laden	Membre du conseil d'administration
Hagop Boyadjian	Membre du conseil d'administration
Tahsin Jarrah	Membre du conseil d'administration

PROJETS ENTREPRIS PAR LE BINLADIN GROUP INTERNATIONAL À LA FIN DES ANNÉES 1990 :

Aéroport international du Caire : Agrandissement et rénovation des pistes existantes et construction de nouvelles pistes. Nouveau système d'éclairage des pistes.

Projet Al-Rehab, Phase 1, Le Caire : Il s'agit de 28 villas de six types et de 249 immeubles résidentiels de cinq types. La phase 1 du développement de cette nouvelle banlieue du Caire comprendra également des écoles et des bâtiment municipaux et commerces.

Aéroport international de Kuala Lumpur : Construction des tabliers et pistes transversales, est et ouest, ainsi que de dessertes de service, égouts et canalisations.

Mosquée Putra (Malaisie) : Conception et construction, avec tous les aménagements, à Putrjaya, Selangor, Darul Ehsan. Le projet comprend des routes d'accès et l'aménagement du paysage. La mosquée formera le cœur d'une nouvelle « ville dans la ville », comprenant bâtiments administratifs, commerces et constructions résidentielles proches de Kuala Lumpur.

Grand Hôtel Hyatt d'Amman : Hôtel cinq étoiles en centre-ville comprenant 313 chambres. Destiné aux voyageurs d'affaires et touristes, offrant restaurants, divertissements et salles de conférence en complément des chambres et bureaux du Hyatt International.

Centre Al-Faisaliah : SBG est également le constructeur du Centre Al-Faisaliah dans le centre de Djedda. Le centre est le deuxième bâtiment le plus élevé du pays. SBG a été choisi pour construire ce prestigieux immeuble par la fondation Fayçal, achevé le 1er avril 2000.

Projet IRIDIUM : SBG a également été partenaire du projet IRIDIUM lancé par Motorola au milieu des années 1990. Ce projet consistait dans le lancement et la gestion d'un réseau de satellites destiné à fournir des télécommunications mondiales pour divers types d'appareils, dont mobiles, bipeurs et cabines téléphoniques.

LE SITE WEB DU SBG MENTIONNAIT ÉGALEMENT LE SIÈGE DE L'ENTREPRISE AUX ÉTATS-UNIS, À ROCKVILLE, DANS LE MARYLAND

SBG International Offices
États-Unis
51, Monroe Street, Suite 1700
Rockville, MD 20850

NOTES

Introduction

1. Conférence de presse du président George W. Bush, Washington, le 13 mars 2002.

2. « A Year after Iraq War : Mistrust of America in Europe Ever Higher, Muslim Anger Persist » (« Un an après la guerre d'Irak, la méfiance envers l'Amérique continue d'augmenter en Europe, et la colère persiste chez les musulmans »), The Pew Global-Attitudes Project, 16 mars 2004.

3. « Views of a Changing World 2003 : War with Iraq Further Divides Global Publics » (« Visions d'un monde qui change : les divisions nées de la guerre d'Irak »), The Pew Global-Attitudes Project, 3 juin 2003.

4. Khalid Nasr, « Bin Laden's Wife Interviewed on Life with Him, His Mental State Before 11th September » (« Interview de la femme de Ben Laden sur sa vie avec lui et son état mental avant le 11 septembre »), *Al- Majallah* du 10 mars 2002.

5. Oussama Ben Laden, « Letter to America » (« Lettre à l'Amérique »), *The Guardian* du 24 novembre 2002.

1. L'Arabie

1. L'islam admet généralement qu'un homme ait quatre épouses à condition qu'elles soient traitées équitablement. Le Coran (sourate 4, verset 3) indique : « Si vous craignez d'être injustes pour les orphelins, épousez des femmes qui vous plaisent. Ayez-en deux, trois ou quatre, mais si vous craignez d'être injustes, une seule ou bien des esclaves, de peur d'être injustes. »

2. Saudi Binladen Group (SBG) : *http://binladen.com/history.htm.* Ce site ouvert le 30 octobre 2000 n'est plus opérationnel.

3. Voici ce qu'Allah vous enjoint au sujet de vos enfants : au fils, une part équivalente à celle de deux filles (sourate 4, verset 11).

4. Bin Laden Carmen, *Inside the Kingdom : My Life in Saudia Arabia*, Warner Books, New York, juillet 2004.

5. J'ai interviewé Jamal Khalifa les 6 et 9 septembre 2005 à Djedda. Il avait été arrêté en 1994 en Californie, alors qu'il se rendait aux Philippines. D'après les journaux de l'époque, on lui reprochait d'être en possession de manuels d'entraîne-

ment en langue arabe, et d'une liste de noms et de numéros de téléphone de personnes impliquées dans le terrorisme, dont Ramzi Youssef. Par la suite, le gouvernement philippin devait fournir aux États-Unis des preuves de l'implication de Khalifa dans des activités terroristes.

En 1995, Khalifa fut extradé vers la Jordanie, où il dut répondre de sa responsabilité dans des attentats contre des cinémas. Il fut acquitté. Il dirigeait aussi aux Philippines l'antenne de l'International Islamic Relief Organisation. Cet organisme humanitaire a été accusé de financer des opérations terroristes dans le monde.

Khalifa lui-même s'est vu reprocher de financer des mouvements terroristes aux Philippines, tels Abu Sayyef et le Moro Islamic Liberation Front. Il vit aujourd'hui en Arabie Saoudite (où il a été arrêté, puis rapidement relâché après les attentats du 11 septembre). Il affirme avoir été victime d'une campagne de diffamation. Le gouvernement américain ne l'a pas désigné comme un appui financier au terrorisme, et il ne semble pas qu'il soit sous le coup d'une inculpation aux États-Unis.

6. D'après des extraits de *Knights under the Prophet's Banner* publiés par *Al-Sharq Al-Awsat* en décembre 2001.

7. Bilal Books, Mumbai, 1998.

2. La guerre d'Afghanistan

1. « Return to Afghanistan » (« Retour en Afghanistan »), rapport de la Haute Commission des Nations unies sur les réfugiés, 11 octobre 2005.

2. Abdullah Azzam, *Defense of Muslim Lands, The Most Important Personal Duty* (« La Défense des terres musulmanes, le plus important des devoirs individuels »), ouvrage publié sous forme de plaquette par la Modern Mission Library, Amman, 1984.

3. J'ai interviewé Wael Julaidan à Djedda le 11 septembre 2005. Il a été désigné par l'administration américaine comme financier du terrorisme (voir à ce sujet la liste dressée par l'US Treasury Department Office of Foreign Assets Control Specially Designated Nationals, actualisée le 21 octobre 2005). Le 6 septembre 2000, les gouvernements américain et saoudien ont communiqué le nom de Wael Julaidan aux Nations unies pour obtenir le gel de ses avoirs dans le monde entier. Il vit actuellement en Arabie Saoudite et nie toute implication dans des activités terroristes.

4. Asne Seierstad, *Le Libraire de Kaboul*, Le Livre de Poche.

5. Basil Muhammad, *Al-Ansar Al-Arab fi Afghanistan* (« Les Volontaires arabes en Afghanistan »), The Committee for Islamic Benevolence Publications, 1991.

6. *USA versus Oussama Ben Laden*, témoignage d'Essam Al-Ridi, le 14 février 2001.

7. *USA versus Oussama Ben Laden*, témoignage de Jamal Al-Fadl, les 6, 7, 13 et 20 février 2001.

3. Du donateur au soldat de la guerre sainte

1. Mark Urban, *War in Afghanistan*, Macmillan, Londres, 1988 (p. 244).

2. Dans *Taliban : Islam, Oil and the Great Game in Central Asia*, J.B. Tauris Publishers, Londres, Ahmad Rashid estime que plusieurs milliers d'Arabes ont circulé en Afghanistan durant la guerre contre les Soviétiques ; néanmoins, d'après mes propres informations, les combattants arabes déployés sur le terrain n'ont jamais dépassé les quelques centaines.

3. Basil Muhammad, *op. cit.*

4. Hasin Al-Banyan, « Interview with Hassan Abd Rabbuh Al-Surahyi, the Arab Afghan Veteran », in *Al-Sharq Al-Awsat* du 25 novembre 2001. Al-Surhayi s'entraîna et combattit avec les moudjahidin en Afghanistan et fut témoin d'une des premières réunions d'Al-Qaïda à Peshawar en 1989. Il est l'ancien imam de la mosquée Ibn Baz de La Mecque. Il passa six mois en prison à Riyad avant de bénéficier du pardon royal en 2001.

5. Jamal Khashoggi, « Interview with Prince Turki Al-Fayçal », *Arab News* et MBC Television, les 4 et 9 novembre 2001.

6. Arundhati Roy, « The Algebra of Infinite Justice », *The Guardian*, 29 septembre 2001.

7. Extrait d'une lettre écrite par Michael Moore et parue sur son site Web : *www.michael-moore.com*, le 12 septembre 2001.

8. Pour plus d'informations sur cette unité, je recommande la lecture de l'ouvrage de Michael Scheuer, *Through Our Ennemies' Eyes : Oussama Ben Laden, Radical-Islam, and the Future of America*, Brassey's, Washington, 2002.

9. On trouvera plus de détails sur cette question dans mon livre intitulé *Holy War, Inc.*, dont le chapitre 3 est consacré aux opérations menées par la CIA pendant la guerre d'Afghanistan. Autre contribution, le livre de Steve Coll, *Ghost Wars : The Secret History of the CIA, Afghanistan, and bin Laden, from the Soviet Invasion to September 10, 2001*, Penguin Press, New York, 2004.

10. Je recommande à ce sujet l'article de Lawrence Wright dans le *New Yorker* du 16 septembre 2002 sous le titre : « The Man behind Ben Laden ».

11. Ce film vidéo fut diffusé sur CNN le 29 septembre 2001.

12. Pluto Press, Londres, 2004.

13. Il a été interviewé à Londres le 9 août 2005 par Paul Cruickshank.

14. Khalid Al-Hammadi, « Bin Laden Former Bodyguard Interviewed on Al-Qaïda Strategy » (« Interview de l'ancien garde du corps de Ben Laden sur la stratégie d'Al-Qaïda »), *Al-Quds Al-Arabiya*, 3 août 2004.

15. Ce témoignage est extrait de mes propres copies de transcriptions du tribunal.

16. Khalid Batarfi, « Interview with Alia Ghanem », *Mail on Sunday* du 23 décembre 2001.

4. La naissance d'Al-Qaïda

1. Département américain du Trésor, « Treasury Designates Benevolence International Foundation and Related Entities as Financiers of Terrorism », 19 novembre 2002.

2. Le dossier « Tareekh Osama » provient du Government's Evidentiary Proffer Supporting the Admissibility of Co-Conspirator Statements, *États-Unis contre Enaam Arnaout*, N° 02-CR-892 (North District Illinois, filed January 6, 2003). Certains de ces documents peuvent être consultés auprès du cabinet Motley Rice, principal représentant des familles des victimes du 11 septembre.

3. Voir l'article « Muslim Charity Director Pleads Guilty to Racketeering » (« Le directeur d'une œuvre de charité musulmane accusé de racket plaide coupable »), *CNN.com*, le 10 février 2003.

4. Adam Curtis, « The Power of Nightmares : The Rise of the Politics of Fear » (« La puissance des cauchemars : la montée des politiques de la peur »), BBC2, octobre 2004.

5. Extrait cité par Quintan Wiktorowicz et John Kaltner dans l'article « Killing in the Name of Islam : Al-Qaeda's justification for September 11 » (« Tuer au nom de l'islam : les justifications d'Al-Qaïda pour le 11 septembre »), revue *Middle East Policy* n° 2, vol. 10, 22 juin 2003.

6. Voir mon article « Beware the Holy War : The Power of Nightmares » (« Prenez garde à la guerre sainte : la puissance des cauchemars »), *The Nation* du 2 juin 2005.

7. *U.S.A. vs Ben Laden*, procès de février et avril 2001.

8. Dossier militaire d'Ali Mohammed, collection de l'auteur.

9. Interview réalisée par mes soins en juin 2003. Haji Deen Mohammed est à présent gouverneur de Nangahar en Afghanistan.

10. Hektmatyar devait recevoir au moins 20 pour cent des aides américaines qui alimentèrent les groupes afghans engagés contre les Soviétiques. Une note officielle du Département d'État américain indique qu'il a touché au moins 600 millions de dollars.

5. Al-Qaïda devient une entité

1. Abu Mussab Al-Suri, *The International Islamic Resistance Call*, diffusé sur Internet en décembre 2004.

2. Abu Walid Al-Misri, *Afghan Arabs*, in *Al-Sharq Al-Awsat*, décembre 2004.

3. Jose Pedro Castanheira et Antonio Pedro Fereira, « Exterrorista portugues confessa-se », *Expresso* du 13 avril 2002.

4. Plus précisément, Hassan Al-Turabi a été libéré de prison en 2003 avant d'être arrêté de nouveau en 2004 et finalement relâché en 2005. Il a été interviewé par Sam Dealey à Khartoum le 8 juillet 2005.

5. Khalid Al-Hammadi, « Bin Laden's Former Bodyguard » (« Ex-Garde du corps de Ben Laden »), interview en arabe portant sur les stratégies d'Al-Qaïda, *Al-Quds Al-Arabiya*, 3 août 2004.

6. Montasser Al-Zayyat, *The Road to Al-Quaeda : The Story of bin Laden's Right-Hand Man* (« La route vers Al-Qaïda : histoire du bras droit de Ben Laden »).

7. Southern District Court of New York, 14 février 2001.

8. Keith Johnson et David Crawford parlent des takfiris dans « New Breed of Islamic Warrior is Emerging » (« L'Émergence d'une nouvelle génération de combattants islamiques »), un article du *Wall Street Journal* daté du 29 mars 2004. On lit sous leur plume :

« L'idéologie des takfiris provient d'une secte homonyme apparue en Égypte dans les années 1970 et dont la notoriété a éclaté en 1981 avec l'assassinat du président Anouar el-Sadate. Leur doctrine s'est répandue dans les années 1980 pendant la guerre d'Afghanistan ; elle a été apportée en Afrique du Nord par des vétérans moudjahidin qui y convertissaient les jeunes gens. »

9. Déclaration sous serment concernant Ali Mohammed soumise au FBI par l'agent Dan Coleman en septembre 1998. Collection particulière de l'auteur.

10. « Excerpts from Guilty Plea in Terrorism Case » (« Extraits d'un plaidoyer dans une affaire de terrorisme »), article paru dans le *New York Times* du 21 octobre 2000.

11. Pour plus d'informations sur Al-Hawali et Al-Awdah, voir Mamoun Fandy, *Saudi Arabia and the Politics of Dissent* (« L'Arabie Saoudite et les politiques de dissidence »), St. Martin's Press, New York, 1999.

12. *Arab News* du 8 novembre 2001.
13. Rapport final de la National Commission on Terrorist Attacks upon the United States, W.W. Norton, New York, 2004.

6. L'Afghanistan, toujours

1. Son ouvrage, *The History of the Arab Afghans from the Time of their Arrival in Afghanistan until their Departure with the Taliban* (« Histoire des Arabes afghans de leur arrivée en Afghanistan à leur départ avec les talibans »), a paru en série du 8 au 14 novembre 2004 dans *Al-Sharq Al-Awsat.*
2. Oussama Ben Laden, « The Declaration of Djihad on the American Occupying the Country of Two Sacred Places » (« Déclaration de djihad contre l'occupation par les Américains des deux lieux saints »), 23 août 1996.
3. Ahmad Rashid, *Taliban : Militant Islam, Oil and Fundamentalism in Central Asia* (« Talibans : l'islam militant, le pétrole et le fondamentalisme en Asie Centrale »), J. B. Tauris, New York, 2000.
4. Le témoignage de Wadih El-Hage devant le tribunal a été lu dans l'affaire *États-Unis contre Oussama Ben Laden et autres*, Southern District of New York, le 15 février 2001.
5. Il se peut qu'il s'agisse d'Afro-Américains (Al-Qaïda en a recruté quelques-uns) qui cherchaient à déguiser leur véritable origine.
6. Front islamique mondial, « Déclaration de djihad contre les juifs et les croisés », *Al-Quds Al-Arabiya*, 28 février 1998. Texte signé par Oussama Ben Laden ; Muhammad Ben Laden ; Ayman Al-Zawahiri, émir du groupe du djihad égyptien ; Abu-Yasir Rifa'i Ahmad Taha, du Groupe islamique égyptien ; Mir Hamzah, secrétaire du Jamiat-ul-Ulema-e-Pakistan ; et Fazlur Rahman, émir du Mouvement du djihad au Bangladesh.
7. Feroz Ali Abbasi, *Mémoire de Guantánamo*, 2002-2004, collection de l'auteur.
8. Interrogatoire d'Ahmad Ibrahim Al-Sayyid Al-Naggar par le capitaine Vasir Azzulddin, du Département Sécurité de l'État, Égypte, le 2 juillet 1998.
9. « The Patterns of Global Terrorism 1997 » (« Aperçu sur le terrorisme global en 1997 »), rapport du Département d'État américain publié en avril 1998. Ce rapport indique que Ben Laden n'est plus à Jalalabad mais à Kandahar, la capitale du régime taliban, d'où « il continue d'appeler à la violence contre les États-Unis ».
10. Le gouvernement américain n'a jamais désigné le régime taliban comme un État finançant le terrorisme, puisqu'il ne le reconnaissait pas comme le gouvernement légitime d'Afghanistan.
11. Nic Robertson, « Previously unseen tape shows bin Laden's declaration of war » (« Une cassette non diffusée montre des images de la déclaration de guerre de Ben Laden »), CNN, le 20 août 2002.
12. Le témoignage de Ressam figure dans « *The Al-Quaeda Documents* » (« Les Documents d'Al-Qaïda »), vol. 2, p. 548-552, Tempest Publishing, Alexandria, Virginia, 2003. Outre Ressam, le camp de Khaldan a formé Mohammed Al-Owhali, l'un des responsables de l'attentat de 1988 contre l'ambassade américaine au Kenya, ainsi que Raed Hijazi, un Américano-Jordanien condamné pour terrorisme en Jordanie en 2002. Voir également *Holy War, Inc. : Inside the Secret World of Osama bin Laden* (« Guerre sainte : le monde secret d'Oussama Ben Laden »), Touchstone, New York, 2002.

13. La bannière portant l'inscription est mentionnée dans l'affaire *États-Unis contre Ahmad Abdel Sattar et Lyne Stewart*, 02 crim. 395, Southern District of New York.

14. *My Testimony to the History*, 1996, collection de l'auteur.

7. Al-Qaïda passe à l'attaque

1. *États-Unis contre Oussama Ben Laden*, témoignage de Stephen Gaudin, 7 mars 2001.

2. « Oussama nie toute implication dans l'explosion des ambassades », *The News* du 21 août 1998.

3. Documentation de l'auteur.

4. Documents déclassifiés du gouvernement des États-Unis obtenus par les soins du Freedom of Information Act. On peut les consulter aux National Security Archives (université George Washington, Washington D.C.). Voir également le site Internet *http://www.gwu.edu/-nsarchiv/index.htlm.*

5. Documentation de l'auteur.

6. Le document établi par le juge Garzon le 17 septembre 2003 met en cause 35 individus dont Oussama Ben Laden ; il s'agit de la première inculpation du chef d'Al-Qaïda depuis le 11 septembre.

7. *Wall Street Journal* du 31 décembre 2001. Voir aussi Alan Cullison, « Inside Al- Quaeda's Hard Drive » (« Dans le disque dur d'Al-Qaïda »), *The Atlantic Monthly*, septembre 2004.

8. W. W. Norton, New York, 2004.

9. « Bin Laden Verses Honor *Cole* Attack » (« Des vers signés Ben Laden en l'honneur de l'attentat contre le *Cole* »), Reuters, 2 mars 2001.

10. Abdul Sattar Khan, « Osama urges Ummah to continue djihad » (« Oussama presse Oumma de continuer le djihad »), *The News*, le 12 mai 2001.

8. Le leader charismatique

1. Malika Malik, *Les Soldats de lumière* [Bruxelles : Les Ailes de la Miséricorde, 2003].

2. Khalid Al-Hammadi, « Ancien garde du corps de Ben Laden », interview, *Al-Quds Al-Arabiya,* 3 août 2004 et 20 mars-4 avril 2005.

3. Une partie de ce qui suit provient de l'inculpation en Allemagne de Shadi Abdallah [alias Emad Abdelhadie], le 14 mai 2003. Figurent également des extraits de ses interrogatoires menés par les autorités allemandes entre avril 2002 [date de son arrestation] et mai 2003. Collection de l'auteur.

4. Al-Hammadi, *op. cit.*

5. Trabelsi a été interrogé en français en juin 2002 et le texte de l'interrogatoire a été ensuite transmis au parquet italien de Milan enquêtant sur l'un des complices de Trabelsi. Documents acquis et traduits par le journaliste d'investigation Leo Sisti, de *L'Espresso.* Collection de l'auteur.

6. CBC News Online, « Singapore dans le viseur », 11 octobre 2004. Voyez *www.cbc.ca/news/background/jabarah/singapore.html*

7. Extraits de l'interrogatoire de Mohammed Monsour Jabarah par les Services de renseignement et de sécurité canadiens, 2002. Collection de l'auteur.

8. « Informations obtenues de Mohammed Mansour Jabarah », département de la Justice américaine, FBI, 21 août 2002. Collection de l'auteur.

9. Feroz Ali Abbasi, *Mémoires de prison de Guantánamo*, 2002-2004. Collection de l'auteur.

10. Dipesh Gadher, « De Croydon à Kandahar : Histoire d'un martyr », *Sunday Times* [Londres], 21 novembre 2004.

11. Le 21 juin 2005, un grand jury a accusé Warsame d'avoir fourni un soutien à Al-Qaïda et fait de fausses déclarations à des agents du FBI. Ces fausses informations concernaient ses voyages en Afghanistan, au Pakistan et au Royaume-Uni avant de retourner au Canada et aux États-Unis ; d'avoir maintenu des contacts avec d'autres individus ayant fréquenté les mêmes camps d'Al-Qaïda où il a rencontré Ben Laden et dîné avec lui une fois ; d'avoir transmis par virement deux mille dollars à l'un de ces individus au Pakistan. En décembre 2003, Warsame a accepté librement d'être interrogé par le FBI. L'extrait cité comprend des parties de la déclaration du FBI présentée à l'appui de la demande de détention provisoire. Warsame y révèle l'effet produit par la présence de Ben Laden sur les recrues d'Al-Qaïda. Son procès devrait commencer au printemps 2006. « Déclaration à l'appui de la demande de détention provisoire », déposée par l'agent spécial Kiann Vandenover, U.S. District Court, District du Minnesota, Crim. N° 04-29 [JRT/FLN], 6 février 2004. Collection de l'auteur.

12. Rapport du FBI, « Interrogatoire de John Philip Walker Lindh », 9-10 décembre 2001. Collection de l'auteur.

13. Témoignage de Fouad Al-Rabia devant un tribunal militaire américain, Guantánamo Bay. Collection de l'auteur.

14. Cet extrait provient du mandat d'arrêt italien contre quatre Marocains [El Kaflaoui, Raouiane, Zergout et Ben Ali]. Le mandat est intitulé : « Tribunale di Torino, Sezione Giudici per le Indagini Preliminari – Ordinanza di Applicazione di Misure Cautelari », daté du 7 mai 2005 et signé par le juge Paola Dezani [Turin, Italie]. Il contient des informations tirées des interrogatoires marocains de Nafia Noureddine en août 2003 [transmis au parquet italien]. Documents acquis et traduits par Leo Sisti, de *L'Espresso*. Collection de l'auteur.

15. Les communications interceptées d'Es-Sayed se trouvent dans un rapport déposé par le DIGOS [unité spéciale antiterroriste de la police italienne] le 15 mai 2002, à Milan. Le rapport a été utilisé dans le procès contre Es-Sayed, Benattia Nabil et d'autres. Documents acquis et traduits par le journaliste d'investigation Leo Sisti, de *L'Espresso*. Collection de l'auteur.

9. Le complot du 11 septembre

1. Commission nationale sur les attentats du 11 septembre, rapport final [2004], p. 166.

2. L'enregistrement a été traduit par George Michael, traducteur auprès des Services linguistiques diplomatiques, et par le Dr Kassem M. Wahba, de l'école des Hautes Études internationales de l'université Johns Hopkins.

3. *Ibid.*

4. Jamal Ismaïl, interview par l'auteur, Islamabad, Pakistan, 29 juillet 2004.

5. Bakr Atyani, interview téléphonique par Paul Cruickshank, Islamabad, Pakistan, 22 août 2005.

6. Vahid Mojdeh, *L'Afghanistan sous cinq ans de domination taliban*, traduit par Sepideh Khalili et Saeed Gangi, Kaboul, 2001.

7. Abu Walid Al-Misri, *Histoire des Arabes afghans depuis leur arrivée en Afghanistan jusqu'à leur départ avec les talibans*, extraits reproduits dans *Al-Sharq Al-Awsat*, 8-14 décembre 2004.

8. Hamid Mir, interview par l'auteur, Pakistan, mars 2005.

9. Peter Jouvenal, interview par Paul Cruickshank, Londres, 23 août 2005.

10. La vidéo a été découverte sur un site Web djihadiste [*www.moonwarriors.com*] qui n'est plus en ligne. Collection de l'auteur.

11. Cette version de la lettre est tronquée.

12. Mojdeh, *op. cit.*

13. Malika Malik, *Les Soldats de lumière* [Bruxelles : Les Ailes de la Miséricorde, 2003].

14. Malika Malik, interview téléphonique par Paul Cruickshank, Fribourg, Suisse, 26 septembre 2005.

15. « Entretien avec Abu Haijer », *La Voix du Djihad*, Numéros 1 et 2, octobre 2003 [traduit par l'Institut de recherches médias du Moyen-Orient].

16. Feroz Ali Abbasi, *Mémoires de prison de Guantánamo Bay*, 2002-2004. Collection de l'auteur.

17. Abdullah Anas, interview par l'auteur, Londres, Royaume-Uni, 15, 17 et 20 juin 2005.

18. Jamal Khashoggi, interview par l'auteur, Londres, Royaume-Uni, 13 juin 2005.

19. Commission nationale sur les attentats du 11 septembre, Rapport final [2004], p. 149.

20. *Ibid.*, p. 145-150.

21. Yosri Fouda, interview par l'auteur, Londres, Royaume-Uni, 13 janvier 2003.

22. Documentaire d'Al-Jazira, *La Route du 11 septembre*, 11 septembre 2002.

23. Les récapitulatifs des interrogatoires de Ramzi Binalshibh ont été transmis au parquet allemand le 9 mai 2005 par le département de la Justice américain, Division criminelle, Bureau des Affaires internationales. Collection de l'auteur.

24. *États-Unis d'Amérique contre Ali Hamza Ahmad Sulayman Al-Bahlul.* Collection de l'auteur. Obtenu sur *www.FindLaw.com.* Le 24 février 2004, Al-Bahlul est devenu l'un des premiers détenus de Guantánamo accusés de terrorisme. Il devrait comparaître devant un tribunal militaire, suivant la résolution du président Bush du 3 juillet 2003.

25. Feroz Ali Abbasi, *op. cit.*

26. Abu Musab Al-Suri, *L'Appel à la résistance islamique internationale*, publié sur des sites Web djihadistes en 2004.

27. Fouad Hussein, *Al-Zarqaoui : la deuxième génération d'Al-Qaïda*, paru en plusieurs parties dans *Al-Quds Al-Arabiya*, 8 juin-15 juillet 2005. Fouad Hussein est un journaliste jordanien qui a reçu des informations de trois personnes proches d'Al-Zarqaoui, dont Sayf Adel, à qui ce chapitre est attribué.

28. Philip Shenon et David Johnston, « Une nation défiée : l'enquête », *New York Times*, 4 octobre 2001.

10. La chute des talibans et la fuite à Tora Bora

1. Oussama Ben Laden, « Sermon pour le festin du sacrifice », Institut de recherches médias du Moyen-Orient [MEMRI], série de dépêches spéciales, n° 476, 5 mars 2003.

2. Jamal Ismaïl, interview par l'auteur, Islamabad, Pakistan, mars 2005.

3. Jamal Khashoggi, interview par l'auteur, Londres, 13 juin 2005.

4. José Pedro Castanheira et Antonio Pedro Ferreira, « Je prie pour Ben Laden », *Expresso* [hebdomadaire portugais], 3 avril 2002, traduction de Carmen Cruikshank-Reynders.

5. Brian Fyfield-Shayler, interview téléphonique par Paul Cruiskshank, Devon, Royaume-Uni, juin 2005.

6. Bakr Atyani, interview téléphonique par Paul Cruiskshank, Islamabad, Pakistan, 22 août 2005.

7. Minutes du tribunal de Guantánamo. Collection de l'auteur.

8. Le texte intégral de l'interview de La Voix de l'Amérique avec le mollah Omar peut être consulté sur *http://www.robert-fisk.com/voa_interview_mullah_umar_24sept200l.htm.*

9. Abu Walid Al-Misri, *Histoire des Arabes afghans depuis leur arrivée en Afghanistan jusqu'à leur départ avec les talibans*, paru en plusieurs parties dans *Al-Sharq Al-Aswat*, 8-14 décembre 2004.

10. Rahimullah Yusufzai, interview par l'auteur, Pakistan, septembre 1998 et 29 juin 2003.

11. *Ummat*, interview, « Oussama Ben Laden », 28 septembre 2001, menée par un correspondant spécial [lieu et date non communiqués].

12. *Wall Street Journal*, 31 décembre 2001. Voir également Alan Cullison, *The Atlantic*, septembre 2004.

13. Faraj Ismaïl, interview par l'auteur, Le Caire, Égypte, juin 2005.

14. Faraj Ismaïl, « Interview du chef taliban mollah Omar », *Al-Majallah*, 14 octobre 2001.

15. Oussama Ben Laden, « Déclaration », 7 octobre 2001, diffusée sur Al-Jazira.

16. Hamid Mir, interview par l'auteur, Islamabad, Pakistan, 11 mai 2002 et mars 2005.

17. Khalid Batarfi, interviews par l'auteur, Djedda, Arabie Saoudite, 5 et 9 septembre 2005.

18. Khalid Al-Hammadi, *Al-Quds Al-Arabiya*, 3 août 2004 et 20 mars-4 avril 2005.

19. Ahmad Zaidan, interview par l'auteur, Islamabad, Pakistan, mars 2005.

20. Associated Press, 28 novembre 2002. Le Dr Aziz, un médecin de Lahore, a déclaré à l'AP qu'il avait été appelé pour soigner Muhammad Atef souffrant d'un disque déplacé un jour avant que celui-ci ne soit tué par une frappe aérienne américaine. Aziz a précisé que c'était la deuxième fois qu'il rencontrait Ben Laden. La première avait eu lieu en 1999 quand Aziz avait soigné le leader d'Al-Qaïda pour une blessure causée par une chute de cheval dans le sud de l'Afghanistan. Ben Laden était en bonne santé en ces deux occasions, a-t-il affirmé. Ayman Al-Zawahiri était également présent quand il a soigné Muhammad Atef en novembre 2001.

21. Interview d'Oussama Ben Laden par Taysir Alouni d'Al-Jazira, diffusée sur CNN en février 2002. Pour une transcription intégrale, voir *http://archives.cnn.com/2002/WORLD/asiapcf/south/02/05/binladen.transcript/.*

22. Aslam Khan, « Interview de Jalaluddin Haqqani », *The News*, 20 octobre 2001 [lieu de l'interview inconnu].

23. Peter Jouvenal, interview par Paul Cruickshank, Londres, Royaume-Uni, 23 août 2005.

24. Vahid Mojdeh, *L'Afghanistan durant les cinq ans de souveraineté des talibans*, Kaboul, 2001.

25. Feroz Ali Abbasi, *Mémoires de la prison de Guantánamo*, 2002-2004. Collection de l'auteur.

26. Minutes du tribunal de Guantánamo. Collection de l'auteur.

27. *Ibid.*

28. Mohammed Asif Qazizanda, interview par l'auteur, 4 juillet 2004, Jalalabad, Afghanistan.

29. Débat présidentiel, 3 septembre 2004, à l'université de Miami, Coral Gables, Floride. Transcription consultable auprès de la Commission pour les débats présidentiels, sur *www.debates.org/pages/trans2004a.html.*

30. Général Tommy Franks, *New York Times*, 19 octobre 2004.

31. Discours de Cheney dans l'Ohio au matin du 19 octobre 2004. La transcription de ses remarques est disponible sur le site Web de la Maison-Blanche : *http://www.whitehouse.gov/news/releases/2004/10/20041019-19.html.*

32. Dan Froomkin, *Washingtonpost.com*, 27 octobre 2004. Allocution du président Bush le matin du 27 octobre lors d'un meeting du comté de Lancaster, Pennsylvanie.

33. « Les autorités américaines croient Ben Laden à Tora Bora », transcription de CNN, 15 décembre 2001.

34. Tommy Franks et Malcolm McConnell, *Soldat américain*, New York, Regan Books, 2004, p. 348.

35. Gary Berntsen, *L'attaque de Ben Laden et Al-Qaïda : récit d'un commandant de la CIA sur le terrain*, New York, Crown, décembre 2005.

36. Le communiqué a été publié sur Al-Neda, principal site Web d'Al-Qaïda à l'époque, le 11 septembre 2002.

37. « Selon une source des services de sécurité marocains, la libération de Marocains de Guantánamo représenterait un danger », *Al-Sharq Al-Awsat*, 20 août 2004.

38. Oussama Ben Laden, « Message à nos frères en Irak », Al-Jazira, 11 février 2003.

39. Enregistrement vidéo d'Oussama Ben Laden, Al-Jazira, 27 novembre 2001.

40. Abdel Barli Atwan, interview par l'auteur, Londres, juin 2005.

11. Al-Qaïda en quête d'armes de destruction massive

1. Rahimullah Yusufzai, « Oussama Ben Laden se déchaîne contre l'Occident », *Time* magazine, 11 janvier 1999 [accordée dans la province d'Helmand en Afghanistan].

2. José Pedro Castanheira et Antonio Pedro Ferreira, « Je prie pour Ben Laden », *Expresso* [hebdomadaire portugais], 3 avril 2002, traduction de Carmen Cruikshank-Reynders.

3. *États-Unis contre Oussama Ben Laden*, témoignage de Jamal Al-Fadl, 7 et 20 février 2001.

4. Plainte, *États-Unis contre Mamdouh Mahmud Salim*, 25 septembre 1998.

5. Déclaration d'Oussama Ben Laden, « Dangers et signes de l'explosion nucléaire indienne », 14 mai 1998. Collection de l'auteur.

6. Anjad Bashir Siddiqi, « Je ne pensais pas rencontrer Oussama, Omar va me faire des ennuis », *The News*, 9 mars 2002.

7. Paul O'Neill, secrétaire américain au Trésor, « Remarques sur les nouveaux financements du terrorisme », Washington, 20 décembre 2001. O'Neill a également déclaré que « durant l'année 2001, Mahmood a rencontré le mollah Omar et Oussama Ben Laden. Durant une réunion suivante, un associé d'Oussama Ben Laden a indiqué qu'il détenait des substances nucléaires et désirait savoir comment en tirer une arme. Mahmood a fourni des informations sur l'infrastructure nécessaire pour un programme d'armes nucléaires et les effets de telles armes. En novembre 2001, les talibans ont quitté Kaboul et les employés des bureaux de l'UTN à Kaboul ont fui la région avec eux. Les fouilles des sites UTN à Kaboul ont permis la découverte de documents prévoyant de kidnapper un attaché américain et donnant les grandes lignes des bases de physique nucléaire utilisées dans la fabrication d'armes ».

8. Nic Robertson, « Des enregistrements apportent un nouvel éclairage sur le réseau Ben Laden », 19 août 2002.

9. Roland Jacquard, *L'Archive secrète d'Al-Qaïda* [Paris : Jean Picollec, 2002], p. 281.

10. Abu Walid Al-Misri, *Histoire des Arabes afghans depuis leur arrivée en Afghanistan jusqu'à leur départ avec les talibans*, paru en plusieurs parties dans *Al-Sharq Al-Aswat*, 8-14 décembre 2004.

11. Alan Culison et Andrew Higgins, « Un ordinateur découvert à Kaboul livre un ensemble glaçant de mémos d'Al-Qaïda » et « Un ordinateur oublié révèle les réflexions soutenant les agissements d'Al-Qaïda », *Wall Street Journal*, 31 décembre 2001. Voyez également Alan Cullison, « Au cœur du disque dur d'Al-Qaïda », *The Atlantic*, septembre 2004.

12. Abu Walid Al-Misri, *op. cit.*

13. Peter Jouvenal, interview par Paul Cruickshank, Londres, 23 août 2005.

14. Jacquard, *op. cit.*, p. 291.

15. Mémorandum envoyé par le secrétaire adjoint à la Défense Paul Wolfowitz au ministre adjoint de la Justice James Comey le 28 mars 2004, intitulé « Résumé des activités de Jose Padilla avec Al-Qaïda ». Collection de l'auteur.

16. Suleiman Abu Gaith, « À l'ombre des lances », Institut de recherches du Moyen-Orient, Série de *Dépêches Spéciales* N° 338, 12 juin 2002.

17. Abu Mussab Al-Suri, « Communiqué du bureau de Cheikh Omar Abdel Hakeem [le Syrien Abu Mussab] », 25 janvier 2005, traduit par Mohannad Hage Ali.

18. Hamid Mir, interview par l'auteur, Islamabad, Pakistan, 11 mai 2002.

19. Hamid Mir, « Oussama Ben Laden », interviews dans *Ausaf* et *Aube*, 9 novembre 2001 [effectuées près de Kaboul, Afghanistan].

20. Interrogatoires de John Walker Lindh, département américain de la Défense, 1er décembre 2001. Collection de l'auteur.

12. L'enracinement d'Al-Qaïda en Irak et l'histoire d'Abu Moussab Al-Zarqaoui

1. Fatwah d'Al-Azhar, 9 mars 2003. Voyez « Al-Azhar appelle au djihad en raison de la guerre en Irak », Islam Online, 10 mars 2003. *www.islamonline.net/english/News/2003-03/article15.shtml.*

2. « Le religieux chiite libanais Fadlallah : aucune légitimité pour le gouvernement irakien soutenu par les Américains », *Beirut Al-Nahar*, 6 avril 2003. Dans un message adressé à la nation islamique, Fadallah exhorte : « Les musulmans doivent œuvrer et invoquer la force. Ils doivent œuvrer aujourd'hui comme par le passé pour expulser les colonialistes. »

3. Adel S. Elias, « Le chef spirituel du Hezbollah lance une fatwa contre les terroristes », *Der Spiegel* [hebdomadaire allemand], 15 octobre 2001. Cheikh Fadallah déclare à Elias : « Ils [les pirates du 11 septembre] ne sont pas morts en menant le djihad, la guerre sainte. Ce n'étaient que des suicides. On doit demander des comptes à quiconque commet un tel acte. Et, dans le cas d'un musulman, il doit être puni par un tribunal islamique. Les attentats ont été un fiasco au point de vue des résultats. » Voyez également « Le chef d'Al-Azhar déclare que l'islam est contre toute forme de terrorisme », *Middle East News Agency [MENA]*, 17 septembre 2001.

4. Susan Glasser, « Les chiffres américains indiquent une augmentation globale du terrorisme », *Washington Post*, 27 avril 2005. Les statistiques ne figuraient pas en 2004 dans le Rapport sur le terrorisme global commandé annuellement par le Département d'État américain, contrairement à l'habitude. Ils ont été communiqués par le Centre national de contre-terrorisme le 27 avril 2005.

5. « Mémo de Rumsfeld sur la guerre contre la terreur », *USA TODAY*, 22 octobre 2003. Le mémo a été rédigé par le secrétaire Rumsfeld le 16 octobre 2003 et adressé au général Richard Myers, au secrétaire adjoint Paul Wolfowitz, au général Peter Pace et au sous-secrétaire Douglas Feith.

6. Oussama Ben Laden, « Message au Peuple irakien », Al-Jazira, 18 octobre 2003.

7. Oussama Ben Laden, « Enregistrement audio », 6 mai 2004. L'ambassadeur Bremer a quitté l'Irak le 28 juin 2004, date à laquelle a été dissoute l'Autorité provisoire de la Coalition.

8. Oussama Ben Laden, « Déclaration », 16 décembre 2004, publié sur Internet [traduit par la BBC].

9. Hutaifa Azzam, interview par l'auteur, Amman, Jordanie, 13 septembre 2005.

10. Fouad Hussein, *Al-Zarqaoui, la deuxième génération d'Al-Qaïda*, paru en plusieurs parties dans *Al-Quds Al-Arabiya*, 15 mai 2005 et 8 juin au 15 juillet 2005.

11. Une partie de ce qui suit provient de l'acte d'inculpation de Shadi Abdallah [alias Emad Abdellhadie], 14 mai 2003. Également des extraits de ses interrogatoires par les autorités allemandes, effectués entre avril 2002 [date de son arrestation] et mai 2003. Collection de l'auteur.

12. Colin Powell, Discours au Conseil de sécurité des Nations unies, 5 février 2003. Voyez *www.whitehouse.gov/news/releases/2003/02/20030205-1.html.*

13. Bundeskriminalamt [BKA], Rapport d'information, Abu Mussab Al-Zarqaoui, avril 2002, traduit par Steven Arons. Collection de l'auteur.

14. *Ibid.*

15. Fouad Hussein, *op. cit.*

16. Abu Mussab Al-Zarqaoui, lettre à Oussama Ben Laden, Autorité provisoire de la coalition, 12 février 2004.

17. Secrétaire de la Défense Donald Rumsfeld, Remarques au Conseil des relations étrangères, 4 octobre 2004. Rumsfeld a par la suite prétendu que ses remarques avaient été « mal comprises » [voyez : « Déclaration du secrétaire de la Défense Donald H. Rumsfeld », communiqué de presse du département de la Défense #900-04, 4 octobre 2004].

18. Le serment d'allégeance de Zarqaoui à Al-Qaïda a été publié sur Mu'asker Al-Battar, N° 21, 17 octobre 2004. Voyez Jeffrey Pool, *Observatoire du terrorisme, Foundation Jamestown*, Volume 2, N° 24 [16 décembre 2004].

19. Oussama Ben Laden, enregistrement audio, Al-Jazira, 27 décembre 2004.

20. Lettre d'Abu Mussab Al-Zarqaoui à Oussama Ben Laden, datée de mai 2005.

13. Ben Laden en fuite

1. Scott McClellan, Briefing quotidien [Point de presse], Maison-Blanche, 5 octobre 2005.

2. Oussama Ben Laden, « Testament », *Al-Majallah*, 27 octobre - 2 novembre 2002.

3. Oussama Ben Laden, vidéo, Al-Jazira, diffusion le 27 décembre 2001.

4. Muhammad Al-Shafi, « Un site Web proche d'Al-Qaïda publie un poème de Ben Laden dans lequel il répond à son fils Hamzah », *Al-Sharq Al-Awsat*, 16 juin 2002.

5. Le soir du 6 octobre 2002, un jour avant le premier anniversaire du début de la campagne américaine en Afghanistan, Al-Jazira a diffusé un enregistrement audio de deux minutes d'Oussama Ben Laden, le premier depuis décembre 2001, déclarant que « la jeunesse de Dieu prévoit d'autres attentats contre les États-Unis ». [Voyez l'enregistrement audio d'Oussama Ben Laden diffusé sur Al-Jazira le 6 octobre 2002.] Ce matin-là, quelques heures avant qu'Al-Jazira ne reçoive la cassette, des hommes d'Al-Qaïda commettent un attentat-suicide sur le pétrolier français *Limburg* au large des côtes du Yémen. Le 8 octobre, Al-Zawahiri communique à Al-Jazira un enregistrement audio dans lequel il déclare : « Nous devons commencer à résister maintenant. Les intérêts des Américains, Anglais, Australiens, Français, Polonais, Norvégiens, Sud-Coréens et Japonais sont partout. Ils ont tous participé à l'occupation de l'Afghanistan, de l'Irak et de la Tchétchénie ou fourni à Israël des moyens de subsistance. » [Voyez l'enregistrement audio d'Al-Zawahiri, diffusé sur Al-Jazira, 8 octobre 2002.] Le 12 octobre, quelques jours seulement après les déclarations d'Oussama Ben Laden et Zawahiri annonçant une nouvelle vague d'attentats, une discothèque fréquentée par des Australiens et d'autres Occidentaux explose à Bali, faisant deux cents morts, exactement deux ans après l'attentat sur l'USS *Cole*. En outre, les chefs d'Al-Qaïda cherchaient à exploiter les attentats au maximum à des fins de propagande. Le 14 octobre, un fax portant la signature de Ben Laden et reçu à Al-Jazira déclare que « ces attentats coïncident avec l'anniversaire de la croisade [le début de la campagne américaine en Afghanistan] et indiquent clairement que les moudjahidin ne sont pas affaiblis ». [Voyez Philip Smucker, « Ben Laden se vante des attentats terroristes », *Daily Telegraph* [Londres], 15 octobre 2002. Oussama Ben Laden ne faisait pas directement allusion à l'attentat de Bali.]

6. Al-Zawahiri, enregistrement audio, « Message aux musulmans du Pakistan et d'Afghanistan », diffusé sur Al-Jazira et Al-Arabiya, 28 septembre 2003. Zawahiri

déclare : « C'est Musharraf qui a permis aux États-Unis de renverser l'émirat islamique [talibans] d'Afghanistan et qui cherche à envoyer ses forces en Irak. Les musulmans du Pakistan doivent s'unir et coopérer pour renverser ce traître et installer un gouvernement authentique qui défendra islam et musulmans. » Le président Musharraf a échappé à deux tentatives d'assassinat en décembre 2003.

7. Oussama Ben Laden, enregistrement audio, « Un message aux Américains », diffusé sur Al-Jazira, 18 octobre 2003. Ben Laden déclare : « Nous nous réservons le droit de riposter quand et où nous le désirerons contre tous les pays impliqués, en particulier le Royaume-Uni, l'Espagne, l'Australie, la Pologne, le Japon et l'Italie, sans exclure les États musulmans qui ont participé, notamment les États du Golfe et en particulier le Koweït, qui est devenu la base des forces des croisés. »

8. Ahmad Zaidan, interview par l'auteur, Islamabad, Pakistan, mars 2005.

9. Oussama Ben Laden, enregistrement audio, diffusé sur Al-Jazira et Al-Arabiya, 14 avril 2004.

10. Oussama Ben Laden, « Déclaration », 16 décembre 2004, publiée sur Internet [traduit par la BBC]. L'enregistrement audio de 74 minutes a été découvert sur *www.gal3ah.net* [site fermé depuis].

11. « Interview d'Abu Hajer », *La Voix du Djihad*, N° 1 et 2, octobre 2003 [traduction de l'Institut d'études médiatiques du Moyen-Orient].

12. Selon des autorités saoudiennes, les cellules d'Arabie Saoudite ont demandé un délai pour exécuter leurs attentats, disant qu'elles n'étaient pas prêtes à attaquer le gouvernement saoudien et qu'elles craignaient la réprobation de l'opinion publique. Après un débat au début de l'année 2003, Ben Laden a ordonné le début des attentats. Voyez Craig Whitlock, « Al-Qaïda modifie sa stratégie en Arabie Saoudite », *Washington Post*, 19 décembre 2004.

13. Sayf Al-Adel, publication du camp militaire Al-Batar, 2003. Collection de l'auteur.

14. Peter Bergen, « Lettre de Riyad : Assistons-nous à la glasnost saoudienne ? » *National Review Online*, 14 février 2005.

15. Voyez Susan B. Glasser, « Les martyrs en Irak sont principalement des Saoudiens », *Washington Post*, 15 mai 2005. Voyez également Reuven Paz, « Des volontaires arabes tués en Irak : analyse », *Projet pour la Recherche sur les mouvements islamistes*, Herzliya, Israël, Occasional Papers, Volume 3 [2005], N° 1 [mars 2005]. Reuven Paz a découvert d'après les listes de combattants tués publiées sur des sites Web djihadistes que, sur un échantillon de 154 Arabes tués au cours des six mois précédents en Irak, 61 pour cent étaient de nationalité saoudienne. Sur les 33 morts dans les attentats-suicides, 23 étaient des Saoudiens.

16. La correspondante de CNN Barbara Starr a débattu de la cassette Ben Laden dans l'émission de CNN *Wolf Blitzer Reports*, le 29 octobre 2004.

17. Oussama Ben Laden, enregistrement vidéo, diffusé sur Al-Jazira, 29 octobre 2004. Traduction de CNN.

18. La mention des Suédois par Ben Laden est intéressante, étant donné que c'est le seul pays d'Europe qu'il ait apparemment visité.

19. Noman Benotman, interview par l'auteur, Londres, Royaume-Uni, 30 août 2005.

20. Jamal Khalifa, interviews par l'auteur, Djedda, Arabie Saoudite, 6 et 9 septembre 2005.

21. Al-Sahab [« Les Nuages »], enregistrement vidéo d'Al-Qaïda, diffusé sur Al-Jazira, 1er septembre 2005.

22. Abdel Bari Atwan, interview par l'auteur, Londres, Royaume-Uni, juin 2005.

14. L'héritage de Ben Laden

1. Voyez Sayyid Qutb, *Jalons* [1965] et *L'Amérique que j'ai vue* [1949].
2. Oussama Ben Laden, « Testament », *Al-Majallah*, 27 octobre-2 novembre 2002.
3. Jamal Khalifa, interviews par l'auteur, Djedda, Arabie Saoudite, 6 et 9 septembre 2005.
4. Hutaifa Azzam, interview par l'auteur, Amman, Jordanie, 13 septembre 2005.
5. Abdel Bari Atwan, interview par l'auteur, Londres, Royaume-Uni, juin 2005.
6. Khalid Al-Hammadi, « L'ancien garde du corps de Ben Laden interviewé », *Al-Quds Al-Arabiya*, 3 août 2004 et 20 mars-4 avril 2005.
7. Khalid Khawaja, interview par l'auteur, Islamabad, Pakistan, juillet 2004.
8. Jamal Ismaïl, interviews par l'auteur, Islamabad, Pakistan, mars 2005.
9. Montasser Al-Zayyat [traduit par Ahmad Fekry et revu par Sara Nimis], *La Route d'Al-Qaïda : Histoire du bras droit de Ben Laden* [Londres : Pluto Press, 2004].
10. Rahimullah Yusufzai, interviews par l'auteur, Pakistan, septembre 1998 et 29 juin 2003.
11. Abu Mussab Al-Suri, *L'Appel international à la résistance islamique* [publié sur des sites Web djihadistes, décembre 2004].
12. Saad Al-Fagih, interview par l'auteur, Londres, septembre 2002. En décembre 2004, le Trésor américain a désigné Fagih comme fournisseur de soutien matériel et financier d'Al-Qaïda et Ben Laden. Le Trésor citait l'allégation, développée lors du procès de l'attentat contre l'ambassade américaine, selon laquelle Fagih avait acheté un téléphone satellite et l'avait fait livrer à Ben Laden. Mais le gouvernement anglais n'a pas entamé de poursuites judiciaires contre lui hormis le gel des actifs financiers de MIRA, à la déception du gouvernement saoudien. Voyez le communiqué de presse du Trésor intitulé « Le Département du Trésor accuse deux individus de liens avec Al-Qaïda, UBL, ancien chef de BIF et associé d'Al-Qaïda », 21 décembre 2004.
13. Noman Benotman, interview par l'auteur, Londres, Royaume-Uni, 30 août 2005.
14. Ayman Al-Zawahiri, *Chevaliers sous la bannière du Prophète*, paru en plusieurs parties dans le quotidien *Al-Sharq Al-Awsat*, décembre 2001.
15. Olivier Roy, *L'Échec de l'islam politique*, [Paris : Seuil, 1992].
16. Voyez Gilles Kepel, *Jihad : Expansion et déclin de l'islamisme* [Paris, Gallimard, 2000].
17. Oussama Ben Laden, « Testament », *Al-Majallah*, 27 octobre - 2 novembre 2002.

Annexe B. Le clan Ben Laden

1. Michael Field, *Les Marchands* [New York : The Overlook Press, 1985], p. 105.
2. Carmen Ben Laden, *Au sein du Royaume : Ma vie en Arabie Saoudite* [New York, Warner Books, 2004], p. 64.
3. *Ibid*, p. 65.
4. Khalid Batafiri, interviews par l'auteur, Djedda, Arabie Saoudite, 5 et 9 septembre 2005.

5. Cette liste a été compilée d'après les informations de l'ouvrage de J.R.L. Carter, *Les Grandes Familles marchandes d'Arabie Saoudite* [Royaume-Uni, Scorpion Publications Ltd et DR Llewellyn Associates, 1979] et d'après une interview téléphonique avec Brian Fyfield-Shayler, Devon, Angleterre, juin 2005.

6. Carmen Ben Laden, *op. cit.*, p. 108-109.

7. Membre de la famille Ben Laden.

8. Field, *op. cit.*, p. 110.

9. Bud Kennedy, « Décès étrange du frère de Ben Laden au Texas », *Ft. Worth Star-Telegram*, 27 septembre 2001.

10. *Who's Who en Arabie Saoudite*, troisième édition [Djedda, Tihama, 1983], p. 57.

11. Holly Stepp, « Les demi-frères de Ben Laden sont des anciens élèves de l'université de Miami », *Miami Herald*, 20 septembre 2001.

12. *Ibid.*

13. Carmen Ben Laden, *op. cit.*, p. 40.

14. *Ibid.*, p. 110.

15. *Ibid.*, p. 80.

16. Stepp, *op. cit.*

17. Carmen Ben Laden, *op. cit.*, p. 40.

18. Georg Mascolo et Erich Follath, « La Route d'Oussama vers la richesse et la terreur », *Der Spiegel*, 6 juin 2005.

19. *Ibid.*

20. Carmen Ben Laden, *op. cit.*, p. 110.

21. Mascolo et Follath, *op. cit.*

22. Carmen Ben Laden, *op. cit.*, p. 131.

23. Craig Shirley, « Le Ben Laden d'Harvard », *Washington Times*, 29 octobre 2001.

24. Abdullah Ben Laden, interview par Barbara Walters sur ABC News, 3 juin 2005.

25. Abdullah Ben Laden, interview sur ABC News, 29 mars 2002.

26. Khalid Al-Hammadi, « Interview de l'ancien garde du corps de Ben Laden », *Al-Quds Al-Arabiya*, 3 août 2004 et 20 mars-4 avril 2005.

27. Hutaifa Azzam, interview par l'auteur, Amman, Jordanie, 13 septembre 2005.

28. Jamal Khalifa, interviews par l'auteur, Djedda, Arabie Saoudite, 6 et 9 septembre 2005.

29. Al-Hammadi, *op. cit.*

30. *Ibid.*

31. *Ibid.*

32. *Ibid.*

33. *Ibid.*

34. « Le fils de Ben Laden déclare que son père est dans l'endroit le plus sûr au monde », London Press Association, 13 octobre 2001.

35. Hutaifa Azzam, interview, *op. cit.*

36. *Ibid.*

37. Douglas Farah et Dana Priest, « Le fils joue un rôle clé dans Al-Qaïda », *Washington Post*, 14 octobre 2003.

38. Abdel Bari Atwan, interview par l'auteur, Londres, juin 2005.

39. Jamal Ismaïl, interview par l'auteur, Islamabad, Pakistan, mars 2005.

40. « Selon une source des services de sécurité marocains, la libération de Marocains de Guantánamo représenterait un danger », *Al-Sharq Al-Awsat*, 20 août 2004.

TABLE DES MATIÈRES

Composition PCA
44400 – Rezé

Impression réalisée sur CAMERON par

BRODARD & TAUPIN

GROUPE CPI

La Flèche

pour le compte des Éditions Michel Lafon
en mai 2006

Imprimé en France
Dépôt légal : mai 2006
N° d'impression : 35647
ISBN : 2-7499-0463-3
LAF : 821